Mehmet Daimagüler
Empörung reicht nicht!

Mehmet Daimagüler

EMPÖRUNG REICHT NICHT!

Unser Staat hat versagt.
Jetzt sind wir dran

Mein
Plädoyer im
NSU-Prozess

Lübbe

MIX
Papier aus verantwor-
tungsvollen Quellen
FSC® C014496

Zum Schutz der Persönlichkeitsrechte sind einige Namen
in diesem Buch abgekürzt.

Dieser Titel ist auch als E-Book erschienen

Originalausgabe

Copyright © 2017 by Bastei Lübbe AG, Köln

Umschlaggestaltung: Massimo Peter-Bille
Einband-/Umschlagmotiv: © Imago/Horst Galuschka
Satz: hanseatenSatz-bremen, Bremen
Gesetzt aus der Minion Pro
Druck und Einband: GGP Media GmbH, Pößneck

Printed in Germany
ISBN 978-3-7857-2610-5

5   4   3   2   1

Sie finden uns im Internet unter www.eichborn.de
Bitte beachten Sie auch www.luebbe.de

Wenn man wirklich wissen will, wie die Justiz in einem Land arbeitet, fragt man nicht die Polizeibeamten, die Juristen oder die behüteten Angehörigen des Mittelstands. Man geht zu den Schutzlosen, zu jenen also, die am meisten auf den Schutz des Rechtsstaates angewiesen sind, und lässt sie Zeugnis ablegen. Frage irgendeinen Mexikaner, irgendeinen Puerto-Ricaner, irgendeinen schwarzen Mann, irgendeine arme Person – frage die Elenden, wie es ihnen ergeht in den Hallen der Gerechtigkeit. Dann wirst du erfahren, nicht ob das Land gerecht oder ungerecht ist, sondern ob das Land überhaupt eine Liebe zur Gerechtigkeit oder auch nur eine Idee von Gerechtigkeit hat. Sicher ist auf jeden Fall, dass Ignoranz, gepaart mit Macht, der grausamste Feind ist, den Gerechtigkeit haben kann.

James Baldwin aus *No Name in the Street*
(1972, Übersetzung: Mehmet Daimagüler)

Inhalt

Einleitung

1. Vom Terror Einzelner zum Versagen aller

»Als Bundeskanzlerin der Bundesrepublik Deutschland verspreche ich Ihnen: Wir tun alles, um die Morde aufzuklären und die Helfershelfer und Hintermänner aufzudecken und alle Täter ihrer gerechten Strafe zuzuführen. Daran arbeiten alle zuständigen Behörden in Bund und Ländern mit Hochdruck.«

Es war eine beeindruckende Ansprache, die Bundeskanzlerin Angela Merkel am 23. Februar 2012 vor den und für die Angehörigen jener Menschen hielt, deren Liebste – Väter, Ehemänner, Lebensgefährten, Söhne, Töchter, Brüder – mutmaßlich von NSU-Mördern aus dem Leben gerissen wurden. Nur wenige Wochen zuvor war bekannt geworden, dass die neun migrantischen Kleinunternehmer nicht Opfer einer lediglich in den Köpfen von Polizeibeamten existierenden »Türkenmafia«, sondern von deutschen Rassisten geworden waren. Die Polizeibeamtin Michèle Kiesewetter wurde nicht von »Zigeunern« oder »Negern« ermordet, wie in Polizeiakten spekuliert, sondern von Deutschen aus dem Osten unseres Landes. Ja, unsere Bundeskanzlerin hat eine beeindruckende Rede gehalten, eine Rede voller Mitgefühl und Anteilnahme. Jeder, der diese Rede hörte, fasste – wieder – Vertrauen, nicht nur in die Regierungschefin, sondern insgesamt in Deutschland. Man fasste Vertrauen – ich fasste Vertrauen –, weil Merkels Worte klar und das Versprechen der Aufklärung eindeutig waren. Ich schämte mich nicht für die Tränen, die in meinen Augen standen, während ich diese Rede hörte.

Was aber ist aus diesem Versprechen geworden? Jetzt, über fünf Jahre später? Das Versprechen wurde gegeben, aber eingehalten wurde es nicht. Denn die Morde wurden nicht lückenlos aufgeklärt und die Helfershelfer und Hintermänner des NSU laufen noch immer frei herum. Die »zuständigen« Behörden in Bund und Ländern haben nicht mit »Hochdruck« an der Aufklärung gearbeitet. Manche Behörden haben stattdessen sogar das Gegenteil praktiziert: Akten wurden vernichtet, Aussagegenehmigungen nicht erteilt und Zeugen nicht benannt. Die Generalbundesanwaltschaft, beileibe keine unabhängige Behörde, sondern eine, die dem Bundesministerium der Justiz und damit letzten Endes auch der Verantwortung des Bundeskanzleramtes unterstellt ist, hat frühzeitig erklärt, der NSU-Komplex sei »ausermittelt«. Diese kühne Behauptung wurde schon in den ersten Tagen des Prozesses gegen Beate Zschäpe und vier weitere Angeklagte eindrucksvoll als das entlarvt, was sie war: eine Behauptung wider besseren Wissens. Carsten Schultze, einer der Angeklagten, berichtete in seiner Einlassung von einem dritten Bombenanschlag des NSU, von dem bis dahin niemand wusste. Eine von einem Türken geführte Gaststätte in Nürnberg war das Ziel des sogenannten »Taschenlampenanschlages« geworden. Hätte Schultze nichts gesagt – noch heute würde die Staatsanwaltschaft Nürnberg einen türkischstämmigen Angestellten, der die Bombe gefunden hatte und dabei verletzt worden war, der Tat verdächtigen.

Das NSU-Verfahren ist am Ende. Wir haben über vier Jahre verhandelt, über 600 Zeugen gehört, mehr als 380.000 Seiten Aktenmaterial ausgewertet. Über Jahre hinweg haben sich fünf Hauptrichter und drei Ergänzungsrichter, vier Vertreter der Generalbundesanwaltschaft, dreizehn Verteidiger und Dutzende Vertreter der Nebenklage in einem rechtsstaatlichen Verfah-

ren um die Aufklärung der Wahrheit bemüht. Die terroristische
Vereinigung ist zerschlagen – Uwe Mundlos und Uwe Böhnhardt sind tot, Beate Zschäpe und die Mitangeklagten sind verurteilt. Unser Land atmet auf, das System hat letztendlich funktioniert. Der Schuldspruch läutert uns alle: als Menschen, als
Gesellschaft. Unser Ansehen ist wiederhergestellt. Wir können
das Kapitel abschließen und uns anderen, drängenderen Problemen zuwenden. Endlich! Nicht wenige werden – laut oder
leise – in den letzten Wochen und Monaten einen ähnlichen
Gedanken gefasst haben. Und es wäre anmaßend, den Impuls
zu verurteilen. Denn wie gern würden wir ein für alle Mal abschließen mit einem Thema, das eine unbarmherzige Verbindung zwischen den Verbrechen unserer Großväter und der
Gegenwart zieht. Und ist es nicht gerade die Aufgabe eines
Strafprozesses, einen Schlusspunkt zu setzen, Frieden zu stiften? Frieden für die Opfer, Frieden für die Gesellschaft?

Doch eben das konnte dieser Prozess nicht leisten – und es
hätte auch kein anderer tun können. Ergebnis des Verfahrens
vor dem Oberlandesgericht in München war die strafrechtliche
Verantwortung der fünf Angeklagten. Nicht weniger, aber auch
nicht mehr.

Der NSU-Komplex hat unsere Gesellschaft jedoch in ihren
Grundfesten erschüttert. Eine Gesellschaft, die auf den Grund-
sätzen von Freiheit und Gleichheit, von Toleranz und Menschlichkeit aufbaut. In der schlichten und doch wirkmächtigen
Sprache unseres Grundgesetzes heißt es: »Die Würde des Menschen ist unantastbar«, »Jeder hat das Recht auf freie Entfaltung
seiner Persönlichkeit« und »Alle Menschen sind vor dem Gesetz gleich«. Dass diese Werte verletzbar sind, stellt das Grundgesetz selbst unmissverständlich klar. In seiner wichtigen Rede
vor dem Deutschen Bundestag zu »65 Jahre Grundgesetz« sagte
mein Schulkamerad, der Schriftsteller Navid Kermani: »Denn
wäre die Würde des Menschen unantastbar, wie es im ersten

Satz heißt, müsste der Staat sie nicht achten und schon gar nicht schützen, wie es der zweite Satz verlangt.«

Würde, Freiheit, Gleichheit – es waren die fundamentalen Werte unseres Landes, die von den Kugeln des NSU durchlöchert wurden. Und wir alle sind aufgerufen, diese Werte zu verteidigen.

Der Weg zu einer besseren Gesellschaft ist lang, und er ist steinig. Und er erschöpft sich nicht in strafrechtlicher Verantwortung. Wir müssen »Verantwortung« vielmehr weiterdenken. Im Deutschen hat dieser Begriff einen doppelten Gehalt: So bezeichnet er einerseits »die Verpflichtung, für etwas Geschehenes einzustehen«, andererseits die Verpflichtung, dafür zu sorgen, dass »alles einen möglichst guten Verlauf nimmt, das jeweils Notwendige und Richtige getan wird und möglichst kein Schaden entsteht.«[1] Übernehmen wir also Verantwortung, auch wenn wir nicht unmittelbar für die Taten des NSU verantwortlich gemacht werden können. Übernehmen wir Verantwortung für das Geschehene *und* für unsere Zukunft.

Ein Verharren im »Ohne mich!« sei das Schlimmste, was man sich und der Welt antun könne, ruft Stéphane Hessel in seiner Streitschrift *Empört euch!* den Menschen zu. Es ist ein Aufruf, angesichts der Komplexität unserer Welt nicht zu erstarren, sondern mit wachen Augen nach den Themen zu suchen, bei denen Empörung sich lohnt. Mit dem NSU-Komplex liegt ein solches Thema vor uns. Daher mein Appell: Übernehmen wir Verantwortung! Für uns, für unser Land, für unseren Staat und seine Organe, auch für deren Fehler und Unzulänglichkeiten. Dazu gehört auch, nicht so zu tun, als sei der NSU Geschichte, als wären alle Rätsel gelöst und alle Fragen beantwortet.

Um nur einige von vielen offenen Fragen zu benennen: Wenn der NSU wirklich »ausermittelt« ist, wie es die Bundesanwaltschaft behauptet, warum wissen wir dann bis heute nicht, warum die junge Polizeibeamtin Michèle Kiesewetter wirk-

14

lich sterben musste? Wer hat die Bombe in dem Lebensmittelgeschäft einer iranischstämmigen Familie in der Kölner Probsteigasse deponiert? Die Personenbeschreibungen von zwei Zeugen passen weder auf Uwe Mundlos noch auf Uwe Böhnhardt. Was wussten die verschiedenen Verfassungsschutzbehörden? Die Nazi-Szene in Thüringen war und ist durchsetzt von V-Männern. Und da will wirklich niemand mitbekommen haben, wo das Trio steckte und was es trieb? Was machte der Verfassungsschutzbeamte Andreas Temme am Tatort, als der junge Halit Yozgat in seinem Internetcafé ermordet wurde? Warum tauchte er unter, anstatt sich als Zeuge bei der Polizei zu melden? Wie kann es sein, dass ein Nazi als Zeuge vor Gericht erscheint und von einem Anwalt vertreten wird, den der Verfassungsschutz Hessen »empfohlen« und bezahlt hat? Wie ist es möglich, dass die Forderung der Nebenklage, diesen Anwalt zu entlassen und einen neuen, tatsächlich für den Mandanten arbeitenden Rechtsbeistand einzubestellen, von der Bundesanwaltschaft abgelehnt wird? Und zwar mit der Begründung, es sei alles in bester Ordnung? Sehen so die deutschen Behörden aus, die im Merkel'schen Sinne »mit Hochdruck« an der Aufklärung arbeiten?

Erst neulich habe ich mir die Rede unserer Bundeskanzlerin noch einmal angeschaut. Erst jetzt sind mir Dinge aufgefallen, die mir damals nicht aufgefallen sind. Genauer gesagt: Nicht das, *was* sie sagte, fiel mir auf, sondern das, was *fehlte*. Zwar erwähnte sie, dass die meisten Opfer aus der Türkei stammen. Sie sagte aber nicht, dass die meisten Opfer Türken *und* Muslime waren. Theo Boulgarides, so vermutet man, musste sterben, weil die Täter ihn für türkischstämmig hielten. Wieso sagte die Bundeskanzlerin nicht klipp und klar, dass neun Menschen sterben mussten, weil manche in Deutschland einen Hass auf Muslime und Türken haben? Es wurden keine Italiener oder Spanier umgebracht, sondern Türken. Es leben viele Migranten in Deutschland, aber nur wir Türken sind zumeist auch Muslime. Das unterscheidet uns. Sprach Merkel nicht über diesen Umstand, weil sie Sorge hatte, sich eingestehen zu müssen, dass der Hass gegen Muslime und Türken nicht geringer, sondern in den letzten Jahren größer geworden ist? Dass dieser Hass nicht nur in den kalten Herzen von Nazis schlummert, sondern auch tief in der Mitte unserer Gesellschaft zu finden ist? Jeder Nazi ist islamophob, antisemitisch und rassistisch, aber nicht jeder Rassist, Antisemit und Muslimhasser ist ein Nazi. Wir machen es uns zu einfach, wenn wir mit Abscheu über Nazis sprechen, dabei aber über Thilo Sarrazin und den gesellschaftlich akzeptierten Rassismus, für den dieser Name dank seiner brandstiftenden Bücher steht, schweigen wollen.

»Wir wollten einfach nur wie normale Menschen behandelt werden.« In einem der Gespräche, die Altbundespräsident Christian Wulff mit Hinterbliebenen geführt hat, fiel dieser Satz. »Wie normale Menschen« – diese Worte zeigen, wie verzweifelt die Angehörigen damals waren. Das Erschütternde: Diese Worte können auch heute noch, Jahre nach der Selbstenttarnung des NSU, von vielen anderen Menschen mit allem Recht der Welt ausgesprochen werden. Von jenen Menschen aus den Staaten des Nahen Ostens, die ein Leben in Freiheit und Würde führen wollen und aus ihrer zerstörten Heimat geflohen sind. Von jenen Menschen, die aus der Armut und dem Elend Afrikas zu uns kommen, die von einem besseren Leben für ihre Kinder träumen und die für uns bloß »Wirtschaftsflüchtlinge« sind. Von Schwulen und Lesben, denen man jene Rechte verweigert, die für die Mehrheit so selbstverständlich und grundgesetzlich verbrieft sind. Von Sinti und Roma, für deren in unseren Konzentrationslagern von unseren Groß- und Urgroßeltern umgebrachten Groß- und Urgroßeltern wir ein Mahnmal im Herzen Berlins errichtet haben, über die aber selbst Politiker der Mitte so reden, als seien sie menschlicher Ballast. Von

Juden, denen in Zusammenhang mit der Beschneidungsdebatte auch von Herrn Doktor und Frau Professorin in Leserbriefen attestiert wurde, sie hingen einer »archaischen« Religion an. Dass dies auch für Muslime gelte, verstand sich von selbst. Es reicht nicht, über Nazis zu sprechen. Wir müssen auch über uns sprechen, über die Art und Weise, wie wir über andere Menschen reden und urteilen.

Mein ganz persönliches Versagen

Wir sprechen in Zusammenhang mit dem NSU-Skandal vom »Polizeiversagen« oder vom »Staatsversagen«. Beides ist richtig. Und doch trifft es nur einen Teil der Wahrheit. Zur Wahrheit, zur ganzen Wahrheit, gehört: Wir haben alle versagt. Waren wir solidarisch mit den Opfern? Haben wir das Wort erhoben, wenn in den Medien wieder die Rede von den »Döner-Morden« war? Es gab ja Menschen, die genau dies getan haben, die in Kassel und in Dortmund auf die Straße gegangen sind, unter dem Motto »Kein zehntes Opfer!«. Wir müssen in unseren ganz persönlichen Abgrund blicken, auch auf die Gefahr hin, dass dieser Abgrund zurückblickt. Ich – nicht »man« – habe diesen Augenblick der Wahrheit mit aller Kraft versucht zu vermeiden, aber es hilft nicht. Ich habe hinabgeschaut – und das hässliche Gesicht, das ich dort unten erblickte, zeugte von der ganzen Halbschlechtigkeit meines Herzens.

Saß ich mit meinen türkischen Freunden zusammen und sprachen wir über die Mordserie, so war für uns völlig klar, dass die Mörder Nazis sein mussten. Was aber habe ich mit dieser Überzeugung getan? Ich war damals im Bundesvorstand der FDP, gewiss nicht das bedeutsamste Amt der Welt, aber dennoch bedeutsam genug, um Menschen auf den Verdacht aufmerksam zu machen. Ich hätte Abgeordnete über unseren Verdacht informieren können oder einen Innenminister. Hätte es etwas genutzt? Ich weiß es nicht. Was ich aber weiß, ist, warum ich schwieg. Ich war feige. Vielleicht hatte die Polizei doch recht? Vielleicht waren alle Opfer insgeheim Kriminelle?

Aber das ist nicht die ganze Wahrheit. Ich schwieg auch aus Opportunismus. Damals wollte ich noch etwas werden in der Politik. Ich wusste allerdings, dass – jedenfalls in der damaligen Westerwelle-FDP, die ich vor langer Zeit verlassen habe – das Reden über Rassismus auf einem Bundesparteitag keine Stimmen bringt, sondern Stimmen kostet. Ich war nicht solidarisch mit Witwen, mit Halbwaisen, mit trauernden Müttern und Vätern, weil ich Abgeordneter werden wollte, weil ich auf Diäten hoffte, auf eine steile Karriere in der Bundespolitik. Ich kann nicht mit dem Finger auf Polizei und Geheimdienste zeigen, ich kann nicht das Leid der Familien beklagen und dabei so tun, als sei ich einer der Guten. Ich habe meine Mandanten und jeden Opferangehörigen (was für ein Wort! Richtig wäre: Überlebender des NSU), den ich getroffen habe, um Vergebung gebeten. Ich habe es der Gnade dieser Menschen zu verdanken, dass sie meine Bitte um Vergebung akzeptiert haben.

In der Öffentlichkeit wurden die Verbrechen des NSU 2005 als »Döner-Mordserie« bekannt. Am 31. August, kurz nachdem İsmail Yaşar getötet wurde, schrieb die *Nürnberger Zeitung* über die Ermittlungen der Staatsanwaltschaft Nürnberg hinsichtlich dieser rätselhaften Mordserie. Es war ein kurzer Beitrag, nur 341 Wörter lang. Die Überschrift lautete »Döner-Mord«. Der Polizeireporter berichtete später, dass er eigentlich »Der Mord an dem Döner-Verkäufer« als Überschrift nehmen wollte, aus Platzgründen aber »Döner-Mord« gewählt habe. Zu diesem Zeitpunkt waren bereits sieben Menschen mit derselben Česká-Pistole erschossen worden, die auch hier als Tatwaffe zum Einsatz kam. Nur zwei der Opfer arbeiteten in einem Imbiss. Die anderen waren Blumenhändler, Schlüsseldienstbetreiber, Lebensmittelverkäufer und Änderungsschneider. Dennoch machte der Begriff »Döner-Morde« Karriere, er wurde sogar von seriösen Medien wie der *Frankfurter Allgemeinen Zeitung*, der *Neuen Zürcher Zeitung* und dem *Spiegel* übernommen.[2]

Der englische Schriftsteller Charles Reade mahnt, wir sollten auf unsere Worte achten, denn sie würden zu unseren Taten. Oft ist die alltägliche, fortwährende Wiederholung des gleichen, mit einer gewissen Vorstellung besetzten Begriffs mächtiger als jede große Rede. Und so wird »Döner-Mord« zum Unwort des Jahres 2011 gewählt. Ich hatte diesen Vorschlag auf Facebook gemacht und Hunderte Menschen unterstützten innerhalb weniger Stunden diese Idee. In der Begründung der Jury heißt es: »Mit der sachlich unangemessenen, folkloristisch-stereotypen Etikettierung einer rechtsterroristischen Mordserie werden ganze Bevölkerungsgruppen ausgegrenzt und die Opfer selbst in höchstem Maße diskriminiert, indem sie aufgrund ihrer Herkunft auf ein Imbissgericht reduziert werden.« Das ist wahr. Wahr ist aber auch, dass ich ganz persönlich, als ich zum ersten Mal das Wort hörte, mich geärgert hatte, weil ich es rassistisch fand. Etwas unternommen habe ich – damals – trotzdem nicht. Aus Feigheit. Aus Opportunismus.

Es ist aber vergebens, das Leid der Toten zu beklagen, wenn es ohne Folgen für unser Handeln im Hier und Jetzt bleibt. Wir müssen aufstehen, handeln, das Wort ergreifen. Wenn Flüchtlingsheime brennen, wenn die Mauern von Synagogen und Moscheen beschmiert werden, wenn LGBT-Menschen, die öffentlich zu ihrer Liebe stehen, angegriffen werden, wenn Frauen Opfer sexueller Gewalt werden, wenn Sinti und Roma beschimpft, verprügelt oder ermordet werden und wir zu alledem schweigen, dann werden wir zu stillen Komplizen. Wir können aber sicher sein, am Ende werden auch wir die Zeche zahlen.

Wenn die Schwachen schutzlos und alleine bleiben, dann mag uns das zunächst nichts angehen. Aber unsere Ignoranz wird uns einholen, uns alle. Mit jedem ungesühnten Angriff, mit jedem Ruf nach einem »Schlussstrich unter unseren Schuldkult«, mit jedem Obdachlosen, der zu Tode geprügelt wird, stirbt ein Teil unserer Mitmenschlichkeit insgesamt. »Die Würde des Menschen ist unantastbar«, so heißt es in Artikel 1 unserer Verfassung. Was für ein schöner Satz! Was für ein starker Satz! Aber er verkommt zu einer leeren Hülle und zu einem bloßen Echo aus einer Zeit, in der wir wirklich besser sein wollten, besser, als wir es selbst in unserer Vergangenheit waren, und besser als viele Gesellschaften der Welt, in denen der Staat und die Mächtigen alles und der Mensch nichts bedeutet. Ist dieser Satz aber zu einer leeren Hülle geworden, auch durch unsere Ignoranz, dann wird er auch uns keinen Schutz mehr bieten. »Uns«, das sind nicht mehr bloß die türkischstämmigen Menschen unseres Landes, wie ich einer bin, sondern das sind wir alle. Entweder die Würde des Menschen ist jedem zu eigen oder keinem. Unser Rechtsstaat ist zu wichtig, um ihn Juristen und Polizisten zu überlassen, und unsere Demokratie ist zu wertvoll, um sie allein den Politikern anheimzugeben.

Dieses Land ist ein gutes Land. Alles, was ich bin, und alles, was ich habe – ich verdanke es meiner Familie und Deutschland. Ich kritisiere den Rechtsstaat nicht, weil ich *nicht* an ihn glaube, sondern *weil* ich an ihn glaube. Es gibt in der Welt kein Land ohne Rassismus. Wer das Gegenteil behauptet, der lügt. Manche Nationen stehen zu ihren dunklen Seiten. Man spricht dort darüber, diskutiert und versucht, an den Fehlern zu arbeiten, es besser zu machen und besser zu werden. Manche Nationen ignorieren ihre Fehler so lange, bis der Druck im Kessel zu groß wird und durch einen lauten Knall entweicht. Wir Deutschen, wir sind irgendwo in der Mitte zu Hause. Wir reden über unsere Probleme, wir sprechen über Rassismus, aber wir hören auf, wenn es *zu* heikel wird. Wenn es beispielsweise um institutionalisierten Rassismus geht. Aber müssten wir nicht gerade an diesen Punkten weitermachen, dort, wo es an die Substanz geht und es wehtut?

Staats-Rassismus

Neun Männer und eine Frau mussten sterben, weil in den Herzen der Mörder der Hass loderte. Sie mussten aber auch sterben, weil die Sicherheitskräfte ihre Arbeit nicht machten, jedenfalls nicht so, wie sie es hätten tun müssen. Der Sicherheitsapparat hat versagt. Man hört in diesem Kontext immer von »Pannen« in der Sicherheitsarchitektur. Geheimdienst A hätte mit Polizeibehörde B Informationen besser austauschen sollen. Formular C müsse in seiner Struktur verbessert werden. »Pannen« eben – und hat man diese beseitigt, ist das Problem gelöst. Von »Pannen« zu sprechen ist im Kontext des staatlichen Versagens im NSU-Komplex keine ehrliche Selbstreflexion. Es ist eine Verhöhnung der Opfer. Der Begriff »Panne« soll verniedlichen und technisieren. In diese Richtung zielt auch das Gerede von »Defiziten in der Sicherheitsarchitektur«. Über »Technik« zu sprechen fällt leicht, jedenfalls leichter als über Haltung und Denken.

Die Haltung in den Köpfen vieler Kriminalbeamter war diese: Ein erschossener Türke muss in den Drogenhandel verwickelt sein. Obgleich zahlreiche Zeugen an zahlreichen Tatorten von zwei kurzgeschorenen, deutsch beziehungsweise osteuropäisch aussehenden Männern auf Fahrrädern berichteten, wurde keine Fahndung nach diesen Männern eingeleitet. Stattdessen kamen die Drogenhunde, stattdessen wurden die Telefone von Witwen und Halbwaisen abgehört. Türkeistämmige

Opfer durften keine Opfer sein. Weder die Toten noch die Hinterbliebenen. Und doch wurden sie um ein Leben betrogen, und doch hat man ihnen die Würde genommen. Den Toten nahmen die Verbrecher die Würde, als sie ihnen in die Köpfe schossen und als sie die Sterbenden fotografierten, um diese Bilder in das Paulchen-Panther-Bekennervideo einzubauen. Den Opferfamilien wiederum wurde die Würde von einem Sicherheitsapparat genommen, der den Trauernden nicht erlaubte zu trauern und sie zu Objekten von Denunziation und Verdächtigungen machte.

Und heute? Nach fast 400 Verhandlungstagen in München und über hundert vernommenen Polizeibeamten bleibt das Gefühl, dass sich in den Köpfen nichts geändert hat und dass im Grunde genommen die Beamten von der Richtigkeit ihres damaligen Handelns heute immer noch überzeugt sind. In einer »Operativen Fallanalyse« des Landeskriminalamtes Baden-Württemberg heißt es lapidar: »Vor dem Hintergrund, dass die Tötung von Menschen in unserem Kulturkreis mit einem hohen Tabu belegt ist, ist abzuleiten, dass der Täter hinsichtlich seines Verhaltenssystems weit außerhalb des hiesigen Normen- und Wertesystems verortet ist.« Im Laufe des Berichts wird es konkreter. Da die Morde besonders brutal ausgeführt wurden, muss es, so heißt es, um mehr als nur um Geschäftliches gegangen sein. Es könne nicht ausgeschlossen werden, dass es hier zusätzlich um einen Mord aus verletzter Ehre gehe. Ein geschäftlicher Ehrenmord sozusagen.[3]

Deutsche töten also wegen ihrer überlegenen Kultur nicht, das machen nur Ausländer, und zwar Ausländer, die einem übertriebenen Ehrbegriff anhängen. Das ist die Botschaft. Dieses Papier wurde nicht von einem, sondern von vielen hohen Beamten erstellt. Das Papier ging im Innenministerium des Landes Baden-Württemberg durch zahlreiche Hände. Es wurde weitergeleitet an Dienststellen in anderen Bundesländern. Niemand, nicht ein einziger Leser, sagte: »Moment einmal, diese Aussage ist nicht nur grotesk falsch, sondern sie ist auch rassistisch.« Richtig: rassistisch. Wenn dieses Papier nicht der pure Ausdruck von Rassismus ist, dann gibt es keinen Rassismus. Bis heute hat niemand diese Aussage richtiggestellt, kein Innenminister und kein Vorsitzender einer Polizeigewerkschaft.

Es konnte nicht sein, was nicht sein durfte. Ein Urteil in Bezug auf die Mordopfer selbst war hingegen schnell gefasst. Im genannten Bericht des Landeskriminalamtes attestierten die Beamten den Opfern ohne genauere Erklärung einen »Umgang mit Geld, der merkwürdig erscheint«. Allein aus dieser subjektiven Bewertung wird geschlossen, dass die Opfer sich durch eine »erhöhte Empfänglichkeit aus[zeichneten], die eigene finanzielle sowie ökonomische Situation durch illegale oder mit einem erhöhten Risiko verbundene Aktivitäten zu verbessern«[4]. Bei sieben der neun Opfer hätten ferner Auffälligkeiten im Kontext von Betäubungsmitteln bestanden – eine Aussage, die vor dem Hintergrund der damaligen Ermittlungsergebnisse schlicht falsch war. Und es geht weiter: So hätten »alle 9 Opfer [...] Kontakt zu einer Gruppierung, die ihren Lebensunterhalt mit kriminellen Aktivitäten bestreitet und innerhalb derer zudem ein rigider Ehrenkodex bzw. ein rigides inneres Gesetz besteht«[5]. Der »rigide Ehrenkodex« spielt sodann auch bei der abschließenden Erstellung eines Täterprofils eine zentrale Rolle, dient er doch zur Feststellung einer Täterherkunft aus dem »ost- bzw. südosteuropäischen Raum (nicht europäisch-westlicher Hintergrund)«[6].

Dass es für diese unglaublichen Vorwürfe keinerlei Beweise gab, zeige, so die Behörden, wie konspirativ die Leute vorgegangen seien. Derartiges Denken, derartig verkürzte und vorurteilsbehaftete Schlüsse haben einen Namen: Rassismus. Von den vielen Polizeibeamten, die in den mehr als zehn Jahren der NSU-Ermittlungen mit der Mordserie befasst waren, sind viele als Zeugen vor Gericht erschienen. Dort sind sie auf die Opfer gestoßen, die sie so lange unberechtigterweise selbst verdächtigt hatten. Es wäre eine Gelegenheit gewesen, Frieden zu stiften, sich zu entschuldigen. Kein einziger der Beamten hat das getan.

Es ist eine bittere Ironie des Schicksals, dass die Denkmuster der hier agierenden Beamten bezüglich der Betroffenen denen des NSU leider schlicht ähnlich waren. Denn die Mordopfer werden hier ihrer Individualität beraubt. Sie sind nicht mehr der 21-jährige junge Mann, der gerade für das Abitur lernt und seinem Vater im Internetcafé aushilft. Nicht der Blumenhändler, der hart arbeitet, um seiner Familie ein besseres Leben zu ermöglichen. Sie sind »Türken«. Keine Menschen um ihrer selbst willen, sondern Repräsentanten einer Gruppe, denen man aus Dummheit und Voreingenommenheit bestimmte Eigenschaften zuschreiben will. »Wenn der konkrete Mensch zum Objekt, zu einem bloßen Mittel, zur vertretbaren Größe herabgewürdigt wird« – das ist eine gängige juristische Formel für eine Verletzung der Menschenwürde. So wurde den Opfern vom NSU zuerst das Leben genommen. Der Staat nahm ihnen im Anschluss die Würde.

Offene Fragen

Bundeskanzlerin Merkel sagte in ihrer Rede vom 23. Februar 2012 folgenden Satz: »Denn es geht auch darum, alles in den Möglichkeiten unseres Rechtsstaates Stehende zu tun, damit sich so etwas nie wiederholen kann.« Kann sich der NSU wiederholen? Diese Frage ist vermessen und suggeriert, dass der NSU Geschichte sei. Woher wissen wir das? Jeden Tag sterben Menschen in Deutschland, und manchmal dauert es Jahre und Jahrzehnte, bevor die Täter ermittelt werden. Wäre nicht mehr

Demut angebracht? Wäre es nicht mutig und ehrlich zu sagen: Wir wissen es nicht? Noch mutiger wäre es für manche hierzulande sogar zu sagen: Wir wollen es gar nicht so genau wissen

Offene Fragen gibt es viele, und viele sind so offenkundig, dass man kein Kriminalist oder Jurist sein muss, um sie zu erkennen. Es sind drei große Fragenkomplexe, die bis zum heutigen Tage unzureichend oder gar nicht beantwortet wurden:

Wie groß war oder ist der NSU wirklich?

Welche Rolle haben Verfassungsschutzbehörden und andere Geheimdienste gespielt?

Wie groß ist das Problem des Rassismus in deutschen Sicherheitsbehörden, der es nicht erlaubte, dass ein türkisches Opfer ein Opfer sein durfte, sondern das Opfer und seine Familie ausschließlich als Verdächtige infrage kamen?

Wie groß war der NSU wirklich?

Um die Frage nach der Größe und Struktur des NSU zu beantworten, habe ich mir fast alle Tatorte angeschaut. Viele Anschläge wurden in kleinen Seitenstraßen oder Sackgassen fern der Innenstädte verübt. Wie kamen die Täter auf diese Orte? Wie wählten sie ihre Opfer? Am 25. Februar 2004 starb der 24-jährige Mehmet Turgut gegen 10:20 Uhr in einem Imbissstand. Seit weniger als zwei Wochen arbeitete er erst dort. Der oder die Täter schossen ihm in den Nacken, in die rechte Halsseite und in die Schläfe. Der Imbisswagen stand auf einer Brachfläche zwischen Einfamilienhäusern und trostlosen Plattenbauten in Rostock-Toitenwinkel. Der Imbisswagen hatte weder einen Telefonanschluss noch eine Webseite. Es gab nichts, was man hätte googeln können. Da drängt sich doch die Frage auf, *wie* die Mörder auf dieses Ziel kamen!? Sind sie kreuz und quer durch Deutschland gefahren, um über diesen Dönerstand zu stolpern? Möglich wäre das, theoretisch.

Allerdings: Die Täter besaßen keinen eigenen PKW. Die von ihnen genutzten Autos waren Mietwagen. Aus den Mietunterlagen wissen wir in etwa, wie viele Kilometer sie gefahren sind. Die gefahrenen Strecken lassen sich in den meisten Fällen gut rekonstruieren. Wenn das Trio Mundlos, Böhnhardt, Zschäpe Urlaub auf Fehmarn machte, mietete es ein Wohnmobil. Die einfache Strecke von Zwickau nach Fehmarn beträgt etwa 620 Kilometer. Anhand der Mietunterlagen können wir heute nachvollziehen, dass sie mit dem Wohnmobil etwa 1.400 Kilometer zurückgelegt haben. Viel Raum für Umwege bleibt da nicht.

Zudem ist es auch aus einem anderen Grund unwahrscheinlich, dass das Trio zur Erkundung von Tatorten viel unterwegs war: Es agierte sehr vorsichtig und vermied alles, was Aufmerksamkeit erzeugt hätte. Es ist nicht plausibel anzunehmen, Mundlos, Böhnhardt und Zschäpe hätten Tausende Kilometer auf Straßen quer durch Deutschland zurückgelegt, wenn es nicht *unbedingt* notwendig war. Je mehr Zeit man im Straßenverkehr zubringt, desto größer ist die Gefahr, in eine Routinekontrolle zu geraten. Man riskiert, von Anwohnern beobachtet zu werden, wenn man als Ortsfremder durch Straßen der Nachbarschaft fährt und Anwohner ausspioniert.

Warum ist diese Frage, wie Opfer und Tatorte ausgesucht wurden, so wichtig? Weil ihre richtige Beantwortung die Prämisse der Bundesanwaltschaft, wonach es sich beim NSU um eine »isolierte Zelle« gehandelt habe und der NSU-Komplex »ausermittelt« sei, in ihren Grundfesten erschüttern würde. Aus diesem Grund misst die Bundesanwaltschaft auch den beiden Zeugenaussagen im Zusammenhang mit dem Bombenanschlag in der Kölner Probsteigasse so geringe Bedeutung zu. Dort wurde ein Lebensmittelgeschäft mit einer Bombe zerstört, das von einer iranischstämmigen Familie betrieben wurde. Würde man den Zeugenaussagen Glauben schenken, so müsste man eingestehen, dass es sich um mehr als drei Personen gehandelt haben *muss*, die unter den Augen des Rechtsstaates eine beispiellose Mordserie begangen haben.

Paragraph 129 StGB besagt, dass für die Bildung einer terroristischen Vereinigung mindestens drei Personen notwendig sind. Wenn aber der NSU aus dem Trio Zschäpe, Mundlos, Böhnhardt bestanden hätte, dann wäre das auch rein rechtlich aus der Sicht der Bundesanwaltschaft sehr praktisch: Eine Terrororganisation, gegründet von und bestehend aus drei Personen, hörte in dem Augenblick auf zu existieren, als Mundlos beziehungsweise Böhnhardt ihren letzten Atemzug in dem Wohnwagen in Eisenach taten, der dann ausbrannte. Problem gelöst, so scheinen manche Polizeibehörden zu denken. Es hat etwas Autosuggestives, wenn Vertreter von Bundesanwaltschaft und Bundeskriminalamt immer wieder öffentlich ihr Mantra von der »isolierten Zelle«, die »ausermittelt« sei, wiederholen. Aber auch ein ständiges Wiederholen einer Unwahrheit schafft die offenkundigen Ungereimtheiten nicht aus der Welt.

In Heilbronn, wo Michèle Kiesewetter starb, berichteten Zeugen von verdächtigen Personen am Tatort, bei denen zum Teil blutverschmierte Hände beobachtet worden seien. Natürlich, Zeugen können sich irren. Wenn aber eine Zeugenaussage auch im Übrigen plausibel ist, wenn das Geschilderte zu anderen Hinweisen passt, dann muss man diesen Hinweisen nachgehen. Gerade dies aber hat die Bundesanwaltschaft immer wieder nicht mit der gebotenen Sorgfalt getan. Diese Hinweise wurden, so scheint es, oft nur oberflächlich geprüft, um dann schnell abgetan zu werden als lediglich »vermeintliche« Erinnerung.

Die Probsteigasse befindet sich nicht im touristischen Zentrum Kölns. Sie ist keine Straße, durch die man zufällig kommt.

Auch das von dem Bombenanschlag betroffene Geschäft selbst ist nicht auffällig. Bemerkenswert ist die Beschriftung draußen im Schaufenster: »Getränke Schmitz« heißt es dort. Schmitz hieß der Vorbesitzer. Wie kommt man aber auf die unscheinbare Probsteigasse? Und wie kann ein Trio, das im weit entfernten Zwickau lebt, wissen, dass nicht ein Deutscher namens Schmitz dieses Geschäft führt, sondern eine Familie aus dem Iran? Müssen unter diesen Umständen den Aussagen der Zeugen nicht viel mehr Plausibilität unterstellt werden?

Mit der Frage nach Größe und Struktur des NSU und seines Netzwerkes ist eine weitere Frage untrennbar verbunden: Die Frage nach dem *Warum*. Dieses *Warum* ist das, was meine Mandanten beschäftigt, was sie bewegt und ihnen in der Nacht den Schlaf raubt. *Warum* musste unser Bruder streben? *Warum* durfte mein Ehemann nicht leben? *Warum* wurde ausgerechnet *er* als Opfer ausgesucht? Meine Mandanten sinnen nicht nach Rache oder möglichst harten Strafen für die Angeklagten. Diese Dinge spielten nur am Rande unserer Gespräche eine Rolle. Sie wollen verstehen.

Meine Mandanten, das sind die Tochter von İsmail Yaşar und die Geschwister von Abdurrahim Özüdoğru. Abdurrahim Özüdoğru war 49 Jahre alt, als er am 13. Juni 2001 mit zwei Schüssen in den Kopf in seiner Schneiderei in Nürnberg ermordet wurde. İsmail Yaşar war der Inhaber eines Döner-Kebap-Imbisses, als er am 9. Juni 2005 in seinem Stand in der Nürnberger Scharrerstraße mit fünf Schüssen in den Kopf und in den Oberkörper erschossen wurde. Er wurde fünfzig Jahre alt.

Die Frage nach dem Warum beherrscht seit über einem Jahrzehnt unerbittlich Denken, Fühlen und Handeln der Angehörigen. Manchmal spricht man von ihnen als die »Opferangehörigen«. Aber dieser Begriff kann nicht ansatzweise die Situation beschreiben, in der sie sich befinden. Diese Menschen sind nicht lediglich »Opferangehörige«. Sie sind Überlebende des

NSU. Aus dem Nichts, so scheint es, kam der Tod zu ihnen. Der geliebte Mensch – Ehemann, Lebensgefährte, Vater, Bruder, Tochter, Sohn, Freund – wurde ihnen genommen. Dann sagte ihnen der Staat auch noch, dass dieser Mensch es nicht verdient habe, wirklich betrauert zu werden, weil er selbst ein Verbrecher sei, der seinen Tod – einer obszönen polizeilichen Logik nach – selbst verursacht habe. Im nächsten Schritt waren es dann diese Überlebenden selbst, die in das Fadenkreuz staatlicher Verdächtigung gerieten. Weder die Toten noch die Lebenden durften Opfer sein. Sie hatten keinen Anspruch auf Mitleid, Mitgefühl oder Hilfe. Freunde, Nachbarn, ja die eigenen Familien wandten sich von ihnen ab und verurteilten sie zu einem Jahrzehnt sozialer Isolation. Diese Strafe wurde vollstreckt, von Deutschen wie von Türken. Meinen Mandanten war schon zu Beginn des Prozesses klar, dass dieses Verfahren nicht die Antwort auf alle Fragen bringen würde. Dazu war schon zu viel Zeit vergangenen, so mancher Zeuge verstorben und viele Akten verschwunden *worden*, so muss man es wohl formulieren. Aber die Antwort auf die Frage nach dem Warum, darauf haben sie bis zuletzt vergebens gehofft.

Beate Zschäpe könnte die Antwort auf diese Frage sicher geben. Sie hat sich aber entschieden, dazu zu schweigen, so wie sie sich überhaupt jede Frage von den Nebenklägern und deren Anwälten verbeten hat. Es ist ihr gutes Recht zu schweigen. Niemand kann, niemand will sie zum Reden zwingen. Aber zugleich bat Frau Zschäpe um Verzeihung. Dafür, dass sie nicht gehandelt habe, als die Männer, *ihre* Männer, mordend durch das Land zogen. Was aber ist ihre Entschuldigung wert, wenn sie zugleich jenen Menschen, die wie niemand sonst unter den Morden zu leiden haben, jedes Wort, jede Frage und jede Antwort verweigert? Sie muss nicht reden. Meine Mandanten müssen jedoch auch keine Entschuldigung annehmen, nicht von ihr. Gerade aber weil Frau Zschäpe aus ihrem Herzen eine Mördergrube gemacht hat, hätte der Staat entschlossener Hinweisen auf ein größeres Nazi-Netzwerk nachgehen *müssen*.

Die Rolle der Verfassungsschutzbehörden

Im Laufe des Prozesses wurden über zwanzig Personen als *Zeugen* vernommen, die ganz offen zugaben, dem Trio geholfen zu haben. Der eine hatte eine Wohnung zur Verfügung gestellt, die andere persönliche Dinge transportiert, wiederum ein anderer Geld und Ausweisdokumente besorgt. Wirklich überraschend ist das nicht. Man kann in einem Land wie Deutschland nicht über ein Jahrzehnt hinweg im Untergrund leben, ohne Unterstützer zu haben. Zu diesen über zwanzig Helfern kommen noch vier Personen, die zusammen mit Beate Zschäpe angeklagt sind. Wir wissen also, dass mindestens zwei Dutzend Personen dem NSU mit logistischer Unterstützung zur Seite standen. Von wie vielen Helfern und Helfershelfern wissen wir nichts? Warum tut sich der Staat so schwer damit zuzugeben, dass bis zum heutigen Tage viele Dinge ungeklärt sind? Weil die Frage nach der wahren Größe des NSU unweigerlich zur nächsten großen Frage führt? Vielleicht, weil Teile des Staatsapparates doch mehr wissen, als sie zugeben?

Eines muss jedem heute klar sein: Einige deutsche Verfassungsschutzbehörden sind nicht Teil der Lösung, sondern Teil des Problems. Dieser Teil des Staatsapparates hat es gewagt, Akten zu vernichten, obwohl er wusste, dass die Öffentlichkeit alarmiert war, obwohl die Generalbundesanwaltschaft die Ermittlungen nach der Selbstenttarnung des NSU übernommen und alle relevanten Akten zum Trio angefordert hatte und obwohl Parlamente und Medien angefangen hatten, mit der Lupe auf das Geschehene zu schauen, und obwohl die Bundeskanzlerin der Bundesrepublik Deutschland ein uneingeschränktes Aufklärungsversprechen gab. Welches Wissen war wichtig genug, dass man es nicht wagte, sich dem erklärten Willen der demokratisch gewählten Führung und der Öffentlichkeit insgesamt zu stellen?

Ganz konkret stellt sich die Frage, ob ein Mitglied des NSU-Trios – zeitweise – für eines der 19 Geheimdienstämter oder für eine der 17 polizeilichen Staatsschutzabteilungen in Deutschland als V-Mann oder V-Frau gearbeitet hat. Es ist auch alles andere als ausgeschlossen, dass V-Personen im direkten Umfeld des Trios platziert waren. Die Neonazi-Szene Thüringens ist durchsetzt von V-Leuten. Und ausgerechnet im Umfeld von drei der wichtigsten Protagonisten der Szene sollen keine V-Leute im Einsatz gewesen sein? Wir wissen sicher, dass ein solcher V-Mann-Einsatz bis zu dem Tag, an dem das Trio untertauchte, stattfand. Warum sollte der V-Mann-Einsatz aber nach dem Untertauchen enden? Dies ist vollkommen unplausibel. Die eigentlich spannende Frage ist daher nicht, ob V-Personen das Trio auch nach dem Untertauchen »betreuten«, sondern, was diese V-Leute über das Treiben der drei wussten und wie viel brisantes Wissen sie an ihre V-Mann-Führer in den Geheimdienstbehörden weitergaben. Geradezu rührend mutet es an, wenn Parlamentarier in Untersuchungsausschüssen erklären, sie hätten keine Hinweise auf eine V-Person-Tätigkeit des Trios oder über V-Leute im Umfeld des NSU. Was haben sie denn erwartet? Die Geheimdienstler hatten alle Zeit der Welt, Akten zu vernichten.

Eines ist dabei klar: An der Täterschaft des Trios habe ich keine Zweifel. Nach über 600 Zeugenaussagen, der Inaugenscheinnahme von zahllosen Objekten und vor allem den Einlassungen von Carsten Schultze und Beate Zschäpe bin ich davon überzeugt, dass die Angeklagten zu Recht auf der Anklagebank sitzen. Ich gehe davon aus, dass an den meisten Taten noch andere, bis heute unbekannte Personen beteiligt waren. Und ich schließe nicht aus, dass diese Personen nicht nur lokale Hinweisgeber und somit »Beihelfer« im Sinne des Gesetzes waren, sondern dass sie auch Tathandlungen vorgenommen haben und somit »Täter« waren.

Nun weiß ich, dass auch in der Neonazi-Szene behauptet wird, nicht die Angeklagten oder die beiden Uwes hätten die Taten begangen, sondern unbekannte Dritte. Wichtig ist mir deswegen: Auch wenn ich von weiteren Tätern oder Helfern spreche, so zweifle ich doch nicht an der Schuld der Angeklagten oder an der Schuld, die Mundlos und Böhnhardt zu Lebzeiten auf sich geladen haben. Die Mitschuld Dritter entschuldigt weder die Angeklagten noch Mundlos und Böhnhardt. Sie wirft bloß die Frage auf, warum die Anklagebank mit nur fünf Angeklagten so dürftig besetzt ist.

Wir wissen nicht, was unsere Geheimdienste gewusst haben und was sie bis heute verschweigen. Wir können nur ahnen, warum bis heute Akten unter Verschluss gehalten werden. Solange wir jedoch keine Gewissheit haben: Wie können diese Geheimdienste es dann auch nur wagen, Vertrauen einzufordern?

Die Politik hat versagt

Politische Verantwortung ist eine stellvertretende Verantwortung. Man übernimmt Verantwortung für Handlungen, die man oft selbst nicht unmittelbar ausgeführt hat, für eine Organisation, einen Apparat oder Entscheidungen, an denen vielleicht viele beteiligt waren. Sie hat damit nicht nur, aber auch einen wichtigen symbolischen Charakter. Das öffentliche Eingeständnis des Versagens und der Schuld kann dabei eine ähnlich befriedende Funktion haben wie ein formalisierter juristischer Gerichtsprozess. In einer Demokratie ist es wichtig, Fehler so konkreten Entscheidungsträgern zuzuordnen. Nur auf diese Weise kann Vertrauen wiedergewonnen werden – der Verweis auf abstrakte Strukturen und technische Fehlerquellen provoziert das Gegenteil.

Wie viele Entscheidungsträger aus der Zeit des NSU haben Verantwortung übernommen? Klaus-Dieter Fritsche etwa war von 1996 bis 2005 Vizepräsident des Bundesamts für Verfassungsschutz und damit eine der Schlüsselfiguren bei der Überwachung rechtsgerichteten Terrors gegen unsere freiheitlich-demokratische Grundordnung. Zu einer Zeit, in der der NSU Deutschland mit der gewaltigsten rechtsterroristischen Anschlagsserie der Nachkriegsgeschichte überzog. Persönlich hatte er 2003 den Fall des flüchtigen NSU-Trios gegenüber seinen Vorgesetzten heruntergespielt. Das Schreddern von Akten im Bundesamt nur kurze Zeit nach Auffliegen des NSU hat er nicht verhindert. Vor dem Untersuchungsausschuss des Bundestages sprach er dabei vom »individuellen Fehlverhalten eines Mitarbeiters«. Seine Aussage, man müsse dem Ausschuss die Namen von Informanten aus der rechten Szene vorenthalten, führte dort zum Eklat. Die Übernahme von Verantwortung hat einen wichtigen symbolischen Charakter. Fritsche ist heute Staatssekretär im Bundeskanzleramt: als Beauftragter für die Nachrichtendienste des Bundes.

Wir hätten erwarten dürfen, dass Spitzenpolitiker für die Zukunft ihre Lehren aus dem Staatsversagen bei der Verhinderung, Verfolgung und Aufarbeitung der Taten des »Nationalsozialistischen Untergrunds« ziehen. Man kann den NSU nicht isolieren und vom Rest des Landes trennen. Man kann das Geschehene nicht in Untersuchungsausschüsse und Gerichtsgebäude einmauern und so tun, als hätten die Vorgänge nichts mit dem Rest des Landes zu tun. Und genauso wenig wie man das

Geschehen von der Gesellschaft, in der es stattfand, isolieren kann, wird man es von den Politikern, ihrer Politik und ihren Worten isolieren können. Politik hat Konsequenzen, und Worte haben Konsequenzen. Seit vielen Jahren wird eine Politik propagiert und umgesetzt, die auf Abschottung setzt und nach ökonomischen Gesichtspunkten fein säuberlich zwischen »wertvollen« und »wertlosen« Migranten unterscheidet. Erstere sollen, auch wenn sie es in Wirklichkeit vielerorts nicht sind, willkommen sein, Letztere sollen sehen, wo sie bleiben, solange es nicht Deutschland ist. Entsprechend fällt die Wortwahl aus. »Sozialschmarotzer« und »Betrüger« sind noch harmlose Umschreibungen.

Ich glaube nicht, dass der Mensch dem Menschen ein Wolf ist. Im Kern seines Wesens ist er gut, hilfsbereit, und er ist schön. Niemand wird als Mörder geboren und niemand als Nazi. Es ist verführerisch zu sagen: Das sind Mörder, da kann man nichts machen. Wir müssen genau hinschauen und fragen, wie aus den Kindern Böhnhardt und Mundlos Mörder werden konnten, die alles vermeintlich Fremde hassten.

Ein Teil der Antwort lautet: Diese Jugendlichen radikalisierten sich, als sich die Sprache unseres Landes radikalisierte. Damals, Anfang der Neunzigerjahre, redeten kreuzbrave Politiker demokratischer Parteien von den »Asylanten«, als seien diese nicht Menschen, sondern Parasiten. Es hieß: Deutschland versinkt in der »Ausländerflut«. Und die Dinge haben sich seitdem nicht wirklich geändert. Mit welchem Zungenschlag und Unterton haben wir in der Beschneidungsdebatte über Juden und Muslime gesprochen? Heute sprechen wir über Migranten, besonders über Sinti und Roma, keinen Deut besser als damals.

Im Jahre 2011 kündigte ein deutscher Ministerpräsident, Horst Seehofer, auf einer Aschermittwochsrede an, er werde sich »bis zur letzten Patrone« dagegen wehren, »dass wir eine Zuwanderung in die deutschen Sozialsysteme bekommen«. Die

Zuhörer klatschten. Bis zur letzten Patrone? Erzeugte das damals einen Aufschrei? Nein. Ob Mundlos und Böhnhardt diese Rede wohl gehört haben? Was sie sich wohl bei der johlenden Zustimmung der Zuhörer gedacht haben? Vielleicht, dass sie im Namen einer untätigen Mitte der Gesellschaft handelten. Taten statt Worte, so lautete ihr Motto.

Wenn die Politik der sogenannten Mitte eine Atmosphäre schafft, in der ein Teil der Menschen dieses Landes als Parasiten wahrgenommen werden, wen soll es dann noch wundern, dass eine extreme Rechte entsteht, existiert und sich verhält wie eine extreme Rechte: hasserfüllt und zu extremer Gewalt bereit? Der von der Politik vielbeschworene und selten geführte »Kampf gegen rechts« muss in der Politik anfangen, in seinen Gesetzen wie in seiner Sprache. Sich zu empören über die Mordtaten des NSU ist einfach und billig zu haben. Sich selbst zu hinterfragen und Konsequenzen zu ziehen ist ungleich schwerer. Solange keine ernsthafte Debatte und ein Umdenken in der Politik einsetzen, sollten wir uns über eine fehlende Debatte und ein Umdenken in der Gesellschaft nicht wundern.

Die Versäumnisse der Polizeibehörden

Das NSU-Verfahren war keine Farce, wie manchmal gesagt wird. Manche Fragen konnten beantwortet werden. Die Rollen der Angeklagten konnten geklärt, ihre Taten bewiesen und ihre Schuld nachgewiesen werden. Insbesondere Beate Zschäpe wurde zu Recht als Mörderin angeklagt. Ein Verdienst dieses Verfahrens ist eines, das weder das Gericht noch die Generalbundesanwaltschaft angestrebt hatten. Es gab einen sechsten Angeklagten, der nicht in der Anklageschrift Erwähnung gefunden hat, der keinen Tag auf der Anklagebank verbrachte und dessen Mitschuld dennoch zweifellos belegt ist: Polizeibehörden, die die Mörder hätten stoppen können, spätestens nach dem ersten Mord an Enver Şimşek im September 2000 in Nürnberg. Bis zum heutigen Tage behauptet die Polizei, sie sei allen Hinweisen gewissenhaft nachgegangen, und im Übrigen habe sie – leider – keinerlei Hinweise auf die Täter gehabt. Weder das eine noch das andere ist wahr.

Nicht weniger als drei (!) Zeugen berichteten der Polizei von zwei jungen Männern in Fahrradkleidung, die sie am Ort des Verbrechens gesehen hätten, als Enver Şimşek, das erste uns bekannte Mordopfer des NSU, starb. Einer beschrieb sogar recht präzise, wie einer der Männer halb im Lieferwagen von Enver Şimşek stand, den ausgestreckten Arm im Fahrzeuginneren, ruckhafte Bewegungen machte, dazu blecherne Geräusche. Er beschrieb den Moment, als Enver Şimşek starb. Die Zeugen berichteten auch, dass die beiden Fahrradfahrer nicht südländisch ausgesehen hätten. Was wäre passiert, wenn die Polizei diese Hinweise ernst genommen hätte? Wenn es einen öffentlichen Fahndungsaufruf gegeben hätte? Mit anderen Worten: Hätte man einen rassistischen Tathintergrund in Betracht gezogen, wäre man dann nicht möglicherweise auf Uwe Mundlos und Uwe Böhnhardt gestoßen, deren mörderischer Hass auf Einwanderer und deren Entschlossenheit zur Gewaltanwendung bekannt waren? Nach denen seit ihrem Untertauchen gefahndet wurde? Die von der Polizei als hochgefährlich eingestuft worden waren, nicht zuletzt wegen der großen Mengen Sprengstoff, die man in der von ihnen genutzten Garage gefunden hatte?

Wenn die Polizei öffentlich erklärt hätte, sie halte eine rassistische Tat für möglich und die Ermittlungen gingen *auch* in diese Richtung, hätte dies auch eine Wirkung auf das mörderische Trio – wenn es denn ein Trio war – und seine Helfer gehabt. Welche Verblüffung und welche Freude muss es dagegen bei dem Trio ausgelöst haben, als es nach dem Mord an Enver

Şimşek die Zeitungen las! Sie hatten ihr Soll – wahrscheinlich unbeabsichtigt – übererfüllt. Ein Türke war tot, und die Polizei verdächtigte nicht sie, sondern das Opfer des Drogenhandels und sprach von einer türkischen Mafia. So wurden nicht nur der Tote und seine Verwandten kriminalisiert, sondern auch ganz *en passant* eine ganze Bevölkerungsgruppe in Verruf gebracht.

Über hundert Polizeibeamtinnen und Polizeibeamte haben als Zeuginnen und Zeugen ausgesagt. Nur einer hat sich zu den Überlebenden umgedreht, zugegeben, dass er Fehler gemacht habe, und um Entschuldigung gebeten. Alle anderen erweckten mehr oder weniger den Anschein, dass sie nach wie vor von der Richtigkeit ihres Handelns überzeugt sind und morgen wieder genauso handeln würden.

Noch heute behaupten führende Ermittler von damals, sie hätten keinerlei vielversprechende Spuren gehabt, denen man hätte folgen können. Wider besseres Wissen. Denn bei Enver Şimşek in Nürnberg waren es, wie erwähnt, drei Zeugen, bei İsmail Yaşar, ebenfalls in Nürnberg, vier Zeugen, bei Habil Kılıç in München zwei Zeugen, bei Mehmet Kubaşık in Dortmund drei Zeugen, die alle von verdächtigen Fahrradfahrern am Tatort berichteten. Diese wurden als mittel- beziehungsweise nordeuropäisch beschrieben. In Dortmund sagte eine Zeugin gar, einer der beiden habe »wie ein Nazi ausgesehen«. Wie kam es, dass ganz unterschiedliche Polizeidienststellen verstreut über ganz Deutschland so synchron handelten, als sie konsequent Hinweise auf die nach ihrem Geschmack zu deutsch aussehenden Radfahrer ignorierten und stattdessen mit der gleichen Konsequenz die Opfer und deren Angehörige kriminalisierten?

Deswegen ist die Rede von Polizeipannen so verlogen. Eine Panne kann *mal* passieren. Als singuläres Ereignis. Hier aber agierten Polizisten in ganz Deutschland ganz unabhängig voneinander, aber zugleich einheitlich wie Fische in einem Schwarm. Ein inoffizielles System wurde sichtbar. Dieses inoffizielle System hat einen Namen: institutioneller Rassismus. Die Existenz dieser Form des Rassismus konnte in diesem Verfahren belegt werden, auch wenn Gericht und Bundesanwaltschaft sich mit Händen und Füßen dagegen wehrten.

Manifest für ein gutes Land

Wozu dient ein Plädoyer? Wozu dient *dieses* Plädoyer? Das Plädoyer, in der Strafprozessordnung ganz nüchtern »Schlussvortrag« genannt, dient am Ende eines Strafverfahrens als Zusammenfassung aus der Perspektive der Vortragenden. Als solche sind im Gesetz zuvorderst die Staatsanwaltschaft und die Verteidigung genannt. Vor dem Urteil sollen die Plädoyers den in der Hauptverhandlung ermittelten Sachverhalt zusammenfassen und nach rechtlichen Gesichtspunkten bewerten.

Das Plädoyer der Anklagevertretung soll die wesentlichen Ergebnisse der Hauptverhandlung und der Beweiserhebung erörtern, Schuld oder Unschuld feststellen und mit einem konkreten Antrag zur Rechtsfolge abschließen. Hält die Staatsanwaltschaft die Schuld des Angeklagten für erwiesen, so erörtert sie zudem auch Aspekte der ganz konkreten Strafzumessung. Beantragt sie hingegen einen Freispruch – auch das kommt manchmal vor –, soll sie zugleich eine Entscheidung des oder der Richter über eine mögliche Entschädigung nach dem Gesetz über die Entschädigung für Strafverfolgungsmaßnahmen beantragen.

Der Verteidigung sind keinerlei Vorgaben gemacht. Sie kann, aber sie muss kein Plädoyer halten. Sie kann konkrete Feststellungen treffen – zum Beispiel »Die Schuld meines Mandanten ist nicht nachgewiesen« –, muss es aber nicht. Sie kann, wenn diese Schuld aus ihrer Sicht nachgewiesen wurde, um ein mildes Urteil bitten oder ganz konkrete Anträge stellen. Sie kann ein kurzes Plädoyer halten oder ein langes. Die Verteidigung ist frei in ihrem Tun.

Das Plädoyer soll dem oder den Richtern die jeweils *subjektive* Sicht auf das Verfahren näherbringen und aufgeschlossener für die jeweiligen Argumente machen. Als Faustformel kann dienen: je länger ein Strafverfahren, desto wichtiger und desto ausführlicher das Plädoyer.

Das Gesetz gibt in Paragraph 397 der Strafprozessordnung auch dem Nebenkläger das Recht auf einen Schlussvortrag. Sowohl der Nebenkläger als auch sein Anwalt, der Nebenklagevertreter, haben also Anspruch auf ein Plädoyer. Die Realität sieht in vielen Gerichtssälen anders aus. Viele Nebenklageanwälte sind zwar jeden Tag im Saal, aber dennoch nicht anwesend. Diese Anwälte scheinen mehr Wert auf das »Neben« denn auf den Zusatz »Anwalt« zu legen. Diese passive Nebenklage versteht sich mehr als Anhängsel der Staatsanwaltschaft, stellt keine eigenen Anträge, befragt keine Zeugen und hält konsequenterweise kein Schlussplädoyer. Hier wird jedoch verkannt, dass die Nebenklage nicht dazu da ist, der Staatsanwaltschaft zu assistieren. Nebenkläger und ihre Vertreter sind eigenständige Verfahrensbeteiligte, denen das Gesetz weitreichende Rechte zugesteht.

Eine ordnungsgemäße Nebenklagevertretung muss sich selbst ernst nehmen, damit sie von den anderen Verfahrensbeteiligten ernst genommen wird. Anwälte von Opfern von Straftaten müssen gegenüber *allen* Verfahrensbeteiligten selbstbewusst und kritisch auftreten. Es kann nicht darum gehen, dass man am Ende eines Verfahrens blind der Staatsanwaltschaft recht gibt und sich deren Anträgen anschließt. Vielmehr muss der Nebenklagevertreter darauf achten, dass auch Polizei und

Staatsanwaltschaft sauber ermittelt haben und dass das Gericht das formale und materielle Recht fehlerfrei anwendet.

Im Ergebnis muss das auch bedeuten, dass ein seriöser Nebenklageanwalt auch Feststellungen *zugunsten* eines Angeklagten trifft, wenn die Beweisaufnahme dazu Anlass gibt. Eine Nebenklagevertretung *muss* außerdem konsequenterweise am Ende eines Verfahrens die Sicht und die Bewertung seiner Mandantschaft auf das Geschehene und den Prozess klar und deutlich einbringen. Doch noch immer ist es gang und gäbe, dass die Sicht des Opfers einer Straftat nur beiläufig in das Urteil einfließt.

Diese Feststellung gilt für *jeden* Strafprozess. Im »Verfahren 6 St 3/12 gegen Beate Zschäpe und andere« gilt das aber in besonderer Weise. Die Überlebenden des NSU wurden kriminalisiert, marginalisiert und ignoriert. Von uns ebenso wie von unserem Staat. Im Schlussplädoyer kann, soll und muss das, was sie erlebt haben und was ihnen angetan wurde, nicht nur zur Sprache gebracht, sondern in den Mittelpunkt gestellt werden. Die Plädoyers der Generalbundesanwaltschaft und erst recht die der Verteidiger werden sich um die mutmaßlichen Täter drehen. Das ist auch in Ordnung. Aber umso wichtiger ist es dann, dass wir, deren wichtigste Aufgabe es war, unseren Mandanten eine Stimme zu geben, genau diese Stimme laut und für alle verständlich erheben.

Es ist unübersehbar, dass der Staat ein Ende will. Die Akte NSU soll geschlossen werden. Genug ist genug. Aber das ist noch nicht alles: Ist die Akte endlich weggeräumt, soll die Sicht des Staates als *alleinige* und damit *absolute* Wahrheit festgeschrieben sein. Die Sicht des Staates, jedenfalls die seiner Sicherheitsorgane, gleicht einem Theaterstück in drei Akten: Erster Akt: Pleiten, Pech und Pannen. Beruhend auf dummen Fehlern konnte der NSU erst sehr spät enttarnt werden. Zweiter Akt: Alles, jedenfalls das meiste, wurde ausermittelt. Dritter Akt: Etwas wie der NSU kann sich nicht wiederholen. Jeder dieser Akte ist falsch, und das ganze Stück verkommt zu einem Schmierentheater.

Es geht nicht um individuelle Pannen, sondern um ein Systemversagen, dessen Ursache institutioneller Rassismus ist. Es wurde eben nicht alles aufgeklärt. Der NSU wurde nicht enttarnt – schon gar nicht von der Polizei –, sondern hat sich selbst entlarvt. Dass sich eine rassistische Mordserie wiederholen kann, liegt auf der Hand. Vielleicht wiederholt sie sich gerade in diesem Moment. Deswegen ist es gerade in diesem Prozess so wichtig, dass sich die Überlebenden des NSU und ihre Anwälte auch am Ende des Verfahrens zu Wort melden. Es ist ungeheuer bedeutsam, dass unsere Gedanken zu Buchstaben, Buchstaben zu Wörtern und Wörter zu Sätzen werden, die vorgelesen werden, die veröffentlicht werden, die in welcher Form auch immer die Zeit überdauern. Aus Lügen, die wir glauben, werden Wahrheiten, mit denen wir leben, stellte einst der Romanautor Oliver Hassencamp scharfsinnig fest.[7] Wollen wir wirklich mit dieser Form der »Wahrheit« leben? Es ist nicht so, dass *nichts* aufgeklärt wurde, das ist richtig. Ich behaupte nicht, dass der Staat insgesamt vollkommen untätig war. Richtig ist aber auch, dass die halbe Wahrheit nicht die *Hälfte* der Wahrheit ist.

Wenn das Wort für die Opfer nicht ergriffen wird, wird es nach einer gewissen Zeit so sein, als hätten sie nie existiert. Bei deutschen Strafprozessen gibt es kein offizielles Wortprotokoll. Es gibt erst recht keine elektronischen Aufnahmen. Jeder macht sich seine eigenen Notizen, vor allem die Richter. Die gesetzlich vorgeschriebenen Protokolle enthalten im Wesentlichen Formalien: die Namen der Richter, Staatsanwälte, Verteidiger und Dolmetscher zum Beispiel, oder sie halten fest, ob eine öffentliche oder eine nicht-öffentliche Verhandlung stattgefunden hat. Nur bei den – für relativ geringe Vergehen zuständigen – Amtsgerichten wird neben den formalen Aspekten des Verfahrens zusätzlich auch der wesentliche Inhalt der Einlassungen der Angeklagten und der Aussagen von Zeugen und Sachverständigen protokolliert. Bei allen anderen Strafverfahren ist das nicht der Fall, so auch nicht beim NSU-Prozess am Oberlandesgericht München. Hier waren die jungen Menschen von »NSU-Watch« die Einzigen, die von der Tribüne aus jedes Wort mitgeschrieben und somit ein inoffizielles Wortprotokoll angefertigt haben. Hinzu kommen natürlich die zahlreichen Presseberichte. Die Pressetribüne in diesem Verfahren war an keinem einzigen Tage leer – es ist nicht übertrieben zu sagen, dass sich in diesem Verfahren die Medien um unseren Rechtsstaat verdient gemacht haben. Sie haben über jeden einzelnen Prozesstag kritisch berichtet, das Verfahren immer wieder hinterfragt, auf Widersprüche hingewiesen. Traurig war es indes zu erleben, wie türkische Medien immer seltener und am Ende gar nicht mehr auf der Pressetribüne zu sehen waren. Umso wichtiger war es, dass »NSU-Watch« ihre Protokolle ins Türkische übersetzt hat.

Es ist aber auch wichtig, dass dem staatlichen Narrativ, gespeist aus der Anklageschrift der Bundesanwaltschaft und manifestiert im schriftlichen Urteil des Gerichts, die Erfahrungen der Angehörigen manchmal ergänzend zur Seite gestellt, manchmal aber auch kontrastierend entgegengesetzt werden.

Im Namen meiner Mandanten muss ich hier thematisieren, weshalb die Täter – allen voran Böhnhardt, Mundlos und Zschäpe – unter wesentlicher Mithilfe eines weit gestreuten Unterstützernetzwerkes, trotz dieses Aufwands und trotz vieler Hinweise auf sie, über Jahre hinweg weiter morden konnten. Warum nicht zumindest der zweite, dritte oder vierte Mordanschlag verhindert werden konnte. Wie es sein kann, dass am Ende zehn Personen Opfer des NSU-Terror-Kerntrios wurden. Wieso die Behörden, die Hunderttausende Euro an »aktionsorientierte Rechtsradikale« zahlten, um damit vermeintlich Menschenleben zu schützen, diese Gewalt nicht stoppen konnten. Die Antworten sind unangenehm, gerade auch für die deutschen Ermittlungsbehörden und die Verfassungsschutzämter. Doch wir sind es den Angehörigen der Opfer schuldig, diese Fragen aufzuarbeiten, um daraus zu lernen und um zu verhindern, dass eine solche menschenverachtende Mordserie über mehrere Jahre hinweg inmitten von Deutschland noch einmal passiert.

Die neue deutsche Furcht vor dem Anderen

Als Nebenklägeranwalt habe ich Hunderte Aktenordner mit Tausenden von Seiten über die NSU-Taten studiert. In den Akten befinden sich zahlreiche Fotos. Fahndungsfotos, Fotos von Waffen, von Fahrzeugen und Tatorten. Bilder der Opfer, die in ihrem Blut liegen, mit zerschossenen Gesichtern. Obduktionsfotos der Opfer, aber auch der mutmaßlichen Täter. Es sind Bilder, die niemanden, mich ganz sicher nicht, unberührt lassen, Bilder, mit denen man ins Bett geht und mit denen man aufwacht. Dennoch gibt es da auch noch einige andere Fotos, die mich unentwegt beschäftigen. Es sind Bilder der beiden Haupttäter, Uwe Mundlos und Uwe Böhnhardt, im Alter von vielleicht zwölf Jahren. Sie zeigen die beiden Jungs, jeweils mit ihren Müttern auf dem Sofa oder mit ihren Freunden auf dem Spielplatz, wie sie herumalbern und Quatsch machen. Man blickt in offene, freundliche, liebe Kindergesichter. Dann sehe ich Mundlos und Böhnhardt auf anderen Fotos, ein paar Jahre später. Kahlgeschoren. Mit Bomberjacken und hasserfüllten Gesichtern. Die Hand zum Hitlergruß erhoben. Und ich frage mich: Was ist mit diesen Kindern passiert?

Ich habe großes Mitleid mit den Mordopfern und mit ihren Angehörigen, die Opfer waren, es aber lange nicht sein durften. Deren Geschichten wir Anwälte immer wieder fassungslos anhören. Manche erfährt man nur nebenbei, auf dem Gerichtsflur oder draußen, bei einer Zigarettenpause. Man hört sie und hofft inständig, es möge sich um ein Missverständnis handeln. Da erzählt mir der Bruder eines Mordopfers, wie er selbst wochenlang unter Tatverdacht gestanden habe. Am Ende sei es um die Freigabe der Leiche gegangen, damit die Familie endlich Abschied nehmen konnte. Der zuständige Beamte habe gesagt: »Die Leiche können Sie haben, aber den Kopf behalten wir. Den brauchen wir noch für Untersuchungen.« Die Familie bekam einen verschweißten Zinksarg. Bis heute, sagte der Mann, wisse er nicht, ob sein enthaupteter Bruder mit oder ohne Kopf seine letzte Ruhe gefunden habe.

Aber ich empfinde auch Mitleid mit Mundlos und Böhnhardt. Nicht mit den Mördern, zu denen sie wurden, sondern mit den Kindern, die sie einmal waren und die die Chance hatten, ein Leben zu leben, in dem sie Liebe hätte geben und Liebe hätten erfahren können. Wie konnten aus diesen Kindern Mörder werden? Das ist eine Frage, die das Gericht nicht zu beantworten vermochte. Diese Frage müssen wir uns stellen, wir alle, die wir Bürger dieses Landes sind. Wir scheuen eine solche Debatte jedoch, weil sie uns weg von den Nazis und zurück zu uns führen würde.

Meine Freunde und Bekannten, vor allem meine deutschen Freunde, sind entsetzt über die NSU-Morde. Sicher, die verbale Solidarität ist groß. Aber bei der Frage nach den Wurzeln des Hasses schauen und hören sie betreten weg. Denn plötzlich ist der Hass nicht weit weg, nicht bei den Glatzen, die zu verachten so leicht ist, sondern ganz nah bei uns selbst.

Und so scheitert der Kampf gegen den Rassismus oft schon daran, dass er nicht geführt wird. Gründe dafür gibt es viele:

Bequemlichkeit, Feigheit, manchmal auch klammheimliche Kumpanei. Die Hauptgründe sind aber andere: Ignoranz und Blindheit. Viele Menschen assoziieren Rassismus nur mit kahlgeschorenen Köpfen, Springerstiefeln und Bomberjacken. Wie viele Skinheads dieser Art gibt es schon? Hundert? Tausend? Fünftausend? Was sind schon Fünftausend gegen 83 Millionen? Die Wahrheit ist jedoch eine andere. Rassisten 2.0 sehen anders aus und reden anders als früher. Früher konnte man vielleicht »Rassist« und »Nazi« synonym verwenden. Das hat sich geändert. Jeder Nazi ist ein Rassist, aber nicht jeder Rassist ein Nazi. Der moderne Rassist nennt vielleicht *Die Simpsons* als seine Lieblingsserie und hört am liebsten Rosenstolz. Er schwadroniert nicht mehr über die Überlegenheit der einen Rasse über die andere. Er spricht lieber über die Zurückgebliebenheit der einen Kultur und der daraus folgenden Überlegenheit der eigenen Kultur. Er sorgt sich um die kulturelle Identität seiner Heimat und wegen der »Zuwanderung in die Sozialkassen«. Er gibt sich tierlieb und fordert ein Verbot der Schächtung. Er gibt sich kinderlieb und fordert ein Verbot der Beschneidung. Er gibt sich als »Frauenversteher« und fordert ein Verbot des Kopftuchs. Er fordert ein Verbot des Korans, schließlich stand ja auch Hitlers *Mein Kampf* auf dem Index. Er kämpft für unsere Freiheit und will alles verbieten, was er nicht kennt oder nicht kennen will. Der moderne Rassismus ist oft subtil, und die Subtilität steigt mit dem Bildungsgrad.

Das macht den Kampf gegen Rassismus unbequem. Wer will schon gegen Menschen argumentieren, die offenbar Kinder lieben, Frauen achten und Tiere schützen wollen? Wer will es wagen, solche Menschen Rassisten zu nennen? Natürlich sind die meisten Menschen, die sich für die Rechte von Kindern, Frauen und Tieren engagieren, keine Rassisten. Gott sei Dank. Aber man sollte schon aufhorchen, wenn Menschen, denen im Alltag Kinder und Frauen vollkommen gleichgültig sind, plötzlich hyperengagiert auftreten, wenn diese Themen beispielsweise im Kontext von Muslimen oder Juden diskutiert werden.

Als Gesellschaft haben wir durch unsere Geschichte im Umgang mit Fremdenfeindlichkeit ein hohes Maß an Sensibilität gewonnen. Das ist eine große zivilisatorische Leistung der Alliierten, der Nachkriegsgenerationen, der 68er-Bewegung. Doch zuweilen hat diese Sensibilisierung eine konträre Wirkung. Der Begriff »Nationalsozialist« ist in unserem kollektiven Gedächtnis als geächtet eingebrannt. Jeder weiß heute, dass »ein Nazi sein« etwas Schlechtes ist. Daher engen wir kurzerhand die Definition dessen, was denn ein Nazi sei, bis zur Unkenntlichkeit ein. Die Methode treibt mitunter absurde Blüten: Im NSU-Verfahren waren Personen aus dem Umfeld von Beate Zschäpe im Zeugenstand. Ob sie sich selbst als »rechtsradikal« einstufen würden, wurden sie gefragt. Die Frage wurde vehement verneint. Die Anwälte der Nebenklage versuchten daraufhin, ihre Ansichten und Lebensumstände abzuklopfen. Ausländer? Das seien doch alles Verbrecher. Flüchtlinge und Asylbewerber sowieso. Das Porträt von Adolf Hitler, das über dem Tisch im Keller hing, in dem sich Beate Zschäpe zum Kartenspielen verabredete? Ganz normal. Wir sind doch keine Nazis!

Ortswechsel: Dresden, eine Demonstration von PEGIDA, der »Patriotischen Europäer gegen die Islamisierung des Abendlandes«. Die Bewegung, die Ende 2014 an Fahrt gewonnen hat, organisiert jeden Montag »Abendspaziergänge« gegen eine behauptete »Islamisierung des Abendlandes« und gegen eine als falsch empfundene Asyl- und Migrationspolitik. Ein Demonstrationsteilnehmer wird von einem Journalisten gefragt: Sind das alles patriotische Europäer, die hier demonstrieren? Er antwortet: Auf alle Fälle seien es keine Nazis in Nadelstreifen. Man solle sich doch mal umsehen hier, das seien doch »alles stinknormale Leute, die ihre Sorgen hier zu Recht darstellen wollen!«. Ein älterer Herr neben ihm pflichtet ihm bei. Er wird gefragt, was er denn zum Ausdruck bringen wolle? Da ist sich der Herr ganz sicher: »Dass ich gegen die Ausländer bin, dass so viele hier reinkommen, das ist mein Grund, warum ich hier bin. Und die kriegen einen Haufen Geld.« Später fordert ein Mann mit ergrautem langem Pferdeschwanz, man solle jeden Ausländer, der das Land betrete, erst einmal isolieren. Wegen der Krankheiten. In München konnte man zuweilen den als NSU-Helfer angeklagten André Eminger bei der lokalen Pegida-Demo mitlaufen sehen. Tagsüber auf der Anklagebank in einem Verfahren, wo es um Gewalt gegen Migranten geht, und am Abend Seite an Seite mit »besorgten Bürgern« gegen zu viele Migranten im Land. So wird sichtbar, was zusammengehört.

In seiner bürgerlichen Ausprägung ist der Rassismus zugleich Ausdruck eines fortwährenden kollektiven Bedürfnisses, die historische Distanz zwischen dem Jetzt und dem Damals so groß wie möglich zu halten. Gern bezeichnen wir den Übergang von der Nazi- zur Nachkriegszeit in Deutschland als »Stunde Null«. Der Moment, ab dem schlagartig alles anders war. Der die Zäsur bildet, welche uns von der dunkelsten Seite unserer Geschichte abzuschirmen vermag. Doch unsere »Stunde Null« war eben ein Übergang – und kein abrupter Bruch. Mit den 68ern hatte es sich eine ganze Generation zur Aufgabe gemacht, aus dieser Erkenntnis die richtigen Schlüsse zu ziehen. Die Nazis von damals sind heute fast alle tot. Doch einige ihrer Ideen haben überlebt. Der NSU hat sehr wohl etwas mit unserer Vergangenheit zu tun. Die Täter wollen ganz bewusst an diese Vergangenheit anknüpfen. Bereits die Abkürzung »NSU« ist nicht zufällig gewählt – sie orientiert sich an der Abkürzung NSDAP, der »Nationalsozialistischen Deutschen Arbeiterpartei« der Zwanziger-, Dreißiger- und Vierzigerjahre. Ignorieren wir den Zusammenhang zwischen dem NSU und seiner ideologischen Inspiration, die er in den Ideen und der Sprache des sogenannten »Dritten Reiches« findet, werden wir das Problem nie ganz erfassen.

Es ist einfach, den Skinhead-Rassisten zu verurteilen. Es ist jedoch ungleich schwieriger, den manchmal gar nicht so subtilen Rassismus unserer Freunde, Kollegen und Verwandten als solchen zu benennen. Wo er uns an die dunkelsten Stunden unserer Geschichte erinnert. Der Kampf gegen den Rassismus muss aber genau da geführt werden: Wo er unseren Herzen so nah ist und das Aufbegehren deswegen schmerzt.

Gemeinsam einen zweiten NSU verhindern

Manchmal werde ich gefragt, ob nach allem, was wir heute wissen, in Zukunft die Taten wie die des NSU noch einmal möglich wären. Natürlich wären sie möglich, muss die ehrliche Antwort lauten. Was hat sich denn bislang geändert? Was soll sich denn in Zukunft ändern? Ich gehe noch einen Schritt weiter: Wer kann garantieren, dass Gesinnungsfreunde des NSU nicht bald weitermorden? Mord und Totschlag werden immer wieder verübt, Menschen sterben, und oft erfahren wir nie, wer oder was hinter den Taten steckt. Dieser Tage jährt sich die Ermordung des jungen Burak Bektaş zum zweiten Mal. Auf offener Straße in Neukölln wurden er und seine Freunde angeschossen, Bektaş starb noch am Tatort. Wie beim NSU gab es kein Bekennerschreiben. Wurde die Möglichkeit eines rechtsradikalen Hintergrundes wirklich umfassend und gründlich geprüft? Wurden alle offenen Altfälle aus dem Bundesgebiet mit dem Tod Bektaş verglichen? Dass Nazi-Mörder Bekennerschreiben hinterlassen, ist ein Mythos, den die Sicherheitsbehörden fälschlicherweise immer unterstellt haben. Und bis heute unterstellen.

In einem lichten Moment selbstkritischer Reflexion haben Bundes- und Landeskriminalämter erst kürzlich noch einmal 3.300 Tötungsdelikte unter die Lupe genommen. Auf den – durch den NSU-Skandal schärferen – zweiten Blick schien es nun doch in 746 der Fälle zwischen 1990 und 2011 möglich, dass die Täter eine »rechte Tatmotivation« hatten. 746 Fälle! Die nackte Zahl lässt leicht vergessen, dass dahinter unzählige zerstörte Familien stehen, deren Vater, Mutter, Sohn oder Tochter aus dem engsten Kreis gewaltsam herausgerissen wurden. Die wie die Familien von İsmail Yaşar oder Abdurrahim Özüdoğru vielleicht nie zur Ruhe kommen konnten. Die vielleicht selbst verdächtigt wurden. Und die nie Gewissheit haben, warum ihre Angehörigen sterben mussten.

Die Zahl repräsentiert unermessliches Leid. Und das Schlimmste ist: Sie müsste vermutlich noch viel größer sein. Was ist mit den Körperverletzungen, den Sprengstoffanschlägen, den Raubüberfällen aus dieser Zeit? Was ist mit den aktuellen Taten? Es ist ein in Juristenkreisen offenes Geheimnis, dass auf den Richterbänken, in den Staatsanwaltschaften und Polizeirevieren dieses Landes – auch ganz unabhängig von Phänomenen wie institutionellem Rassismus – die latente Tendenz besteht, den potenziell rassistischen Hintergrund von Straftaten unter den juristischen Teppich zu kehren. Keiner will rechte Gewalttäter in seinem Zuständigkeitsbereich. Da hilft auch die durch Justizminister Heiko Maas angestoßene Debatte über die stärkere Berücksichtigung von Beweggründen und Zielen der Täter bei der Strafzumessung nicht. Denn dieser Schritt setzt ja gerade voraus, dass Rassismus als Täterziel im ersten Schritt erkannt und angeprangert wird.

Der Tod Burak Bektaş' und die Debatte um rassistische Tathintergründe seien nur exemplarisch genannt. Ich sehe nicht hinter jedem Busch einen Nazi-Terroristen, wie mir vorgeworfen wurde. Worauf ich aber bestehe, ist, dass wir aufhören müssen, so zu tun, als gäbe es keine Nazi-Terroristen. Diese Erkenntnis muss in unseren Staatsapparat endlich einsickern. Vom Minister bis zum Polizeimeister.

An dieser Stelle wird die individuelle Verantwortung zugleich zu einer Verantwortung unserer Gesellschaft insgesamt. Als solche sind wir verantwortlich für eine breite und schonungslose Debatte über Rassismus in unserem Land. In all seinen Facetten. Der NSU ist beileibe nicht das einzige Thema, doch sollte er uns Anlass geben, aktuelle Ereignisse in dessen Licht zu sehen, über Lehren nachzudenken.

Ein Gerichtsprozess kann diese Dinge nicht ungeschehen machen, und er tut sich schwer mit deren Aufarbeitung. Für die Zukunft wird auch weniger entscheidend sein, was im Gerichtssaal, sondern was außerhalb des Gerichtssaals geschah und geschieht. Nicht Juristen sind gefragt, sondern Bürger.

So möchte ich mit diesem Plädoyer Zeugnis anlegen: über das Geschehene, über Menschen, über Versagen und über Hoffnung.

Das griechische Wort Katharsis beschreibt die Läuterung der Seele durch eine Katastrophe. Ja, wir haben die Katastrophe erlebt, als Menschen in der Mitte unseres Landes zu Opfern wurden und nicht Opfer sein durften. Geläutert sind wir aber noch nicht. Zur Läuterung braucht es einen schonungslosen Blick in den (eigenen) Abgrund. Es gibt kein Land der Welt ohne Rassismus, und es leben wohl nur wenige Menschen, die stets jenseits rassistischer Stereotypen denken und handeln.

Was eine erwachsene, in sich ruhende Demokratie ausmacht, ist nicht die Abwesenheit von Rassismus, sondern der Umgang mit Rassismus, ganz gleich, ob in den Straßen oder in den Amtsstuben. Wenn wir nicht wollen, dass die Toten umsonst gestorben sind, so sollten wir offen und ehrlich das Geschehene annehmen. Nichts beschönigen, nichts verkleinern, sondern selbstkritisch und mit Demut auf die Dinge schauen.

Erst wenn wir die Dämonen in unserer Mitte als *unsere* Dämonen begreifen, können wir sie bezwingen. Reue zu empfinden reicht nicht. Die einzige Reue, die zählt, ist tätige Reue. Wenn wir ehrliche Reue empfinden, über das Versagen nicht *des* Staates, sondern *unseres* Staates, dann müssen wir an uns arbeiten und solidarisch werden mit jenen Menschen, die heute Opfer von Hass sind, und jenen Menschen, die morgen Opfer werden könnten von Hass, Ausgrenzung und Gewalt. Empörung reicht nicht. Unser aller Handeln ist gefragt.

Enver Şimşek, Abdurrahim Özüdoğru, Süleyman Taşköprü, Habil Kılıç, Mehmet Turgut, İsmail Yaşar, Theodoros Boulgarides, Mehmet Kubaşik, Halit Yozgat und Michèle Kiesewetter waren einmal unsere Mitmenschen. Sie wurden geliebt und haben geliebt. Sie hatten Hoffnungen und Träume. Sie werden nicht wiederkommen. Ihr Tod muss uns Auftrag sein, darüber nachzudenken, wie wir über Mitmenschen denken und urteilen, wie wir unsere Kinder erziehen und wie viel Einsatz und Herzblut uns unsere Demokratie wert ist.

2. Der NSU-Prozess: ein Überblick

Mit seinem Urteil hat das Oberlandesgericht München einen vorläufigen Schlussstrich unter die strafrechtliche Aufarbeitung des NSU-Komplexes gezogen. Ob dieses Urteil in der Revisionsinstanz Bestand haben wird, bleibt abzuwarten. Ebenso abgewartet werden muss, ob die Generalbundesanwaltschaft, wie angekündigt, aber bislang nicht umgesetzt, gegen weitere Unterstützer des NSU Anklage erheben wird.

Der NSU-Prozess war bemerkenswert, nicht nur wegen des Inhalts der Anklage, sondern auch wegen seines schieren Umfangs. Eines sei vorweggesagt: Bei diesem Prozess handelte es sich nicht um das längste Strafverfahren in der deutschen Nachkriegsgeschichte, wie manchmal zu hören ist. Dieses Attribut gebührt dem sogenannten Schmücker-Prozess, bei dem es um die Aufklärung des Mordes an Ulrich Schmücker ging. Schmücker war V-Mann des Berliner Verfassungsschutzes, bis er im Jahr 1974 in West-Berlin ermordet wurde. Der Prozess begann 1976 und endete erst 1991 mit seiner Einstellung. Dazwischen lagen drei Urteile, die zum Teil in der Revision aufgehoben wurden, und insgesamt 591 Verhandlungstage. Auch das sogenannte La-Belle-Verfahren in Berlin, bei dem es um die strafrechtliche Ahndung des vom libyschen Geheimdienst unter mutmaßlicher Beihilfe der Stasi verübten Bombenanschlages auf die Berliner Diskothek La Belle im Jahr 1986 ging, dauerte wesentlich länger als das NSU-Verfahren. 1992 wurde die erste Anklage gegen die Drahtzieher des Attentats erhoben. Im Folgejahr wurde dieses Verfahren jedoch eingestellt. 1997 begann das zweite Verfahren, das im November 2001 mit einer Verurteilung der Angeklagten zu hohen Haftstrafen endete. Dieses Urteil wurde 2004, also achtzehn Jahre nach dem Anschlag, vom Bundesgerichtshof bestätigt.

Das NSU-Verfahren ist dennoch eines der bedeutendsten Strafverfahren in der Geschichte der Bundesrepublik. Es ist so bedeutend, weil es Themen behandelt, die unser Selbstverständnis als Land und Gesellschaft nicht nur betreffen, sondern in Teilen infrage stellen. Sind wir wirklich so weltoffen und tolerant, wie wir glauben? Sind unsere Polizei und unsere Justiz wirklich so objektiv, wie wir es uns wünschen? Wie kommt es, dass *alle* Angeklagten aus den neuen Ländern stammen? Kann es sein, dass bei der Integration von Teilen der ersten »Wiedervereinigungsjugend« in die bundesdeutsche Demokratie etwas schrecklich schiefgelaufen ist, so schrecklich, dass schließlich zehn Menschen mit ihrem Leben dafür bezahlen mussten? Kann oder sollte man versuchen, auf diese Fragen *auch* im Gerichtssaal Antworten zu finden?

Die Anklageschrift

Angeklagte im NSU-Verfahren waren Beate Zschäpe, Ralf Wohlleben, André Eminger, Carsten Schultze und Holger Gerlach. Die Anklageschrift des Generalbundesanwalts umfasst insgesamt 488 Seiten und befasst sich an oberster Stelle mit der Hauptangeklagten *Beate Zschäpe*. Sie wird angeklagt wegen der Bildung einer terroristischen Vereinigung, wegen zehnfachen vollendeten Mordes, wegen versuchten Mordes im Rahmen der Bombenanschläge und mit Blick auf den Kollegen der Polizeibeamtin Kiesewetter, Martin A., sowie wegen Mittäterschaft bei vierzehn Raubüberfällen. Sie habe bei der Planung der NSU-Morde mitgewirkt und sei das bürgerliche Gesicht des Trios nach außen gewesen, damit die beiden Männer unauffällig die Morde vorbereiten und begehen konnten. Laut Anklage war sie außerdem für die Finanzen des NSU zuständig. Ferner habe Zschäpe, als sie ihre Zwickauer Wohnung in Brand steckte, den möglichen Tod zweier Handwerker und einer Nachbarin billigend in Kauf genommen. Daher wirft man ihr neben einer besonders schweren Brandstiftung drei weitere versuchte Morde vor.

Zschäpe wurden drei Pflichtverteidiger, also staatlich bezahlte Anwälte, zur Seite gestellt. Mit diesen überwarf sie sich im Laufe des Prozesses. Später wurde ein vierter Pflichtverteidiger beigeordnet. Dazu gesellte sich ein fünfter Anwalt als Wahlverteidiger. Alle Anwälte, Pflicht- wie Wahlverteidiger, hatte sich Beate Zschäpe selbst ausgesucht.

André Eminger ist wegen Beihilfe zum Mord angeklagt. Unter anderem soll er für den NSU ein Wohnmobil für die Fahrt nach Köln angemietet haben, als dort der Bombenanschlag in der Keupstraße verübt wurde. Zum anderen wird ihm vorgeworfen, auch für Raubüberfälle in einer Postfiliale im November 2000 und einer Sparkasse im September 2003 das jeweils genutzte Wohnmobil besorgt zu haben. Darüber hinaus wird ihm die Unterstützung einer terroristischen Vereinigung zur Last gelegt. André E. trug während des Verfahrens manchmal sein Hemd offen. Sichtbar wurde dann der obere Rand einer Tätowierung auf seiner Brust und dem Bauch: »Die, Jew, Die« (Stirb, Jude, stirb), heißt es da. Eminger wurde von zwei Pflichtverteidigern verteidigt.

Auch die Anklage gegen *Holger Gerlach* lautet auf Unterstützung einer terroristischen Vereinigung. Im Jahr 2001 soll er im Auftrag des ebenfalls Angeklagten Ralf Wohlleben eine Schusswaffe nach Zwickau gebracht und dem NSU-Kerntrio Ausweispapiere überlassen haben, die unter anderem zur Anmietung von elf Fahrzeugen benutzt wurden. Diese Fahrzeuge wurden zur Begehung von insgesamt dreizehn Straftaten verwendet. Laut Anklage soll er des Weiteren Zschäpe eine Krankenkassenkarte zur Verfügung gestellt haben. Ihn vertraten zwei Pflichtverteidiger.

Carsten Schultze ist wegen Beilhilfe zum Mord angeklagt. Ihm wird zur Last gelegt, die Česká 83 samt fünfzig Schuss Munition und Schalldämpfer besorgt und in Chemnitz an Mundlos und Böhnhardt ausgehändigt zu haben. Auch Carsten Schultze wurden zwei Verteidiger beigeordnet.

Ralf Wohlleben wird Beilhilfe zum Mord in neun Fällen zur Last gelegt, wobei dem früheren Jenaer NPD-Funktionär zumindest bis 2001 eine Schlüsselrolle bei der Unterstützung des NSU zukam. Der ehemalige NPD-Kreisvorsitzende war entscheidend an der Besorgung der späteren Mordwaffe beteiligt. Dabei war ihm aufgrund seiner vielen Diskussionen mit Zschäpe, Böhnhardt und Mundlos deren Gewaltbereitschaft bewusst. Da Wohlleben in dieser Zeit eine Überwachung vermutete, entwickelte er ein konspiratives Kontaktsystem zu den Untergetauchten, wofür er sich verschiedener Mittelsmänner bediente. Wohlleben wurde von drei Anwälten vertreten.

Verfahrensbeteiligte sind zudem 86 Nebenkläger, die von 62 Anwälten vertreten werden. Nebenklageberechtigt sind laut Gesetz Menschen, die Opfer einer in der Strafprozessordnung aufgezählten Straftat sind. Dazu zählen auch Personen, die Opfer eines versuchten Mordes sind. Engste Angehörige von Mordopfern sind ebenfalls nebenklageberechtigt. Mehrere Nebenkläger dürfen sich einen Anwalt »teilen«, müssen das aber nicht tun. Die Tatsache, dass ich sechs Angehörige von zwei Mordopfern vertrete, ist eine Ausnahme im NSU-Verfahren. Dennoch ist es sinnvoll, dass jeder Nebenkläger Anspruch auf seinen eigenen Anwalt hat. Denn auch wenn es sich um dieselben Taten und dieselben Angeklagten handelt, müssen die Interessen der Nebenkläger nicht identisch sein. Ganz banal ausgedrückt, kann es beispielsweise dem einen um Aufklärung, dem anderen jedoch um eine möglichst harte Strafe gehen.

Schockierend für die meisten Opfer und Opferangehörigen war es zu erfahren, dass möglicherweise einer der Nebenklageanwälte gar kein Mandat hatte und dennoch über viele Monate an dem Verfahren, wenn auch passiv, teilnahm. Die Umstände dieses Vorgangs werden gegenwärtig juristisch geklärt.

Warum München?

Fünf der den NSU-Terroristen zugerechneten Morde wurden in Bayern verübt. Zudem verfügt das Oberlandesgericht München über einen sogenannten »Staatsschutzsenat«. Diese sind gemäß Paragraph 120 Gerichtsverfassungsgesetz zuständig, wenn die angeklagte Straftat die Vorbereitung eines Angriffskriegs, ein Verbrechen des Hochverrats, des Landesverrats oder, wie im Falle des NSU, ein Verbrechen nach dem § 129a StGB – Bildung einer bzw. Mitgliedschaft in einer terroristischen Vereinigung – betrifft.

Am 6. Mai 2013 fand die erste Verhandlung vor dem 6. Strafsenat des Oberlandesgerichts in München statt. Zu Beginn waren insgesamt 86 Sitzungstermine bis zum 16. Januar 2014 geplant. Der Vorsitzende Richter Manfred Götzl setzte jedoch mehrfach Verlängerungen an, und so werden es bis zum Ende des Prozesses wohl etwa 400 Sitzungstage sein.

Schweigende Angeklagte, sprechende Angeklagte und vorlesende Angeklagte

Bereits am 4. Verhandlungstag hatte der Angeklagte Carsten Schultze gestanden, an der Beschaffung einer Schusswaffe mit Schalldämpfer beteiligt gewesen zu sein.[8] Unter den Angeklagten war er der Einzige, der sich über Tage und Wochen hinweg befragen ließ, von den Richtern, der Bundesanwaltschaft, den Nebenklägern und auch von den Verteidigern. Seine Aussagen waren für die Aufklärung des Geschehenen ungemein wertvoll.

Am darauffolgenden Sitzungstag folgte die *abgelesene* Erklärung von Holger Gerlach. Er gestand, Pässe und einen Führerschein für das Trio besorgt zu haben. Außerdem habe er 10.000 Euro für das Trio an seinem Wohnort in Niedersachsen deponiert.[9]

Am 16. Dezember 2015 sagte dann Ralf Wohlleben zum ersten Mal aus. Er verlas knapp zwei Stunden lang eine schriftliche Erklärung, bestritt, die Tatwaffe beschafft zu haben, und belastete stattdessen den Mitangeklagten Schultze.[10] Wohlleben machte keinen Hehl aus seiner offenbar unveränderten politischen Gesinnung. Seine Anwälte hatten kurz vor der Aussage auf einem Facebook-Konto der NPD gepostet: »Herr Wohlleben ist seinen Idealen und politischen Überzeugungen treu geblieben und wird dies auch in Zukunft bleiben.«[11]

Beate Zschäpe machte mehr als drei Jahre lang, von Beginn der Verhandlung bis zum 29. September 2016, von ihrem Aussageverweigerungsrecht Gebrauch. Am 9. Dezember 2015 verlas ihr Verteidiger Mathias Grasel eine 53 Seiten umfassende erste Aussage von ihr. Sie stritt sowohl die Beteiligung an den zehn Morden und den Sprengstoffanschlägen als auch die Mitgliedschaft im NSU ab. Den Wohnungsbrand in Zwickau gestand sie hingegen, eine Tötungsabsicht hinsichtlich der Hausbewohner vehement bestreitend. Am 29. September 2016 verlas sie dann eine kurze Erklärung, in der sie bekanntgab, von »nationalistischem« Gedankengut Abstand genommen zu haben.

Meine Arbeit als Nebenklagevertreter

Vier oder fünf Wochen nach der Selbstenttarnung des NSU am 4. November 2001 erhielt ich einen Anruf. Ich saß in der U-Bahn, als mein Handy klingelte und eine junge Frau sich meldete. Mit stockender Stimme erzählte sie von ihrem Vater, der vom NSU getötet worden war. Ihre Mutter und sie hatten viele Jahre in Ungewissheit leben müssen. Sie waren beschuldigt worden, in den Mord verwickelt zu sein – von Nachbarn, von Freunden, von Verwandten, von der Polizei. Sie hatten nicht nur den Ehemann und Vater, sondern in der Folge auch den Glauben in die Menschen und in den Staat verloren.

Ob ich ihr Anwalt sein wolle, sein könne, fragte mich die Frau. Warum gerade ich? Sie erzählte mir von meinem Buch *Kein schönes Land in dieser Zeit*, das sie gelesen habe. Es handelt von meinem Leben als Sohn türkischstämmiger Einwanderer in Deutschland, von Heimat und Heimatlosigkeit. Sie habe sich in meinen Beschreibungen wiedergefunden, dem Gefühl, nicht willkommen zu sein. Dieses Buch war wenige Tage vor dem Auffliegen des NSU erschienen. Ich habe mich damals entschlossen, der Bitte dieser entmutigten, aber zugleich so starken jungen Frau nachzukommen.

Sie war das einzige Kind von Abdurrahim Özüdoğru. Als er starb, war sie sechzehn Jahre alt. Herr Özüdoğru war als Maschinenbaustudent nach Deutschland gekommen. Nach seinem Studium arbeitete er bei der Firma Diehl in Nürnberg. Außerdem betrieb er in der Gyulaer Straße 1 eine Änderungsschneiderei. An das Ladengeschäft schloss sich seine Wohnung an.

Sein ganzer Stolz galt der Tochter. Sie war der Mittelpunkt seines Lebens. In den Polizeiakten findet sich ein Foto seiner Küche. Man sieht, dass am Kühlschrank bunte Magnetbuchstaben kleben. Kunterbunt bilden sie den Namen seines Kindes. Nachbarn berichteten der Polizei, Abdurrahim Özüdoğru sei »ein ganz, ganz lieber Mensch« und »immer zu einem Späßle bereit« gewesen.[12]

Am 13. Juni 2001 wurde Abdurrahim Özüdoğru in seinem Ladenlokal mit einer Česká 83 frontseitig in sein Gesicht geschossen. Nachdem er daraufhin zu Boden ging, erfolgte ein zweiter Schuss in seine rechte Schläfe aus kurzer Distanz. Er starb noch am Tatort infolge einer zentralen Lähmung und der Einatmung von Blut. Herr Özüdoğru, das zweite bekannte Opfer der NSU-Mordserie, wurde 49 Jahre alt.

Bevor die Schützen den Tatort verließen, fotografierten sie in aller Ruhe den sterbenden Menschen. Dieses Foto wurde später Teil eines der menschenverachtenden Selbstbezichtigungs-Videos des NSU, des sogenannten Paulchen-Panther-Videos. In diesem Streifen werden die Bilder der Tatopfer Enver Şimşek, Mashia M., Süleyman Taşköprü, Habil Kılıç und des Angehörigen meiner Mandanten – Abdurrahim Özüdoğru – nacheinander gezeigt. Zusammen mit den Fotos wird vor einem kreisenden NSU-Symbol jeweils ein Schriftzug eingeblendet. Als Özüdoğrus Bild erscheint, ist dort zu lesen: »A. Özüdoğru ist nun klar, wie ernst uns die Erhaltung der deutschen Nation ist.«

İsmail Yaşar, dessen Tochter ich auch vertrete, betrieb seit dem Jahr 1999 bis zu seiner Ermordung in der Scharrerstraße in Nürnberg eine Imbissbude. Am Morgen des 9. Juni 2005 wurde er, hinter seinem Tresen stehend, zuerst in den Kopf und anschließend mehrmals in die Brust geschossen. Der Fünfzigjährige verstarb noch am Tatort an den Folgen.[13] Herr Yaşar, mittlerweile der sechste vom NSU ermordete Mensch, hinterließ einen zur Tatzeit 15-jährigen Sohn und eine damals 22-jährige

Tochter. In der Presse wurde die Tat als der »wahrscheinlich am besten von Zeugen beobachtete tödliche Überfall auf ein Opfer ausländischer Herkunft«[14] bezeichnet. In der Nähe des Tatortes befindet sich eine Schule. Schulkinder brachen in Tränen aus, als sie vom Tod İsmail Yaşars erfuhren.[15] Viele Kinder hatten Süßigkeiten bei dem immer freundlichen und herzlichen Herrn gekauft. In den Tagen nach dem Mord hinterlassen viele Schülerinnen und Schüler rührende kleine Briefe in kritzeliger Schrift, Kerzen und Blumen am Tatort.

Zwischen den beiden Morden liegen fast genau vier Jahre. Alle drei Morde in Nürnberg, wo die Anschlagserie am 9. September 2000 mit der Erschießung des Blumenhändlers Enver Şimşek begann, ereigneten sich im Süden oder im Südosten der Stadt. Allein in Nürnberg arbeiteten bis zu sechzig Beamte an der Mordserie, die intern unter dem bezeichnenden Code-Namen »Bosporus« geführt wurde. Bundesweit versuchten über 150 Beamte »das Rätsel« der sich häufenden tödlichen Anschläge auf Kleinunternehmer mit türkischen oder griechischen Wurzeln zu knacken. Der bürokratische Aufwand war enorm: Über 1.500 Ordner mit Ermittlungsakten, 3.500 Spuren und 11.000 überprüfte Personen zeugen davon.[16] Dass der Tathintergrund rassistischer Natur sein könnte, wurde trotzdem bis zuletzt verleugnet, verdrängt oder aber verschwiegen. Erst der Zufall stoppte das Trio. Man kann mit großem Aufwand auch das Falsche tun, das hat die Polizei bewiesen.

Die Bombenanschläge

Das Ziel der NSU-Mörder war es, den seit Generationen in Deutschland lebenden Zuwanderern deutlich zu machen, ihr Leben sei in Deutschland wertlos. Dabei sollten die Toten gewissermaßen selbst diese Botschaft überbringen, denn man nahm ihnen auf die öffentlichste und grausamste Weise das Leben. So stand der NSU unseres Wissens auch hinter zwei Sprengstoffanschlägen und einem Nagelbombenanschlag. Wäre eine Bombe des Trios nicht fehlerhaft zusammengesetzt gewesen, hätte in Nürnberg bereits im Jahr 1999 tatsächlich jemand mit seinem Leben für den mörderischen Hass des NSU bezahlt. Man hatte eine Rohrbombe, eingebaut in eine Taschenlampe, auf der Toilette der von einer türkischstämmigen Familie bewirtschafteten Kneipe »Sonnenschein« in Nürnberg deponiert. Diese hatte eine Reinigungskraft beim Säubern der Toilette gefunden und angeknipst, woraufhin die Bombe explodierte und für Verletzungen sorgte. Dieser Anschlag wird dem NSU erst zwei Monate nach Beginn der Verhandlung am Oberlandesgericht zugerechnet, als im Juni 2013 der Angeklagte Carsten Schultze aussagte, entweder Böhnhardt oder Mundlos hätten die abgelegte Taschenlampe bei einem Treffen erwähnt.

Zwei Jahre nach dem versuchten Attentat auf die Nürnberger Kneipe kam es im Januar 2001 ferner zu dem bereits erwähnten Anschlag in dem Kölner Lebensmittelgeschäft. Ein sich als Kunde ausgebender Mann hatte damals eine Christstollendose, gefüllt mit über einem Kilo Schwarzpulver, unter den Waren versteckt. Die Neunzehnjährige deutsch-iranische Tochter des Ladeninhabers wurde bei dem Attentat schwer verletzt.

2004 kam es dann zu dem verheerendsten der drei NSU-Bombenanschläge. Am 9. Juni hinterließ ein Nagelbomben-Attentat in der als Zentrum des türkischen Geschäftslebens bekannten Kölner Keupstraße 22 verletzte Menschen inmitten kompletter Verwüstung zurück. Einige der Opfer waren lebensgefährlich verletzt. Wie auch bei den anderen beiden Attentaten schloss die Polizei einen terroristischen Hintergrund aus. Eine gezielte Auswahl der Opfer mochte man nicht erkennen.

Die Mordserie und ihre Opfer

Neun Männer ermordete der NSU. Zwei der Männer starben in den Armen ihrer eigenen Väter. Was haben diese Opfer gemeinsam, was machte ihr Leben in den Augen des NSU derart wertlos? Sie waren Kleinunternehmer, fleißige Geschäftsmänner und Arbeiter, und ihre Familien stammten ursprünglich aus der Türkei und aus Griechenland. Dabei mordete der NSU stets mit derselben Waffe, einer Pistole des Typs Česká ČZ 83, Kaliber 7,65 mm Browning. Man würde meinen, allein die Tatsache, dass alle Opfer migrantisch waren, hätte den Ermittlungsbehörden die Aufdeckung der Mordserie ermöglichen oder zumindest erleichtern sollen. Doch sogar unter diesen Umständen schloss man bei jedem der Morde einen rassistischen Hintergrund aus und ermittelte stattdessen im familiären Umfeld der Mordopfer ohne belastende Hinweise in diese Richtung. So wird die Waffe auch zu einem Symbol, das diesem Gefühl der Ausgrenzung ein weiteres Mal Nachdruck verleiht. Wir können nicht ausschließen, dass genau dies die Absicht der Täter war: Die Opferangehörigen ein zweites Mal zum Opfer zu machen, diesmal zu Opfern jenes Staates, der sie eigentlich hätte schützen sollen.

Der am 14. Dezember 1961 in Şarkikaraağaç geborene *Enver* Şimşek war das erste Opfer der Mordserie. Auf der Ladefläche seines Lieferwagens wurde der Inhaber eines Blumenladens im September 2000 von Uwe Mundlos und Uwe Böhnhardt ermordet. Die Täter zielten aus naher Distanz auf seinen Kopf, seine Brust. Acht Mal wurde er getroffen, bis er aus dem Leben schied. Obwohl sich nach der Tat *drei* Zeugen meldeten, die zwei Männer in Fahrradkleidung im Alter zwischen zwanzig und dreißig Jahren gesehen haben wollen, wurde den Zeugenaussagen nicht nachgegangen. Stattdessen rückte Şimşek selbst ins Zentrum der Ermittlungen. Teil einer »Blumenmafia« soll er gewesen sein, mit Drogen gehandelt und Steuern hinterzogen haben, so der Verdacht der Ermittler. Ein Verdacht ohne jede Grundlage. Aber mit einer entlarvenden »Logik«: Das Opfer war Blumenhändler. Die Blumen stammten zum Teil aus den Niederlanden. Von dort stammen auch Drogen, nicht in diesem Fall, aber grundsätzlich betrachtet. Zudem wurde in der Wohnung des Toten Bargeld gefunden. Wieso hatte ein Türke so viel Geld? Dann wurde vermeintlich eins und eins zusammengezählt. Und ab diesem Moment war die Richtung der weiteren Ermittlungen klar, und das Schicksal der Opferangehörigen gleich mit dazu. Da aber Herr Şimşek mutmaßlich Drogenhändler war, mussten – der polizeilichen Logik nach – dies auch die weiteren acht Opfer der Česká-Mordserie sein. Alle Hinweise, die diese These zu stützen schienen, und waren sie noch so abwegig, wurden begierig aufgegriffen, in ihrer Bedeutung aufgeblasen und in den Mittelpunkt der Ermittlungen gestellt, während alle Hinweise, die in andere Richtungen deuteten, und waren sie noch so stichhaltig, ignoriert, kleingeredet und lächerlich gemacht wurden.

Das nächste Opfer der NSU-Mordserie war wie erwähnt *Abdurrahim Özüdoğru*.

Die Ermordung von *Süleyman Taşköprü* folgte noch im selben Monat. Der Hamburger wird am 27. Juni 2001 in einem familiengeführten Gemüsegeschäft in der Schützenstraße hingerichtet. Von drei Schüssen getroffen, stürzt er zu Boden. Die Täter zielen direkt auf seinen Kopf. Taşköprüs Vater Ali, der gemeinsam mit dem Sohn das Unternehmen führt, findet seinen Sohn in einer Blutlache, als er von Besorgungen um die Ecke zurückkehrt. Wenig später stirbt Süleyman Taşköprü in den Armen seines Vaters. Zurück bleiben seine Lebensgefährtin und eine Tochter von zweieinhalb Jahren.[17]

Im darauffolgenden Monat tötete der NSU *Habil Kılıç*. Der Familienvater starb hinter der Theke des Münchner Gemüsegeschäfts seiner Frau. Dort half er aus, wenn er mit seiner Schicht als Arbeiter auf dem Großmarkt fertig war. So auch am 29. August 2001, als Uwe Mundlos und Uwe Böhnhardt auf ihn schossen. Zwei Schüsse trafen ihr Ziel. Die zwölfjährige Tochter Kılıçs, die gerade eben ihren Vater verloren hatte, wurde wenige Zeit später von der Schule verwiesen. Die Begründung der Schulleiterin: Die Täter könnten auch hinter ihr her sein und die Schule stürmen.[18] Zwei Zeuginnen berichten indes den Ermittlern von zwei verdächtigen Fahrradfahrern. Daraufhin ruft die Polizei über die lokalen Zeitungen die beiden unbekannten Männer auf, sich als Zeugen zu melden. Als dies nicht geschieht, wird die Spur nicht weiterverfolgt. Eine Fahndung wird nicht eingeleitet.

Zweieinhalb Jahre später, am Morgen des 25. Februar 2004, richtete der NSU auch *Mehmet Turgut* hin. Mehrere Schüsse trafen den in der Türkei geborenen Hamburger in Kopf, Nacken und Hals. Mehmet Turgut, der nur 25 Jahre alt wurde, hielt sich in Rostock auf, um einen Freund zu besuchen. Spontan half er ihm aus, schloss für ihn den Dönerstand im Stadtteil Toitenwinkel auf. Der Fall blieb bis 2011 unaufgeklärt, und auch bei diesem Mord ging die Soko »Bosporus« bis zum Auffliegen des NSU von einer Tat im »Milieu« aus.[19] Die Polizei vermutete aufgrund der Blutspritzer in Knöchelhöhe an der Wand des Imbisswagens, dass das Opfer gezwungen wurde, sich auf den Boden zu legen, bevor man es erschoss. Vor Gericht fragte einer der Verteidiger den polizeilichen Zeugen ungerührt, ob es nicht auch ebenso gut sein könne, dass das Mordopfer sich *freiwillig* auf den Boden gelegt habe.

Am 9. Juni 2005 folgte dann wie beschrieben der Mord an İsmail Yaşar. Der Fünfzigjährige lebte zum Zeitpunkt seines Todes seit 25 Jahren in Deutschland, die letzten drei Jahre davon betrieb er den »Scharrer-Imbiss«, den er auch am Morgen seines Todes schräg gegenüber der Scharrer-Schule in Nürn-

berg aufbaute. Er stand hinter dem Tresen, als ihn die tödlichen
Schüsse des NSU in den Kopf trafen. Eine Zeugin hatte kurz davor zwei Männer auf Fahrrädern mit einem Stadtplan beobachtet. Es sollten sich noch weitere Zeugen melden, denen die beiden Männer und deren Fahrräder aufgefallen waren, und eine
Frau berichtete von mehreren dumpfen Schussgeräuschen. Die
Ermittler bringen diese Tat sofort in Verbindung mit der Mordserie, bei der seit 2000 fünf Männer getötet worden sind. Doch
ein fremdenfeindliches Motiv schließt die neu eingerichtete
Soko »Halbmond« mit vierzig Mann der Kripo Nürnberg weiterhin aus. Man tauscht sich mit dem BKA und den Ermittlern
der Mordkommissionen in Hamburg und München aus und
vermutet eine Verbindung der Opfer zu türkischen Drogen-
händlern aus den Niederlanden, fahndet wieder im familiären
Umfeld, im politischen und im religiösen Bereich. Auch die am
1. Juli 2005 gegründete Besondere Aufbauorganisation (BAO)
»Bosporus« mit 33 Beamten verfolgt diese »Spuren« weiter.[20]

Sechs Tage nach dem Attentat auf İsmail Yaşar ermordete
der NSU dann *Theodoros Boulgarides* in der Schwanthalerhöhe
in München. Der 1964 in Griechenland geborene Einzelhändler
lebte seit dem Alter von neun Jahren in München und machte
dort auch sein Abitur.[21] Nach seiner Ausbildung zum Einzel-
handelskaufmann war er bei Siemens und der Deutschen Bahn
beschäftigt. Zwei Wochen vor seinem Todestag hatte Herr Boulgarides gemeinsam mit seinem Geschäftspartner einen Schlüs-
seldienst aufgemacht. Hier wurde er mit drei Kopfschüssen hingerichtet. Der 41-jährige Vater hinterließ seine Frau und zwei
Töchter. Die örtliche Boulevardpresse schrieb: »Türken-Mafia
schlägt wieder zu.« Der beste Freund des Opfers sagte vor Gericht aus, dass viele Menschen Theo Boulgarides aufgrund seines Aussehens für einen Türken gehalten hätten.

Am 4. April 2006 wurde *Mehmet Kubaşık* getötet. Der 1966
in der Provinz Kahramanmaraş in Südostanatolien geborene

Einzelhändler war im Jahr 1987 zum Militärdienst einberufen worden.[22] 1991 kam er nach Deutschland und ernährte seine Familie mit einem Kiosk. Dort wurde er vom NSU hingerichtet. Der sechzigjährige Familienvater stand hinter dem Tresen, als er von zwei Schüssen getroffen wurde und auf dem hinter ihm stehenden Regal zusammenbrach.[23]

Nur zwei Tage nach dem Mord an Mehmet Kubaşık tötete der NSU *Halit Yozgat* in seinem Internetcafé im Kasseler Stadtteil Nord-Holland. Herr Yozgat, in Kassel geboren, war zum Zeitpunkt seines Todes gerade einmal 21 Jahre alt. Zwei Schüsse in den Kopf rissen ihn aus dem Leben. Halit Yozgat starb in den Armen seines Vaters.[24] Brisanterweise war ein Mitarbeiter des Verfassungsschutzes Hessen zur Tatzeit in dem Internetcafé anwesend. Er setzte sich ab, meldete sich nicht bei der Polizei, wurde aber später von dieser ermittelt. Überhaupt agierte die Mordkommission in Kassel besonnen und gewissenhaft. Der in seinem Heimatdorf als »Klein Adolf« bekannte Verfassungsschützer Andreas Temme will weder etwas gesehen noch die Schüsse gehört haben, wie er auch vor Gericht bekräftigte.[25]

Der letzte dem NSU zugerechnete Mord ereignete sich am 25. April 2007 in Heilbronn. In das NSU-Raster passt er jedoch nicht. Es wird hier nicht mit der üblichen Tatwaffe, der Česká 83, geschossen. Am Tatort werden Patronen von zwei Waffen, einer Tokarew TT-33 und einer Radom VIS, gefunden. Das Opfer ist diesmal kein Migrant, sondern die junge Polizistin *Michèle Kiesewetter*. Gemeinsam mit ihrem Kollegen Martin A. machte sie Mittagspause in ihrem geparkten Streifenwagen, als beide von Kopfschüssen getroffen wurden. Ein gezielter Kopfschuss endete tödlich für die junge Polizistin, während ihr Kollege lebensbedrohliche Verletzungen davontrug.[26] Die Bundesanwaltschaft vermutet, dass der Mord an Michèle Kiesewetter den Hass auf den Staat und auf seine Repräsentanten als Motiv hatte. Natürlich, der NSU ist eine terroristische Vereinigung, die sich gegen den Staat und damit auch die Polizei als eines seiner sichtbarsten Organe richtet, doch der Polizistenmord in Heilbronn fällt dennoch nicht ohne Weiteres in das Raster der NSU-Morde. Auch weil es bei diesem Mord noch heute viele Ungereimtheiten gibt, zählt er zu den Umständen, die den NSU-Komplex so schwer greifbar machen.

Festzustellen bleibt jedoch, dass der Mord an Halit Yozgat der letzte Mord der Česká-Mordserie ist und dass sich diese Tat nach Lage der Dinge nur durch die Anwesenheit eines Verfassungsschutzbeamten am Tatort von den anderen Morden unterscheidet.

Die Täter und die Angeklagten

Die im Zentrum des NSU stehenden Täter, Uwe Mundlos, Uwe Böhnhardt und Beate Zschäpe, wuchsen allesamt in der DDR auf. Der älteste unter den drei Hauptakteuren des NSU ist Uwe Mundlos, geboren 1973 in Jena. Er brachte gute Schulnoten nach Hause, während sein Vater an der Universität Jena Mathematik lehrte und nach der Wiedervereinigung Informatik-Professor an der Fachhochschule Jena wurde.[27] Mundlos war Mitglied der Thälmannpioniere sowie der FDJ (Freie Deutsche Jugend) und trat bereits zu DDR-Zeiten (1988) als Skinhead auf.[28]

Beate Zschäpe, zwei Jahre nach Mundlos ebenfalls in Jena geboren, wuchs in weniger geordneten Verhältnissen auf. Ihren Vater, der nach Angaben der Mutter ein rumänischer Kommilitone gewesen sei, lernte sie nie kennen.[29] Da ihre Mutter sich zwei Mal scheiden ließ, nahm auch die Tochter zwei Mal neue Nachnamen an und zog bis zu ihrem 15. Lebensjahr insgesamt sechs Mal in der Region in und um Jena um.[30] Beate

Zschäpe verbrachte viel Zeit in der Obhut ihrer Großmutter. Sie besuchte bis zur 10. Klasse die staatliche Regelschule in Jena-Winzerla und arbeitete danach zunächst als Malergehilfin, bevor sie eine Lehre als Gärtnerin absolvierte.[31]

Uwe Böhnhardt, wiederum zwei Jahre nach Zschäpe gleichfalls in Jena geboren, war Sohn eines Ingenieurs und einer Lehrerin. Er wuchs in einer Plattenbausiedlung in Jena-Lobeda auf. Schon in Teenagerjahren rechtsextremistisch und antisemitisch eingestellt, trug Böhnhardt seine Gesinnung nach der Wiedervereinigung als Skinhead offen zur Schau, hielt sich im Umfeld der rechtsextremistischen Partei NPD auf und wurde 1992 bei einem Einbruch in einen Kiosk zum ersten Mal straffällig. Nach einem Diebstahl von Computern in der von ihm besuchten Lernförderschule wurde er der Schule verwiesen und blieb so ohne Abschluss.[32]

Sowohl Böhnhardt als auch Mundlos wurden ab 1993 mehrmals verhaftet, erkennungsdienstlich behandelt und als feste Größen der Thüringer Neonazi-Szene eingestuft.[33] Mundlos wird 1995, während seines Wehrdienstes, zum ersten Mal vom Militärischen Abwehrdienst – MAD – verhört.[34] Der MAD leitete seine Erkenntnisse an das Bundesamt für Verfassungsschutz weiter. Auch Zschäpe und Böhnhardt befanden sich spätestens ab 1995 auf dem Radar des Bundesamtes für Verfassungsschutz.[35]

Zu Beginn des Jahres 1997 beschäftigte das Trio dann erneut die Polizei. Als Briefbomben-Attrappen an die Redaktion der *Thüringischen Landeszeitung*, die Stadtverwaltung sowie die Polizeidirektion versendet wurden, gerieten Zschäpe, Mundlos und Böhnhardt in Verdacht. Außerdem verdächtigte man sie, im September 1998 eine Bombe ohne Zündvorrichtung in einem mit einem Hakenkreuz versehenen Koffer vor dem Theaterhaus Jena platziert zu haben. Im Zuge einer Razzia im Januar 1998 entdeckte die Polizei dann eine Bombenwerkstatt mit vier fertigen Rohrbomben, TNT-Sprengstoff und faschistischem Propagandamaterial in einer von Zschäpe angemieteten Garage. Obwohl über ein Kilo TNT aufgefunden wurde, ließ die Polizei das Trio ziehen. Erst am 4. November 2011, über 13 Jahre später, tauchten sie wieder auf.

Im Mai 2013 begann das Verfahren gegen die NSU-Überlebende Beate Zschäpe und vier ihrer Helfer. Im Sommer 2017 endete das Verfahren, vorläufig.

Plädoyer

3. Erwartungen an das Verfahren

Meine Mandanten hatten zwei zentrale Erwartungen an dieses Verfahren: Zum einen wollten sie eine möglichst vollständige Aufklärung und Aufarbeitung der Verbrechen des NSU und ihrer Umstände, einschließlich der Rolle der Sicherheitsbehörden. Zum anderen ging es ihnen darum, den Rassismus als zentrales Motiv der NSU-Mordserie in den Mittelpunkt zu stellen. Beide Erwartungen wurden enttäuscht. Aber waren diese Erwartungen überhaupt berechtigt? Ist dieser Gerichtssaal tatsächlich der richtige Ort, um diese Dinge zu thematisieren? Ich denke schon. Aber warum wurden dann nicht mehr Anstrengungen unternommen, um die unzähligen Fragen nach den Bedingungen der NSU-Morde, nach den Unterstützern und Helfern und nach der Rolle der Verfassungsschutzämter zu beantworten?

Der Nebenklage ist im Laufe dieses Prozesses – teils offen, teils hinter vorgehaltener Hand – verschiedentlich vorgeworfen worden, das Verfahren politisieren zu wollen. Man dürfe den Prozess nicht überfrachten und solle sich lieber darauf konzentrieren, die in der Anklageschrift bezeichneten Straftatbestände abzuarbeiten. Dieses Argument der Politisierung tauchte oft dann auf, wenn es darum ging, über Beweisanträge wie im Fall der Deckblattmeldungen über den V-Mann Marcel D. zu entscheiden. Der zweite Kontext, in dem das Argument der vermeintlichen Politisierung angeführt wurde, betraf Fragen nach der politischen Gesinnung, etwa der Zeugen. Insgesamt war es sehr überraschend, mit welchem enormen Eifer die Bundesanwaltschaft für die Beschränkung des Prozessstoffs focht.

Ein politischer Prozess

Die Bundesanwaltschaft versuchte es sich einfach zu machen. Sie versteckte sich hinter einer durch rechtsstaatliche Grundsätze vermeintlich gebotenen politischen Neutralität, um damit unangenehmen Fragen aus dem Weg zu gehen. Aber das ist unangebracht. Denn auch die politischen Bezüge sind Teil dieses Prozesses. Mehr noch: Dieses Verfahren war schon politisch, bevor es überhaupt begann. Dies ergibt sich mit Blick auf die in Rede stehenden Straftaten bereits unmittelbar aus der Anklageschrift: Mehreren Angeklagten wird die Mitgliedschaft in oder die Unterstützung einer terroristischen Vereinigung vorgeworfen. Taten aus diesem Bereich des Strafrechts berühren die Rechtsgüter der öffentlichen Sicherheit im Inneren sowie der Funktionsfähigkeit des Staates. Die Täter verfolgen damit selbst eine politische Agenda. Die handelnden Rechtsextremisten vereinte, dass sie die verfassungsmäßige Ordnung der Bundesrepublik Deutschland stürzen wollten.

Zum anderen war die rassistische Ideologie des NSU-Trios und ihrer Unterstützer die Triebfeder ihrer Taten. Das rassistische Tatmotiv ist ein Umstand, der in § 46 Abs. 2 StGB ausdrücklich als ein Gesichtspunkt genannt wird, der bei der Strafzumessung zu berücksichtigen ist. Zudem sah sich das Gericht mit der Besonderheit konfrontiert, es hier mit ungemein vielen Zeuginnen und Zeugen zu tun zu haben, die den Angeklagten und ihren Taten eine – mal mehr, mal weniger unverhohlen geäußerte – Sympathie entgegenbrachten. Die menschenverachtende Ideologie des Rechtsextremismus schwebte über dem gesamten Verfahren als ein verbindendes Element nicht nur auf Seiten der Anklagebank, sondern auch darüber hinaus. Das wirft in besonderer Weise auch die Frage nach der Glaubwürdigkeit von hier gemachten Aussagen auf.

Verwicklungen des Verfassungsschutzes

Politische Sprengkraft haben vor allem aber auch die Verwicklungen der Verfassungsschutzämter in die rechtsextremistische Szene, aus der sich das NSU-Trio und dessen Unterstützer rekrutierten. Allen voran Tino Brandt, Ralf M. und Marcel D. – der Verfassungsschutz bezahlte Personen als V-Leute, die Verbindungen zum NSU-Trio aufwiesen und es unterstützten. Wichtig ist es an dieser Stelle, den Einfluss der Geheimdienste, die gegenüber der Politik verantwortlich sind und – zumindest theoretisch – von ihr kontrolliert werden, auf den NSU-Komplex und auch dieses Verfahren zu erkennen. Haben bezahlte V-Leute etwa Geld für Mundlos, Böhnhardt und Zschäpe gesammelt? Und inwieweit haben sie das Trio darüber hinaus unterstützt?

Die Beantwortung dieser Fragen kann Einfluss auf den Ausgang dieses Verfahrens haben. Bei dem Einsatz von V-Leuten sind dem Staat durch das Rechtsstaatsprinzip Grenzen gesetzt.[36] Die Einwirkung eines *agent provocateur* ist bei der Strafzumessung zu berücksichtigen und kann in bestimmten Fällen sogar zur Annahme eines Verfahrenshindernisses führen.[37] Natürlich ist es nach all dem, was wir wissen, durchaus zweifelhaft, ob von einer erheblichen Einwirkung oder einer Tatprovokation durch die V-Personen auf das Trio gesprochen werden kann. Denn ausreichend für eine Strafmilderung oder die Annahme eines

Verfahrenshindernisses ist nicht eine bloß kausale Mitverursachung der Tat oder dass die Ermittlungsbehörden nicht schon vor der Tatbegehung eingegriffen haben.[38] Vielmehr müssten Verfassungsschützer die späteren Täter erst – mit welchen Mitteln auch immer – zu den ihnen vorgeworfenen Taten verleitet haben.

Allerdings sind hinsichtlich des Einflusses der Verfassungsschutzämter derart viele Fragen offen, dass eine seriöse abschließende Bewertung dieser Vorgänge nicht möglich scheint. Denn die Entscheidung erfordert eine Gesamtabwägung, wobei Art, Intensität und Zweck der Einflussnahme eine Rolle spielen.[39] Folglich hätten die genannten Fragen in diesem Verfahren beantwortet werden müssen, um die Rechtmäßigkeit des Handelns der Behörden und die Bedeutung für die Strafzumessung beurteilen zu können. Denn ein unmittelbarer Einfluss der V-Leute auf das Handeln der Täter zumindest durch eine aktive Unterstützung, sodass die Tatgenese den Behörden mit vorwerfbar gewesen ist, steht als begründeter Verdacht weiterhin im Raum.

Politischer Einfluss auf das Verfahren

Politik und von politischen Institutionen getroffene Entscheidungen hatten immer wieder ganz konkreten Einfluss auf das Prozessgeschehen. Verfahrensrelevante Akten wurden von Beamten des Verfassungsschutzes geschwärzt oder sogar vernichtet. Zeugen aus der Neonazi-Szene empfahl und bezahlte die Behörde zudem Anwälte, die sie zum Prozess begleiteten und berieten. Die Anklageschrift selbst wurde als »Verschlusssache – geheim« klassifiziert. Und die Bundesanwaltschaft entschied, ein Verfahren gegen weitere mögliche Beschuldigte mit

Informationen, die auch hier mit großer Wahrscheinlichkeit relevant gewesen wären, allein als Staatsschutzsache zu führen und somit eine Akteneinsicht der NSU-Opfer zu verhindern. Die politische Verantwortung für dieses Verhalten trägt das Bundesministerium der Justiz.

Schließlich waren im Laufe dieses Prozesses immer wieder Aussagegenehmigungen für Mitarbeiter der Verfassungsschutzämter und Polizeibehörden erforderlich. Dass die staatlichen Institutionen diese aber häufig nicht erteilten, erschwerte die Sachaufklärung dieses Gerichts zusätzlich. In diesem Zusammenhang sei darauf hingewiesen, dass die Möglichkeit, Beamtinnen und Beamten sowie V-Leuten die Aussagegenehmigung zu versagen oder einzuschränken, kein Freibrief für die Behörden ist, über die Preisgabe von Informationen gegenüber dem Gericht nach politischer Opportunität zu entscheiden.

Einschränkungen sind nur zulässig, wenn die Aussage dem Wohl des Bundes oder eines deutschen Landes erhebliche Nachteile bereiten oder die Erfüllung öffentlicher Aufgaben ernstlich gefährden oder erheblich erschweren würde. Nicht immer gelang es den Behörden, das Vorliegen dieser Voraussetzungen glaubhaft zu machen – gerade wenn es um Umstände ging, die über fünfzehn Jahre zurücklagen. Es drängte sich hier mehrfach der Eindruck auf, einige Behörden könnten das Instrument der Aussageverweigerung auch dazu nutzen, um die eigenen Verfehlungen nicht thematisieren zu müssen. Dieser erhebliche Vorwurf lässt sich nur schwerlich überprüfen, wo doch auch die Gründe für die Aussagebeschränkungen oftmals im Dunkeln lagen. Gegenüber dem Gericht trifft die Behörden die Pflicht, die Gründe ihrer Weigerung so verständlich zu machen, dass dieses in die Lage versetzt wird, auf die Beseitigung etwaiger Hindernisse hinzuwirken und auf die Bereitstellung des bestmöglichen Beweises drängen zu können. Das Gericht selbst ist eingedenk seiner Aufklärungspflicht berufen, auf

Begründungen hinzuwirken, die diese Anforderungen erfüllen.[40] Es muss gegenüber den politisch verantwortlichen Institutionen einfordern, dass die aufgrund von Aussageverweigerungen verbleibenden »blinden Flecken« möglichst klein gehalten werden.

Politische Bezüge und Verwicklungen können demnach nicht bestritten werden. Wer nun also vor einer Politisierung warnt, stellt die Sache auf den Kopf.[41] Natürlich darf die Feststellung, dass es sich beim NSU-Prozess auch um ein politisches Verfahren handelt, nicht mit einer politischen Herangehensweise an den Verfahrensablauf einhergehen. Ebenso wenig darf ein politisches Verfahren eine Vorverurteilung der Angeklagten bedeuten. Es wäre aber realitätsfern, den gesellschaftlichen Kontext und die Rolle von Staat und Politik bei der Verhandlung auszuklammern. Im Gegenteil sprechen diese Umstände umso mehr für eine umfassende Aufklärung der Taten.

Zwischen Aufklärungspflicht und Beschleunigungsgebot

Jeder Strafprozess steht vor der schwierigen Aufgabe, den verschiedenen Verfahrensmaximen der Strafprozessordnung gerecht zu werden. Stets besteht ein Spannungsverhältnis nicht nur zwischen Interessen der Allgemeinheit an der Geheimhaltung behördlicher Informationen und dem Ziel eines fairen, rechtsstaatlichen Verfahrens, sondern auch zwischen dem Gebot der umfassenden Sachverhaltsaufklärung und dem Beschleunigungsgebot. Einerseits soll die ganze Wahrheit ans Licht gelangen, der Sachverhalt also möglichst umfassend aufgeklärt werden. Andererseits ist es aus rechtsstaatlichen Gesichtspunkten nicht nur im Sinne der Angeklagten erforderlich, das Verfahren zweckmäßig zu gestalten und eine überlange Dauer zu vermeiden – das gilt umso mehr, wenn sich Angeklagte in Untersuchungshaft befinden. Der Verweis auf das Beschleunigungsgebot genügt aber nicht, um das Verfahren auf die möglichst rasche Überführung der Angeklagten zu reduzieren. Denn die Sachverhaltsaufklärung ist nicht bloß ein lästiger Zwischenschritt auf dem Weg zum Verfahrensabschluss. Die Ermittlung des wahren Sachverhalts, so hat es das Bundesverfassungsgericht in seinem »Deal-Urteil« 2013 betont, ist zentrales Anliegen des Strafverfahrens.[42] Ohne die Pflicht zur Sachverhaltsaufklärung ließe sich das Schuldprinzip, das sich unmittelbar aus der Forderung nach materieller Gerechtigkeit ableitet, nicht verwirklichen. Das Gericht stellt unmissverständlich klar, dass ein Verfahren keinesfalls beschleunigt werden darf, wenn darunter die Wahrheitsfindung leidet.[43]

Rechtsfrieden als Zweck des Strafverfahrens

Dieses Bekenntnis des Bundesverfassungsgerichts verwundert niemanden, der das Ziel des Strafverfahrens reflektiert. Nach seiner prozessrechtlichen Konstruktion ist der Strafprozess zwar darauf ausgerichtet, zu einem Urteil zu führen und damit dem materiellen Strafrecht, also dem staatlichen Strafanspruch, zur Durchsetzung zu verhelfen. Das beschränkt sich aber nicht auf die technokratische Umsetzung dieses Ziels.

Der Zweck des Strafprozesses geht darüber hinaus, nur dem materiellen Strafrecht und seiner Verwirklichung in einem formal verstandenen Sinne zu dienen. Die Reduzierung eines

Strafprozesses auf die bloße Umsetzung des materiellen Strafrechts negiert die Implikationen des Prozesses für die Gesellschaft und die soziale Funktion, die eine Klärung dieser Verdachtsmomente für die Rechtsgemeinschaft hat. Wer sich ein Urteil darüber erlauben möchte, welche Erwartungen an diesen Prozess zu richten waren und inwieweit diese erfüllt wurden, sollte noch einmal einen Schritt zurückzutreten und ganz grundlegend darüber nachdenken, welchem Zweck die unzähligen Stunden, die wir in diesem Gerichtssaal seit dem 6. Mai 2013 verbracht haben, dienen sollten.

Immanuel Kant schreibt in *Zum ewigen Frieden* von 1795: »Der Friedenszustand unter Menschen, die nebeneinander leben, ist kein Naturzustand [...]. Er muss also gestiftet werden [...], welches aber nur in einem gesetzlichen Zustande geschehen kann.« Kant bezieht sich hierbei auf die globale Ordnung und meint, dass Frieden zwischen den Staaten nur durch das Instrument des Rechts erreicht werden kann. Die Erkenntnis einer Verknüpfung von Recht und Frieden im Sinne einer notwendigen Bedingtheit ist aber auch für die nationale Rechtsordnung von Bedeutung, nämlich für die Legitimation des Gesellschaftsvertrages, der gedankliche Grundlage jedes staatlichen Strafanspruches ist. Das heißt: Das Recht dient dem Frieden unter den Menschen und damit den Menschen selbst, die sich gegenseitig das Privileg einräumen, Rechte zu haben. Die Ordnung des Rechtsstaates schützt den Einzelnen davor, zum bloßen Spielball der Interessen anderer zu werden – seien es die Interessen anderer Mitglieder der Rechtsgemeinschaft, seien es die Interessen des Staates. Anders als im Rahmen der nationalsozialistischen Ideologie, die Auslöser für die Taten des NSU war, ist der Mensch nie bloß Mittel zum Zweck. Das ist der Kerngehalt der Menschenwürde, die den sozialen Achtungsanspruch jedes Menschen in das Zentrum allen staatlichen Handelns rückt.

Auf den Gedanken der friedensstiftenden Funktion des Rechts stößt auch, wer sich mit der Diskussion um den Zweck des Strafverfahrens beschäftigt. Denn wer den Frieden am Horizont der Rechtsordnung vor Augen hat, muss auch den Weg dorthin – sprich: die Durchsetzung des materiellen Rechts – an seinen Koordinaten messen lassen. Nach der Erschütterung der Rechtsordnung, die durch den Verdacht einer Straftat eingetreten ist, muss die Gesellschaft erwarten können, durch das Verfahren seinen Frieden machen zu können. In den Worten des Bundesverfassungsgerichtes:»Die Sicherung des Rechtsfriedens in Gestalt der Strafrechtspflege ist seit jeher eine wichtige Aufgabe staatlicher Gewalt.«[44]

Der Rechtsfrieden als Zweck des Strafverfahrens ist auch die These des Rechtswissenschaftlers Eberhard Schmidhäuser, der den Begriff in seiner berühmt gewordenen Formulierung wie folgt beschreibt:»Rechtsfriede zeigt sich als ein Zustand, bei dem von der Gemeinschaft vernünftigerweise erwartet werden kann, dass sie sich über den Verdacht einer Straftat beruhige.« Es geht also um das Ziel der Verdachtsklärung nicht als Selbstzweck, sondern bezogen auf seine funktionale Bedeutung für den sozialen Frieden.[45]

Gemeint ist mit dem Begriff des Rechtsfriedens aber nicht etwa ein empirischer Zustand, etwa in dem Sinne, dass die Mehrheit der Bevölkerung das Verfahrensergebnis in einem demokratischen Sinne als befriedigend empfindet. Gemeint ist vielmehr ein normatives Ideal, eine bewertende Zielvorstellung: Das materielle Strafrecht soll auf eine Weise verwirklicht werden, die auf Wahrheitsfindung ausgerichtet ist, die sich an Gerechtigkeitsvorstellungen orientiert und den grundgesetzlichen Wertvorstellungen entspricht. Dadurch sind materielles Strafrecht und Prozessrecht derart miteinander verknüpft, dass der Zweck des Strafprozesses durchaus in das positive Recht hinein verweist und die von ihm vorgegebenen Prinzipien oder Optimierungsgebote mit erfasst. Der Prozess erfüllt aber auch und gerade wegen unserer Verfassung eine spezifische normative Funktion für die Gesellschaft, die über das materielle Strafrecht hinausgeht.

Die Pflichten des Staates im Strafverfahren

Vor dem Hintergrund der vielen Spannungen zwischen den Prinzipien, die sich aus einem so verstandenen Zweck ableiten ließen, ist dies sicher keine einfache und keine konfliktfreie Definition. Sie erfordert die Bereitschaft, über Gerechtigkeit mit den Argumenten des Rechts zu diskutieren. Nicht allen, insbesondere nicht denen mit rechtspositivistischer Prägung, fällt das auf Anhieb leicht. Man sollte jedoch kurz innehalten und in die Überlegungen die Erinnerung daran mit einbeziehen, wohin es den deutschen Juristenstand schon geführt hat, wenn man Fragen nach materieller Gerechtigkeit aus der rechtlichen Diskussion ausklammert und sich auf den Standpunkt zurückzieht, man sei vor allem anderen das Werkzeug niedergeschriebener Paragraphen. Um etwas gegen die Diskussionsmüdigkeit in grundlegenden Wertungsfragen zu unternehmen, folgende These:

Gesichtspunkte der materiellen Gerechtigkeit, welche die Rechtsgemeinschaft vernünftigerweise an das Verfahren anlegen darf, erfordern zumindest ein gewissenhaftes Streben nach Gerechtigkeit.[46] Eine normative Zielformulierung dessen, was vernünftigerweise als Streben nach materieller Gerechtigkeit erwartet werden darf, wird wie folgt definiert: Staatliche Stellen, die in irgendeiner Weise mit einem Strafverfahren zu tun haben, müssen alles tatsächlich Mögliche und im Rahmen der Rechtsordnung Zulässige unternehmen, um das Gericht in die

Lage zu versetzen, seinen ausschließlich ihm zugewiesenen
Auftrag wahrzunehmen, den Strafprozess zu führen.

Das bedeutet in erster Linie: Das Gericht entscheidet selbst,
welchen Umfang der Prozessstoff hat; es bewertet, ob tatsächliche Umstände für das Verfahren relevant sind – ob sie etwa zu
einem Tatbestand gehören, für die Schuldfrage und die Strafzumessung wichtig sind oder Rechtfertigungsgründe begründen
könnten. Es darf erwartet werden, dass alle Behörden – von der
Staatsanwaltschaft über die Verfassungsschutzämter bis zu den
über den jeweiligen Stellen wachenden Ministerien und politisch Verantwortlichen – dem Gericht alles liefern, was notwendig ist, alles, was für den Prozess von Bedeutung sein könnte,
damit das Gericht seiner ihm von der Rechtsordnung und insbesondere von Art. 92 des Grundgesetzes zugewiesenen Arbeit
in befriedigender Weise nachgehen kann.

Diese Forderung erscheint vor dem Hintergrund unserer Rechtsordnung und vor allem den grundgesetzlichen Wertungen keinesfalls überzogen. In einem Rechtsstaat ist es nicht
möglich, dass Behörden ein politisch geprägtes Ermessen ausüben, wo rechtlich keines vorgesehen ist. Verfassungsrechtlich
verbürgt ist nach der Rechtsprechung des Bundesverfassungsgerichtes auch im Kontext des Strafverfahrens der Auftrag des
Staates, das Vertrauen seiner Bürger in die Funktionsfähigkeit
der staatlichen Institutionen zu schützen.[47]

Das Rechtsstaatsprinzip bindet die Exekutive an Recht und
Gesetz. Es erfüllt damit vor allem eine Abwehrfunktion: Die
Bürger sollen vor politischer Willkür der Staatsmacht geschützt
werden. Es hat aber auch eine positive Dimension, nämlich,
dass das Recht, das die Legislative schafft, auch umgesetzt werden muss. Bindende Gesetzesaufträge müssen ausgeführt und
dürfen nicht unterlaufen werden,[48] der Vollzug von Gesetzen
darf nicht durch die Behörden planmäßig gemindert werden.[49]
Dies gilt auch und gerade für das Strafrecht.

Das Legalitätsprinzip verpflichtet den Staat zudem, mögliche Straftaten umfassend aufzuklären und alle für die Schuld, Unschuld oder Rechtsfolgen relevanten Umstände zu ermitteln. Zu diesem Zweck hat die Staatsanwaltschaft nach § 161 StPO auch einen Auskunftsanspruch gegenüber sämtlichen Behörden, der mit der Anklageerhebung auf das Gericht übergeht.[50] Wenn nun Behörden über ermittlungsrelevante Erkenntnisse verfügen, das Gericht aber davon nichts weiß und deshalb auch nicht um Auskunft ersuchen wird, liegt es nahe, dass die Behörden dem Auskunftsanspruch nach dieser Wertung auch in Eigeninitiative Rechnung tragen sollten. Für den Bereich der Staatsschutzdelikte verpflichten die §§ 20, 21 Bundesverfassungsschutzgesetz die Verfassungsschutzämter sogar, von sich aus die für die Strafverfolgung relevanten Erkenntnisse weiterzugeben.

Das Scheitern des Staates

Niemand, der diesen Prozess über seine gesamte Dauer begleitet hat, kann ernsthaft behaupten, dass alle involvierten Behörden von der Generalbundesanwaltschaft über die Verfassungsschutzämter bis hin zu den über die jeweiligen Stellen wachenden Ministerien alles getan haben, was notwendig und rechtens gewesen wäre, um die Aufklärung der Taten des NSU samt aller für den Prozess relevanten Umstände voranzubringen.

Die Bundesanwaltschaft – wie auch die Verfassungsschutzämter, die einer umfassenden Aufklärung fortlaufend Steine in den Weg legten – hat leider etwas Entscheidendes verkannt: Das Verfahrensziel hätte nur erreicht werden können, wenn die zahlreichen Zweifel und Unklarheiten im Kontext der mutmaßlichen Taten des NSU so umfassend wie möglich aufgeklärt worden wären.[51] Denn der Rechtsfrieden ist nicht nur durch den Verdacht der in der Anklageschrift aufgeführten Tathandlungen aufs Schwerste erschüttert worden, sondern auch und besonders durch den gesamten NSU-Komplex samt des Verdachtes, dass den staatlichen Institutionen ein ungeheuerliches Versagen vorgeworfen werden muss.

Eine über zehn Jahre währende Bedrohung, jederzeit wegen Herkunft und Hautfarbe einfach so umgebracht werden zu können, ohne hieran etwas ändern zu können, muss die gesamte Gesellschaft zutiefst verunsichern. Ebenfalls gefährlich für den gesellschaftlichen Frieden erscheint es vor dem terroristischen Hintergrund der Mordserie, wenn der Staat – der die unschuldigen und besonders der Willkür der Täter ausgelieferten Opfer beschützen soll – ausschließlich das Umfeld der Opfer beschuldigt und vorschnell rassistische Motive ausschließt. Und es ist schließlich ebenso gefährlich für den Rechtsfrieden, wenn sich dieser Staat mit großem Widerwillen und in kleinsten Schritten entlocken lassen muss, dass er die rechtsextremen Strukturen jahrelang durch fragwürdige Geheimdienstpraktiken unterstützt und mit aufgebaut hat. Wobei erschwerend hinzukommt, dass er über den gesamten Zeitraum nicht in der Lage war, die wirklichen Bedrohungen zu erkennen, um diese rechtzeitig abwehren zu können. Diese Verunsicherung, diese Erschütterung des Rechtsfriedens ist leider auch mit Ende des Prozesses geblieben. Keinesfalls war es eine Überhöhung der Erwartungen, wenn sich die Öffentlichkeit durch das Verfahren »Aufklärung und Aufarbeitung« erhofft hat.

Auch wenn es den Rahmen eines Plädoyers sprengen würde, auf alle Punkte staatlichen Versagens rund um die Verbrecher des NSU einzugehen, möchte ich doch folgende Themen hervorheben: Zunächst werde ich die groben Verfehlungen des Verfassungsschutzes im Vorfeld und während der Taten sowie im Ermittlungsverfahren besprechen. Dazu gehört vor allem die Frage, weshalb die Ermittlungspersonen nicht vorher gewarnt worden sind, obwohl es zahlreiche V-Leute im NSU-Netzwerk gab. Im Weiteren möchte ich zeigen, dass die Polizeidienststellen bundesweit und unabhängig voneinander vorschnell rassistische Motive ausschlossen. Stattdessen ermittelten sie vorrangig unter Migranten – insbesondere im unmittelbaren und familiären Umfeld der Opfer. Zuletzt muss ich auch die apathische Rolle der Bundesanwaltschaft während des Verfahrens thematisieren: Sie hat alles getan, um eine umfassende Aufklärung – samt der Frage, wie es zu den Morden kommen konnte und wie das Unterstützer-Netzwerk aussah – zu verhindern.

4. Wer vom NSU sprechen will, darf zum Rassismus nicht schweigen

Bevor ich auf das Versagen der Behörden im Detail eingehe, will, nein *muss* ich über Rassismus sprechen. Eine Auseinandersetzung mit diesem Thema wäre auch hier im Prozess so wichtig gewesen. Dies beginnt schon bei der Einschätzung der Schwere der Schuld. Zudem wäre es auch angesichts des Ziels eines Gerichtsverfahrens, Rechtsfrieden zu schaffen, dringend notwendig gewesen, den Rassismus der Täter und den der Gesellschaft aufzuzeigen.

Die Unmöglichkeit des Sprechens

Rassismus. Schon das Wort allein führt zu Abwehrreaktionen beim Gegenüber. Auch ich persönlich muss das oft genug feststellen. Sobald ich es wage, das Wort über die Lippen zu bringen, wird umgehend abgestritten, relativiert, beschwichtigt. Viele Menschen nehmen es als Provokation wahr, auf Rassismus angesprochen zu werden. Nicht der Rassismus selbst scheint daher das Problem zu sein, sondern das Thematisieren desselben. Die Zurückweisung erfolgt reflexhaft. Eine Auseinandersetzung mit dem Gesagten findet dann in der Regel gar nicht statt.

Größer wird die vermeintliche Provokation nur noch, wenn

derjenige, der es wagt das Thema anzusprechen, nicht in das homogene Bild deutscher Identität passt. Dann wird die inhaltliche Beschäftigung damit umso perfider abgewehrt: Falls es einem hier nicht gefalle, solle man doch in die Türkei gehen – dort, wo du eigentlich hingehörst, ist gemeint. Außerdem solle man sich doch erst mal anschauen, wie dort mit Minderheiten umgegangen werde – das nimmt dir doch jedes Recht, deutsche Verhältnisse zu kritisieren, soll das heißen.

Die Reaktion erfolgt wohl deshalb auf so vehemente Art und Weise, weil Rassismus gemeinhin mit nationalsozialistischer Ideologie und rechtsextremer Gewalt gleichgesetzt wird. Dass diese falsche Analogie in Deutschland allzu gegenwärtig ist, hat auch Githu Muigai, der UN-Sonderberichterstatter zu Rassismus, nach seinem Besuch im Jahr 2009 bemängelt.[52] Und Nazi möchte wirklich niemand sein.

In der Tat geht es nicht darum, Nationalsozialisten mit den Sicherheitsbehörden oder der Mitte der Gesellschaft gleichzusetzen – das ist nicht meine Absicht. Vielmehr muss Rassismus als gesamtgesellschaftliches Phänomen verstanden werden, das sich alltäglich und in ganz unterschiedlichen Ausprägungsformen zeigt. Der Grund für den Abwehrreflex liegt auch darin begründet, dass Rassismus in der Gesellschaft nur als persönliche Eigenschaft, die man weit von sich weisen möchte, verstanden wird, nicht jedoch als strukturelles Problem.

Wir müssen aufhören, Rassismus als eine Unterform (neo-) nationalsozialistischer Ideologie – beschränkt auf Glatzenträger mit Reichskriegsflagge – zu begreifen. Stattdessen müssen wir ihn endlich als gesamtgesellschaftliche Bedingung erkennen, die es Rechtsextremisten ermöglicht, in unserer Gesellschaft Fuß zu fassen. Mit einem NPD-Verbot allein wäre insofern wenig geholfen gewesen. Jeder Nazi ist Rassist, aber nicht jeder Rassist ist ein Nazi.

Die BRD als Gegenentwurf zum Nationalsozialismus

Die strukturelle Abwehr des Sprechens über Rassismus lässt sich sicherlich auch so erklären: Die Bundesrepublik hatte den Anspruch, ein Gegenentwurf zum Nationalsozialismus zu sein. Das bundesrepublikanische Selbstverständnis beruht auf dem Mythos der »Stunde Null«, einer erfolgreich durchgeführten Entnazifizierung, einer beispiellosen Aufarbeitung der Vergangenheit und einem neugefundenen demokratischen Selbstverständnis im Rahmen der freiheitlich-demokratischen Grundordnung. Der Nationalsozialismus und seine Ideologie wurden dementsprechend mit einem umfassenden gesellschaftlichen Tabu belegt. »Wir haben aus dem Dritten Reich gelernt. Wir haben unsere Vergangenheit bewältigt.« Das ist das autosuggestiv vorgetragene Mantra bundesdeutscher Nachkriegsgeschichte. Was genau aber haben wir eigentlich »gelernt«? Wie sieht eine »bewältigte« Vergangenheit aus?

Rassismus ohne Rassen

Inzwischen hat auch der dümmste Rassist verstanden, dass er – will er gesellschaftlich anschlussfähig bleiben – seinen Rassismus nicht mehr klassisch biologistisch begründen kann: NS-Rassenlehre verkauft sich nicht mehr so gut. Ausführungen zu unaufhebbaren kulturellen Differenzen dafür umso besser. Diese neuen Ausdrucksformen desselben alten Rassismus werden aber oft nicht als solche erkannt. Nicht »der Jude« ist unser neues Unglück, sondern »die steinzeitlichen Muslime«.

Es ist deshalb höchste Zeit: Wir müssen unsere Aufmerksamkeit auch für solchen Rassismus schärfen, der nicht mit dem

»Rasse«-Begriff hantiert oder sich auf Ausführungen zur biologischen Vererbung stützt. Dieser klassische Rassismus ist gesellschaftlich eher unüblich geworden, wenngleich er noch von Menschen, die sich wirklich für nichts zu schade sind, wie Thilo Sarrazin oder Björn Höcke, öffentlich ins Spiel gebracht wird.

Aber es gibt auch einen Rassismus ohne den ausdrücklichen Bezug auf Rassen.[53] »Das vornehme Wort Kultur tritt anstelle des verpönten Ausdrucks Rasse, bleibt aber ein bloßes Deckbild für den brutalen Herrschaftsanspruch«, stellte schon Theodor W. Adorno fest.[54] Die vermeintliche »Kultur« wird dann in der Regel als fixierte Eigenschaft einer Gruppe festgeschrieben. Es wird generalisiert. Es wird naturalisiert. Es wird essentialisiert. Das Individuum wird dabei vergessen. Es bleibt im »stahlharten Gehäuse der Zugehörigkeit«[55] gefangen. Besonders offensichtlich wird dies etwa, wenn der Chef der Deutschen Polizeigewerkschaft Rainer Wendt in einem Interview mit dem rechtsextremen, verschwörungstheoretischen *Compact*-Magazin davon spricht, Machismus und Misogynie gehörten zu den »genetischen Grundbausteinen [der] Kultur«[56] junger Muslime. Die Sprache mag eine andere sein, das biologistische Denken bleibt dasselbe.

Es ist an uns als Gesellschaft, diese Verschleierung rassistischer Ausgrenzung zu durchschauen. Wir brauchen ein Rassismus-Verständnis, das auch die subtileren Formen rassistischer Diskriminierung als solche erkennt. Auch wenn diese sich auf unterstellte kultureller Differenzen oder die vermeintliche Unvereinbarkeit der Lebensweisen stützen.

Der Gedanke, dass trotz des Gründungsmythos der BRD als Gegenentwurf zum NS-Unrechtsstaat ideologische Fragmente aus den Dreißigerjahren in den Köpfen der Menschen fortwirken könnten, wird von vielen mit aller Kraft abgewehrt. Ein derartiges Eingeständnis würde das gesellschaftliche Selbstbild ins Wanken bringen.

Für die Gesellschaft ist es um einiges angenehmer, jeglichen Rassismus an den rechten Rand zu verpflanzen. Dort fristet er nach der Meinung der Mehrheitsbevölkerung ein abgeschottetes, isoliertes Dasein. Alles, was hier in der Mitte der Gesellschaft so gesagt, gemacht oder gedacht wird, kann deshalb von Natur aus schon nicht rassistisch sein. Wir tragen ja keine Springerstiefel.

Der politische Kampfbegriff des »Extremismus«

Wissenschaftlich untermauert wird dieses vorgefertigte Selbstbild der bürgerlichen Mitte dann passenderweise durch die Extremismus-Doktrin: Wir, der gesellschaftliche Mainstream, sind demokratisch, weltoffen und definieren uns durch die freiheitlich-demokratische Grundordnung. Mit dem linken und rechten Rand – die im Übrigen für uns natürlich vollkommen *gleichermaßen* verabscheuenswürdig und gefährlich sind – verbindet uns gerade noch die geografische Nähe. Ansonsten haben wir mit denen absolut nichts zu tun. Ideologische Schnittmengen sind vollkommen ausgeschlossen. Dass rund die Hälfte der Deutschen meint, es gebe zu viele Ausländer im Land – gemeint ist natürlich deren Aussehen und Herkunft, nicht die Staatsangehörigkeit –, scheint dann nicht mehr so wichtig.[57] Die vermeintliche »Mitte« kann ja schon definitionsgemäß gar nicht extremistisch sein.

Dieses Denken bagatellisiert nicht nur die Gefährlichkeit gewaltbereiter Neonazis, sondern befreit auch die sogenannte Mitte von jeder Verantwortung.

Rassismus als gesellschaftliche Strukturierungsgröße

Aber so einfach ist es nicht: Rassismus betrifft uns alle. Ob wir wollen oder nicht. Rassismus strukturiert die Gesellschaft – prägt uns, die wir in ihr aufwachsen. Jeder von uns, selbstverständlich auch ich selbst, trägt Rassismus in sich. Dafür ist auch kein böser Wille erforderlich. Er ist keine Frage der Einstellung. Rassismus ist in diesem Sinne auch gar nicht extrem, sondern erschreckend normal.

Wir leben in einer Gesellschaft, die unterscheidet. Zwischen Menschen, die dazugehören – und den Nicht-Dazugehörigen. Zwischen Menschen, deren Anwesenheit man als selbstverständlich akzeptiert – und solchen, die sich erklären müssen. Jeder von uns fällt in eine der Kategorien. Wir alle nehmen eine Position ein in diesem System der Differenzen.[58]

Wer sind »wir«? Die Frage ist nicht leicht zu beantworten. Vermeintlich einfacher wird die Suche nach der eigenen Identität mit dem Verweis auf das »Fremde«. Über die Abgrenzung zu denen, die nicht dazugehören sollen, schaffen wir uns unsere eigene Identität. Willkürlich konstruieren wir »die anderen«, um uns unseres Selbsts zu vergewissern. Wer sich seiner Identität besonders sicher sein will, legt umso mehr Wert auf diese Abgrenzung.

Es entsteht so eine gesellschaftliche Vorstellung davon, was als normal gilt. Wer nicht normal ist, steht unter Vorbehalt. Seine Zugehörigkeit ist stets gefährdet. Wer den Normalitätsvorstellungen nicht entspricht, gilt als fremd. Und wird aus dem deutschen »Wir« ausgeschlossen: 38 Prozent der Deutschen finden, dass eine Kopftuchträgerin nicht deutsch sein kann.[59] Diese Zweiteilung der Gesellschaft hat Auswirkungen. Sie beschränkt Teilhabemöglichkeiten. Sie legitimiert Ungleichbehandlung. Sie prägt den Alltag.

Zugegeben, das nationale Selbstbild hat sich gewandelt. Immer mehr Menschen in Deutschland sehen sich ganz selbstverständlich als Teil einer diversifizierten Gesellschaft. Für viele Menschen in Deutschland ist es heute selbstverständlich, dass wir ein Land der Vielen sind. Das stimmt mich optimistisch. Dennoch: Der Anteil der Deutschen, für die Deutsch-Sein entscheidend von den Vorfahren abhängt, liegt immer noch bei 37 Prozent.[60] Man kann hier aufgewachsen sein und all jene Integrationsbemühungen vollbringen, die immer wieder lautstark gefordert werden – für mehr als ein Drittel der Deutschen wird man dennoch stets zu den »anderen« gehören. Die Opfer des NSU wurden umgebracht, weil sie diesem völkischen Identitätsbild der Nation nicht entsprachen. Die NSU-Mitglieder haben gemordet, weil sie Gedanken zu Ende gedacht und sich selbst als Vollstrecker einer schweigenden vermeintlichen Mehrheit gesehen haben.

Die Realität der Einwanderungsgesellschaft wurde zu lange verdrängt

Dass ein Großteil der Deutschen die nationale Identität völkisch versteht, kommt nicht von ungefähr. Über Jahrzehnte galt im deutschen Staatsangehörigkeitsrecht ausschließlich das Abstammungs-Prinzip. *Ius sanguinis* – das Recht des Blutes. Deutsch sollte nur sein können, wer von Deutschen abstammt. Die nationale Identitätsvorstellung wurde bereits im Deutschen Kaiserreich rassifiziert.

Daraus ergab sich viele Jahrzehnte später in der Bundesrepublik die hartnäckige Weigerung, die Realität der deutschen Einwanderungsgesellschaft anzuerkennen. »Arbeitskräfte wurden gerufen, aber Menschen sind gekommen«, schrieb Max Frisch schon 1967.[61] Geholfen hat es wenig. Noch im Jahr 1982 schmiedete Bundeskanzler Helmut Kohl Pläne, um jeden zweiten Türken in Deutschland loszuwerden.[62]

Im Kern ging es dabei immer um die Fragen: Wer darf zur deutschen Gesellschaft dazugehören? Wer ist dieses »Wir«, von dem alle immer sprechen? Auch die zweite und dritte Generation der Migranten sollte über lange Zeit nicht dazugehören. Sie wurden im nationalen Selbstverständnis nicht vorbehaltlos als dauerhafter Teil dieser Gesellschaft anerkannt. Dennoch: Ihrem zunehmenden Selbstbewusstsein war es zu verdanken, dass die bundesrepublikanische Migrationsrealität um die Jahrtausendwende nicht mehr weiter geleugnet werden konnte – und das Abstammungsprinzip im Staatsangehörigkeitsgesetz von 1914 zumindest abgeschwächt wurde.

Die zunehmende Sichtbarkeit des migrantischen Lebens war es aber auch, die einen Eingriff in die Normalitätsvorstellung vieler Deutscher bedeutet – und zu Abwehrreaktionen führte. Es begann ein anhaltender Kampf gegen das zunehmende Selbstverständnis als plurale Gesellschaft, als ein Land der Vielen. Gegen die verschwimmenden Grenzen der Zugehörigkeit. Auf politischer Ebene, aber auch mit tödlicher Gewalt.

Die Nullerjahre

Schon die Reform des Staatsangehörigkeitsrechts, dieser längst überfällige Schritt, wurde begleitet von der Anrufung des rassistischen Ressentiments der Mehrheitsbevölkerung. Etwa durch die Unterschriftenkampagne der Union und den hässlichen Wahlkampf Roland Kochs. Die Kampagne wurde so verstanden, wie sie gemeint war: »Wo kann man hier gegen Ausländer unterschreiben?«, erkundigten sich so manche Bürger auf den Marktplätzen der Republik. 43 Prozent der Hessen hat das überzeugt. Die rot-grüne Bundesregierung musste ihre Reformpläne erheblich abschwächen.

Als in der Bundesregierung laut über die Anwerbung ausländischer IT-Fachkräfte nachgedacht wurde, antwortete Jürgen Rüttgers noch lauter: »Kinder statt Inder!« Es folgten Leitkulturdebatte und Kopftuchdebatte. Dann, als auch der letzte Realitätsverweigerer einsehen musste, dass sich die Ankunft von Menschen, deren Großeltern nicht schon hier geboren wurden, nicht mehr rückgängig machen ließ, sollten diese zumindest so gut es ging unsichtbar gemacht werden.

Zeitgleich mordete der NSU. Diese Parallelität hat Bedeutung.[63] Denn in der damaligen Zeit, kurz nach der Jahrtausendwende, wurde klar, dass die Menschen, die hier leben, auch hier bleiben werden. Ihren Kindern wurde der Weg zur deutschen Staatsangehörigkeit eröffnet. Ihre Zukunft in Deutschland unwiderruflich gesichert. Und das nicht nur als billige Arbeitskräfte am Rande der Gesellschaft, sondern mit steigendem Selbstbewusstsein bei voller politischer Teilhabe. Vor diesem Hintergrund erscheinen die Taten des NSU als letzter (verzweifelter) Versuch, die Opfer dennoch aus der Gesellschaft auszuschließen. Ihren Familien und Freunden und allen, die dem rassifizierten Bild deutscher Identität nicht entsprechen, deutlich zu zeigen, dass migrationspolitische Erfolge nicht ihre Zugehörigkeit zum nationalen Kollektiv bedeuten. Wenn sich die Veränderung der Gesellschaft schon nicht dauerhaft politisch aufhalten lässt, weil sich in konservativen Kreisen ökonomische Erwägungen letztlich gegenüber dem Impetus der »Reinhaltung« der Volksgemeinschaft durchsetzen, ist Mord das letzte Mittel – eine Art »selbstjustizielle Migrationspolitik: Mord als Politik der Ausbürgerung«.[64]

Von Rechtsradikalen ist auch nichts anderes zu erwarten,

werden manche sagen. Das stimmt. Wenn sie die Möglichkeit erhalten, werden sie ihre Ideologie in grausame Taten umsetzen. Dass Millionen Menschen in Deutschland ihr Vertrauen in die Gesellschaft verloren, ihre Zugehörigkeit zu dieser ein weiteres Mal infrage gestellt sahen, lag auch gar nicht so sehr an den Taten des NSU. Sondern an dem, was danach geschah: an der gesellschaftlichen und staatlichen Reaktion auf diese Taten.

Ungehörtes Wissen

Im Jahr 2006 demonstrierten über 4.000 Menschen in Kassel unter dem Motto »Kein 10. Opfer«. Auf den Videoaufzeichnungen dieses Trauerzuges sind Plakate zu sehen, auf denen die Aufklärung der – so wörtlich – »rassistischen Morde« gefordert wird.[65] Doch auch diese Appelle an den Staat, seine Sicherheitsorgane, die Medien, die Öffentlichkeit und die Zivilgesellschaft blieben ungehört. Sie blieben ungehört, weil es türkischstämmige Personen waren, die demonstrierten, und keine deutschen. Und weil die Deutschen, die mitdemonstrierten, der Antifa-Szene zugerechnet wurden, die die Behörden als gleichschlimmes Pendant der rechtsextremen Szene betrachteten.

Sowohl die von der Mordserie betroffenen Familien als auch die Anwohner der von einem Bombenanschlag getroffenen Keupstraße in Köln haben unabhängig voneinander auf eine rassistische Motivation der Taten hingewiesen. Dennoch ließen sich die deutschen Behörden in all den Jahren nicht von ihrer einseitigen Ermittlungsstrategie abbringen. Woran liegt es, dass die Demonstranten die Botschaft des NSU verstanden hatten? Warum war es für sie offensichtlich, dass es sich um einen Angriff auf sie als Kollektiv handeln muss? Und warum lag diese Einsicht für Polizei und Öffentlichkeit so fern?

Die Menschen, die damals auf die Straße gingen, vereinte ein gemeinsamer Erfahrungsschatz. Viele von ihnen hatten allzu oft erlebt, was es bedeutet, wenn die eigene gesellschaftliche Zugehörigkeit infrage gestellt wird. Welche Konsequenzen es hat, ausgegrenzt zu werden aus dem nationalen Narrativ. Wie es sich anfühlt, als »Fremde« angesprochen und behandelt zu werden. Nur zu gut kannten sie die subtileren und alltäglichen Formen dieser Ideologie, deren extremste Ausdrucksform die Morde waren. Diese Erfahrungen machten sie zu »Experten der Funktionsweise von Rassismus«.[66] »Das ist doch ganz einfach – ich kenne meine Feinde«, hat es Mehmet Demircan, der die Demonstration anmeldete, auf den Punkt gebracht.[67]

Diese Erfahrungen teilten sie aber weder mit den Beamten der Polizei noch mit den Journalisten in den Redaktionen des Landes. Ihr spezifisches Wissen wurde auch nicht als gelebte Realität in den kollektiven Wissensvorrat aufgenommen. Ihre und ähnliche Stimmen wurden stets aus dem gesellschaftlichen Diskurs ausgeblendet. Als aktuelle und folgenreiche Bedrohung wurde der Rassismus so nur aus der Position der Betroffenen wahrgenommen. Und das, obwohl die rechtsterroristische Bedrohung ganz objektiv auf der Hand lag.

Aber auch in Kassel blieben die Demonstranten unter sich. Die Mehrheitsgesellschaft schenkte ihnen keine Aufmerksamkeit. Sie hörte ihre Forderungen nicht, sondern tat sie als Migranten-Problem ab. Es war ein rassistisches Weghören.

Stellen Sie sich vor, Behörden und Öffentlichkeit hätten den Opfern und Hinterbliebenen damals vertraut. Man hätte ihre Hinweise auf ein rassistisches Mordmotiv ernst genommen und die Ermittlungen konsequent in diese Richtung betrieben. Was wäre geschehen? Wo stünde dieses Land heute? Womöglich wären die Mörder früher gestoppt und Menschenleben gerettet worden. Mit Sicherheit aber wäre unser Land ein anderes. Das Vertrauen eines großen Teils der (Neu-) Deutschen in einen Staat, der sie schützen kann und will, wäre nicht beschädigt. Der Riss in der Gesellschaft wäre nicht so greifbar. Das Wissen um die Hintergründe der Morde war in der Gesellschaft vorhanden. Es wurde bloß nicht gehört.

Auch wenn es uns Deutschen sichtlich schwerfällt, den Rassismus in unserer Mitte zu sehen, ist er doch von außen, insbesondere für ein geschultes Auge, unschwer zu erkennen. Githu Muigai brachte diesen Alltagsrassismus klar zur Sprache. Darüber hinaus thematisierte er auch die institutionelle Ebene: Polizei, Behörden und Gerichte müssten noch einiges mehr tun. Auch die geringe Präsenz von »People of Colour« im öffentlichen Leben sowie deren geringe politische Teilhabe kritisierte er. In seinem Abschlussbericht von 2010 forderte er mehr Personal für die Antidiskriminierungsstelle des Bundes, während er die Einführung des Allgemeinen Gleichbehandlungsgesetzes als Schritt in die richtige Richtung bewertete.[68]

Ein Land, dem es kaum möglich ist, über Alltagsrassismus zu sprechen, wird auch zur institutionellen Diskriminierung schweigen. Doch zu welchem Preis? Schaut man auf das Behördenversagen rund um den NSU-Komplex, so muss man sich eingestehen, dass uns der institutionelle Rassismus mit hoher Wahrscheinlichkeit Menschenleben gekostet hat. Der Staat hat unschuldige und fleißige Mitbürger, die zum Wohlstand dieses Landes beigetragen haben, vollkommen im Stich gelassen. Wir tragen keine Mitschuld an den Morden, aber unsere Behörden haben durch ihre vorurteilsbehaftete Ermittlungsarbeit dafür gesorgt, dass der NSU nach dem ersten, dem zweiten und selbst nach dem neunten Mord noch unbehelligt weitertöten konnte.

Institutioneller Rassismus ist keine deutsche Besonderheit. Der von dem US-amerikanischen Bürgerrechtler Stokely Carmichael in seiner 1967 erschienenen Schrift *Black Power* geprägte Begriff ist bei den US-Amerikanern und auch bei den Briten ein weitestgehend anerkanntes Phänomen, dessen Be-

kämpfung sich in Teilen bereits als erfolgreich erwiesen hat.[69]
In Großbritannien steht für die Aufarbeitung des institutionellen Rassismus an erster Stelle der Fall Stephen Lawrence. Der britische Teenager wurde im Jahr 1993 an einer Londoner Bushaltestelle erstochen. Stephens Mörder wurden nie gefasst. 1999 untersuchte ein Team unter Sir William Macpherson die mangelhaften Ermittlungen der Metropolitan Police und kam zu dem Schluss, dass es sich dabei um institutionellen Rassismus handelte. Macpherson bezeichnete diesen Fall als »einen der wichtigsten Momente der modernen Rechtsprechung in Großbritannien«.[70] Zusammenn mit Antonia von der Behrens und Carsten Ilius, meine Kollegin und mein Kollege von der Nebenklage, bin ich nach London gereist, um mich mit den britischen Kollegen auszutauschen und von ihren Erfahrungen zu lernen. Damals hatten wir die Hoffnung, dass eine derartige Aufarbeitung auch bei uns im Rahmen des Vorstellbaren liegt. Doch bei uns ist institutioneller Rassismus weiterhin durch viele Tabus belegt.

Im Gegensatz zu dem bereits angesprochenen Alltagsrassismus ist der institutionelle Rassismus in der Organisation der Gesellschaft verortet und somit also nicht Sache der persönlichen Einstellung. Er geht von Struktur und Mechanismen des gesellschaftlichen Miteinanders aus. So werden die, die nach verbreitetem Verständnis zur deutschen Mehrheitsbevölkerung zählen, gegenüber denen, die nicht dazugehören, systematisch bevorzugt.[71] Institutioneller Rassismus findet sich in den gesellschaftlich relevanten Einrichtungen, beispielsweise auf dem Arbeitsmarkt, dem Wohnungsmarkt und in Form der eingeschränkten politischen Teilhabemöglichkeiten. Die Nicht-Dazugehörigen werden ausgegrenzt, benachteiligt und herabgewürdigt.

Die Ausgegrenzten unter uns wissen genau, wovon ich spreche. Die vielen Male, bei denen man ohne Grund von der Polizei angehalten wird und sich fragt, was man falsch gemacht hat und was man überhaupt noch tun kann, um dazuzugehören. Das gleiche Gefühl beschleicht einen bei der Wohnungssuche, die um vieles mühseliger ist als bei den Freunden mit deutschem Nachnamen. Man bewirbt sich bei etlichen Stellen, doch wird gar nicht erst zum Jobinterview gebeten. Am Ende des Spektrums steht die Diffamierung der Opferangehörigen der NSU-Morde.

Es gibt also viele Menschen unter uns, die institutionellen Rassismus tagtäglich am eigenen Leibe erfahren. Das Perfide daran ist, dass den Betroffenen nicht einmal erlaubt wird, darüber zu sprechen. Denn: So etwas gibt es bei uns nicht. Auch deshalb mag diese Form des Rassismus Außenstehenden subtiler erscheinen, doch für die Menschen, die institutionellen Rassismus erleben, ist er das keineswegs. Vielmehr kann er die Existenz von Anfang an erschweren, Chancen nehmen und Hürden errichten.

Kinder von Migranten bekommen das in Deutschland bereits im Vorschulalter das erste Mal zu spüren. Schon hier nimmt die Ausgrenzung ihren Lauf, und die Sprache bildet dabei das maßgebende Kriterium. Besitzen Kinder zu diesem Zeitpunkt ihres gerade erst begonnenen Lebens schlechtere Deutschkenntnisse, ist ihnen die Benachteiligung quasi als lebenslanger treuer Begleiter sicher. Dann droht ihnen wenig später oft, ohne Rücksicht auf tatsächliche Potenziale, die Zuweisung in die Sonderschule. Diese zieht bekanntermaßen schlechtere Voraussetzungen für das spätere Berufsleben mit sich. Und auch bei der Schullaufbahnempfehlung, die das Fundament für den Übergang in die Sekundarstufe II bildet, werden die Kinder dank der institutionellen Logik tendenziell benachteiligt.[72]

Die Operative Fallanalyse Baden-Württemberg: ein Dokument der Schande

Die NSU-Opferangehörigen und auch die Verstorbenen selbst waren dem institutionellem Rassismus in erheblichem Maße ausgesetzt. Viele der Ermittlungsansätze rund um die Mordserie haben das gezeigt. Ohne konkrete Hinweise verdächtigten zahlreiche Ermittler die Verstorbenen und ihre Angehörigen, in kriminelle Machenschaften verwickelt zu sein. Der Fantasie der Ermittler schienen dabei keine Grenzen gesetzt, konkrete Anhaltspunkte, die solche Ermittlungsansätze gerechtfertigt hätten, waren nicht vorhanden. Herkunft der Opfer und reine Vermutungen über deren Wertevorstellung reichten als Erklärung für die eigene Theorie. Einen rechtsextremistisch motivierten Tathintergrund wollten die allermeisten Ermittler partout nicht sehen.

Exemplarisch für diese geblendete Vorgehensweise ist die im Jahr 2007 eingesetzte Operative Fallanalyse in Baden-Württemberg (OFA BW). Man wollte die Mordserie durch die OFA erneut untersuchen lassen, nachdem keiner der Ermittlungseinheiten Erfolge bei der Aufklärung erzielt hatte. Auf Ebene der Innenministerien Baden-Württemberg und Bayern war entschieden worden, dass die Operative Fallanalyse Baden-Württemberg diese Neubetrachtung übernehmen solle. Am 11. September 2006 ging der entsprechende Antrag der BOA »Bosporus« in Baden-Württemberg ein.[73]

Die Methode der »Operativen Fallanalyse« ist ein an das U.S.-amerikanische Profiling angelehntes Konzept, das unter anderem bei schwer zu ermittelnden Tötungs- oder Sexualdelikten zum Einsatz kommt. Fallanalytiker in den einzelnen Landeskriminalämtern sowie im Bundeskriminalamt erarbeiten – nach Bedarf auch gemeinsam mit speziell ausgebildeten

Psychologen – eine Neuanalyse. Nach eigenen Angaben der Polizeibehörde Baden-Württemberg hatte die OFA BW folgendes Ziel: »Die OFA rekonstruiert anhand von objektiven Informationen den Tathergang, versucht so Aufschluss zum Motiv des Täters zu geben und erstellt ein Täterprofil.«[74]

Zu Beginn des Jahres 2007 begann der verantwortliche Fallanalytiker Udo H. mit der erneuten Untersuchung der Mordserie. Das Ergebnis solle nach Möglichkeit auch Angaben zur Priorisierung der Ermittlungsrichtung und Präventionsansätze enthalten, so der Auftrag der OFA BW. Außerdem wurde darauf hingewiesen, dass – zur Wahrung der Objektivität – die zuvor von anderen Dienststellen erstellten Fallanalysen nicht zur Kenntnis genommen würden.[75]

Ich muss es an dieser Stelle bereits vorwegnehmen: Der Erkenntniszuwachs dieser Neuanalyse fällt überaus gering aus. Dennoch wird uns ein besonderer Einblick gewährt. Ein Einblick nämlich in das Denken mancher?, vieler? Beamter unserer Republik und somit in eine unserer wichtigsten Institutionen. Dieses Denken, das die Ermittlungen maßgeblich steuerte, ist durchsetzt von Vorurteilen. Es zeichnet sich aus durch eine keineswegs zeitgemäße und, ich muss auch das hinzufügen, realitätsferne Sicht auf die Bewohner dieses Landes.

Gleich zu Beginn der OFA ist die Rede von der »nach dem Mord an dem Blumenhändler SIMSEK« eingerichteten »Soko SIMSEK«, welche mit »hohem Personaleinsatz« im Umfeld des Getöteten ermittelt habe.[76] Nach Auflistung der weiteren Morde und der jeweils eingerichteten Sonderkommandos, unter anderem Soko »Halbmond«, heißt es: »Aufgrund der vorhandenen Erkenntnisse wurde von einer international agierenden Vereinigung/Organisation ausgegangen, was die Notwendigkeit zentral koordinierter Ermittlungen begründete.«[77] Welche »vorhandenen Erkenntnisse«?, fragt man sich an dieser Stelle. Bereits bei der Beschreibung des Opferbilds wird reichlich dazufantasiert: »Alle neun [Opfer, Anm. d. Verf.] standen in einer ökonomisch/finanziell angespannten, nicht gesicherten Situation und pflegten einen Umgang mit Geld, der merkwürdig erscheint. Diese Probleme waren nicht alle der gleichen Art (der eine wollte das Geschäft verkaufen, der andere legte sein Geld betrügerisch an, der Nächste frönte der Spielleidenschaft etc.)«. Wie man sieht, ist die Beweislage hauchdünn, daher bedient man sich ambivalenter Formulierungen wie: »(…) Umgang mit Geld, der merkwürdig erscheint.« Die Implikation der Beamten an dieser Stelle ist klar: Die Herren aus der Türkei und aus Griechenland machen krumme Dinger hier bei uns. Doch man hält es offenbar nicht für notwendig, diese Vermutungen anhand von konkreten Details zu erklären. Stattdessen wird geschlussfolgert: »Allerdings zeichneten sich alle Opfer vor diesem Hintergrund durch eine erhöhte Empfänglichkeit aus, die eigene finanzielle sowie ökonomische Situation durch illegale oder mit einem erhöhten Risiko verbundene Aktivitäten zu verbessern.«[78] Es wird also ordentlich über einen Kamm geschoren, denn allen Opfern werden zwiespältige finanzielle Verhältnisse und ein Hang zur Illegalität unterstellt.

Dennoch entdecken die Beamten kein Übereinstimmungsmerkmal – weder »politisch, religiös, noch ethnisch« – zwischen den neun Ermordeten. Weiter heißt es: »Es finden sich bei den Opfern ebenso keinerlei Gemeinsamkeiten hinsichtlich ihrer Wohnsitze, Geburtsorte, Reisewege etc.«[79] Auch einen persönlichen Kontakt kann man den Männern nicht nachweisen. Doch man lässt sich offenbar nicht beirren und fixiert sich stattdessen auf die Tatsache, dass alle neun Männer türkisch sprachen (der griechischstämmige Theodoros Boulgarides sprach und verstand indes kein Türkisch). »Nachdem alle neun Opfer der türkischen Sprache mächtig waren, könnte möglicherweise diese Tatsache ein maßgebendes Bindeglied darstellen.«[80] Wäre nicht die Tatsache, dass alle neun Männer Einwanderer waren, noch so ein mögliches maßgebliches Bindeglied gewesen? Wäre es nicht sinnvoll und sachgerecht gewesen, dieses zumindest anzuführen?

Nach einer Analyse der Tatorte und Tatzeiten der neun Morde geht die OFA »mit einer hohen Wahrscheinlichkeit« davon aus, dass die Opfer »gezielt« ausgesucht wurden.

Erstaunlich ist außerdem, dass man den zahlreichen Zeugen, die berichteten, unmittelbar vor oder nach der Tat zwei Männer mit Fahrrädern gesehen zu haben, nicht mehr Bedeutung zumaß. Eine Zeugin erinnerte sich, zwei Männer zunächst in Tatortnähe und dann wenig später direkt am Tatort gegenüber des Döner-Imbisses von İsmail Yaşar beobachtet zu haben. Am Tatort habe der eine dem anderen Mann eine Plastiktüte, »vermutlich mit einem darin enthaltenen Gegenstand«, in den Rucksack gesteckt, notieren die Beamten in dem Bericht.[81] Weiter, aber erstaunlicherweise »nur der Vollständigkeit halber«, weisen sie auf »die Zeugenwahrnehmung mit dem Einladen von 2 Fahrrädern in einen Van« hin. Hier müsse beachtet werden, dass an der besagten Stelle »zahlreiche Radfahrer unterwegs sind, denn der Parkplatz liegt unmittelbar an einem beliebten Ausflugsgebiet«. Dann wird eingeräumt, dass genau dieser Tathergang Sinn machen würde, denn die Flucht würde dadurch »noch risikoärmer«[82]. Warum diese Zeugenaussage ausdrücklich nur der Vollständigkeit halber erwähnt wird, obwohl sie ja laut den Beamten Sinn ergibt, bleibt, wie so vieles in dieser OFA, schlichtweg rätselhaft.

Ein weiterer Punkt dieser Neuanalyse, der stutzig macht, betrifft die Aufführung und Bewertung der Zeugenaussagen im Rahmen des Kasseler Mordes an Halit Yozgat. Hier wird nicht weiter hinterfragt, dass der Zeuge Andreas Temme die Schüsse auf Yozgat nicht gehört haben will, obwohl die anderen Anwesenden im Café dies taten.[83] Die Daten eines Rechners im Internetcafé belegen, dass sich der Verfassungsschützer Temme am

Tatort aufhielt.[84] Es wird zwar angemerkt, dass Temme ein »erfahrener Schütze« sei, doch die Wahrhaftigkeit seiner Aussage wird nicht in Zweifel gezogen.

Auch die durch die OFA vorgenommene Täterverhaltensanalyse verwundert. Denn die Beschränkung der Täter auf Opfer mit ausländischen Wurzeln wird nicht als Merkmal des Täterverhaltens aufgeführt. Dabei ist dies doch, neben der Beschränkung auf ein und dieselbe Tatwaffe, ganz offensichtlich das Hauptmerkmal der Mordserie. Wenn eine derart fundamentale Einsicht fehlt, muss der Neuanalyse bereits an dieser Stelle jeglicher Erkenntniszuwachs abgesprochen werden.[85]

Besonders aufschlussreich ist eine Stelle zum Ende der Fallanalyse. Es sind nur wenige Sätze, doch sie geben viel preis. Sie offenbaren das voreingenommene Denken unserer Beamten und entlarven sogleich den institutionellen Rassismus in unserer Mitte. Dort heißt es: »Somit ist davon auszugehen, dass die Täter die Fähigkeit und somit auch die Bereitschaft charakterisiert, die Tötung von einer Reihe von menschlichen Individuen im Rahmen eines kühnen Abwägungsprozesses (räumlich von den jeweiligen Opfern abgesetzt) in ihren Gedanken vorwegzunehmen und zu planen. Vor dem Hintergrund, dass die Tötung von Menschen in unserem Kulturkreis mit einem hohen Tabu belegt ist, ist abzuleiten, dass der Täter hinsichtlich seines Verhaltenssystems weit außerhalb des hiesigen Werte- und Normensystems verortet ist.«[86]

Die Behauptung, in diesem Land sei das Töten im Gegensatz zu »anderen« Kulturkreisen – will heißen türkischen, denn man geht ja im Prinzip von einer Türkenmafia aus – durch ein hohes Tabu belegt, ist höchst verwunderlich. Als gäbe es nicht genug Beispiele in der jüngsten deutschen Geschichte, die genau das widerlegen. Natürlich ist das Morden in Deutschland mit einem entsprechenden Tabu belegt, und selbstverständlich hat genau das die Täter nicht von ihrem Tun abgehalten. Es liegt nun einmal in der Natur des Mörders – ausgenommen des Affekttäters –, sich genau gegen diese Normen aufzulehnen, mit ihnen zu spielen oder sie von vornherein nicht zu akzeptieren.

Wenn eine deutsche Behörde nun eine Mordserie mit dem Begriff der Kultur erklärt, verallgemeinert sie auf unzulässige Weise und zeugt dadurch ganz unverkennbar von rassistischer Vorverurteilung.

Und so resümiert die OFA schlussendlich auch: »Alle neun Opfer hatten Kontakt zu einer Gruppierung, die ihren Lebensunterhalt mit kriminellen Aktivitäten bestreitet und innerhalb derer zudem ein rigider Ehrenkodex bzw. ein rigides inneres Gesetz besteht. Im Laufe der Zusammenarbeit begingen die Opfer vermutlich einen Fehler, der für die Opfer hinsichtlich seiner Bedeutung nicht erkennbar war. Aufgrund dieser für die Täter bedeutsamen Verletzung eines Ehrenkodex bzw. Wertesystems wurden in der Tätergruppierung jeweils Todesurteile gefällt und vollstreckt.«[87] Auch dieser Bezug zu dem angeblich vorherrschenden Ehrenkodex rührt von Vorurteilen her. Doch es geht noch klischeehafter: Der »rigide Ehrenkodex« wird sogleich zu einem männlichen Attribut gemacht. Außerdem spreche der »rigide Ehrenkodex« eher für eine Gruppierung im »ost- bzw. südosteuropäischen Raum (nicht europäisch westlicher Hintergrund)«.[88] So wird klargestellt, dass es sich zum einen um Nicht-Deutsche und zum anderen eben um süd- bzw. südosteuropäische Täter handeln müsse und nicht etwa um Schweizer oder Isländer.

Die OFA offenbart, dass man sich keineswegs an die anfangs eigens betonte »Wahrung der Objektivität«[89] hielt. Man beschränkte sich stattdessen auf ein Täterbild, welches in das Raster der institutionell geprägten Vorurteile passte, und übersah dabei die Bedeutung der augenscheinlichsten Merkmale dieser perfekt inszenierten Mordserie. Man war so fixiert auf die »Türkenmafia«-Theorie, dass man dabei partout kein rassistisches Motiv sehen konnte beziehungsweise anscheinend wollte. Dieser Entschluss prägte die Ermittlungen maßgeblich und verhinderte so eine objektive Analyse, die eine Ermittlung in alle Richtungen beziehungsweise auch eine Fahndung nach rechtsextremistisch motivierten Tätern nach sich gezogen hätte. Darüber hinaus sind die Annahmen des Fallanalytikers auf keinerlei konkrete Hinweise oder gar Belege zurückzuführen, beruhen stattdessen lediglich auf Vermutungen.

Wäre der Umstand dieser Neuanalyse nicht so makaber, das Verhalten der Beamten würde sich gut für einen Sketch eignen, der die schier maßlose Eingeschränktheit ihres Denkens darstellt. Nur leider gibt es in diesem Zusammenhang wenig zu lachen, denn genau diese vorurteilsbehaftete Ermittlungsarbeit kostete unschuldigen Menschen das Leben und ihren Angehörigen unsagbar viel Leid. Nicht nur der Verstorbene wurde hierdurch verunglimpft, sondern auch seine Angehörigen, die in ihrer Trauer auch noch der Diffamierung durch die Ermittlungsbehörden ausgesetzt waren.

Ein weiterer Aspekt, der die Blindheit unserer Beamten gegenüber dem eigentlich so Offensichtlichen belegt: Die deutschen Behörden hatten auch die amerikanische Bundespolizei FBI um eine Analyse der Mordserie gebeten, nachdem man selbst ganz offensichtlich nicht weiterkam. Im selben Jahr der OFA, genau genommen im Juni 2007, erstellte das FBI eine siebenseitige »Serienmord-Analyse«. Den Experten aus den USA schien die Mordserie weitaus weniger rätselhaft als den Kollegen aus Deutschland. Ja, ganz im Gegensatz: Deren Urteil fiel schlichtweg eindeutig aus. Ausländerhass stehe hinter der Česká-Mordserie, so die Profiler. Das Nachrichtenmagazin *Der Spiegel* zitierte im Jahr 2012 aus dem Bericht: »Der Täter sei diszipliniert, er habe die Männer erschossen, weil diese aus der Türkei gekommen seien oder so ausgesehen hätten. Seine Motivation sei eine Mischung aus persönlicher Veranlassung und Nervenkitzel gewesen. Der Mörder hege aus unbekannten Gründen eine tief sitzende Animosität gegen türkischstämmige Menschen, heißt es in dem FBI-Bericht.«[90] Und die Empfehlung der U.S.-Behörde? Die deutschen Ermittler sollten öffentlichkeitswirksam nach Personen fahnden, die einen »Groll gegen Türken« hegten und zu den betreffenden Zeitpunkten an den Tatorten gewesen sein könnten.[91] Doch die zuständigen Beamten ließen sich nicht beeindrucken von dem Bericht ihrer US-Kollegen. Das Fazit: Aus dem FBI-Papier ergäben sich »keine neuen Ermittlungsansätze«, so die oberste Steuerungsgruppe der Soko »Bosporus«.[92] Das FBI hatte übrigens natürlich keine eigenen Ermittlungen betrieben, sondern sich ausschließlich auf das Material der deutschen Kollegen gestützt. Dennoch kam es zu einem ganz anderen, und wie wir heute wissen, zum richtigen Schluss. Die Amerikaner hatten die Fakten ohne rassistische Stereotype analysiert. Dies unterschied sie von den allermeisten ihrer deutschen Kollegen, die an der Mordserie arbeiteten.

Abwehrhaltung der Bundesregierung

Letztendlich musste die Bundesregierung zwei Jahre nach Auffliegen des NSU ein gewaltiges Desaster eingestehen. In den parteiübergreifenden Bewertungen im Abschlussbericht des Bundestages 2013 heißt es: »Dass diese Taten weder verhindert noch die Täter ermittelt werden konnten, (...) ist eine beschämende Niederlage der deutschen Sicherheits- und Ermittlungsbehörden.«[93]

Dennoch: Über institutionellen Rassismus mochte die Bundesregierung damals wie heute nicht sprechen. Dies haben wir von der Nebenklage auch schriftlich kritisiert und unsere Einschätzung auf rund tausend Seiten im Anschluss an den Abschlussbericht des NSU-Untersuchungsausschusses Bundestagspräsident Norbert Lammert überreicht.

Damals sagte ich, es dürfe nun nicht der Tag gekommen sein, an dem das große Abhaken beginne. Die halbe Wahrheit sei nicht die Hälfte der Wahrheit. Zu meinem Bedauern muss ich jedoch feststellen, dass genau das in den letzten vier Jahren passiert ist. Ein weiteres Mal haben wir abgehakt – und das mit deutscher Effizienz. Guido Westerwelle meinte damals, der NSU-Bericht sei ein wichtiges Signal der Vertrauensbildung an die Welt. Ich glaube, niemand wird mir an dieser Stelle widersprechen, wenn ich sage, dass wir diese Möglichkeit der Vertrauensbildung in den letzten Jahren verspielt haben. In internationalen Kreisen behaupten wir, institutionellen Rassismus gebe es in Deutschland nicht. Dabei werten zahlreiche Menschenrechtsgremien, darunter die »Europäische Kommission« gegen Rassismus und Intoleranz« (ECRI), der »UN-Ausschuss gegen Rassismus« (CERD) sowie Nichtregierungsorganisationen wie Amnesty International, das Versagen der deutschen Behörden, bei Straftaten rassistische Tathintergründe zu erkennen und zu untersuchen, eindeutig als institutionellen Rassismus.

Und die Reaktion der Bundesregierung? Die abschließenden Bemerkungen des UN-Ausschusses CERD, wonach institutioneller Rassismus innerhalb der deutschen Behörden klar zu erkennen sei, konterte die Bundesregierung so: »Dem pauschalen Vorwurf eines institutionellen Rassismus wird entschieden entgegengetreten. Eine solche undifferenzierte Sichtweise wird in ihrer Verallgemeinerung für die gesamte Bundesrepublik Deutschland der Komplexität des Themas und der Aufarbeitung in Deutschland nicht gerecht.« Außerdem hätten die Strafverfolgungsbehörden alle notwendigen Maßnahmen ergriffen, um noch unbekannte Täter, Teilnehmer und Strukturen zu ermitteln, heißt es.[94] Wieso weigern wir uns, aus unseren Fehlern zu lernen?

Auch im innerdeutschen Kontext kam dieses Thema in den letzten vier Jahren zur Sprache. So wurden in diversen Untersuchungsausschüssen auf Länderebene rassistische Verdächtigungen und vorurteilsbehaftete Ermittlungsansätze auf Seiten der Behörden festgestellt. Der Abschlussbericht des Thüringer Landtags zu »Rechtsterrorismus und Behördenhandeln« wird etwa folgendermaßen eingeleitet: »Wir bitten die Opferangehörigen und die 23 teils lebensgefährlich Verletzten der Sprengstoffanschläge in Köln für das ihnen entgegengebrachte Misstrauen sowie für die rassistischen Verdächtigungen um Verzeihung. (...) Wir hoffen auf eine baldige gerechte und konsequente, rechtsstaatsgemäße Verurteilung aller Täter und aller weiterer Personen, die auf verschiedene Weise wissentlich und willentlich zu den Taten des NSU beigetragen oder sie schuldhaft ermöglicht und sich der Beihilfe, der Begünstigung und – womöglich – der Strafvereitelung schuldig gemacht haben.«[95]

Und auch Stimmen aus der Wissenschaft stellten fest, dass systematischer institutioneller Rassismus innerhalb der Polizei und der Behörden vorhanden ist. Der Rassismusforscher und Professor für Soziale Arbeit in der Migrationsgesellschaft Dr. Claus Melter etwa meint, dass die Ermittlungslogik von Polizei, Staatsanwaltschaft, Verfassungsschutzbehörden und Innenministerium sowohl auf Bundes- als auch auf Länderebene einer rassistischen Einteilung unterliegt. Und dass diese Einteilung den nachweisbaren Effekt gehabt habe, dass »rechtsextreme, mit Sprengstoff ausgerüstete und mutmaßlich bewaffnete Rechtsterroristen mehrfach nicht verhaftet wurden, obwohl dies möglich war und hätte geschehen müssen.«[96]

Die Medien griffen diese Zusammenhänge ebenfalls auf. Andreas Rüttenauer brachte es im August 2014 in der *taz* auf den Punkt: »Und über all dem Wahnsinn, der sich in Thüringen einmal mehr offenbart hat, bleibt die eine große Frage weiterhin stehen: Hätten die Behörden so gehandelt, wenn die Opfergruppe eine andere gewesen wäre? Reden wir also über Rassismus!«[97]

Auch wenn institutioneller Rassismus von Seiten der Bundesregierung und auch innerhalb der Gesellschaft noch weitestgehend ein Tabuthema ist, wird er doch von Wissenschaft und Medien, wenn auch punktuell, deutlich als Problem wahrgenommen. Besonders angesichts dessen ist das Verhalten der Bundesregierung, das sture Zurückweisen dieses ganz offensichtlich erkennbaren Missstandes, so unverständlich. Dies hat sich auch im Verfahren gezeigt. Ja, wir haben diverse Vertreter der Polizeibehörden im Prozess gehört, doch in der gebührenden Breite wurde dieses Thema weiß Gott nicht behandelt. Dabei hätte es der Kernpunkt dieses Staatsschutzverfahrens werden können, denn es war auch das Versagen der Behörden, welches diese Mordserie überhaupt möglich gemacht hat.

Wenn der Verfassungsschutz tatsächlich die Polizeibeamten im Rahmen der NSU-Ermittlungen auf eine falsche Fährte geführt hat, wie scheinbar nach dem Mord an Mehmet Turgut geschehen, dann gehört das in diesen Gerichtssaal. Laut Innenministerium habe der Landesverfassungsschutz Mecklenburg-Vorpommern die zuständigen Ermittler nach dem Tod des jungen Mannes darauf hingewiesen, dass dieser Drogen verkauft, den Ertrag nur nicht an seine Hintermänner abgeführt habe. Die dringende Frage sei, wie der Verfassungsschutz darauf gekommen sei, diesen Hinweis an die Beamten weiterzugeben und sie dadurch in ihren falschen Annahmen zu bestärken, so der Politologe Gideon Botsch.[98] Einer von vielen wichtigen Aspekten, die wir weder in diesem Prozess noch sonst irgendwo behandelt haben. Denn eine übergreifende Untersuchung des Gesamtkomplexes NSU hat nie stattgefunden. Damit wurde auch versäumt, den zentralen Punkt des Komplexes zu beleuchten, nämlich zu verstehen, was wirklich passiert ist, und dafür zu sorgen, dass sich ein solches Ereignis nicht wiederholen kann. Wie mein Kollege Stephan Lucas im Verfahren sagte: Rehabilitierung kann nicht groß genug geschrieben werden. Die Opfer haben ein postmortales Persönlichkeitsrecht, und deshalb muss eben auch geklärt werden, warum die Polizeibeamten so häufig in Richtung Drogenmilieu ermittelten.[99]

Nichts gelernt

Dann stellt sich noch die dringende Frage nach dem, was wir denn eigentlich mitnehmen aus den letzten sechs Jahren. Was hat uns der NSU gezeigt? Ich denke nicht, dass wir behaupten können, aus unseren institutionellen Fehlern gelernt zu haben, dass wir Konsequenzen aus dem Behördenversagen gezogen haben, dass eine Einsicht in den Köpfen der Behördenvertreter stattgefunden hätte. Wendet man sich den Polizeibehörden und dem Gebrauch des Paragrafen 22, Bundespolizeigesetz zu, der in der Anwendung oft demütigenden und entwürdigenden Praxis des »Racial Profiling«, ist zweifelsohne kein Mentalitätswandel erkennbar. Unzählige Deutsche werden weiterhin aufgrund ihrer Hautfarbe, Religion oder Herkunft ohne besonderen Verdachtsmoment polizeilich überprüft. Im UN-Bericht von 2010 wird genau auf dieses Racial beziehungsweise Religious Profiling gegenüber bestimmten Gruppen, inklusive Menschen mit afrikanischem Hintergrund, Arabern und Muslimen, hingewiesen. Damals bekräftigte das Innenministerium, dass Polizeidurchsuchungen durch einen vorherigen Verdacht motiviert sein müssten und subjektive Wahrnehmungen von Polizeibeamten, beispielsweise ethnische oder religiöse Hintergründe, nicht als Verdacht gelten dürften.[100]

Wir wissen, dass dies so nicht stimmt. Allein die unzähligen Erfahrungsberichte der Betroffenen in diesem Land, die Dutzende Male ohne bestimmten Anlass einer Ausweiskontrolle unterzogen, gefilzt und befragt wurden, sprechen dagegen. Racial Profiling wirft ein unschönes Licht auf unsere Polizeibehörden, deshalb möchte man sich diesen Schuh nicht anziehen. Das macht es für die Betroffenen noch schwerer. Sie können diese wieder und wieder erfahrene Diskriminierung nicht so einfach zur Sprache bringen, ihre Mitmenschen daran teilhaben lassen, denn dadurch droht womöglich eine weitere Form der Ausgrenzung. Schließlich gibt es offiziell kein Racial Profiling in Deutschland.

Die Regierung schafft es, dem die Krone aufzusetzen, indem sie erklärt, den Betroffenen erscheine diese Behandlung nur so. Auf eine Anfrage der Bundestagsfraktion der Linken im Jahr 2015 erklärte die Bundesregierung, die Maßnahmen bezögen sich allesamt »auf subjektiv als unberechtigt empfundene polizeiliche Maßnahmen«. Dadurch könne »im Einzelfall fälschlicherweise der Eindruck« entstehen, die Betroffenen seien wegen äußerlicher Merkmale in den Fokus der Beamten geraten.[101] Dadurch ergibt sich eine ganz perfide Art der Diskriminierung, die, davon bin ich überzeugt, ihre Spuren bei den Ausgegrenzten hinterlässt.

Wir haben in Deutschland das Problem mit Rechtsextremismus bis zum Auffliegen des NSU verkannt. Daran besteht kein Zweifel. Dies lag nicht zuletzt an unserem Unwillen, rechtsextremistisch motivierte Straftaten als solche beziehungsweise überhaupt als politisch motivierte zu registrieren. Kommunen wollten »Nestbeschmutzung« vermeiden. Nazis? Gibt es bei uns schon länger nicht mehr! Daraus ergab sich eine Diskrepanz zwischen der statistischen Erfassung durch die staatlichen

Stellen und der Realität. Nichtregierungsorganisationen hingegen hatten das Problem schon seit dem Fall der Mauer auf dem Schirm. Das ist ein enorm wichtiger Punkt, denn ohne eine angemessene statistische Erfassung kann eine Problemlage von den zuständigen Behörden nicht richtig wahrgenommen und zielgerecht bekämpft werden.

Wir haben hieraus keine Konsequenzen gezogen, wie es scheint. Wenig beruhigend wirkt beispielsweise die Tatsache, dass die Bundesregierung bis Januar 2017 nichts über die mindestens 10.000 Personen umfassende Reichsbürgerszene in Deutschland wusste. Irene Mihalic von den Grünen wirft der Bundesregierung Verharmlosung vor: »Mit ihren umständlichen Winkelzügen bei der Charakterisierung verstellt die Bundesregierung sich und den Sicherheitsbehörden erneut den Blick auf das Wesentliche: Die Reichsbürger müssen als rechtsextrem eingeordnet werden.«[102] Das weckt kein Vertrauen in den Staatsschutz. Bedeutet es doch, dass es uns nicht einmal möglich ist, eine gewaltbereite Gruppierung frühzeitig zu erkennen, geschweige denn die Verantwortlichen zeitnah zur Rechenschaft zu ziehen.

Auch bei der Verfolgung und Ahndung rassistischer Taten zeigen sich sowohl auf legislativer wie auch auf exekutiver Ebene beständige Defizite. In dem von diversen zivilgesellschaftlichen Organisationen wie dem Büro zur Umsetzung von Gleichbehandlung verfassten Parallelbericht an den UN-Antirassismus-Ausschuss im Jahr 2015 liest man: Es fehle an einer »speziellen Norm, welche die rassistische Tatmotivation bei Delikten wie Sachbeschädigung, Körperverletzung, Raub etc. berücksichtigt«. Empirische Studien belegen dies. So fanden die »vorurteilsmotivierten Beweggründe« der »von der Polizei aufgeklärten, rechten Gewalttaten im Freistaat Sachsen (2006/07)« in fast der Hälfte aller staatsanwaltlicher Anklagen als auch Urteile keine Erwähnung. Das Urteil des Berichts: »Die Äußerungen der Bundesregierung im Staatenbericht, dass rassistische Motivationen strafverschärfend einbezogen werden, offenbart sich als fehlerhaft.«[103] Wir von der Nebenklage haben institutionellen Rassismus immer wieder zur Sprache gebracht. Wir haben thematisiert, was geschehen muss, damit sich unsere Fehler nicht wiederholen. Wir haben Vorschläge unterbreitet. So wäre zum Beispiel einiges gewonnen, wenn Polizeibehörden und Staatsanwälte bei jedem Gewaltverbrechen schriftlich festhalten, dass sie eine rassistisch motivierte Tat ausschließen. Außerdem brauchen wir mehr Beamte mit Migrationshintergrund auf Führungsebene. Dafür könnte beispielsweise eine verbindliche Quote sorgen.[104]

Leider hat sich im Zuge der Flüchtlingskrise die fremdenfeindliche Stimmung in Deutschland wie auch in weiteren Teilen Europas hochgeschaukelt. Alltagsrassismus scheint wieder salonfähig zu werden, und auch unsere sich verändernde Wortwahl spiegelt das wider. Früher sprach nur die NPD von »Passdeutschen«, heute tun das auch seriöse Medien. Für Sheila Mysorekar, die Vorsitzende der Journalisten-Organisation »Die Neuen deutschen Medienmacher«, ist das ein Beleg dafür, dass Denkweisen von ganz rechts nach und nach von der Mitte übernommen werden. Der Gebrauch des Begriffs »Passdeutsche« lege nahe, dass eingebürgerte Menschen niemals »echte« Deutsche sein könnten. Deutsche würden so »verbal ausgebürgert« und zu ewig Fremden herabgewertet.[105] Auch der Polizei-Sprachgebrauch ist weiterhin zu bemängeln. Dass »NAFRIS« im Polizeigebrauch eigentlich für »Nordafrikanische Intensivtäter« steht, dort aber häufig als Abkürzung für Nordafrikaner im Allgemeinen verwendet wird, hat in der öffentlichen Debatte beispielsweise erst sehr spät Berücksichtigung gefunden.

Und auch so manch ein Politiker ist sich nicht zu schade, Erinnerungen an das dunkelste Kapitel der deutschen Geschichte zu wecken. So fragte der sächsische AfD-Abgeordnete André

Wendt die Landesregierung Sachsens im Dresdner Landtag nach »Hilfen bei Sterilisation« von unbegleiteten minderjährigen Geflüchteten.[106] Kalkulierte Provokation oder nicht, man muss es sich trotzdem einmal auf der Zunge zergehen lassen. So ein Antrag wäre von einer Partei, die Aussicht auf den Einzug in den Deutschen Bundestag hat, noch vor wenigen Jahren undenkbar gewesen. Gerade jetzt ist es deshalb umso wichtiger, die Konsequenzen aus unseren institutionellen Fehlern zu ziehen.

5. Versagen und Vertuschen: die Mitschuld des Verfassungsschutzes

Bei diesem Verfahren handelte es sich um einen politischen Prozess – in zweierlei Hinsicht. Einerseits galt es, Taten aufzuklären, die einen politischen, das heißt rechtsextremen Hintergrund haben. Andererseits warf das Verfahren selbst politische Fragen auf: Wie haben die staatlichen Institutionen agiert, wie haben sie auf die Taten reagiert? Fangen wir an, diese letztere Frage zu beantworten, indem wir uns das Verhalten des Verfassungsschutzes anschauen.

Historische Kontinuitäten

Es ist Teil der deutschen Nachkriegsgeschichte, dass in den staatlichen Institutionen nach 1945 eine konsequente Entnazifizierung ausblieb. Professoren, Verwaltungsbeamte, Polizisten, Richter, Politiker – viele hatten als Nationalsozialisten Karriere gemacht und konnten diese auch in der Bundesrepublik fortsetzen.

Der Staatsrechtler Carl Schmitt, Hans Filbinger, Ministerpräsident Baden-Württembergs, oder Hans Globke, Kanzleramtschef unter Adenauer, etwa sind nur einige wenige der sogenannten »furchtbaren Juristen«, die auch nach 1945 noch in Amt und Würden standen. Die Liste ist lang, die Beispiele sind erschreckend. Was hat das aber mit diesem Verfahren zu tun? Die Antwort ist einfach: Wir verhandeln die Taten des »Nationalsozialistischen Untergrundes« – die Bezugnahme auf den Nationalsozialismus ist offenbar. Auch der Verfassungsschutz hat eine Geschichte, und diese zu betrachten mag Hinweise darauf geben, warum er so gehandelt hat, wie er es tat.

Das Bundesamt für Verfassungsschutz (BfV) hat seine Geschichte von Historikern untersuchen lassen. Der Titel der so entstandenen Studie lautete: »Keine neue Gestapo«. Recht zufrieden schaute der Präsident des Bundesamts für Verfassungsschutz, Dr. Hans-Georg Maaßen, im Januar letzten Jahres drein, als die Ergebnisse vorgestellt wurden: In der neugegründeten Behörde habe es weit weniger ehemalige SS-Angehörige gegeben als in vergleichbaren Institutionen, wie etwa dem BKA, dessen Spitze in den Fünfzigern zu mehr als zwei Dritteln aus SS-Tätern bestanden habe.[107] Tatsächlich versuchten die Westalliierten den Aufbau des Verfassungsschutzes durch die Sicherheitsdirektoren der Hohen Kommissare zu lenken, um zu verhindern, dass eine neue Gestapo entsteht.[108] Diese Vertreter der westlichen Siegermächte kontrollierten und genehmigten bis 1955 die Einstellung des Personals, sodass ehemalige Angehörige der verbrecherischen NS-Organisationen Gestapo, SS und Sicherheitsdienst des Reichssicherheitshauptamts zunächst nicht beschäftigt wurden.[109]

Doch schon während der Kontrolle durch die Alliierten gründete das Bundesamt die Scheinfirma »Dokumentenforschung« in Köln. Hier arbeiteten Ex-SS-Leute als sogenannte freie Mitarbeiter. Sie hatten ihre Büros in den Behörden, vertraten Referatsleiter und leiteten Nachrichtenstellen. Die Initiative hierzu sei von Richard Gerken, dem Leiter der Abteilung »Beschaffung« ausgegangen.[110] Gerken war ein ehemaliger Offizier der Abwehr, also des militärischen Geheimdienstes der Wehrmacht. Befördert wurde dieses System der freien Mitarbeiter auch von Albert Radke, Vizepräsident des Bundesamtes, der ebenfalls aus der militärischen Abwehr unter Admiral Canaris hervorgegangen ist. Der erste Präsident des Bundesamtes wiederum hieß Otto John, der seit der Gründung des Bundesamts im Jahr 1950 amtierte, bis er sich 1954 in die DDR absetzte. Er begründete diesen Schritt vor der Weltpresse damit, dass »in der Bundesrepublik die wildesten Nazis und Militaristen wieder hoffähig gemacht« würden. Die alten Nationalsozialisten hätten im Bundesamt hochrangige Jobs bekommen und würden ihn dort konstant gängeln.[111] Allerdings sind die Umstände, unter denen John in die DDR gelangte, bis zum heutigen Tage nicht abschließend geklärt.

Betrachtet man die damalige Führungsebene des Bundesamtes, klingt das plausibel: Neben dem Vizepräsident Albert Radke waren die »drei inhaltlichen Referate – Linksterrorismus, Spionageabwehr [und] Rechtsterrorismus in der Hand von ehemaligen Abwehragenten, Gestapo-Beamten oder Staatsanwälten, die im sogenannten Dritten Reich erfolgreich Karriere gemacht hatten.«[112] Darüber hinaus war Ernst Brückner der Sicherheitschef des Amtes. Er sollte die Mitarbeiter überprüfen – und war dabei selbst zu früheren Zeiten NS-Staatsanwalt.[113] Nachdem Otto John sich verabschiedet hatte, wurde Hubert Schrübbers Präsident. Seine Karriere: SA-Sturm Münster, NS-Staatsanwaltschaft, Unteroffizier in einer Polizeieinheit der SS, Staatsanwalt in der BRD und schließlich Verfassungsschutzpräsident. Von 1955 bis 1972, siebzehn Jahre lang, hat er den Inlandsgeheimdienst aufgebaut und geprägt.

1955 wird auch die Aufsicht der Alliierten über das Bundesamt für Verfassungsschutz aufgehoben, und die freien Mitarbeiter mit NS-Vergangenheit werden in der Folge verbeamtet. So wurden Positionen mit ehemaligen Angehörigen der Gestapo, des Reichssicherheitshauptamtes, der sogenannten »Abwehr«

und der »geheimen Feldpolizei« besetzt – unter Schrübbers und seinen Kameraden keine große Überraschung.

Doch was bedeuten solche persönlichen Kontinuitäten für dieses Verfahren heute? Vermutlich, dass Menschen wie Schrübbers und Radke die Behörde aufgebaut, Verfassungsschützer ausgebildet, Leitlinien ausgegeben und Schwerpunkte gesetzt haben, die mittelbar bis heute fortwirken. Etwa, in dem sie sich im rigiden Antikommunismus zeigen, der in diesem Amt bis heute herrscht und ein Erklärungsansatz sein mag für die mangelnde Bereitschaft, im Rechtsextremismus dieses Landes eine Gefahr zu sehen. Weil einerseits der Fokus auf andere Gefahren gelegt wird und der strenge Antikommunismus andererseits auch eine ideologische Schnittstelle zur extremen Rechten darstellt. Ein solch historischer Blick mag *ein* Aspekt sein, der zu verstehen hilft, mit was für einer Organisation wir es hier zu tun haben.

Der Verfassungsschutz und die extreme Rechte

»Der Verfassungsschutz dient dem Schutz der freiheitlichen demokratischen Grundordnung, des Bestandes und der Sicherheit des Bundes und der Länder«, so steht es in Paragraph 1 des Bundesverfassungsschutzgesetzes. Ähnliche Formulierungen finden sich in den entsprechenden Gesetzen der Bundesländer. Ein Bundesamt für Verfassungsschutz, sechzehn Landesämter für Verfassungsschutz, der Militärische Abschirmdienst und dazu noch der für Gefahren aus dem Ausland zuständige Bundesnachrichtendienst wachen über unsere Verfassung. Tausende und Abertausende Beamtinnen und Beamte, ausgestattet mit einem Milliardenetat und unzähligen V-Leuten, verrichten Tag für Tag ihren Dienst zum *Schutz unserer Freiheit*. Und dennoch übersahen alle Einrichtungen den NSU. Schlimmer noch: Sie bestritten, dass es so etwas wie die Gefahr des rechten Terrors überhaupt gab. Eine »Braune Armee Fraktion« wurde für schlichtweg unmöglich erklärt. Wie konnte dies geschehen?

Auf dem rechten Auge blind? Seit dem Bekanntwerden des NSU wird den Verfassungsschutzbehörden vorgeworfen, sie seien »auf dem rechten Auge blind« gewesen. Ich teile diese Einschätzung nicht. Der Verfassungsschutz verfügte über V-Leute in so ziemlich allen relevanten Nazi-Bewegungen der Neunzigerjahre. Die Behörden haben deren Aktivitäten mitfinanziert, auf Ausrichtung und Strategie Einfluss genommen und zentrale Nazi-Kader vor der Strafverfolgung geschützt.[114] Rechtsextremistische Strukturen bestanden zu wesentlichen Teilen aus von der Bundesrepublik Deutschland bezahlten V-Leuten. Teilweise hätte es sie ohne die Unterstützung durch die Verfassungsschutzbehörden und die damit einhergehende öffentlich-rechtliche Alimentierung gar nicht gegeben.

Ein uns bekanntes Beispiel für den Einfluss von V-Leuten auf die Nazi-Szene ist die »Aktionswoche« zum Todestag des Hitler-Stellvertreters Rudolf Heß im August 1994. Sie wurde maßgeblich von Spitzeln des Inlandsgeheimdienstes organisiert – darunter Norbert W., André Z., Kai D. und Michael P. Alle vier Top-Quellen des Verfassungsschutzes.[115] Bei den Veranstaltungen rund um den Todestag von Heß handelt es sich seit Ende der Achtzigerjahre um eine der zentralen Nazi-Demonstrationen in der Bundesrepublik. Im Jahr 1996 nehmen auch Uwe Mundlos, Uwe Böhnhardt, die Angeklagte Beate Zschäpe sowie die Angeklagten Ralf Wohlleben und Holger Gerlach an den Aktionstagen teil.[116]

Ein anderes Beispiel dafür, welchen Einfluss Neonazis im Staatsdienst dieses Landes auf die rechtsextreme Szene haben, ist der Fall Achim Schmid: Ab 1996 ist er V-Mann des Landesamtes für Verfassungsschutz (LfV) Baden-Württemberg. Zu dem Zeitpunkt war er bereits drei Jahre Mitglied der NPD, später schließt er sich dem rechtsradikalen Netzwerks Blood & Honour an. Ein fanatischer Rassist. Ab 1998 ist Schmid bei den »International Knights of the Ku-Klux-Klan« aktiv und gründet Ende 2000 einen eigenen Klan – bezahlt aus Steuergeldern. In dem Klan werden später auch zwei Polizeibeamte Mitglied, auf die ich noch eingehen werde.

Selbst innerhalb von rechtsterroristischen Strukturen sind V-Leute aktiv – und das schon lange vor dem Entstehen des NSU. Anfang der Siebzigerjahre begehen Rechtsextremisten zwei Bombenanschläge in Niedersachsen. Die Anschläge gehen auf das Konto der »Braunschweiger Gruppe« um den ehemaligen NPDler und SS-Führer Paul Otte. Dieser will Waffen, Munition und insbesondere Sprengstoff beschaffen, um – so heißt es – »die Kampfgruppen der NSDAP/AO ausrüsten zu können.« Die Gruppe erstellt »schwarze Todeslisten« mit Namen von 600 Juden, Linken und prominenten Bundesbürgern, um diese »durch Attentate auszuschalten.« Hans-Dieter L. ist »Sicherheitsbeauftragter« dieser Gruppe und begleitet Otte auf dessen Auslandsreisen zu anderen Neonazis. Er spielt in der Gruppe eine zentrale Rolle – und auch er ist V-Mann des Niedersächsischen Verfassungsschutzes.[117] Der Einfluss der V-Leute beschränkt sich dabei aber nicht auf die Kameradschaftsszene und auf militante Kleingruppen. Nein, auch der parlamentarische Arm des Neonazismus in diesem Land ist von freien Mitarbeitern der Geheimdienste geprägt.[118]

»Ohne diese Gelder vom Verfassungsschutz hätte die Gründung der NPD – mindestens in Nordrhein-Westfalen – nie stattfinden können«[119], sagt Wolfgang F., ehemals V-Mann »Stoffel«. Zwischen der NPD und der Kameradschaftsszene bestehen zahlreiche Überschneidungen. Es findet ein finanzieller, struktureller und personeller Austausch statt. Der Angeklagte Wohlleben etwa war stellvertretender NPD-Landesvorsitzender der NPD-Thüringen und Kreisvorsitzender in Jena. Der Angeklagte Carsten Schultze saß im Bundesvorstand der NPD-Jugendorganisation. Die NPD ist auch wesentlicher Bestandteil des NSU-Komplexes.

Im Jahr 2003 scheitern die NPD-Verbotsanträge von Bundesregierung, Bundestag und Bundesrat. In dem Minderheitenvotum im Richterkollegium des Bundesverfassungsgerichts heißt es:»Nach allem kann von Staatsfreiheit der Führungsebenen der Antragsgegnerin [d. h. der NPD] (...) keine Rede sein.« Und weiter:»Staatliche Präsenz auf der Führungsebene einer Partei macht Einflussnahme auf deren Willensbildung und Tätigkeit unvermeidbar.«

Schon damals war diese Feststellung ein Skandal. Doch was das Ausmaß der V-Mann-Tätigkeiten in der extremen Rechten wirklich bedeutet, können wir vielleicht erst jetzt richtig erkennen. Im Lichte des NSU und dessen Taten. Ich werfe den Verfassungsschutzbehörden also nicht vor, sie hätten neonazistische Strukturen übersehen. Ich werfe ihnen vor, dass sie diese mit aufgebaut und unterstützt haben. Wie ein Feuerwehrmann, der Feuer legt, um die Notwendigkeit seines Berufsstandes zu beweisen, hat der Verfassungsschutz rechtsradikale Organisationen durch V-Leute aufbauen lassen, um sie anschließend selbst zu beobachten und zu beeinflussen. Das macht die Schuld der handelnden Nazis nicht geringer, aber der Staat kann nicht so tun, als hätte er mit alledem nichts zu tun.

5. Die Mitschuld des Verfassungsschutzes

Die Strategie und ihre Folgen Im Rahmen der V-Mann-Strategien des Verfassungsschutzes wurden besonders radikale Neonazis strategisch an entscheidenden Punkten der gewaltbereiten Nazi-Netzwerke eingesetzt.[120] Die führenden Personen der Szene sowie jene, von denen sich die Geheimdienste dort eine große Zukunft erwarteten, standen auf staatlichen Lohnlisten. Es waren die aktuellen oder zukünftigen Vorsitzenden der jeweiligen Gruppen, ihre Stellvertreter, diejenigen, die Webseiten betrieben, Zeitungen herausgaben und Demonstrationen organisierten. Angeworben wurden die Anführer, nicht die Lemminge, die diesen folgten. Die Strategie der Verfassungsschutzbehörden war augenscheinlich, dass von V-Leuten beeinflusste Organisationen ideologisch und aktionistisch andere Gruppen überbieten sollten. Je rechtsextremer, je gewalttätiger – desto besser. Die durch den Verfassungsschutz unterstützten Gruppen und Personen sollten zentralen Einfluss auf die Neonazi-Szene als Ganze gewinnen – und die Ämter dadurch Einfluss auf und Informationen über diese.

Als hohe Schule der V-Mann-Führung gilt dabei das sogenannte »Hochspielen« einer Quelle.[121] Auf seiner Webseite schreibt das Landesamt für Verfassungsschutz Mecklenburg-Vorpommern unter der Rubrik »Begriffe aus der Welt des Nachrichtendienstes«: »Der Begriff bezeichnet das systematische Platzieren eines Vertrauensmannes (VM) in eine höhere Position. So können VM, die zum Beispiel in extremistischen Organisationen bislang untergeordnete Positionen innehatten, zielgerichtet auf Ebenen hochgespielt werden, in denen sie Zugang zu einschlägigen Informationen bekommen.«[122] Und so, wie die einzelnen V-Leute innerhalb der Organisationen »hochgespielt« werden, sollten auch die jeweiligen Organisationen in der Szene »hochgespielt« werden.

Voraussetzung hierfür war die Gewährung eines Quellenschutzes, der in Kauf nimmt, dass Propaganda und selbst schwerwiegendste Gewaltstraftaten entweder gar nicht erst geahndet werden oder den Quellen zumindest im Fall einer Bestrafung eine weitreichende Bevorzugung zuteilwird. Andernfalls hätten V-Leute als staatliche Gehilfen die Radikalisierung der Nazi-Szene in Deutschland nicht vorantreiben können. Schon 1997 benannte das BKA Ross und Reiter. In einem als »geheim« eingestuften Papier mit dem Titel: »Zusammenarbeit zwischen Verfassungsschutz und Bundeskriminalamt«. Dem Papier zufolge behindern Verfassungsschützer regelmäßig die Ermittlungsarbeit der Polizei und schützen V-Leute: Diese würden oftmals vor Durchsuchungen gewarnt und relevante Informationen der Geheimdienste erst so spät an die Polizei weitergeleitet, dass rechte Aktionen »nicht mehr verhindert werden« könnten.[123] Einer Straftat überführte V-Leute seien zudem häufig weder angeklagt noch verurteilt worden. Viele der Quellen seien »überzeugte Rechtsextremisten«, die glaubten, unter dem Schutz des Verfassungsschutzes »im Sinne ihrer Ideologie ungestraft handeln zu können«.[124]

Der Zeuge Tino Brandt beispielsweise wurde während seiner Zeit als V-Mann von Mitarbeitern des Verfassungsschutzes besucht. Gemeinsam ging man durch dessen Wohnung, betrachtete Nazi-Devotionalien, volksverhetzende Schriften, Waffen und NS-Propaganda. Die sogenannten Verfassungsschützer teilten ihm mit, was man nicht mehr sehen wolle, wenn man das nächste Mal komme. Das nächste Mal kamen aber keine Verfassungsschützer, sondern Polizeibeamte, die die Wohnung durchsuchten – und verwundert waren. Denn sie konnten – anders als erwartet – keine verwertbaren Beweise finden. Dank der Rechtsberatung durch das Landesamt für Verfassungsschutz. Sofern es doch zu staatsanwaltlichen Ermittlungen kam, wurden diese eingestellt. Im Fall des Zeugen Tino Brandt in 35 Fällen! Heute wissen wir, wenig überraschend: Quellenschutz bedeutet Opfergefährdung. In dem Papier sah das BKA damals übrigens auch »die Gefahr, dass Quellen des VS sich gegenseitig zu größeren Aktionen anstacheln«, es drohe ein »Brandstifter-Effekt«.[125] Sie sollten damit recht behalten.

Die gefährliche Nähe des Amtes zur rechten Szene

Wenn ich die einzelnen V-Leute und ihr Verhältnis zum Verfassungsschutz betrachte, stelle ich fest: Das politische Leben, die Ideologie sowie die Aktionen dieser Nazis wurden staatlicherseits nicht sanktioniert, sondern im Gegenteil belohnt. Gesellschaftliche Bestrebungen, nazistisches Denken und Handeln zu bestrafen, wurden so unterlaufen. In den Verfassungsschutzbehörden nennt man das »Fürsorgepflicht«.

Wo Nazis bestraft werden sollten, blieben diese straffrei oder waren zumindest gegenüber anderen Straftätern privilegiert. Wo gesellschaftliche Instanzen durch Kritik an rechter Ideologie Nazismus einzudämmen versuchten, bestärkten die Mitarbeiter des Verfassungsschutzes Nazis darin, ihrer Ideologie entsprechend zu handeln. Wo die Gesellschaft Nazis natürlich nicht entlohnte, ermöglichte der Verfassungsschutz seinen V-Leuten, von ihrer politischen Tätigkeit – zum Teil sehr gut – zu leben. Die Höhe der monatlichen Zahlungen an den einzelnen V-Mann entsprach nicht selten dem Einkommen aus einem Vollzeitjob. Das bedeutet für die V-Leute vor allem die Möglichkeit, einer Lohnarbeit nicht nachgehen zu müssen und stattdessen ein Leben als Nazi-Aktivisten führen zu können. Und das wiederum bedeutet eine enorme Stärkung der Szene. Ohne die »Macher« der Szene gäbe es die Szene in weiten Teilen nicht.

Geld ist darüber hinaus zentrales Mittel, gesellschaftliche Anerkennung für ein bestimmtes Handeln auszudrücken. Anstatt die rechtsradikale Ideologie und die begangenen Verbrechen zu sanktionieren, wurden die V-Männer durch staatliches Handeln unmittelbar darin bestätigt und bestärkt: Bekennende

Rechtsradikale bekamen zusätzlich Handys, die auf Ministerien zugelassen waren, sie wurden mit dem Auto abgeholt, chauffiert und hofiert, sie wurden zum Essen eingeladen, und auch in schweren Stunden kümmerte man sich um sie. Man trifft sich zum Essen, telefoniert regelmäßig, geht zuweilen miteinander angeln, tauscht sich auch über Persönliches aus. So entwickeln sich zwischen den V-Personen und den jeweiligen »Betreuern« vom Verfassungsschutz enge Beziehungen, zuweilen sogar so etwas wie Freundschaften.[126]

Die systematische Verharmlosung der rechtsextremen Szene

Vorzuwerfen ist vielen Verfassungsschutzbeamten nicht nur ihre unkritische Nähe zu führenden Nazis, sondern auch die systematische Verharmlosung der von ihnen betreuten und operativ aufgebauten Szene. Welches Bild also hatten die politischen Spitzen der Verfassungsschutzbehörden von der militanten Neonazi-Szene Deutschlands, als sich der NSU formierte und später mordete?

Bei der Beantwortung dieser Frage muss man nicht so tun, als ob es etwas Neues wäre, dass Nazis Menschen ermorden. Seit dem Jahr 1990 wird die Zahl der Todesopfer durch rechte Gewalt in Deutschland auf 178 geschätzt.[127] Der NSU als terroristische, kaltblütig mordende Terrorgruppe stellt dabei ohne Frage eine neue Dimension dar. Doch die Ämter wussten auch zuvor schon, wie die Strategie der Neonazis aussah. Man kannte die »Turner Diaries«, die Verehrung von »The Order« und das Konzept der »Leaderless Resistance«. Alles dies sind Schriften, die bereits seit langer Zeit in den Nazi-Szenen im In- und Ausland kursieren. Detailliert wird in diesen Texten beschrieben, wie der Kampf gegen das »System«, das heißt gegen Juden, Migranten, Schwule und Linke zu führen sei: Es seien kleine Gruppen zu bilden mit höchstens drei oder vier Mitgliedern, die keinerlei Kontakt zu anderen Gruppen haben dürften. So sei es für den Staat fast unmöglich, die Szene insgesamt zu zerstören, selbst wenn einzelne Zellen auffliegen sollten. Menschen sollten ermordet, aber keine Bekennerschreiben hinterlassen werden. Dies führe zu größerer Unsicherheit und Furcht unter den Opfern und anderen Betroffenen, heißt es unter anderem.

Im Bundesamt für Verfassungsschutz kennt man zudem die Vereinigung Blood & Honour im Detail – aber 2000 spricht man sich gegen ein Verbot aus. Der Grund: Erneut wiegt der Schutz von Quellen schwerer als der Schutz von Menschen.[128] Wieder einmal wurde von den Verfassungsschutzbehörden billigend in Kauf genommen, dass ihr Handeln Menschenleben kosten könnte.

Fazit Im Verhältnis zwischen Verfassungsschutz und der extremen Rechten bleiben viele Fragen offen: Wie viele V-Leute sind heute in rechtsextremen Organisationen aktiv? Welche Rolle nehmen sie ein? Hat sich die V-Mann-Praxis der Verfassungsschutzbehörden geändert? Die drängendste Frage stellt meines Erachtens aber Michael von D., ein Neonazi, verurteilt wegen versuchten Totschlags. Als V-Mann »Tarif« ist er fast ein Jahrzehnt lang Quelle des Bundesamtes für Verfassungsschutz gewesen. Er kommt zu dem Schluss: »Im Prinzip kann man fast sagen, dass diese halbe Führungsriege der Neonazi-Szene aus Leuten im Staatsauftrag bestand. Dann kann man fragen – wenn diese Leute weg wären, was wäre von der Neonazi-Szene noch übrig gewesen?«[129] Und für das vorliegende Verfahren stellt sich die Frage: Was wussten die V-Leute über das Trio? Und was gaben sie an ihre V-Mann-Führer weiter? Was wusste der Staat also über das Treiben des Trios?

V-Leute im NSU-Netzwerk

Glaubt man der Anklageschrift der Bundesanwaltschaft, hat das V-Mann-System mit dem NSU nichts zu tun. Zwar waren die Verfassungsschutzbehörden für die Radikalisierung und den Aufbau einer rechtsextremistischen Szene mitverantwortlich, deren mörderische Ausgeburt das vermeintliche NSU-Trio war. Gemordet haben sollen sie aber allein, isoliert von ihren Gesinnungsgenossen im Bundesgebiet: Das »Trio« habe sich nahezu vollständig aus seinem früheren persönlichen und rechtsextremistischen Umfeld zurückgezogen. Der Kreis seiner Unterstützer und Gehilfen sei auf wenige Vertraute, die Mitangeklagten, begrenzt gewesen.

Der NSU in Form des Trios war aber nicht allein. Er war nicht isoliert. Das Trio hat seine Kontakte in der rechtsextremistischen Gewaltszene auch nicht aufgegeben. Von Anfang an waren die drei eingebettet in ein Netzwerk. Ein Netzwerk an Unterstützern, das sie nach ihrem Abtauchen auffing und ihnen auch in den folgenden Jahren Hilfe leistete. Die Mitglieder dieses Netzwerks rekrutierten sich aus den radikalsten Nazi-Verbindungen, welche die Bundesrepublik in jener Zeit kannte: Blood & Honour, Hammerskins, Ku-Klux-Klan. Und die Arbeit des Verfassungsschutzes in den Neunzigerjahren hatte Früchte getragen: In diesen Netzwerken waren es vor allem auch V-Leute der verschiedenen Verfassungsschutzbehörden, die den Ton angaben.

Tino Brandt alias »Otto«

Der V-Mann Tino Brandt alias »Otto« ist ein besonders eindrückliches Beispiel für die Verstrickungen von Verfassungsschutz und militanter Neonazi-Szene. Er ist Beispiel einer V-Mann-Praxis, ohne die es den NSU nicht gegeben hätte, einer V-Mann-Praxis, die nicht dazu beigetragen hat, die Terroristen zu stoppen, sondern diese gefördert hat. Dies bestätigte auch Beate Zschäpe, als sie in ihrer Einlassung vom 249. Verhandlungstag bekannt geben ließ, Tino Brandt sei nicht nur für die »Kameradschaft Jena« der Mittelpunkt aller Aktionen gewesen. Dabei soll er Zusammenkünfte organisiert und vor allem auch finanziert haben, wie zum Beispiel einen Rudolf-Heß-Gedenkmarsch. Insgesamt wird er von verschiedenen Zeugen als der wichtigste Initiator zahlreicher rechtsgerichteter Aktionen in dieser Zeit beschrieben.

Am 127. Verhandlungstag hat Tino Brandt zu Beginn seiner zeugenschaftlichen Vernehmung die politische Haltung bekräftigt, die ihn zu einem der einflussreichsten Neonazis Deutschlands werden ließ. Er beklagte, dass »bestimmte« Äußerungen über den Holocaust nicht erlaubt seien. Seiner Auffassung nach sei die wesentliche Quelle zur Holocaust-Forschung der »Leuchter-Report« – hierbei handelt es sich um ein pseudowissenschaftliches, den Holocaust und damit die Ermordung von sechs Millionen Juden leugnendes »Gutachten«. Brandt war Kader der NPD und zwischenzeitlich ihr stellvertretender Landesvorsitzender in Thüringen. Unter dem Pseudonym »Till Eulenspiegel« schrieb er außerdem ausgiebig im forumsartigen rechtsradikalen Mailbox-Verbund »Thule-Netz«.

Vor allem aber war er ideologischer Vordenker, Wortführer und zentrale Figur des »Thüringer Heimatschutzes«, eines Zusammenschlusses Thüringer »Kameradschaften«. Die Mitglieder trafen sich jeden Mittwoch, um den »Kampf der weißen Rasse«, »des deutschen Volkes für die deutsche Nation« zu planen und sich zu vernetzen. Sie organisierten Demonstrationen, erstellten Feindeslisten und bewaffneten sich: Bei der Durchsuchung des Stützpunktes in Heilsberg 1997 wurden unter anderem Äxte, angeschliffene Flacheisen, Magazine für Schusswaffen, Stacheldraht, Reizgas, Baseball- und Totschläger gefunden. Die Verharmlosungen hinsichtlich des Thüringer Heimatschutzes, die wir von Zeugen im Prozess gehört haben, sind also nicht glaubwürdig.[130]

Ab 1995 nahm die »Kameradschaft Jena« regelmäßig an den Treffen teil – unter anderem also Beate Zschäpe, Uwe Mundlos und Uwe Böhnhardt. Brandt hatte dazu – nicht ohne eine gewisse Anerkennung – ausgesagt: Eine »absolute NS-Kameradschaft«, die sehr elitär aufgetreten sei, alle mit einem gefestigten nationalsozialistischen Weltbild.[131]

Bereits 1994 hatte das Thüringer Landesamt für Verfassungsschutz Tino Brandt angeworben. Seine Karriere in der militanten rechtsradikalen Szene kann wohl als ausgesprochen erfolgreiches »Hochspielen von V-Leuten« gelten. Damals ist er in der »Anti-Antifa Ostthüringen« aktiv, bevor er eine neue, größere Organisation radikaler Neonazis ins Leben ruft. Er sei zumindest »Mitinitiator« des Thüringer Heimatschutzes gewesen, hat er ausgesagt. Nach der »Anti-Antifa Ostthüringen« sei es darum gegangen, eine thematisch und regional breiter aufgestellte Organisation zu schaffen. Er gab weiter zu: Das Ganze habe sich nach und nach entwickelt, zunächst sei er fast allein gewesen. Das heißt wiederum: Brandt ist die Person, die den Thüringer Heimatschutz aufgebaut hat, bis sich Rechtsradikale aus ganz Thüringen anschlossen. Für diese für die Szene so wichtige Aufbauarbeit wurde er vom Verfassungsschutz bezahlt.

Im Thüringer Landesamt gilt er nämlich jahrelang als die wichtigste Quelle im Bereich Rechtsextremismus. Ohne ihn hätte das Landesamt keine vernünftigen Auskünfte geben können, sagte sein ehemaliger V-Mann-Führer Norbert Wießner am 27. März 2014 als Zeuge aus. »[E]ine alltägliche, gute Zusammenarbeit«, nennt es ein anderer Beamter des Thüringer Landesamtes in seiner Zeugenvernehmung am 1. April 2014. Vor allem aber scheint es für Tino Brandt eine gute Zusammenarbeit gewesen zu sein: Als er angeworben wird, teilen ihm seine zwei Kontaktpersonen mit, dass er über Straftaten seiner »Kameraden« nicht berichten müsse. Lediglich wer mit wem zusammenarbeite, wollten sie wissen. Er gab nach eigenen Angaben am 15. Juli 2014 lediglich allgemeine Informationen zu Demonstrationen, Flugblättern und Funktionären an die Beamten des Landesamtes weiter. Dafür bekam er bis zum Ende seiner Tätigkeit als »freier Mitarbeiter« des Landesamtes für Verfassungsschutz vermutlich zwischen 100.000 und 140.000 Euro.[132] Was hat er mit dem Geld gemacht? Darüber gibt Brandt am 127. Verhandlungstag ebenso ausführlich wie unbekümmert Auskunft: Politik zu machen koste eben etwas. Von dem Staatsgeld seien Autos, Hotelzimmer, Telefonrechnungen Aufkleber und Fahrten bezahlt worden. Er habe auch Strafbefehle von Freunden aus der Neonazi-Szene, wie etwa von André K., bezahlen müssen. Wenn er irgendwo zu einer Tagung gefahren sei, seien ihm die Benzinkosten erstattet worden; Hotelkosten oder Aufwandsentschädigungen seien zudem allesamt bar bezahlt und quittiert worden.

Aber nicht nur Geld bekommt er vom Verfassungsschutz – die Beamten halten ihm auch in Sachen Strafverfolgung den Rücken frei: Ganze 35 staatsanwaltliche Ermittlungsverfahren gegen ihn werden eingestellt. In einem Telefonat mit Thorsten H. – bis heute eine der wichtigsten Führungsfiguren in der Szene – erklärte Brandt angesichts polizeilicher Hausdurchsuchungen: »Gut, es ist dann natürlich schon sehr praktisch, wenn ich einen Tag vorher weiß, dass sie kommen.«[133] Außerdem setzen Verfassungsschutzbeamte Staatsanwälte unter Druck – sie sollen Brandt nicht anklagen. Als er einmal doch wegen Landfriedensbruchs vor Gericht steht, zahlt ihm das Landesamt einen Anwalt.[134] Daneben erhält er auch technische Unterstützung: Computer werden gestellt, ein Modem, ein Telefon, ein Fax, Handys.[135] Das Leben eines Neonazis im Staatsauftrag.

In Gewissenskonflikte hat ihn das dabei kaum gebracht.

»Keine weltbewegenden Erkenntnisse« seien das gewesen, die er dem Verfassungsschutz weitergegeben habe. Im Gegenzug floss das Geld in die Szene. Brandt habe »alles Mögliche finanziert«, sagte der Zeuge Andreas R. am 130. Verhandlungstag aus.

Andreas R. wiederum hat als sogenannte Gewährsperson des Verfassungsschutzes gearbeitet und hier über seine Arbeit berichtet: Er habe Brandt von seiner Mitarbeit für den Verfassungsschutz erzählt – »hinter vorgehaltener Hand sei immer gesagt worden, wenn vier am Tisch sitzen, sind zwei vom VS«.[135] Auch Brandt hat als Zeuge hier vor Gericht erklärt: Zwar habe er seine Tätigkeit nur dem NPD-Funktionär und V-Mann des Bayrischen Verfassungsschutzes Kai D. »gemeldet« und mit anderen nicht explizit darüber gesprochen, doch habe er angenommen, dass vielen seine V-Tätigkeit bewusst war. Er steckte ja beständig Geld in die Arbeit – und das konnte nur vom Amt kommen.

V-Leute – ein Stück Nazi-Normalität also. Und warum auch nicht: Anders wäre es für die Kameradschaften des Thüringer Heimatschutzes nicht möglich gewesen, ihre Aktivitäten zu finanzieren. Für die Weitergaben einiger, allgemeiner Informationen – ein lohnendes Geschäft.

Zwischen den V-Männern und den diese betreuenden Beamten bestand dabei eine Informationshierarchie. Diese wollten Geheimnisse von jenen, ohne wirklich überprüfen zu können, was wahr, was falsch, was verschwiegen und was erfunden ist.

Aber auch im Übrigen stellt sich die Frage, wer eigentlich wen »geführt« hat. Ein Beispiel aus der Zeugenaussage Brandts: Als das Landesamt ihm habe vorschreiben wollen, bestimmte politische Funktionen nicht zu übernehmen und bestimmte Aktionen nicht durchzuführen, habe er dies verweigert, ihm sei zwar mit der Beendigung seiner Tätigkeit gedroht worden, das sei aber nie passiert. Warum? Ganz einfach. Das Landesamt für Verfassungsschutz war abhängig von Brandt. Das hat sein V-Mann-Führer Norbert Wießner hier sogar bestätigt, indem er aussagte, dass das Landesamt ohne diesen keine vernünftigen Auskünfte geben könne.

Der NSU lässt sich als Jenaer Abspaltung des von Brandt geführten Thüringer Heimatschutzes begreifen. Oder, wie Kai D. dem BKA gegenüber erklärt hatte, sich daran vor Gericht jedoch nicht mehr recht erinnern wollte beziehungsweise seine Äußerung herunterspielte: Tino Brandt wollte einen bewaffneten Arm des Thüringer Heimatschutzes aufbauen.[137] Inwiefern dessen Formierung letztlich auf Brandt zurückgeht, ist unklar. Klar ist nur, dass er als maßgebliche Person des Thüringer Heimatschutzes deren Radikalisierung und Formierung begleitet und unterstützt hat.

Deswegen verwundert es auch nicht, dass man den Eindruck erlangt, Brandt hätte den Verfassungsschutz bewusst auf falsche Fährten geführt. Beispiele dafür gibt es viele: Nachdem Zschäpe, Böhnhardt und Mundlos abtauchten, erklärt er seinem V-Mann-Führer gegenüber, dass er davon ausgehe, dass sie sich im Raum Dresden aufhielten – während sie tatsächlich in Chemnitz unterkamen. Gegenüber dem Landesamt für Verfassungsschutz leugnete er wahrheitswidrig, im März 1999, von einer Coburger Telefonzelle aus mit Böhnhardt telefoniert zu haben. Im Januar 2000 berichtete er wiederum von einem »Sachsen«, der auf einer Schulungsveranstaltung der Thüringer NPD auf Nachfragen erklärt habe, dass es den dreien gut gehe und man sich keine Sorgen machen müsse. Es gibt deutliche Hinweise, dass es sich bei dem »Sachsen« um Jan W. handelte, einer der unmittelbaren Unterstützer des Trios. Brandt versuchte offenbar, ihn zu decken.

Im Mai 2000 macht das Landesamt für Verfassungsschutz Thüringen Bilder von Böhnhardt in Chemnitz. Der V-Mann-

Führer findet es lediglich »merkwürdig«, dass sie Brandt vorgelegt worden seien und er Böhnhardt nicht erkannt haben wollte. Auch der Angeklagte Carsten Schultze hat hier erklärt, schon im Jahr 2000 Brandt von seinem Kontakt zu dem untergetauchten Jenaer Trio berichtet zu haben. Spätestens ab dann war er als V-Mann also genau über die drei im Bilde.

Er liefert aber nicht nur keine Informationen, die zum Aufgreifen des Trios geführt hätten – wobei das auch einen entsprechenden Willen des Verfassungsschutzes vorausgesetzt hätte –, er unterstützt sie sogar im Untergrund. André K. hat hier geschildert, wie Brandt versucht habe, falsche Pässe für die drei untergetauchten Terroristen zu besorgen. Die Vermittlung an »den Typen«, der diese verkaufen sollte, hat demnach Brandt übernommen.[138]

Nachdem Böhnhardt, Mundlos und Zschäpe abgetaucht waren, sammelte Brandt Geld für die drei und leitete es an sie weiter. Außerdem verkaufte er das Brettspiel »Pogromly«, das die massenhafte Ermordung von jüdischen Menschen feiert und den Nationalsozialismus verherrlicht. Die Gewinne aus diesem Geschäft flossen über ihn zurück an das abgetauchte Trio. Und auch vom Landesamt für Verfassungsschutz erhielt er Geld, das er an die Bombenbauer weiterleitete. Das muss man sich einmal vorstellen: Staatsgeld fließt an Extremisten, die sich im Untergrund befinden, deren Gewaltbereitschaft bekannt ist und die sich anschicken, Menschen zu ermorden! Zugunsten des Verfassungsschutzes einmal angenommen, er wusste nichts davon, dass Brandt das Geld an das Trio weitergab: Hätte ein Geheimdienst nicht wenigstens ahnen müssen, dass die Möglichkeit einer finanziellen Unterstützung durch seinen Top-V-Mann besteht? Dem Geheimdienst war doch bekannt, dass es ein enges Vertrauensverhältnis zwischen Brandt und dem Trio gab. Er wusste doch, dass Brandt für das Trio Vorbild und Mentor war. Es ist vollkommen unglaubwürdig, wenn staatlicherseits dann so getan wird, als sei es vollkommen überraschend, dass Brandt dem Trio auch finanziell ausgeholfen habe. So stellt sich denn auch die Frage, was das Trio mit dem Geld gemacht hat. Lebensmittel eingekauft? Die Miete beglichen? Eine Schusswaffe erworben? Alleine die bloße Vorstellung, dass mit staatlichem Geld die Česká gekauft worden sein könnte, sollte eigentlich Anlass sein, nicht nur über die Art und Weise nachzudenken, wie hier unsere Verfassung geschützt werden soll, sondern für einen Aufschrei im ganzen Land zu sorgen. Es geschieht aber nichts dergleichen. Vielleicht sind wir schon so zynisch geworden, dass wir alles hinnehmen. Vielleicht fühlen sich viele Menschen in Deutschland, unserer Heimat, nicht angesprochen, weil sie die Toten der Česká-Mordserie nicht als richtige Deutschen ansehen. Ich weiß es nicht.

Zwischenzeitlich wurden dann auch beim Thüringer Landesamt für Verfassungsschutz die Zweifel an »Otto« zu groß. Er sei »aus dem Ruder gelaufen«, und das Verhältnis des V-Mann-Führers zu ihm sei »zu eng«, heißt es dort.[139] In der Folge schaltete man Brandt deshalb als Quelle ab. Nur um ihn kurz darauf – nach einem Wechsel an der Spitze des Landesamtes – erneut als V-Mann zu führen, bis er schließlich enttarnt wurde: Am 12. Mai 2001 wurde er in einem Artikel der *Thüringer Allgemeinen* als V-Mann geoutet. Als Anführer war er da nicht mehr tragbar, mit ihm verlor der Heimatschutz seine Führungsperson, seinen Motor und in der Folge seine Bedeutung.

Doch der Einfluss, den der Thüringer Heimatschutz und der V-Mann, der ihn aufbaute, auf die rechtsradikale Szene hatten, verschwand so schnell nicht. In der Szene hat V-Mann »Otto« seine Spuren hinterlassen – seinen Spitznamen »Brandstifter« trug er nicht zu Unrecht.

Tino Brandt ist ein besonders eindrückliches Beispiel dafür, wie der Staat Neonazis durch seine Verfassungsschutzbehörden subventioniert hat. Eine Gegenleistung, die die Bezahlung wert gewesen wäre, haben sie nie erhalten, im Gegenteil. Was die Behörden und der Staat, den sie vertreten, bekommen haben, war eine militant extremistische Nazibewegung, die zu kontrollieren sie nicht mehr im Stande waren. Die Opfer des NSU haben dafür mit ihrem Leben bezahlt, die Überlebenden tun es noch heute.

Thomas S. Thomas S. war ein Fixpunkt der Chemnitzer Neonazi-Szene, Mitglied der 88er-Skinheads und später hinter Jan W. stellvertretender Vorsitzender der sächsischen Sektion von Blood & Honour.»Wo der nicht war, war nichts los«, wusste der Zeuge Michael P. am 116. Verhandlungstag zu berichten. Außerdem war er von 2000 bis 2011»Vertrauensperson« des LKA Berlin.

Thomas S. war im Verfahren als Zeuge geladen, hat jedoch die Aussage verweigert, weil er selbst Beschuldigter eines Ermittlungsverfahrens ist. Vorwurf: Unterstützung des NSU. Die durch diverse Polizeibeamte hier eingebrachten Vernehmungen von Thomas S. zeichnen aber ein deutliches Bild seiner engen Beziehung zum Trio:

Schon seit den frühen Neunzigerjahren kannte er die Jenaer Gruppe von gemeinsamen Reisen zu Neonazi-Partys in der gesamten Bundesrepublik. Während seiner zweieinhalbjährigen Inhaftierung wegen eines Überfalls auf Bundeswehrsoldaten wurde er von Böhnhardt, Mundlos und Zschäpe unterstützt – es entstand ein reger Briefkontakt.

Kaum aus der Haft entlassen, begleitete er die drei im November 1996 zu einem provozierenden Besuch des Vernichtungslagers Buchenwald. Die vier traten in SA-Braunhemden auf, was zu einem Hausverbot führte. Die Bescheinigung über das Hausverbot fand man mehr als fünfzehn Jahre später, als Polizeibeamte die Wohnung von Thomas S. durchsuchten. Offenbar wurde sie sorgsam als Trophäe aufbewahrt. In den Jahren 1996 und 1997 führte Thomas S. schließlich auch eine Liebesbeziehung mit der Angeklagten Zschäpe.

In dieser Zeit traten neben Thomas S. persönlicher Verbundenheit zum Trio auch konkrete Unterstützungshandlungen zu deren terroristischen Vorhaben. Dafür griff er auf seine umfangreichen Kontakte aus dem Blood-&-Honour-Netzwerk zurück.

So war es ihm zum Beispiel ohne großen Aufwand möglich, einer Bitte von Mundlos nachzukommen und über den Blood-&-Honour-Mann Jörg W. einen Schuhkarton voll mit TNT zu besorgen. Derselbe Sprengstoff, der später in der Jenaer Bombenwerkstatt, in Rohrbomben verbaut, gefunden wurde. Der Zeuge Thomas S. hat gegenüber der Polizei zudem ausgesagt, Mundlos habe ihn zu dieser Zeit auch nach einer Schusswaffe gefragt. Die verbrecherischen Absichten des Trios konnten ihm nicht verborgen geblieben sein.

Nach dem Untertauchen der Jenaer Zelle war Thomas S. ihre erste Anlaufstelle. Abermals nutzte er seine Kontakte im Blood-&-Honour-Netzwerk, um die drei zu unterstützen. Diesmal besorgte er ihnen eine Wohnung. Von Januar bis Februar 1998 lebte das Trio dann auf Vermittlung von Thomas S. in der Chemnitzer Wohnung des Blood-&-Honour-Aktivisten Thomas R. Anschließend kamen die drei bei dem Neo-Nazi Max-Florian B. unter. Dort habe er sie 1998 noch mehrmals besucht. Danach will Thomas S. sie nicht mehr wiedergesehen haben.

Klar ist aber, dass er auch in der Folgezeit bestens über das Vorgehen des Trios informiert war. Und in Blood-&-Honour-Kreisen als Ansprechpartner in dieser Sache galt. So wandte sich der Chef der Blood-&-Honour-Sektion Thüringen, Marcel D., am Rande eines Konzertes Ende 1999 an Thomas S. und bot ihm finanzielle Unterstützung für das Trio an. S. lehnte ab – mit dem Hinweis, die drei seien versorgt, sie würden »jobben« eine Anspielung auf die beiden Bankfilialen und den Edeka-

Markt, die das Trio zuvor bereits überfallen hatte. Dass Marcel D. zu dieser Zeit schon das war, was er selbst erst im folgenden Jahr werden sollte – nämlich staatlicher Spitzel –, konnte Thomas S. nicht wissen.

Zweifellos war Thomas S. bis in die Chemnitzer Zeit hinein ein enger Wegbegleiter und wichtiger Unterstützer von Zschäpe, Böhnhardt und Mundlos. Dies mag sich nach deren Umzug nach Zwickau geändert haben. Aus seiner Zeit im unmittelbaren Unterstützerumfeld waren ihm aber zahlreiche Personen bekannt, deren Kontakt zum Trio nachweislich fortdauerte – zum Beispiel Thomas R.

Ab Ende 2000 war Thomas S. dann V-Mann des Berliner LKA. 38 Mal traf man sich. Bekannt ist, dass er in mindestens fünf Fällen seinem V-Mann-Führer Hinweise auf die Untergetauchten gab. Wir wissen auch, dass er bei einem Treffen 2002 den deutlichen Hinweis gab, um das Trio zu finden, solle man seine Aufmerksamkeit auf Jan W. richten.[140]

Einem als »geheim« eingestuften Vermerk der Bundesanwaltschaft ist jedoch zu entnehmen, dass »Einzelheiten« zu Thomas S. von 2000 bis 2003 »nur noch lückenhaft nachvollziehbar« seien.[141] Worüber hat er das LKA in dieser Zeit also noch informiert? Hat er Hinweise auf andere Personen aus dem Chemnitzer Unterstützerumfeld des Trios geliefert? Hat er seinem V-Mann-Führer seine enge Beziehung zu den Jenaern wirklich verschwiegen? Und warum haben diese ihn nicht selbst darauf angesprochen und versucht, Informationen über den Verbleib des NSU-Kerntrios abzuschöpfen? Schließlich war dem Amt die Beziehung ihres neuen Schützlings mit der abgetauchten Terroristin Zschäpe nachweislich seit spätestens September 1998 bekannt.

Außerdem: Hat er sein Wissen über die Überfälle des Trios mit seinem V-Mann-Führer geteilt? Und wusste er darüber hinaus womöglich auch von dem »Taschenlampen-Anschlag« in

Nürnberg im Juni 1999? Für diese Fragen war in diesem Prozess nach Ansicht des Gerichts und der Bundesanwaltschaft kein Platz – ihnen muss aber mit aller Konsequenz nachgegangen werden.

Marcel D. alias »Hagel«

Marcel D. war eine der zentralen Figuren beim Aufbau der bundesweiten Blood- &-Honour-Strukturen in den Neunzigerjahren. Gut vernetzt in ganz Deutschland und über die Landesgrenzen hinaus. Schließlich wurde er Vorsitzender der Blood-&-Honour-Sektion Thüringen und Kassenwart der Sektion Deutschland. Das Brisante dabei: Zeitgleich war er auch Spitzenquelle des Thüringer Landesamtes für Verfassungsschutz unter dem Decknamen »Hagel«. In mindestens 150 Treffen lieferte er dem Amt umfassende Informationen – und wurde dafür ordentlich vergütet: Bis zu 50.000 DM soll er erhalten haben. 50.000 DM, die in den Aufbau der Nazi-Organisation flossen? Es zeichnet sich ein zweiter Fall Tino Brandt ab.

Wir haben Marcel D. im Prozess an zwei Terminen als Zeuge erleben müssen. Er hat an beiden Tagen unverfroren gelogen: Selbst auf Vorhalt der eindeutigen Sachlage, hat er am 207. Verhandlungstag seine V-Mann-Tätigkeit geleugnet. Zur Sachverhaltsaufklärung wollte er nichts beitragen – und das Gericht hat ihm dies, wie so vielen Nazi-Zeugen vor ihm, durchgehen lassen.

Ein solch dreistes Vorgehen war ihm vor allem deshalb möglich, weil dem Gericht und der Nebenklage nur wenige Deckblattmeldungen über seine V-Mann-Tätigkeit vorlagen. Rückblende: Im August 2000 wird Marcel D. alias »Hagel« vom Thüringer Landesamt plötzlich abgeschaltet. Blood & Honour war gerade verboten worden, es kam bundesweit zu Razzien. Auch D.'s Wohnung wurde durchsucht – die Beamten konnten aber nichts Verwertbares finden. Dass die Blood-&-Honour-Größe gewarnt worden war, ist klar: »Vor Ort stand ein

PC-Monitor, ein PC-Keyboard und ein eingeschalteter Drucker sowie ein Funkscanner, aber kein Computer«, vermerkte die Polizei zerknirscht.[142] Wer hat Marcel D. damals gewarnt? Hatte das Thüringer Landesamt »Hagel« gezielt zum Führungskader gemacht und wollte dies nun vertuschen? Der Verdacht liegt nahe. Doch es wird noch skandalöser: Kurze Zeit später verschwinden nahezu alle Berichte über die Treffen D.s mit seinem V-Mann-Führer aus den Akten. Die Umstände dieser Vertuschungsaktion sind nach wie vor ungeklärt.

Ein weiteres Mal war es an der Nebenklage, die Sachverhaltsaufklärung voranzutreiben: Der V-Mann-Führer von Marcel D., Jürgen Z., und sein zeitweiliger Vertreter, Norbert W., wurden geladen. Während Letzterer sich vor allem durch das eklatante Ausmaß seiner vermeintlichen Erinnerungslücken und Fehleinschätzungen auszeichnete, lieferte Z. am 227. Verhandlungstag einige interessante Informationen:

Der V-Mann »Hagel« habe – so wörtlich – »gute Aufbauarbeit« der Blood-&-Honour-Strukturen geleistet und sich intensiv dafür eingesetzt, die Bewegung »am Leben zu erhalten«. Hier war also ein Mitarbeiter des Verfassungsschutzes zu bestaunen, der sich zufrieden über den Aufbau nationalsozialistischer Netzwerke zeigte. Der zugab, dass ein staatlich bezahlter V-Mann für das Weiterbestehen von Nazi-Strukturen verantwortlich gewesen sei. Ein erschreckender Einblick in das Innenleben einer außer Kontrolle geratenen Behörde.

Durch Jürgen Z. erfuhren wir zudem, dass nach dem Untertauchen des Trios im Thüringer Landesamt die allgemeine Weisung ergangen sei, ausnahmslos alle geführten Quellen nach Böhnhardt, Zschäpe und Mundlos zu fragen. Die Existenz einer derartigen Weisung hatte Jürgen Z. selbst vor dem Thüringer Untersuchungsausschuss noch vehement bestritten. Von Marcel D. will er in dieser Sache aber keine weiterführenden Kenntnisse erhalten haben: Dieser gab an, die drei nicht zu kennen.

Der Zeuge berichtete davon, beim Thüringer Landesamt seien mehr als einhundert Deckblattmeldungen in der Sache »Hagel« vorhanden. Zuvor hatte auch schon das Bundesinnenministerium einräumen müssen, dass beim Bundesamt für Verfassungsschutz knapp siebzig Deckblattmeldungen in dieser Sache vorhanden seien. Und dass diese dem Bundestagsuntersuchungsausschuss – sowie auch diesem Gericht – vorenthalten worden seien.[143] Offenbar werden in den Verfassungsschutzämtern dieses Landes Akten nicht nur nach Belieben vernichtet, sondern bei Bedarf auf wundersame Art und Weise auch wieder aus dem Hut gezaubert.

Welche Informationen enthalten die Deckblattmeldungen, die an das Bundesamt weitergegeben wurden? Warum wurden sie dem Untersuchungsausschuss vorenthalten? Und auf wessen Anordnung hin geschah dies? Dringende Fragen, die der neu eingesetzte Untersuchungsausschuss des Bundestages aufklären muss.

Auf eine Vielzahl von Fragen der Nebenklage konnte oder wollte der Zeuge Z. aber nicht antworten. Die Antworten fänden sich in den Deckblattmeldungen, gab er an. Dem folgerichtigen Antrag, diese beizuziehen, um so die Sachverhaltsaufklärung voranzutreiben, verschloss sich jedoch das Gericht mit Unterstützung der Bundesanwaltschaft. Anhaltspunkte, dass in den Meldungen Sachverhalte beschrieben würden, die für die Schuld- und Rechtsfolgenfrage von Bedeutung sein können, seien nicht vorhanden, lautete die wohlbekannte Antwort.

So bleiben wieder einmal viele Fragen offen: Gab es eine Zusammenarbeit des V-Mannes Marcel D. mit dem Angeklagten Wohlleben? Mit welchen Mitgliedern des Thüringer Heimatschutzes stand er in Kontakt? Hat er im Jahr 1997 wirklich Uwe Böhnhardt zu einem Rechtsanwalt in Gera begleitet, wie in den Medien berichtet wurde?[144]

Und inwieweit war er im Rahmen des Blood-&-Honour-

Netzwerkes in die Unterstützungsstrukturen für die drei Untergetauchten eingebunden?

Marcel D. selbst soll das Landesamt zudem über eine Spen-
denaktion für »die drei« informiert haben. Bei einem Konzert
im Treffpunkt des Thüringer Heimatschutzes in Heilsberg sind
wohl über 700 DM zusammengekommen. Welche Personen sollen daran beteiligt gewesen sein? Hat das Landesamt versucht,
den Weg dieses Gelds zu verfolgen? Und warum wurden diese
Informationen anscheinend nicht an das Bundesamt weiterge-
reicht?

Schon im September 1998 soll Thomas S. dem Thüringer Landesamt außerdem einen Hinweis auf seine Beziehung
mit Zschäpe gegeben haben. Thomas S., der erste Quartierma-
cher des abgetauchten Trios in Chemnitz, war seit den frühen
Neunzigerjahren eng mit Mundlos, Böhnhardt und Zschäpe
befreundet und zeitweise mit Zschäpe liiert gewesen. In seiner
Wohnung fand das Trio nach dem Untertauchen die erste Unterkunft in Chemnitz. Spätestens zu diesem Zeitpunkt wusste
das Landesamt also um die Verflechtung der Jenaer Zelle und
des Blood-&-Honour-Netzwerks. Hat diese Kenntnis entsprechende Ermittlungen ausgelöst? Und kann es wirklich sein, dass
die Thüringer Verfassungsschützer ihren späteren Spitzel Thomas S. nicht mit diesem Wissen konfrontiert haben?

Ralf »Manole« M.
alias »Primus«

Ein weiterer V-Mann aus dem Umfeld von
Blood-&-Honour war Ralf »Manole« M.
aus Zwickau. Er war in der Musikszene der
Nazi-Skinheads aktiv und betrieb Ende der Neunzigerjahre den
einschlägigen Zwickauer Szeneladen »The Last Resort«. Ein gut
vernetzter Neonazi mit gewalttätiger Vergangenheit: 1991 gehörte er zu einer Gruppe von rund einhundert Skinheads, die
die Bewohner des Zwickauer Flüchtlingsheims mit Zaunlatten
überfielen und dieses anschließend in Brand steckten.[145] Den-

noch wurde er rund ein Jahrzehnt lang vom Bundesamt für Verfassungsschutz unter dem Decknahmen »Primus« geführt – inklusive 300 Euro Monatsgehalt. Aus Sicht des Amtes also ein bedeutender V-Mann – allerdings mit heiklen Bekanntschaften in der Szene. Nachweislich kannte er Thomas S., Hendrik L. (einen Freund von Uwe Mundlos), die Familie des Angeklagten Eminger und vor allem auch Jan W. Und das nicht nur flüchtig: Noch im Jahr 2012 unterhielt er sich mit diesem auf Facebook über das bevorstehende NSU-Verfahren. Wesentliche Figuren aus jenem Blood-&-Honour-Unterstützerumfeld also, welches die Jenaer Terroristen nach ihrem Abtauchen auffing.

Dennoch: Als ihn das BKA im Zuge der Ermittlungen zum NSU vernimmt, will Ralf M. dem Trio nie begegnet sein. Anhaltspunkte dafür, dass er gelogen hat, bestehen allerdings reichlich. Ein Zeuge behauptet, Zschäpe habe in einem anderen neonazistischen Laden M.s, dem »Heaven and Hell«, ausgeholfen. Andere wollen sie dort zumindest öfters gesehen haben.[146] Zudem soll er schon 1998 – jedoch nach dem Abtauchen des Trios – mit Böhnhardt und Mundlos bei einem Fußballspiel erschienen sein und sich nach Waffen erkundigt haben.[147]

Vor dem Untersuchungsausschuss des Bundestages hieß es von Seiten des Bundesamtes, »Primus« habe in all den Jahren niemals über das Trio berichtet. Wurde er denn zu den dreien befragt? Überprüft werden konnten die Angaben der Verfassungsschutz-Mitarbeiter ohnehin nicht – dem Untersuchungsausschuss lagen die entsprechenden Akten nicht vor. Der *Süddeutschen Zeitung* war zu entnehmen, dass das Bundesamt diese schon im Oktober 2010 geschreddert haben soll.[148]

Seine Verbindungen zum untergetauchten Trio sind dringend aufzuarbeiten. Dass er im Prozess nicht einmal als Zeuge geladen wurde, stellt ein großes Versäumnis des Gerichts dar. Denn Bezüge zum Verfahrensgegenstand gibt es zur Genüge:

Von 2000 bis 2002 betrieb »Primus« die Zwickauer Baufirma »Bauservice M.«. Zu den Mitarbeitern zählte nicht nur ein den Behörden bekannter Rechtsextremist, der in der unmittelbaren Nachbarschaft der Zwickauer Wohnung des Trios lebte, sondern ab 2001 vermeintlich auch Max-Florian B.,[149] der den Untergetauchten zuvor in Chemnitz Unterschlupf geboten hatte.

Zwischenzeitlich haben sich Verdachtsmomente weiter verhärtet und werfen abermals ein sehr schlechtes Licht auf den Bundesverfassungsschutz. Max-Florian B. hat schon bei Vernehmungen im November 2011 durch das BKA zugegeben, dass die drei Untergetauchten nicht nur über einen längeren Zeitraum bei ihm gewohnt hätten, sondern dass er Mundlos außerdem seinen Personalausweis zur Verfügung gestellt habe. Zweifel daran, dass es sich bei dem Angestellten tatsächlich um B. handelte, hätten sich zudem schon viel früher einstellen müssen: Ralf M. hatte bei einer Vernehmung in der Schweiz im Jahr 2013 ausgesagt, dass ein B. auf seiner Baustelle gearbeitet habe. Als ihm aber das entsprechende Lichtbild vorgelegt wurde, meinte er, »sein« B. habe anders ausgesehen. Wie Recherchen – bezeichnenderweise nicht von staatlicher Seite, sondern von der Tageszeitung *Die Welt* – nun nahelegen, handelte es sich bei dem Angestellten tatsächlich um Uwe Mundlos.[150] Dies bestätigte in einer Zeugenvernehmung durch das BKA auch Arne-Andreas E., der wiederholt als Bauleiter für Ralf M. tätig war. Er sagte aus, dass er mit Uwe Mundlos ab Juli 2000 auf verschiedenen Baustellen in Zwickau und Umgebung zu tun gehabt habe.

Man könnte meinen, es sei schon ein Skandal, dass einer der NSU-Mörder während der Anschlagsserie bei einem V-Mann des Bundesverfassungsschutzes angestellt war. Mindestens ebenso erschreckend ist allerdings, dass die Bundesanwaltschaft schon länger diese Spur verfolgt und in einem Geheimverfahren dazu auch mehrere V-Mann-Führer und V-Männer vernommen hat, ohne es für nötig zu erachten, dies den Verfahrensbeteiligten mitzuteilen.

Im Sommer 2001 wurden über diese Firma von Ralf M. zudem Autos für lange Fahrten angemietet. Am 13. Juni 2001 etwa – dem Tag, an dem Abdurrahim Özüdoğru kaltblütig erschossen wurde – lieh sich M. gemeinsam mit dem rechtsextremen Nachbarn des untergetauchten Trios einen Wagen, mit dem eine Strecke von 980 Kilometern zurückgelegt wurde. Mehr als genug also, um einmal nach Nürnberg zu fahren und wieder zurück. Selbstverständlich kann es sich hierbei um einen Zufall handeln. Wir wissen es aber nicht, und wir dürfen nicht aufhören, diesen offenen Fragen nachzugehen, bis wir es tun.

Im aktuellen Stadium der Aufklärung lässt einen das Mauern der Verfassungsschutzbehörden verwundert zurück: Wieso verlässt Ralf M. alias »Primus« 2008 kurz nach der Ermordung Michèle Kiesewetters überstürzt Deutschland und setzt sich in die Schweiz ab? Warum entdecken Ermittler später auf einem seiner alten Computer das Paulchen-Panther-Lied, das auch im NSU-Bekennervideo gespielt wird? Und warum wird er dazu von den Beamten des BKA nicht befragt?

Kann es wirklich sein, dass Ralf M. in einer Stadt mit nicht einmal 100.000 Einwohnern trotz etlicher gemeinsamer Bekannter das untergetauchte Kerntrio des NSU nicht einmal gesehen hat? Müssen wir ihm das glauben?

Wie wahrscheinlich ist es, dass der Verfassungsschutz mit einer seiner zentralen Quellen in der sächsischen Blood-&-Honour-Szene nicht ein einziges Mal über das abgetauchte Terroristen-Trio gesprochen haben will? Und warum verweigerte das Bundesamt bei der Ermittlungsarbeit *de facto* die Kooperation mit dem BKA? Warum wurden die »Primus«-Akten geschreddert, anstatt die vermeintlichen Zufälle aufzuklären und die Zweifel aus der Welt zu schaffen?

**Carsten S. alias
»Piatto«**

Steve Erenhi ist Lehrer. Aus Nigeria war er in die Bundesrepublik geflohen. Am 9. Mai 1992 verlässt er zum ersten Mal das Gelände des Asylbewerberheims in Wendisch Rietz. Erst zwei Tage zuvor war er von den deutschen Behörden in den brandenburgischen Ort umverteilt worden. An diesem Abend will er ein bisschen abschalten. Er geht in »Olli's Disco«. Seinen ersten Ausflug in die deutsche Provinz wird er nur knapp überleben.[15]

Steve Erenhi ist allein auf der Tanzfläche und tanzt für sich. Plötzlich wird er von einer Gruppe von circa fünfzehn Neonazis umdrängt. »Heil Hitler!«, ruft einer, »Ausländer raus!«, ein anderer. Eine Hand reißt ihm die Mütze vom Kopf – Bier wird hineingegossen. Dann nimmt man ihn in den Schwitzkasten. Mehrfach schlägt einer der Nazis mit voller Wucht gegen seinen Kopf und Körper.

Erenhi ruft aus Angst und Verzweiflung laut um Hilfe – vergeblich: Diejenigen Gäste und Ordner, die herbeieilen, helfen wollen, werden von der Meute abgehalten. Erenhi fällt zu Boden, doch die Tritte und Faustschläge lassen nicht nach. Er verliert das Bewusstsein und wird an den Armen durch das Foyer in Richtung Ausgang gezerrt. Die Nazi-Meute jubelt, tanzt, brüllt: »Ku-Klux-Klan! Ku-Klux-Klan! Ku-Klux-Klan!« – immer wieder.

Auf der Terrasse vor der Diskothek ist die rassistische Gewaltorgie vollends entfacht. Erenhis Kopf treffen unaufhörlich Tritte. Einer der Nazis springt mehrfach auf seinen regungslosen Schädel. »Hat denn niemand Benzin, einen Kanister Benzin, anstecken die Kohle, verbrennt das Schwein«, ertönt es aus der Gruppe. Ihr Opfer röchelt noch. Also packen sie ihn, schleppen ihn zum Ufer des Scharmützelsees und werfen ihn ins Wasser. Dann sind nur noch seine Unterschenkel und Füße zu sehen.

Steve Erenhi schwebt nach seinem Auffinden noch bis zum

16. Mai 1992 – also eine Woche nach dem Angriff – in Lebensgefahr, liegt längere Zeit im Koma, überlebt tief traumatisiert. Ein Türsteher hatte ihn in letzter Sekunde aus dem Wasser gezogen.

Rädelsführer der Nazi-Meute in dieser Nacht war Carsten S. aus Königs Wusterhausen, Schlüsselfigur im Netzwerk von Blood & Honour und dessen bewaffnetem Arm »Combat 18«. Das Landgericht Frankfurt (Oder) befand drei Jahre später, S. habe seine Kumpane in einen Tötungsrausch getrieben.[152] Stets sorgsam habe er darauf geachtet, dass die aufgeheizte Situation fortbestand. Jedes Mal, wenn die anfeuernden Rufe abschwollen, habe er das Geschehen wieder angepeitscht. Insbesondere den Ku-Klux-Klan-Chor habe er, wenn er schwächer zu werden drohte, stets erfolgreich wieder angeheizt. Das Gericht erkannte bei ihm eine »tiefverfestigte rechtsradikale, neofaschistische, gewaltverherrlichende und menschenverachtende Gesinnung«. Heute wissen wir: Noch vor der Urteilsverkündung war Carsten S. vom Brandenburgischen Landesamt für Verfassungsschutz als V-Mann angeworben worden. Man fragt sich: Welches Ausmaß an Gewaltkriminalität muss ein Nazi an den Tag legen, um sich für eine Zusammenarbeit mit dem Verfassungsschutz zu disqualifizieren?

Während Steve Erenhi um sein Leben kämpft, läuft gegen Carsten S. bereits ein Ermittlungsverfahren wegen des Verdachts der Bildung einer terroristischen Vereinigung gemäß § 129a StGB. Er soll mit einigen anderen Personen einen deutschen Ableger des amerikanischen Ku-Klux-Klans gegründet haben. Im Herbst 1991 hatte S. ein Kreuzverbrennungsritual in Halbe veranstaltet und dazu den amerikanischen Ku-Klux-Klan-Chef eingeladen: Dennis Mahon, der 2012 für einen rassistischen Bombenanschlag zu vierzig Jahren Haft verurteilt wurde. Carsten S. selbst war Mitglied des Ku-Klux-Klans in Kansas City und verstand sich als deren deutsche »Außenstelle«.[153] Im Laufe der Ermittlungen wurde seine Wohnung durchsucht. Man fand Unterlagen, die seine Tätigkeit für den »Ku-Klux-Klan White Knights in Berlin« bestätigten, sowie vier Rohrbombenrohlinge samt Sprengstoff. Dennoch stellte der Generalbundesanwalt das Verfahren am 1. September 1992 ein. Der versuchte Lynchmord an Steve Erenhi in »bester« Ku-Klux-Klan-Manier blieb ohne Auswirkungen. Es bestehe kein Verdacht, dass die Tat wegen der »Zugehörigkeit der Täter zum Ku-Klux-Klan« und »in Erfüllung des Vereinszwecks« begangen worden sei, hieß es im entsprechenden Bericht der Bundesanwaltschaft.[154]

Auch im Rahmen der Ermittlungen wegen des gemeinschaftlichen Mordversuches zeigten sich die Strafverfolgungsbehörden zunächst uninteressiert an Carsten S. Er blieb auf freiem Fuß. Und wusste die ihm entgegengebrachte Nachsicht zu nutzen. Er baute sein Netzwerk in der militanten Neonazi-Szene aus und gab *United Skins* heraus, eine neonazistische Zeitschrift, die zu einer Art Zentralorgan der bundesdeutschen Blood-&-Honour-Bewegung wurde. Die Erstellung dieser gewaltverherrlichenden und menschenverachtenden Hetzschrift wird er auch während seiner Zeit im Gefängnis weiterführen – mit freundlicher Genehmigung des Verfassungsschutzes. In einer Ausgabe dieses Nazihefts finden sich Grüße an die »Chemnitzer Kameraden«, also die Blood-&-Honour-Sektion Sachsen, das spätere Unterstützerumfeld der abgetauchten Jenaer Terroristen. Namentlich erwähnt werden aus deren Reihen insbesondere Antje und Michael P. sowie Jan W., der sächsische Blood-&-Honour-Chef und Herausgeber des Nazihefts *White Supremacy*.[155]

Mit dem Ehepaar P. war Carsten S. eng befreundet. Sie unterstützten ihn von Beginn an, nachdem er im Mai 1994 in Untersuchungshaft genommen wurde. Später halfen sie ihm mit der vorgetäuschten Anstellung als Vertriebsassistent in dem von ihnen betriebenen Nazi-Laden »Sonnentanz«, seine vorzeitige Haftentlassung zu erreichen. Seine Kontakte in Blood-&-Honour-Strukturen hinein, insbesondere jenem Teil, der mit der Erstversorgung des NSU-Kerntrios nach dessen Untertauchen betraut war, erwiesen sich also als bestens. Er saß an der Quelle. Und lieferte entsprechende Informationen.[156]

So teilte Carsten S. dem Verfassungsschutz etwa schon im August 1998 mit, dass laut Antje P. drei sächsische Skinheads – zwei Männer und eine Frau – wegen verschiedener medienbekannter Straftaten auf der Flucht seien. In derselben Mitteilung gab er auch bekannt, dass diese sich angeblich innerhalb der nächsten drei Wochen mit »geliehenen Pässen« nach Südafrika absetzen und dort in neue Identitäten schlüpfen wollten. Einer der drei schreibe zudem anonym Artikel für die Publikation *White Supremacy*.[157] Kurze Zeit später berichtete er gegenüber den Verfassungsbehörden, dass Jan W. persönlichen Kontakt zu den dreien habe und diese nach persönlichem Auftrag mit Waffen versorgen solle, wobei die Blood-&-Honour-Sektion Sachsen das dafür erforderliche Geld bereitgestellt habe. Das Trio benötige diese Waffen, um vor seiner beabsichtigten Flucht nach Südafrika mit einem weiteren Überfall das nötige Geld zu besorgen. Er gab auch bekannt, dass Antje P. plane, der weiblichen Person des Trios ihren Pass zur Verfügung zu stellen. Dabei sollten Antje P. und Jan W. unabhängig voneinander und ohne Wissen des anderen für die drei tätig sein.[158] Zwanzig Tage nach dieser Meldung wollte er am Rande eines Konzerts erfahren haben, dass Jan W. bei seinen Versuchen, die drei flüchtigen Neonazis aus Thüringen mit Waffen zu versorgen, noch nicht erfolgreich gewesen sei und seine Suche fortsetze.[159]

Im Zeitraum von August bis Oktober 1998 berichtete der V-Mann »Piatto« dem Brandenburgischen Landesamt für Verfassungsschutz somit mehrere Male über das NSU-Kerntrio. Es steht also fest, dass das Amt bereits im September 1998 wusste, dass sich das Trio bewaffnen wollte, Überfälle plante und von der sächsischen Blood-&-Honour-Sektion unterstützt wurde. Von einem nach wie vor ideologisch gefestigten Neonazi konnte man noch deutlichere Hinweise auf abgetauchte Gesinnungsgenossen eigentlich kaum erwarten. Aber was ist mit diesen Informationen geschehen?

Wir wissen, dass es dazu eine Besprechung mit Vertretern der Verfassungsschutzämter der Länder Sachsen und Thüringen gab. Einer unmittelbaren Weitergabe der Informationen an die zuständigen Ermittlungsbehörden widersprachen brandenburgische Verfassungsschützer aber mit dem Hinweis auf die Bedeutung des Quellenschutzes. Auf informellem Weg sind die Hinweise wohl letztlich dennoch zum Thüringer LKA gelangt. Jedenfalls wurde dort im Oktober 1998 eine Telefonüberwachung des Ehepaars P. mit der Begründung angeordnet, entsprechende Verdachtsmomente seien »dienstlich bekannt« geworden. Auch der sächsische Verfassungsschutz reagierte: Es folgten kurzzeitige Observationen – allerdings ohne Ergebnis. Danach, so hat es den Anschein, wurden die eindeutigen Hinweise »Piattos« fallengelassen. Und auch aus Brandenburg wurde nicht mehr nachgehakt.

Wie es dazu kam, dass diese Hinweise nicht die ihrer herausragenden Bedeutung entsprechenden Ermittlungen auslösten, ist nach wie vor schleierhaft. Wie kann es sein, dass den vielversprechenden Verdachtsmomenten nicht mit Nachdruck nachgegangen wurde? Es wäre Sache der beteiligten Behörden, dies aufzuklären. Stattdessen wird aber gemauert. Zuständige Beamte täuschen Erinnerungslücken vor, relevante Akten wurden geschreddert.

Was wir feststellen können, ist, dass sich das Brandenburgische Landesamt für Verfassungsschutz standhaft der schriftlichen Weitergabe der vielversprechenden Hinweise ihres V-Mannes an die ermittelnden Polizeibehörden versperrte. Für die

Verfassungsschützer war offensichtlich der Erhalt einer Quelle in der rechten Szene wichtiger als die konsequente Strafverfolgung bewaffneter Neonazis. Offenbar waren sie der Ansicht, dem institutionellen Interesse ihrer Behörde sei mehr damit gedient, die fortgesetzte Informationsbeschaffung sicherzustellen, als die gewonnenen Erkenntnisse ihrem Sinn entsprechend zu verwerten. Lieber ließ man Hinweise auf bewaffnete Nazis unberücksichtigt, als auch nur das Risiko in Kauf zu nehmen, eine Quelle zu verlieren. Das gesamtgesellschaftliche Interesse an effektiver Strafverfolgung war hier längst durch das Eigeninteresse einer Behörde ersetzt worden. Wer aber kann heute mit Sicherheit sagen, dass durch eine andere Entscheidung nicht zehn Menschenleben gerettet worden wären?

Wenn sich eine Behörde dafür entscheidet, einen wegen versuchten Mordes vorbestraften Neonazi zu verpflichten, ihm über die Jahre 80.000 DM zu zahlen, ihm Hafterleichterungen zu verschaffen und ihn durchs Land zu kutschieren, wenn sie also entgegen aller moralischen Grundsätze einen solchen V-Mann verpflichtet, um einen vermeintlichen »Quantensprung« in der Informationsbeschaffung zu erreichen, dann kann man von ihr zumindest erwarten, den auf diesem Wege erhaltenen Hinweisen auch mit aller Kraft nachzugehen, um ähnliche von rassistischem Vernichtungswillen getragene Gewalttaten zu verhindern. Dann aber auf einem absoluten Quellenschutz zu beharren und so in Kauf zu nehmen, dass sich gewaltbereite Neonazis bewaffnen, während sie bekannterweise im Untergrund Straftaten planen, ist in keiner Weise nachzuvollziehen!

Allerdings müssen wir uns auch die Frage stellen, ob wir den Behörden ein so eklatantes Maß an Unfähigkeit überhaupt zutrauen. Müssen wir ihnen wirklich glauben, dass sich drei Verfassungsschutzämter wegen Hinweisen auf Aufenthaltsort und Bewaffnungsabsichten untergetauchter Terroristen besprechen – und die Spur dann im Sande verlaufen lassen? Oder halten wir es für wahrscheinlicher, dass angemessene Maßnahmen eingeleitet wurden, von deren Ergebnis wir aber bisher nichts wissen? Wurde das Trio im weiteren Verlauf womöglich beobachtet? Wir wissen es nicht. Aber es würde das Mauern erklären, das Schreddern und die vermeintlichen Erinnerungslücken.

Carsten S. wurde in diesem Saal am 167. Verhandlungstag und am 174. Verhandlungstag vernommen – nach erheblichem Widerstand des Brandenburger Verfassungsschutzes, dessen ausgeprägtes Interesse daran, die Aussage ihres ehemaligen V-Mannes zu verhindern, nachdenklich stimmt. Dabei hätte man sich die Aufregung sparen können. Bei seiner Vernehmung machte »Piatto« von Anfang an deutlich, dass er angeblich wegen erheblicher »Erinnerungslücken« nur bedingt zur Sachverhaltsaufklärung beitragen konnte oder wollte. Die Jenaer Terroristen habe er nicht persönlich gekannt und an diesbezügliche Hinweise seinerseits »keinerlei Erinnerung«. Er bekundete aber auch, die Verfassungsschützer stets zeitnah und wahrheitsgemäß informiert zu haben. Jedenfalls indirekt bestätigte er also den Inhalt der Deckblattmeldungen aus dem Herbst 1998.

Der Zeuge Carsten S. lieferte uns zudem eine deutliche Zustandsbeschreibung des neonazistischen Extremismus im Deutschland der 1990er-Jahre. Im Gegensatz zu unzähligen anderen Zeugen aus der rechten Szene beschönigte er die ideologische Radikalität und ausgeprägte Gewaltbereitschaft innerhalb der neonazistischen Bewegung nicht. Insbesondere wies er darauf hin, dass die Beschaffung von Waffen von allerhöchster Bedeutung und großer Verbreitung gewesen sei. Innerhalb der Szene sei wiederum Blood & Honour der absolute Hardliner-Verband gewesen – inklusive offenem Bekenntnis zum Nationalsozialismus und militanten Vernichtungsfantasien.[160]

Überraschend war allerdings, dass der Zeuge – auch auf Nachfrage – den Beginn seiner V-Mann-Tätigkeit auf das

Jahr 1991 datierte. Offiziell hieß es stets, Carsten S. sei im Juli 1994 aus der Untersuchungshaft heraus angeworben worden. Schenkt man also dem Zeugen, einem gewaltbereiten Neonazi, oder den Angaben der Verfassungsschützer eher Glauben? Wir sind inzwischen bei einem Ausmaß des Vertrauensverlustes gegenüber den Verfassungsschutzämtern dieser Republik angekommen, dass die Beantwortung dieser Frage nicht mehr auf der Hand liegt. Kann es tatsächlich sein, dass »Piatto« schon seit 1991 mit den Behörden kooperierte? Wäre dies tatsächlich der Fall, hätten wir es mit einem staatlichen V-Mann zu tun, der sich an einem rassistischen Mordversuch beteiligte.

Auch »Piattos« früherer V-Mann-Führer Gordian Meyer-Plath, der amtierende Präsident des Sächsischen Verfassungsschutzes, wurde am 199. Verhandlungstag gehört. Er verhielt sich dabei nach einem altbekannten Muster: Was konkrete Zusammenhänge anbelangt, scheinen Mitarbeiter der Verfassungsschutzämter von kollektiver Amnesie befallen. Wenn überhaupt, dann können Akteninhalte rezitiert werden. Darüber hinausgehende Einzelheiten sind aber allesamt vergessen. Anscheinend lässt es das eigene institutionelle Selbstverständnis nicht zu, gegenüber einer anderen Instanz Rechenschaft abzulegen. Man gewinnt den Eindruck, in den Verfassungsschutzämtern herrsche ein Ethos, das die Aufarbeitung von Mord und Totschlag nicht ernst nimmt. Es überrascht dann auch nicht, dass der Zeuge Meyer-Plath zwar den Inhalt der Deckblattmeldungen »Piattos« bestätigen konnte, weiterführende Informationen aber nicht lieferte. Tatsächliche Aufklärung scheint mit den Mitarbeitern des Verfassungsschutzes nicht möglich.

Besonders eindrücklich verdeutlicht wurde dies durch den Auftritt eines weiteren V-Mann-Führers von »Piatto«, Reiner G. Am 215. Verhandlungstag und am 222. Verhandlungstag war er geladen – und trieb die Kooperationsverweigerung der vermeintlichen Verfassungsschützer auf die Spitze. In absurder

Maskerade erschienen, mit aufgeklebten Bart, Sonnenbrille und einer Kapuzenjacke, machte er durch seine geradezu theatralisch inszenierte Einsilbigkeit keinen Hehl daraus, dass er das Interesse an seiner Arbeit als Zumutung empfand. Obwohl er über Jahre hinweg, länger noch als Meyer-Plath, für den wichtigsten V-Mann des Brandenburgischen Amtes in der rechten Szene verantwortlich war, gab er vor, diesbezüglich keinerlei konkrete Erinnerungen zu haben: So gibt er vor, weder zu wissen, unter welchem Decknamen S. geführt worden, noch was unter dem Begriff »White Supremacy« zu verstehen sei. Ein unwürdiges Schauspiel. *De facto* ein Mix aus Aussageverweigerung und Falschaussagen. Es überrascht, dass das Gericht diesem dreisten Verhalten nicht Einhalt geboten hat. Hinzu kommt, dass das Brandenburgische Innenministerium im Vorhinein durch die weitestmögliche Einschränkung der Aussagegenehmigung des Zeugen ein weiteres Mal zu verstehen gegeben hat, dass ihm an Sachverhaltsaufklärung nicht gelegen ist.

Seine Erinnerungslücken begründete der Zeuge Reiner G. im Übrigen damit, dass die Akten in der Sache S. zu umfangreich gewesen seien, als dass er sich in der kurzen Zeit angemessen hätte vorbereiten können. Acht Aktenordner seien das gewesen. Das verwundert angesichts der wenigen bekannten Deckblattmeldungen sehr. Es ist davon auszugehen, dass die besagten Aktenordner eine Vielzahl an verfahrensrelevanten Informationen enthalten, welche uns allen vorenthalten wurden.

Es ist dem Gericht anzurechnen, dass zumindest die Akten sichergestellt wurden, die der Zeuge zu seiner zweiten Vernehmung mitbrachte. Zwar reagierte Brandenburgs Innenministerium zunächst so, wie es nach dem bisher gezeigten Ausmaß an Kooperationsbereitschaft zu erwarten war – nämlich mit einer Sperrerklärung. Das Bekanntwerden des Inhalts dieser Akten würde dem Wohl des Bundes oder eines deutschen Landes Nachteile bereiten, hieß es von der rot-roten Landesregierung

Diese unverschleierte Abwehr der Aufklärung konnte aber aufgrund des öffentlichen Drucks nicht aufrechterhalten werden. Ein für die Aufklärung mindestens genauso notwendiger Schritt ist aber unterblieben: die Beiziehung der übrigen Akten zum V-Mann »Piatto« aus dem Brandenburgischen Landesamt für Verfassungsschutz. Es ist zu vermuten, dass sich dort Anhaltspunkte für einen weiteren virulenten Aspekt der Causa »Piatto« finden lassen: Die Rolle von Carsten S. bei der Waffenbeschaffung für das NSU-Kerntrio. Laut einer Meldung eines Berliner Neonazis und V-Mannes soll S. dem besagten Jan W. Waffen angeboten haben.[161] Dies würde eine SMS erklären, die Carsten S. am 25. August 1998 von Jan Werner erhielt: »Hallo, was ist mit den Bumms?«

Thomas Richter alias »Corelli«   Ein weiterer V-Mann, dem in diesem Prozess nicht die angemessene Aufmerksamkeit geschenkt wurde, ist Thomas Richter alias »Corelli«. Er selbst konnte nicht mehr geladen werden. Ende 2014 verstarb er überraschend an einer unentdeckten Diabeteserkrankung.

Thomas Richter war schon früh in einer der aggressivsten und gefährlichsten Gruppierungen des Rechtsextremismus in Deutschland aktiv, der Nationalen Front. Später entwickelte er sich zum entscheidenden Verbindungsmann zwischen Blood & Honour, Ku-Klux-Klan und dem NSU. Außerdem war er über fast zwei Jahrzehnte eine Top-Quelle des Bundesamtes für Verfassungsschutz.

In dieser Zeit wurde er aktives Mitglied der »European White Knights of the Ku-Klux-Klan« und warb mehrere neue Ku-Klux-Klan-Mitglieder aus den neuen Bundesländern an. Er war Betreiber einer Vielzahl von Servern, die er für neonazistische Webseiten zur Verfügung stellte. Für die Vernetzung der rechten Szene im Internet waren diese von größter Bedeutung.

Auf einer seiner eigenen Seiten, dem »Nationalen Demonstrationsbeobachter«, stellte er Fotos online, die er als Anti-Antifa-Fotograf auf Veranstaltungen im gesamten Bundesgebiet von politischen Gegnern und Journalisten aufnahm – und gab diese Personen somit zum Abschuss frei. Er wirkte wie ein privater Geheimdienst, der jeden Neonazi-Gegner ausspähte. Ein privater Geheimdienst allerdings, der von der Bundesrepublik Deutschland finanziert wurde. Denn die Kosten für diese Aktivitäten musste er nicht scheuen. Schließlich zeigte sich das Bundesamt im Laufe der Jahre mit regelmäßigen Zahlungen in einer Gesamthöhe von nahezu 300.000 Euro erkenntlich und zahlte gegebenenfalls auch Sonderprämien, wenn die Polizei mal wieder einen Computer beschlagnahmt hatte.[162]

Diese immense Summe sowie der ungewöhnlich lange Zeitraum seiner nachrichtendienstlichen Tätigkeit dokumentieren eindringlich die herausragende Bedeutung, die »Corelli« von Seiten des Bundesamtes zugemessen wurde. Und tatsächlich lieferte er zahlreiche Informationen aus der rechtsextremen Musikszene. So beschaffte er etwa eine dreistellige Zahl von Datenträgern mit rechtsextremer Musik. Hinweise zu gewalttätigen Aktionen der rechtsextremen Szene soll »Corelli« allerdings kaum gegeben haben. Der Verfassungsschutz förderte über seinen V-Mann also den massiven Ausbau nationalsozialistischer Infrastruktur, insbesondere im Internet, und erhielt als Gegenleistung Informationen über Vertriebswege von CDs.

Eine Vernehmung »Corellis« als Zeugen in diesem Verfahren wäre angesichts des Ausmaßes an verfahrensrelevanten Bezügen von herausragender Bedeutung gewesen. »Corelli« war dem NSU-Trio so nahegekommen wie nur wenige V-Leute. So informierte er das Bundesamt bereits im Jahr 1995 sehr ausführlich über Uwe Mundlos, nachdem sich die beiden persönlich getroffen hatten.

Ob der Kontakt in den darauffolgenden Jahren, insbesondere nach dem Untertauchen der drei Terroristen, andauerte, können wir nicht sicher sagen. Fest steht jedenfalls, dass die Kontaktdaten »Corellis« zwei Mal auf jenen Adresslisten auftauchen, welche die Ermittler später in der Jenaer Bombenwerkstatt sicherstellten.

Ein weiterer Bezug »Corellis« zum NSU bildet das Nazi-Heft *Der Weisse Wolf.* Darin findet sich im Jahr 2002 auf Seite 2 der Ausgabe Nr. 18 – eingerahmt und in Fettdruck – folgender Text: »Vielen Dank an den NSU, es hat Früchte getragen ;-) Der Kampf geht weiter …« Es ist die erste uns bekannte öffentliche Erwähnung des NSU-Kürzels – neun Jahre vor dessen Selbstenttarnung. Zuvor hatte das Gespann Zschäpe, Böhnhardt und Mundlos der Zeitschrift eine Spende in Höhe von 2.500 Euro zukommen lassen. Und »Corelli« hatte dem Bundesamt nicht nur schon 2002 ein Exemplar der Ausgabe beschafft. Nachweislich stand er auch in Kontakt zu David Petereit, dem Herausgeber der Zeitschrift und bis 2016 Landtagsabgeordneten der NPD in Mecklenburg-Vorpommern. Schon im Jahr 2000 hatte »Corelli« unter seinem Online-Pseudonym HJTHOMMY auf der Webseite des *Weissen Wolfs* kommentiert: »Kamerad! Sehr gute Seite! Mit Nationalem Gruß.« Daneben unterstützte er die neonazistische Publikation auch unmittelbar, indem er Speicherplatz für deren Online-Auftritt zur Verfügung stellte.

Ob »Corelli« den Gruß an den NSU in Ausgabe 18 gelesen hatte, bevor er die Zeitschrift an seinen V-Mann-Führer übergab, wissen wir nicht sicher. Gegenüber dem BKA hat er abgestritten, die Personen des NSU-Kerntrios und die Organisation als solche gekannt zu haben. Da sein Kontakt zu Mundlos aber belegt ist, er also nachweislich gelogen hat, ist die gesamte Aussage des ehemaligen V-Manns wenig glaubhaft.

Außerdem sind uns vier sogenannte NSU-CDs bekannt. Vier Datenträger, die Dateien beinhalten, in denen sich die Bezeichnung NSU in Kurz- und Langfassung findet. Die Datenträger stellen die – so wörtlich – »erste umfangreiche Bilddaten-CD des Nationalsozialistischen Untergrunds der NSDAP (NSU)« dar.[163] Eine dieser CDs übergab »Corelli« im Sommer 2005 seinem V-Mann-Führer. Er habe diese unlängst anonym zugesandt bekommen, teilte er mit. Die CD verschwand in den Archiven des Bundesamtes – ohne jemals angemessen ausgewertet zu werden.

Zuvor hatte sich »Corelli« die Inhalte der CD aber gesichert. Er erstellte eine eigene CD mit zusätzlichen Inhalten und gab sie einem alten Bekannten, zufällig V-Mann des Hamburger Verfassungsschutzes. Dann geschah lange nichts. Erst im Februar 2014 fand der Hamburger V-Mann nach eigenen Angaben die CD beim Aufräumen wieder und übergab sie sodann den Verfassungsschützern.

Im Bundesamt herrschte daraufhin Aufregung. Man einigte sich auf eine »Sprachregelung«. Sie lautete: »Im Rahmen der NSU-Aufarbeitung sind alle NSU-Bezüge geprüft worden. CDs mit ›NSU-Bezügen‹ sind dabei nicht gefunden worden. Zu einer erneuten zielgerichteten Suche müssen wir demzufolge auch nicht mehr explizit Stellung nehmen. Die übersandte CD ist uns bisher nicht bekannt gewesen und wäre bei der seinerzeitigen Sichtung auch aufgefallen.«[164]

Das Mauern nutzte nicht. Gefunden wurde die von »Corelli« übergebene NSU-CD dennoch. Bezeichnenderweise aber nicht von den Beamten des Bundesamtes für Verfassungsschutz, sondern von denen des BKA, als diese im Zuge des NSU-Strukturermittlungsverfahrens die dortigen »Corelli«-Akten sichteten.

Wer hat die ursprüngliche NSU-CD erstellt, von der identische Exemplare auch in Mecklenburg-Vorpommern und Sachsen gefunden wurden? Von wem wurde sie »Corelli« angeblich anonym zugesandt? War das Kerntrio selbst an Erstellung und Vertrieb beteiligt? »Corelli« konnte zu diesen Fragen, wie gesagt, keine Auskunft mehr geben. Er wurde im April 2014, kurz bevor er vom BKA in dieser Sache vernommen werden sollte, tot aufgefunden.

Auch der V-Mann-Führer, dem der Sachverständige Jerzy Montag ein zu enges Verhältnis zu seinem Schützling inklusive partiellem Verlust an Kritikfähigkeit attestierte,[165] wurde hier nicht geladen. Dieser habe sich immer wieder ungewöhnlich stark für »seinen« V-Mann eingesetzt. Doch obwohl dies beim Bundesamt für Verfassungsschutz bemerkt wurde, blieben Konsequenzen aus. Ein entsprechender Beweisantrag von Nebenklagevertretern wurde vom Gericht am 233. Verhandlungstag abgelehnt. Am selben Verhandlungstag wies das Gericht auch die Beweisanträge um die »NSU-NSDAP-CD« zurück. Dabei bezog sich das Gericht auf eine Aussage der Bundesanwaltschaft, dass noch ermittelt werde und es bislang keinen Hinweis auf eine Verfahrensrelevanz gebe. Dieser Verweis verdeutlicht das unreflektierte staatliche Mauern des Gerichts in der Sache »Corelli«: Erstens war diese – schon für sich fragwürdige – Aussage der Bundesanwaltschaft knapp ein Jahr alt. Und zweitens hatte sich das Gericht zuvor weder über die aktuellen Ermittlungen des BKAs noch über die Erkenntnisse des durch das parlamentarische Kontrollgremium eingesetzten Sonderermittlers zu diesem Punkt informieren lassen. Obwohl hier nachweislich in einem sehr frühen Stadium das Kürzel »NSU« in der rechtsextremen Szene verwendet wird und man daher Näheres zu den Ursprüngen der Vereinigung hätte erfahren können, wiederholte das Gericht lediglich die Abwehrhaltung der Bundesanwaltschaft: Außer der Namensbezeichnung bestehe kein Zusammenhang zum Verfahren. Damit war für sie diese Beweissache erledigt.

Das Bundesamt für Verfassungsschutz auf der anderen Seite trug auch nach dem Tod »Corellis« kaum zur Aufklärung bei und hielt ein sichergestelltes Mobiltelefon des V-Manns jahrelang unter Verschluss, obwohl sich darauf zahlreiche Kontaktdaten und Einträge mit Daten wichtiger Akteure der rechtsextremen Szene befanden. Dennoch wurde es dem BKA erst über zwei Jahre nach dem Tod des V-Manns übergeben.[166] Wie nah stand V-Mann »Corelli« dem NSU also? Nachdenklich stimmt Folgendes: 2006 endete ein Internetforen-Eintrag »Corellis« mit den Worten: »Heute ist nicht alle Tage ...«[167] Das sind genau die Worte, mit denen sich der »Rosarote Panther« im zur gleichen Zeit entstandenen Bekennervideo der NSU-Terroristen brüstete.

Agieren im Rahmen der Ermittlungen zum NSU: verschweigen, vertuschen, vernichten

Nicht nur die V-Mann-Praxis der Inlandsgeheimdienste ist ein Skandal. Auch bei den Ermittlungen zum NSU legen die Verfassungsschutzbehörden und ihre Beamten ein mehr als fragwürdiges Verhalten an den Tag. Der ihnen zugedachten Rolle, nämlich die Grundrechte und die Verfassungsordnung Deutschlands zu schützen, entsprechen sie damit nicht.

Das gilt sowohl für das Handeln des Verfassungsschutzes während der polizeilichen Ermittlungen bis 2011 als auch für den anschließenden Versuch, den NSU-Komplex aufzuarbeiten. Der Umgang des Bundesamtes für Verfassungsschutz mit dem Nagelbombenanschlag in der Keupstraße in Köln sowie das Verhalten des hessischen Landesamtes bei den Ermittlungen zur Ermordung Halit Yozgats sind hierfür anschauliche Beispiele.

Keupstraße   Am Tag des Bombenanschlags in der Keupstraße nimmt ein nur unter dem Namen »Dr. M.« bekannter, führender Mitarbeiter des Bundesamts für Verfassungsschutz über das Lagezentrum der Kripo Köln Kontakt zu dem Beamten Peter H. vom Landesamt für Verfassungsschutz NRW auf. Beide sind in ihren jeweiligen Ämtern für die Beschaffung von Erkenntnissen im Bereich Rechtsextremismus zuständig. Man kennt sich aus der Zusammenarbeit in der IGR,[168] einer Verbindungsstelle zwischen Inlandsgeheimdiensten, Kriminalämtern und Bundesanwaltschaft. 2003 waren sich Dr. M. und der Beamte H. einig, dass die Rede von Rechtsterrorismus nach dem vereitelten Anschlag bei der Grundsteinlegung des jüdischen Zentrums in München übertrieben sei.

Nur Stunden nach dem Anschlag in der Keupstraße erreicht Dr. M. seinen Kollegen abends privat zu Hause. Es scheint dringend zu sein. Peter H. sagt später aus, es sei Dr. M. lediglich darum gegangen, zu erfragen, ob er Hinweise auf einen rechtsextremen Hintergrund der Tat habe. Dr. M. selbst kann vor dem Untersuchungsausschuss aus gesundheitlichen Gründen nicht aussagen. Schriftlich erklärt er, sich nicht mehr erinnern zu können.[169]

Was war so dringend, dass Dr. M. vom Bundesamt nicht auf einen Rückruf warten konnte, sondern privat außerhalb der üblichen Bürozeiten bei H. anrief? Hatte es etwas damit zu tun, dass die Aufgabe der beiden die Beschaffung rechtsextremer Quellen ist? Die Anwerbung und Betreuung von V-Leuten? Damit, dass Peter H. in seiner Abteilung auch V-Leute aus dem Blood-&-Honour-Umfeld führen lässt?[170] Diese Fragen sind ungeklärt – sicher ist nur: Im Bundesamt für Verfassungsschutz kam man schon am Tag des Anschlags auf den naheliegenden Gedanken, dass Rechtsextremisten hinter der Tat stehen könnten. Am folgenden Tag lässt es gleichwohl verlautbaren, dass es von »einem kriminellen Hintergrund der Tat«

ausgehe und dass die Ermittlungen »in Richtung Organisierte Kriminalität« gingen. Dabei gibt es keinerlei konkrete Hinweise auf einen solchen Zusammenhang. Aus dem angeblichen Umstand, keine Anzeichen für einen rechtsextremen Hintergrund des Anschlags zu haben, schließt man, dass Rechtsterrorismus ausscheidet. Von einer kriminellen Tat im migrantischen Milieu ist bei einem Bombenanschlag dagegen offenbar auch ohne irgendeinen konkreten Hinweis auszugehen.

Welchen Einfluss hatte diese Stellungnahme des Bundesamtes für Verfassungsschutz auf die anschließenden polizeilichen Ermittlungen? Welchen Einfluss hatte sie auf die Öffentlichkeit? Denn mit der Stellungnahme wird auch gesagt: Die Opfer kommen aus demselben migrantischen Milieu wie die Täter. Die Folge: Eine gesamtgesellschaftliche Anteilnahme bleibt aus. Denn, so schreibt *Spiegel Online* einen Tag nach dem Anschlag: »Es werde auch abgeklärt, ob es sich um einen Streit unter rivalisierenden Türken handeln könnte.« Das gleiche Muster, immer wieder.

In der Folge veröffentlicht die Polizei Überwachungsvideos im Internet, um im Anschluss über die IP-Adressen zu prüfen, wer diese besonders oft anschaut – vielleicht die nervös werdenden Attentäter? Im Grunde genommen ein ziemlich durchdachtes Vorgehen. Allerdings mit einem überraschenden Ergebnis. Besonders häufig werden die Videos auf Computern angeschaut, die auf den Schreibtischen des BfV stehen.[171] Die Abteilung für Rechtsterrorismus (II 2 F) verfolgt die Ermittlungen also genau. Intern zieht man Parallelen zu Combat 18 und David Copeland, einem britischen Neonazi, der im April 1999 in London eine Serie von drei Nagelbombenanschlägen verübte. Auch er richtete seinen tödlichen Hass in erster Linie gegen Migranten. Ein Vermerk zum Keupstraßen-Anschlag verweist einleitend zudem auf den Anschlag in der Probsteigasse.[172] Damit ist man auf der richtigen Spur – der Vermerk soll auch dem

BKA übermittelt werden, aber ob er dort jemals ankommt, ob er zur Kenntnis genommen wird, ist bis heute offen.[173] Hätte das BfV bei den Ermittlungsbehörden mit mehr Vehemenz darauf hingewirkt, dass ein rechtsextremer Anschlag wahrscheinlich scheint, hätten sie nicht einen Tag nach dem Anschlag bereits verlautbaren lassen, dass Ermittlungen in Richtung Terrorismus in die falsche Richtung gingen. Dann würden wenigstens İsmail Yaşar, der auf den Tag genau ein Jahr später erschossen wird, dann würden Theodoros Boulgarides, Mehmet Kubaşık und Halit Yozgat heute vielleicht noch leben.

Der Mord an Halit Yozgat

Als Halit Yozgat in seinem Internetcafé erschossen wird, ist der Zeuge Andreas Temme vor Ort – das hat die Beweisaufnahme ergeben. Was die Äußerungen dieses sogenannten Verfassungsschützers hier vor Gericht betrifft, möchte ich mich kurzfassen und die Stellungnahme von İsmail Yozgat, dem Vater des Ermordeten, zitieren: »Dieser Mann, Herr Temme, lügt. Wir wissen alle, dass er lügt. Wieso wollen wir die Wahrheit nicht sehen?«

Andreas Temme, in dessen Wohnung sich SS-Schulungsschriften, Abzüge von Hitlers *Mein Kampf*, Waffen und Munition fanden, ist leider bei Weitem nicht der einzige ehemalige Beamte des Verfassungsschutzes, der hier vor Gericht die Unwahrheit gesagt hat. Und diese Unwahrheiten haben verhindert, dass im Rahmen der Beweisaufnahme die Rolle des LfV Hessen und seiner Beamten beim Mord an Yozgat und den anschließenden Ermittlungen aufgeklärt wurden.

In einem Telefonat mit Temme sagte der Zeuge Frank F. – ein ehemaliger Kollege beim Landesamt für Verfassungsschutz: »Und, äh, es ist alles ruhig, es ist alles, äh, es läuft alles nach Plan.« Um was für einen Plan ging es? »Und wie du das beim Irrgang gemacht hast und hast dich nicht so verhalten, […] so restriktiv wie bei der Polizei.« Was hat Temme dem ehemaligen Chef des hessischen LfV Lutz Irrgang erzählt, was er der Polizei nicht erzählt hat? Der Zeuge Michael H., ein weiterer Geheimdienstkollege Temmes, hatte bereits am 28. April 2006 mit diesem telefoniert. Er hatte damals betont, »dass ja niemand außerhalb darüber auch nur irgendwas erfahren darf«.[174] Worüber durfte niemand außerhalb auch nur irgendwas erfahren? Diese Fragen vermochte das Verfahren nicht zu klären. Auf entsprechende Vorhalte erfolgte regelmäßig eine für den hessischen Verfassungsschutz im Rahmen der Ermittlungen zum NSU so typische Reaktion – zunächst abstreiten, dann: sich nicht erinnern können oder vorgeben, die getätigten Äußerungen seien belanglos.

Am 24. Juni 2015 erfolgte die Vernehmung des Zeugen Gerold-Hasso H. Dieser war Geheimschutzbeauftragter des LfV Hessen, als Yozgat ermordet wurde. Der Vorsitzende hält H. eine Aussage aus einem Telefonat mit Temme vor: »Ich sage ja jedem: Wenn er weiß, dass irgendwo so etwas passiert, bitte nicht vorbeifahren.« Ein rätselhafter Satz, auf den ersten Blick zumindest. »Wenn er weiß, dass irgendwo so etwas passiert, bitte nicht vorbeifahren« – im Grunde genommen ergibt dieser Satz nur Sinn, wenn H. seinem Kollegen Temme unterstellt, zu wissen, dass »etwas« »irgendwo« passieren *wird*. Nur in diesem Fall kann sich der Kollege Temme darauf einstellen und eben an diesem Ort nicht vorbeifahren. Was aber ist gravierend genug, dass man als Geheimdienstbeamter nicht einmal in der Nähe des Geschehens sein sollte? Was meinte der Zeuge H. mit »*so etwas* passiert«? Es drängt sich der Eindruck auf, dass ein Geheimdienstler einem anderen Geheimdienstler rät, einen Bogen um einen Ort zu machen, an dem ein schweres Verbrechen, vielleicht sogar ein Mord geschehen wird, eine Tat in jedem Fall, von dessen Bevorstehen der Empfänger des Rates wusste.

Nur der Zeuge H. scheint diese Aussage anders interpretieren zu können und führt am 213. Verhandlungstag aus, wie er die Aussage gemeint haben will: »Wenn er [Temme] gewusst hätte, welche Schwierigkeiten er sich mit dem Besuch dieses Internetcafés einhandelt, dass er dann einen großen Bogen um den Ort geschlagen hätte.« Auf Nachfrage des Vorsitzenden sagt er weiter aus: »Ja, zu dem Zeitpunkt des Gesprächs wusste er es ja, aber wenn er damals schon gewusst hätte, dann wäre er ja nicht vorbeigefahren, wenn er das vorher gewusst hätte.« Davon, dass die Aussage offensichtlich keinen Sinn macht, wenn man nicht davon ausgeht, dass Temme zuvor wusste, dass »so etwas passiert«, lässt sich H. nicht beirren. Und so führt er erneut aus: »Ja, wenn er das gewusst hätte im Vorhinein, was sich alles abspielt, dann hätte er seinen Besuch nicht getätigt. Und er hat ihn ja nun getätigt.«

Als ich meine Protokolle dieser Vernehmung noch einmal durchgelesen habe, musste ich lachen – so komisch, so absurd ist diese Behauptung, die jeder Logik widerspricht. Doch das Lachen bleibt einem im Hals stecken, wenn man wieder einen Moment darüber nachdenkt, worum es hier eigentlich geht: Nämlich darum, dass ein sogenannter Verfassungsschützer offenbar weiß, dass »etwas passiert«, bevor ein Mensch erschossen wird – und zu dem Tatort fährt. Dass diese Person, deren Auftrag es sein sollte, Menschen zu schützen, die Dinge geschehen lässt. Im besten Fall.

Und es geht um die schlechte Lüge, die wir uns im Gerichtssaal auftischen ließen, darum, dass Andreas Temme, das LfV und die verantwortlichen Politiker mit solchen Märchen bis heute durchkommen. Dafür trägt auch die Bundesanwaltschaft Verantwortung, die trotz der ungeklärten Fragen und Märchenstunden die Beiziehung der Ermittlungsakte Temme abgelehnt hat. Mitverantwortung trägt aber auch das Gericht, das dem Auftritt Herrn Temmes das halbamtliche Siegel der Glaubwürdigkeit verliehen hat.

Bereits im Ermittlungsverfahren hatte der Verfassungsschutz gemauert – eine polizeiliche Vernehmung des von Temme geführten V-Manns Benjamin G. wurde erfolgreich verhindert. Ein Verfassungsschutzkollege Temmes hat das im Prozess damit erklärt, dass Informationen an die Polizei nur so weit erteilt werden könnten, als sie nicht mit »Verschlusssachenanweisungen« kollidierten.

Prägnanter hat es der Zeuge Lutz Irrgang – nicht hier vor Gericht, sondern im Untersuchungsausschuss – formuliert: »Weil ich in der Tat die Funktionsfähigkeit des Amtes erhalten wollte und jedes Abweichen von diesem Prinzip ...« Er vervollständigte den Satz nicht, aber der damalige Ausschussvorsitzende Sebastian Edathy brachte es auf den Punkt, als er zusammenfasste: »Das heißt, V-Leute-Schutz um jeden Preis, und sei es, die Aufklärung eines Mordes zu verhindern.«[175] Weiter fragt Edathy zu Recht: »Ist es nicht umgekehrt völlig logisch und absolut unersetzbar in einem Rechtsstaat, dass dort, wo es einen Mordverdacht gibt, die zuständigen Ermittlungsbehörden [...] auch in die Lage versetzt werden, ihrer Arbeit nachzugehen?«[176]

Unmittelbar – und nicht nur politisch – verantwortlich dafür, dass die Aussagegenehmigung nicht erteilt wurde, ist der damalige Innenminister und heutige Ministerpräsident des Landes Hessen, Volker Bouffier: Er sagt, er habe nach Recht und Gesetz sowie bestem Gewissen gehandelt. Die Sicherheitsinteressen und das Staatswohl des Landes Hessen hätten einer solchen Genehmigung entgegengestanden.[177]

Die Aufklärungsarbeit der Polizei wird also unter Verweis auf Sicherheitsinteressen beziehungsweise das Staatswohl des Landes Hessen behindert. Wobei: Die Sicherheitsinteressen und das Staatswohl ganz offenbar nicht die Interessen derer umfassen, die Aufklärung darüber verlangen, wer, warum ihre Angehörigen, ihren Freund umgebracht hat. Und augenscheinlich umfassen die Sicherheitsinteressen ebenso wenig den präventiven Schutz möglicher weiterer Opfer rechter Gewalt. Zumindest ist der Schutz der VS-Quellen im Vergleich zur Aufklärung des Mordes an Halit Yozgat und zur Verhinderung potenzieller weiterer Morde vorrangig. Wie lässt sich das erklären?

Die Opfer des NSU und ihre Angehörigen waren in den Augen des Verfassungsschutzes und der politischen Amtsträger offenbar »Nicht-Bürger«. Es fand ein rassistischer Ausschluss statt: Bei den Interessen der Opfer handelte es sich anscheinend um keine »Sicherheitsinteressen«, das Staatswohl des Landes Hessen umfasste nicht das Wohl der Opfer rassistischer Gewalt – und das Landesamt für Verfassungsschutz arbeitete nicht für Menschen, die Yozgat mit Nachnamen hießen. Stattdessen wurden sie ausgeschlossen, die in der Verfassung garantierten Rechte auf staatlichen Schutz und auf körperliche Unversehrtheit galten nicht für sie. Die Behörde, die den Namen Verfassungsschutz trägt, kam ihrem Auftrag zumindest nicht für sie nach.

Und dieser Ausschluss, das Verschleppen und Vertuschen, geschah nicht nur auf Geheimdienstebene – wie oben bereits angedeutet, ist dafür auch der amtierende Ministerpräsident Hessens, Volker Bouffier, verantwortlich. Er »trägt die Verantwortung für die massive Behinderung der Ermittlungsarbeiten der Polizei und Staatsanwaltschaft nach dem Mord in Kassel«.[178]

Am 64. Verhandlungstag konnten wir dann den V-Mann, den Temme geführt hat, Benjamin G., alias »Gemüse«, hören. Benjamin G. und sein Bruder zählten zu den führenden Neo-Nazis Nordhessens. Temme hatte unmittelbar vor dem Betreten des Internetcafés mit Benjamin G. telefoniert. Worüber gesprochen wurde, daran konnte sich Temme »nicht erinnern«. Deswegen waren die Erwartungen an die Aussage Benjamin G.s hoch. Auch wenn er, wie üblich bei Geheimdienstzeugen, muss man schon fast resignierend sagen, nur mit begrenzter Aussagegenehmigung kam. Die Anreise zahlte das Land Hessen.[179] Benjamin G. erschien mit einem Anwalt als Zeugenbeistand. Auch dieser Jurist wurde vom Hessischen Landesamt für Verfassungsschutz beauftragt und bezahlt, und zumindest auch in dessen Interesse ist Rechtsanwalt H. hier aufgetreten. Dafür spricht nicht zuletzt, dass der Zeuge gar keine Möglichkeit hatte, einen anderen Beistand auszuwählen. Das Verhalten von Rechtsanwalt H. am 65. Verhandlungstag hat verdeutlicht, dass er in erster Linie die Interessen des LfV schützte: In diesem Sinn hat er den Zeugen Benjamin G. mehrfach an Stellen unterbrochen, an denen Antworten seiner Ansicht nach nicht von der Aussagegenehmigung seines Mandanten gedeckt waren. Dabei trat er aber alles andere als konsequent auf. Es wurde schnell klar, welche Art von Fragen verhindert werden sollten: So intervenierte Rechtsanwalt H., wenn es entweder um das Verhalten des ehemaligen V-Manns Temme oder um die Eingriffe des LfV in die Ermittlungen ging. Bei anderen Fragen, die bei objektiver Betrachtung viel eher einen Verstoß gegen die Aussagegenehmigung darstellten, unterbrach er dagegen nicht. Es ging ihm also keinesfalls darum, seinen Mandanten vor Verstößen gegen seine Verschwiegenheitspflicht zu bewahren, sondern darum, sicherzustellen, dass dieser keine Aussagen zu Lasten des LfV machte. Der Antrag, den Zeugenbeistand H. auszuschließen und dem Zeugen stattdessen einen neutralen Beistand beizuordnen, der nicht auch im Dienst des Verfassungsschutzes steht, wurde leider abgelehnt.[180] So konnte das hessische LfV weiterhin Einfluss auf das Verfahren nehmen. Man muss sich fragen: Welches Interesse hat der Verfassungsschutz hier? Was hätte der Zeuge aussagen können? Welche Informationen sollten nicht bekannt werden?

Der Systematische Kommentar zur Strafprozessordnung erläutert den Gedanken hinter der Möglichkeit, einen Zeugenbeistand wegen Interessenkollision auszuschließen: »Der Gesetzgeber hat [...] an Fälle gedacht, in denen der Beistand von dem am Ergebnis des Verfahrens interessierten Arbeitgeber des Zeugen beauftragt worden ist.« Genau das war hier der Fall. Und: Entsprechende Probleme hat er bei sogenannten »Szeneanwälten aus dem Bereich der Organisierten Kriminalität oder des Rechtsextremismus gesehen.«[181]

Handelt es sich beim Landesamt für Verfassungsschutz Hessen um einen Bereich der Organisierten Kriminalität, um einen Bereich des Rechtsextremismus? Nach all dem, was wir hier über die Behörde und ihre Mitarbeiter, allen voran Temme, erfahren haben, lasse ich diese Frage einmal offen. Rechtsanwalt Hoffmann war zuvor als Verteidiger des ehemaligen Präsidenten des Bundesamts für Verfassungsschutz, Ludwig-Holger Pfahls, in einem Waffen- und Schmiergeldprozess aufgetreten[182] – da kann man schon von einem Szeneanwalt sprechen.

Das ist aber auch gar nicht entscheidend – entscheidend ist, dass das LfV Hessen am Ergebnis dieses Verfahrens und der Beweisaufnahme interessiert ist. Indem es für den Zeugen einen Beistand beauftragte, bestand eine Interessenkollision.

Rechtsanwalt Thomas Bliwier hatte den Kollegen H. gefragt, ob es zwischen ihm und dem LfV Besprechungstermine gegeben habe. Rechtsanwalt H. erwiderte, dies betreffe das Innenverhältnis zwischen seinem Mandanten und ihm – und an dieser Aussage ist vermutlich mehr wahr, als H. beabsichtigte preiszugeben.

Denn sein eigentlicher Mandant war weniger Benjamin G. als vielmehr das Landesamt für Verfassungsschutz. Dieses hatte ein Interesse daran, die Aussagen des Zeugen zu beeinflussen.

Und ganz im Sinne des Verfassungsschutzes war – soweit es ging – dann auch dessen Aussage, »im Prinzip« wisse er über seine Zusammenarbeit mit dem LfV nichts mehr und »im Prinzip« habe er auch mit der rechten Szene nichts zu tun gehabt. Seine Arbeit habe vor allem darin bestanden, »sich im Internet schlau zu machen« über die rechte Szene. Zur rechten Szene in Kassel könne er »im Prinzip« auch gar nichts mehr sagen. All das ist so unglaubwürdig, wie es klingt. Das Prinzip, auf das der Zeuge sich hier fortlaufend berufen hat, ist das Prinzip der Verfassungsschutzbehörden im Rahmen der Aufklärung über den NSU: vertuschen und herunterspielen. Es sind Schutzbehauptungen – Schutzbehauptungen auch zugunsten des Zeugen Temme, des Landesamtes für Verfassungsschutz und der verantwortlichen Politiker: Allen voran Volker Bouffier.

An ein elfminütiges Telefonat mit Temme knapp eine Stunde vor der Tat konnte sich der Zeuge angeblich nicht mehr erinnern. Kurz nach diesem Telefonat, das Temme von seiner Dienststelle aus führte, machte er sich auf den Weg ins Internetcafé, in dem Halit Yozgat bald darauf durch zwei gezielte Schüsse in den Kopf umgebracht wurde. Was uns »Gemüse« auf entsprechenden Vorhalt bestätigte, war immerhin, dass Temme bei einem Treffen nach der Ermordung Yozgats einen »sehr nervösen Eindruck« gemacht habe. So habe er ihn noch nie gesehen.

Betrachtet man also den Mord an Halit Yozgat, die Ermittlungen und die anschließende Aufarbeitung, fallen hinsichtlich des LfV Hessen verschiedene Ungereimtheiten auf: Erstens befand sich der Zeuge Temme als Beamter des hessischen Verfassungsschutzes am Tatort und hatte Informationen über die Ermordung. Er verhielt sich nach der Tat verdächtig. Zweitens behinderten das LfV und der damalige Innenminister Bouffier in der Folge die Mordermittlungen der Polizei in Kassel. Und drittens war den Beamten und ihren Helfern im Prozess vor allem daran gelegen, keine Informationen zu offenbaren. Zu diesem Zweck wurde dem Zeugen Benjamin G. ein Anwalt als Zeugenbeistand zur Seite gestellt, die Mitarbeiter des LfV konnten sich nicht mehr erinnern. Sachverhalte wurden zudem heruntergespielt.

Zu erfahren, was der hessische Verfassungsschutz verheimlicht, wäre ein wichtiger Schlüssel für das Verständnis des NSU: Inwiefern hatte das Landesamt Informationen über den NSU und sein Unterstützernetzwerk? Welche Verstrickungen staatlicher Beamter und ihrer V-Leute gab es?

Dabei ist das Verhalten des hessischen Verfassungsschutzes nur ein besonders eindrückliches Beispiel: Auch Gordian Meyer-Plath, ehemals V-Mann-Führer von »Piatto« und heutiger Präsident des sächsischen Landesamtes für Verfassungsschutz, behauptete hier im April 2015, er habe an die konkreten Zusammenhänge praktisch keine Erinnerung. Und die Liste derer, die von Amnesie befallen sind, ist noch viel länger.

Das Agieren des Verfassungsschutzes im Rahmen der Aufarbeitung der NSU-Mordserie lässt sich größtenteils mit »Verschweigen und Vertuschen« beschreiben – verschweigen, vertuschen und vernichten.[183]

Wirklich bedrückend ist aber die Reaktion der Bundesanwaltschaft, als die Nebenklage die Beiordnung eines neuen Zeugenbeistandes für den Zeugen Benjamin G. beantragte. Nein, alles sei in bester Ordnung, alles habe seine Richtigkeit, der Rechtsanwalt H. sei ordnungsgemäß bevollmächtigt. An dieser Stelle muss man schon fragen: Ist es Aufgabe der Generalbundesanwaltschaft, sich so massiv gegen den Willen der Opfer, insbesondere den der Familie Yozgat zu stellen? Ist es nicht Aufgabe der Bundesanwaltschaft, die Aufklärung zu fördern, nicht diese zu erschweren? Zu welchem Zweck übt die Bundesanwaltschaft ihr strafprozessuales Recht aus, an einem so wichtigen Punkt des Verfahrens zu intervenieren?

**Die große Akten-
vernichtung: Ope-
ration »Konfetti«**

Wie viel Interesse die Verfassungsschutzämter an wirklicher Aufklärung der Taten des NSU haben, zeigt sich wohl am
eindrücklichsten an der massenweisen
Vernichtung von Akten mit Bezug zu dieser Terrorgruppe. Kurz
nachdem der »Nationalsozialistische Untergrund« im November 2011 enttarnt worden war, wurden im Bundesamt für Verfassungsschutz die Akten von mehreren V-Leuten geschreddert, die im Rahmen der sogenannten »Operation Rennsteig«
zwischen 1996 und 2003 in Thüringen angeworben worden
waren – in dem Bundesland also, aus dem auch die mutmaßlichen NSU-Terroristen Uwe Böhnhardt, Uwe Mundlos und Beate Zschäpe stammen. Dort ging das Schreddern aber auch in
der Folge weiter. Hunderte von Akten wurden zerstört.[184] Dabei handelte es sich vor allem um Telefonabhörprotokolle von
sächsischen Neonazis mit Beziehung zur internationalen Nazi-
Szene und Kontakten zu Böhnhardt und Mundlos.[185]

Allein am 29. Dezember 2011 wurden 137 Akten aus dem
Forschungs- und Werbungsbereich vernichtet,[186] im Januar und
Februar 2012 folgten 94 weitere.[187] Ende April 2012 wurden
dann Unterlagen zu Abhörmaßnahmen aus dem Jahr 2000 unter anderem mit Bezug zu »Piatto« geschreddert.[188] Auch nachdem am 16. Juni 2012 in der *Frankfurter Rundschau* ein Artikel
erschienen war, der offenlegte, wie Akten bezüglich der sogenannten Operation Rennsteig systematisch vernichtet wurden,
hat man noch zwei Wochen lang weitergeschreddert. Letztlich
würden es 310 Akten im BfV sein, die Beamte nach Bekanntwerden des NSU verschwinden ließen. Besonders Akten über
Erkenntnisse von Jan W. und Thomas S. wurden gezielt zerstört – Akten über die V-Leute also, die zum engsten Kreis um
die hier Angeklagte Zschäpe sowie Mundlos und Böhnhardt gehörten.

Inwiefern diese Akten Informationen über den NSU beinhalteten und warum sie vernichtet wurden – auch das sind zentrale Fragen für das Verständnis des NSU. Und dabei ist das Verhalten des Bundesamtes nur ein Beispiel – auch in Berlin wurden 2012 Akten vernichtet, die Bezug zur Nazi-Band »Landser« und Thomas S. hatten.

Und auch hierbei sind es schlicht Lügen, die uns der Verfassungsschutz auftischt, wenn er behauptet, das Löschen der Daten über das Netzwerk NSU unmittelbar nach dessen Bekanntwerden habe nur den gesetzlichen Löschungsfristen entsprochen. Der damalige Bundesdatenschutzbeauftragte Peter Schaar stellt klar: »Es gibt keinerlei gesetzliche Prüffristen für Akten. Die Aussage, auch vom Verfassungsschutz, diese Akten hätten aus datenschutzrechtlichen Gründen vernichtet werden müssen, sind für mich völlig unverständlich.«[189]

Ich erstattete aufgrund der ganz offensichtlich in Zusammenhang mit der Selbstenttarnung des NSU stehenden Aktenvernichtungen Strafanzeige gegen »Unbekannt«. Ich tat das – mit Blick auf Verfassungsschutzbeamte – wegen des Verdachts der Strafvereitelung. Die Staatsanwaltschaft Köln stellte das Ermittlungsverfahren allerdings mit einer inhaltsleeren und floskelhaften Begründung ein.

Völlig unverständlich sind mir die Verfassungsschutz-Äußerungen nicht – es sind Schutzbehauptungen. Denn worum es ging, ist klar: darum, Beweise für begangene Fehler und zu tragende Verantwortung an den Verbrechen, an der Ermordung von zehn Menschen loszuwerden. Aus diesem Grund haben wir – 29 Nebenklagevertreterinnen und -vertreter – am 223. Verhandlungstag Einsicht zumindest in die rekonstruierten Akten gefordert, die der Verfassungsschutz kurz nach der Selbstenttarnung des NSU am 11. November 2011 geschreddert hatte. Darüber hinaus haben wir beantragt, den dafür verantwortlichen Mitarbeiter des BfV mit dem Tarnnamen »Lothar Lingen« als Zeugen zu hören.

Dass diese Akten Verfahrensbezug hatten, liegt eigentlich auf der Hand: Sie enthielten unter anderem Informationen zum V-Mann »Tarif«, der gemeinsam mit anderen Mitarbeitern des Verfassungsschutzes sowohl in der »Anti-Antifa Ostthüringen« als auch in der NPD und deren Jugendorganisation JN und damit im direkten Umfeld von Mundlos, Böhnhardt und den Angeklagten Zschäpe, Wohlleben, Schultze und Gerlach operierte. Genauso klar ist, dass der Zeitpunkt der Aktenvernichtung kein Zufall war. Aufgrund seiner Aktenkenntnis und seiner Erfahrung als vertretender V-Mann-Führer hätte Lothar Lingen als Zeuge zudem wichtige Erkenntnisse über das Verständnis der terroristischen Vereinigung NSU beitragen können.

Dabei war die Taktik vom BfV stümperhaft und skandalös zugleich: Zunächst wurde von Seiten des Bundesamtes – auch gegenüber dem Sonderermittler, der vom ersten NSU-Untersuchungsausschuss eingesetzt wurde – verkündet, dass diese Akten nicht rekonstruiert werden könnten. Nachdem allerdings der V-Mann »Tarif« bekanntgab, ein Buch über seine Tätigkeit schreiben zu wollen, konnten Teile der Akten dann doch wiederhergestellt werden.[190] Es wäre für die Aufklärung der Umstände erforderlich gewesen zu erfahren, welche Akten noch im Original und welche rekonstruiert im Bundesamt vorliegen. Deshalb haben wir außerdem gefordert, den Präsidenten des BfV diesbezüglich als Zeugen zu vernehmen.

Diese Anträge wurden am 261. Verhandlungstag von diesem Senat abgelehnt. Begründung: Die zu erweisenden Tatsachen seien für die Entscheidung ohne Bedeutung. Ihre Richtigkeit unterstellt, hätten die behaupteten Beweistatsachen keinen Einfluss auf die Schuld- und/oder Straffrage der Angeklagten.

Es ist eindeutig, dass unterschiedliche staatliche Stellen durch regelwidrige Aktenvernichtungen gezielt die Aufklärung behindert haben. Dies wiederum sollte augenscheinlich auch hier im Prozess nicht zum Thema gemacht werden. Dabei ging es uns bei den Anträgen nicht um ein Bloßstellen der Behörden, sondern darum zu erfahren, weshalb die Opfer der NSU-Mordserie sterben mussten. Ob ihre Angehörigen es je erfahren werden – auch das ist offen, und dafür sind ebenfalls die Verfassungsschutzbehörden verantwortlich.

6. Kernschmelze des Rechtsstaates: die Vorurteile unserer Polizei

Die Polizei trägt ebenfalls eine Mitschuld an den Morden des NSU: In der Berichterstattung über die missglückten polizeilichen Ermittlungen dominiert dabei der Topos der »Pleiten, Pech und Pannen«. Tatsächlich ist es erschreckend, wie dilettantisch die Polizei teilweise ermittelt hat, wie viele Ermittlungsfehler begangen wurden: Wie es beispielsweise dem Jenaer Trio ermöglicht wurde, unterzutauchen, oder wie die in der Garage gefundene Telefonliste nicht ausgewertet wurde. Und es ist auch richtig, dass ein Grund für das ungehinderte Morden des NSU darin liegt, dass die Inlandsgeheimdienste ihre Erkenntnisse nicht mit den Polizeibehörden teilten.

Die Schlagzeilen, die auf ein mangelndes Kooperationsverhalten der Polizei schließen lassen, reißen nicht ab. So wurden im Zusammenhang mit der Frage, woher der NSU seine Waffen erhalten habe, immer wieder die Namen zweier ehemaliger Thüringer Unterwelt-Bosse genannt. Da diese in den 1990er-Jahren das kriminelle Milieu in Jena beherrschten, liegt es nahe, dass sie auch von den Waffendeals der in Jena operierenden NSU-Rechtsterroristen wussten. Nun ist klar, dass sie für das Thüringer Landeskriminalamt spitzelten.[191] Aus internen Polizeiunterlagen geht hervor, dass einer der beiden auch nach einem behördlichen Verbot bis mindestens 1997 als V-Mann aktiv war. Laut einer Zeugenaussage vor dem BKA soll es in dieser Zeit auch zu einem Treffen dieses V-Manns mit Mundlos und

Böhnhardt gekommen sein, in dem es um Geld gegangen sei. Über diese wichtige V-Mann-Tätigkeit wurde weder der parlamentarische Untersuchungsausschuss noch dieses Gericht aufgeklärt. Es stellen sich drängende Fragen: Welche Informationen wurden geliefert? Wo wurden diese dokumentiert? Wie lange waren die Unterwelt-Bosse tatsächlich Informanten? Der zentrale Grund für dieses Staatsversagen liegt jedoch im institutionellen Rassismus der Sicherheitsbehörden. Ich habe schon beschrieben, wie das Sprechen über Rassismus zu Abwehrreaktionen führt.

Das gilt insbesondere für die Angehörigen der Polizei, die Verantwortungsträger in den Sicherheitsbehörden und die Politiker, die für die Polizei in diesem Land zuständig sind. Denn gerade bei diesen ist die Weigerung, Rassismus in der Polizei zu thematisieren, besonders verbreitet – allgemein wird die Thematisierung als skandalöse Unterstellung und Beleidigung der Beamten »im Dienst« zurückgewiesen. Hinsichtlich des NSU ist aus dem Sicherheitsapparat immer wieder zu hören, dass es rückblickend ja einfach sei, die Ermittlungen zu kritisieren. Natürlich: Ohne die nachträgliche Rekonstruktion, ohne dass bekanntgeworden wäre, wie ermittelt wurde, wäre es uns heute nicht möglich, diese Ermittlungen zu kritisieren. Das ändert aber nichts an der Notwendigkeit, sie zu hinterfragen. Es ändert nichts an der Notwendigkeit, Aufmerksamkeit und ein Bewusstsein dafür zu schaffen, dass es Rassismus in der Polizei gibt – damit die gleichen Fehler nicht ein weiteres Mal passieren und rassistische Mörder zukünftig gestoppt werden können, bevor sie weitere Leben auslöschen.

Wenn ich die Ermittlungen kritisiere, dann kritisiere ich zumindest nicht in erster Linie, dass die Polizei die Täter nicht nach dem ersten Mord oder vor dem zehnten ermittelt hat. Ich kritisiere vielmehr, dass bundesweit nach demselben Muster gearbeitet wurde: Die Opfer und ihre Angehörigen wurden kriminalisiert. Sie konnten nicht Opfer sein, sondern waren in den Augen der Ermittler immer Täter, Mitwisser – verstrickt in die Organisierte Kriminalität.

Dieser Blick auf die Opfer und ihre Angehörigen hat den Blick auf die wahren Täter verstellt. Der rassistische Terrorismus wurde nicht verfolgt. Und so wurden die Menschen zwei Mal Opfer des Rassismus – einmal in seiner fanatischen, mörderischen Form und einmal in seiner bürokratischen, institutionalisierten.

Und da weder das Gericht noch die Bundesanwaltschaft den Rassismus der Ermittlungsbehörden in diesem Verfahren ansprechen wollte, möchte ich es nun tun. Dazu gehört auch zu fragen, ob bei den Ermittlungen im Umgang mit Angehörigen dieselben Standards gegolten haben, als wenn die Opfer Meier, Müller oder Schmidt geheißen hätten

Und um die Antwort gleich vorwegzunehmen: Nein, es haben nicht dieselben Standards gegolten.

Meine Kritik zielt dabei weniger auf das Ressentiment der einzelnen Beamten als auf den institutionellen Rassismus in den Polizeibehörden.

Institutioneller Rassismus – das bedeutet: Institutionen übernehmen rassistische Zuordnungen, aus denen sich für die so markierten Menschen systematische Benachteiligungen ergeben. Institutioneller Rassismus bedeutet nicht, dass alle oder die Mehrheit der Personen, die in entsprechenden Institutionen arbeiten, persönlich rassistische Ziele verfolgen. Der Rassismus ist stattdessen oft in Routinen, Vorschriften und Regelungen eingewoben, welche diese Diskriminierung erzeugen, ohne dass es den Beteiligten zwangsläufig auffallen muss. Somit ist institutioneller Rassismus das kollektive Versagen einer Institution, die Menschen aufgrund ihrer Hautfarbe, Kultur oder ethnischen Herkunft nicht angemessen und professionell behandelt.[192]

Die Opfer und ihre Angehörigen wurden von den Polizeibehörden mitnichten angemessen oder professionell behandelt.
Tatsächlich gehörte der Rassismus in den Routinen der ermittelnden Beamten von Anfang an automatisch dazu. Das zeigt
sich unter anderem in der Unfähigkeit, von der bundesweit herr-
schenden Hypothese abzuweichen, dass es sich hier um eine Tat
innerhalb der organisierten migrantischen Kriminalität handele.
Das zeigt sich aber auch im Umgang mit den Angehörigen der
Opfer: Sie wurden kriminalisiert, beschattet, unter Druck gesetzt
und pietätlos behandelt. Und das zeigt sich schließlich in der
Unfähigkeit, das wahre Motiv der Tat zu sehen, obwohl es hierfür – im Gegensatz zur bis zuletzt verfolgten sogenannten Organisationstheorie – zahlreiche Anhaltspunkte gab.

Besonders deutlich macht das der Umstand, dass den Hinweisen auf an zahlreichen Tatorten beobachtete Radfahrer nicht
nachgegangen worden ist. Zwei mittel- beziehungsweise nordeuropäisch aussehende Männer auf Fahrrädern als Tatverdächtige – das scheint nicht in das Bild der ermittelnden Beamten
gepasst zu haben. Dieses Schema – Ermittlungen gegen die Opfer und Angehörigen und Nichtverfolgung von Hinweisen auf
einen rassistischen Anschlag – zieht sich durch alle neun Morde
des NSU an Menschen mit Migrationshintergrund. Es zieht sich
durch die Ermittlungen zu den Bombenanschlägen – und selbst
in den Ermittlungen zur Ermordung Michèle Kiesewetters findet es seinen Niederschlag.

Enver Şimşek

Enver Şimşek ist das erste Todesopfer des NSU. Er wird am
9. September 2000 auf der Ladefläche seines Lieferwagens von
Uwe Mundlos und Uwe Böhnhardt hingerichtet. Die Ermitt-

lungen in diesem ersten Mordfall sind gleich paradigmatisch für die kommenden Ermittlungen in der Mord- und Anschlagsserie des NSU. Denn gleich zu Beginn gibt es einen Hinweis auf die Mörder, dem nicht nachgegangen wird: Am Tag, an dem İsmail Yaşar seinen Verletzungen erliegt, dem 11. September 2000, meldet sich ein Zeuge bei der Polizei. Seine damalige Aussage hat er hier am 21. Verhandlungstag bestätigt. Dabei berichtet er: Wie er zusammen mit seinem Sohn an dem Verkaufsstand von Enver Şimşek vorbeifährt, wie er mehrere metallische Schläge hört und zwei Personen dabei beobachtet, wie sie sich unmittelbar danach vom Tatort entfernen. Er liefert schon damals die Täterbeschreibung: circa zwanzig bis dreißig Jahre alt, groß, schlank, in schwarzen, kurzen Radlerhosen – und wundert sich drüber, dass er kein Fahrrad habe sehen können. Sein Sohn bestätigt die Angaben.

Am 31. Verhandlungstag haben wir dann Kriminalhauptkommissar Albert V. gehört. Er war mit den Ermittlungen im Mordfall Şimşek – wie auch bereits mit dem Fall Özüdoğru – betraut, und er war Mitglied der Soko »Halbmond« sowie später der BAO »Bosporus«. Er hat vor Gericht ausgeführt, was mit dieser Spur geschehen ist, nämlich: nichts. Man sei sich bei den beiden Personen am Ende nicht sicher gewesen, ob sie tatsächlich mit dem Fahrrad unterwegs oder nur wegen der Hitze mit einer kurzen Hose bekleidet gewesen waren.

Die Ermittlungen gehen derweil in eine andere Richtung: Enver Şimşek wird, wie gesagt, verdächtigt, mit Drogen gehandelt zu haben. Der Verdacht der Steuerhinterziehung steht im Raum. Ende September wird seine Wohnung durchsucht – insbesondere nach Rauschgift. Ab Oktober 2000 werden die Telefone der Verwandtschaft abgehört. Denn diese würde sich »auffallend zurückhalten« und hätte »bislang nicht ihr gesamtes Wissen preisgegeben«, mutmaßen die Ermittler. Es sind nichts als bloße Verdächtigungen. Tatsachen, die darauf hinweisen, habe es »nicht direkt« gegeben – räumt der Beamte V. hier vor Gericht ein.

Auch ein Konkurrent aus Şimşeks Nachbarort in Hessen gerät kurzzeitig ins Visier: Er sei gefährlich, in der PKK organisiert und habe nach einem Auftragskiller gesucht, berichtet angeblich ein geheimer Informant.

Alternativ zu der These, dass das Opfer mit einer kriminellen Gruppe zu tun gehabt habe, geht man von einer »Affekttat« innerhalb der Familie aus: Die Ehefrau Adile Şimşek wird verdächtigt und in unzähligen Vernehmungen mit falschen Behauptungen konfrontiert.[193] Wieder und wieder kommen die Beamten zu ihr nach Hause – werfen ihr vor, Geld von Enver veruntreut zu haben, konfrontieren sie mit angeblichen Wahrheiten über den Drogenhandel des Ehemannes. Sie gehen sogar so weit, ihr zu erzählen, dass ihr Mann eine andere Frau habe und mit ihr Kinder – als angeblichen Beweis legen sie ihr das Foto irgendeiner Frau vor. Nichts, aber auch gar nichts von alledem ist wahr. Für nichts, aber auch gar nichts gibt es auch nur Hinweise oder Verdachtsmomente. Es ist wahr, die Polizei hat großen Aufwand betrieben. Aber es war ein Aufwand, der von der ersten Sekunde geprägt war von rassistischen Stereotypen und der ganz folgerichtig in die falsche Richtung ging.

Was muss das für die Familie Şimşek bedeuten? Was muss das für die Witwe Adile Şimşek bedeuten? Für sie, die erst kurz zuvor ihren Ehemann verloren hat, niedergeschossen am helllichten Tag, aus dem Nichts heraus? Wie fühlt sich das an, in der Folge jedes Mal aufs Neue vernommen, verdächtigt, bedrängt und belogen zu werden – über die Person, mit der sie verheiratet war?

Dabei ist sie, Adile Şimşek, diejenige, die schon frühzeitig versteht, warum ihr Mann ermordet wurde: Der ermittelnde Zeuge V. hat hier am 31. Verhandlungstag bestätigt, dass sie in ihrer Vernehmung Fremdenfeindlichkeit als mögliches Motiv angesprochen habe. Doch das ist keine Spur, die die Ermittler verfolgen. Selbst als der bayerische Innenminister Günther Beckstein nach einem möglichen »ausländerfeindlichen« Motiv fragt, wird ihm entgegnet, dass dafür keine Anhaltspunkte bestünden. Zwei Wochen zuvor hatten Neonazis in Nürnberg ein Flugblatt verteilt. Unter der Überschrift »Unternehmen Flächenbrand« heißt es dort: »1. September 2000, von jetzt an wird zurückgeschossen.«[194] Acht Tage später, am 9. September, wird Enver Şimşek angegriffen, kurze Zeit später ist er tot. Zufall?

Die Polizei sucht derweil die Zusammenarbeit mit den Medien, gemeinsam mit dem ZDF wird für die Sendung *Aktenzeichen XY* zum Mord an Şimşek eine »filmische Rekonstruktion« produziert. Die mutmaßlichen Täter: »Zwei Südländer«, die aus einem BMW steigen.[195] Klischeehafter geht es nicht. Und weil die Sicherheitsbehörden bei jedem Mordfall immer wieder aufs Neue an »Südländer« denken, die aus 3er BMWs steigen, können die ostdeutschen Täter weiter, unterwegs mit ihren Fahrrädern, unschuldige Menschen hinrichten. Weil ihre Opfer »Südländer« sind.

Abdurrahim Özüdoğru

Nachdem Abdurrahim Özüdoğru erschossen wird, werden zunächst »2 Polen« gesucht.[196] Kriminalhauptkommissar Albert V. ermittelt auch hier nach demselben Muster wie bei Enver Şimşek: Die Beamten gehen den kleinsten Verdachtsmomenten auf Steuerhinterziehung, Drogen oder organisierte Kriminalität nach und versuchen verzweifelt, durch diese Verdächtigungen ein Mordmotiv zu konstruieren.

In den Akten heißt es, dass zwar zwischen Enver Şimşek

und dem zweiten Opfer in Nürnberg kein direkter Bezug hergestellt werden könne, sich ein Tatmotiv »jedoch aus möglichen Rauschgiftverbindungen nach Rotterdam« ergebe.[197] Eine Abrechnung im Drogenmilieu steht als Motiv im Raum. In den Akten ist dabei immer die Rede von »konkreten Zeugenaussagen«, dass Enver Şimşek »möglicherweise« Rauschgift-Kurierfahrten durchgeführt habe – und Abdurrahim Özüdoğru damit wohl etwas zu tun gehabt habe. Welche konkreten Zeugenaussagen das gewesen sein sollen, ob es diese überhaupt gab – das bleibt unklar. Eine Hausdurchsuchung in Amsterdam liefert keine Anhaltspunkte für Bezüge zum Mord an Herrn Özüdoğru.[198]

Es erweckt den Anschein, als ob die Beamten mangels tatsächlicher Anhaltspunkte ihrem »Instinkt« nachgegangen sind – und dieses »Bauchgefühl«, das der Tatort-Zuschauer an seinen Kommissaren so schätzt, ist das Einfallstor für das Ressentiment. Wenn ein Türke erschossen wird, bedeutet das: Tatsächliche Hinweise werden übersehen und bloße Mutmaßungen angestellt, die dann die Richtung der Ermittlungen vorgeben. Mutmaßungen in Richtung Organisierte Kriminalität oder »Ehrenmord«. Und so wird auch im Fall Özüdoğru massiv gegen die Angehörigen ermittelt. Die getrennt lebende Ehefrau von Herrn Özüdoğru, die sich zwischenzeitlich wieder mit ihrem Gatten versöhnt hatte, wird verdächtigt. Sie soll eine Beziehung zu einem »türkischen Mann« unterhalten,[199] sie wird »ausführlich vernommen«,[200] und ihr Telefon wird ab August 2001 für Monate überwacht.[201] Denn: »Es besteht Grund zur Annahme, dass [sie] über Hintergründe der Tat informiert ist und mit dem bislang unbekannten Täter in Kontakt steht.«[202] Was – außer bloßer Mutmaßung – der Grund dieser Annahme sein soll, wird nicht deutlich. Auch die Telefonanschlüsse von Freunden Abdurrahim Özüdoğrus werden überwacht.[203] Eine andere Spur verfolgen die Ermittler um V. aufgrund des

Hinweises einer Informationsperson. Dieser wird Vertraulichkeit garantiert. Es wird nicht das einzige Mal bleiben, dass geheime Informanten während der Ermittlungen Bemerkungen machen, die in alle Richtungen führen – nur nicht zu den Tätern. Mir stellt sich die Frage: Was für Menschen waren das? Warum haben sie solche vollkommen aus der Luft gegriffenen Tipps gegeben?

Aufgrund eines dieser Hinweise werden zwischenzeitlich ein Mann und seine Frau verdächtigt. Angeblich soll sie ein Verhältnis mit Abdurrahim Özüdoğru gehabt haben – selbstredend haben beide einen türkischen Migrationshintergrund.[204] Auch ihre Anschlüsse werden überwacht. Bei ihrer Vernehmung gibt die angebliche Geliebte Özüdoğrus an: »Ich habe diesen Mann noch nie in meinem Leben gesehen.«[205] Gleichwohl bohren die Ermittler weiter und konfrontieren sie damit, dass ihnen Informationen vorlägen, wonach ihre Kinder von Özüdoğru seien. Dabei kennt sie ihn gar nicht – die Vernehmung ist für sie »ein Albtraum«.[206] Ob bei der Auswahl der Verdächtigen die Rede vom »türkischen Ehrbegriff« in den Hinterköpfen eine Rolle gespielt hat?

In dieses Bild passt auch, dass es dem Beamten von der Spurensicherung, der den Tatort fotografiert, besonders wichtig zu sein scheint, dass in der Schneiderei und der Wohnung des Ermordeten Özüdoğru eine »gewachsene Unordnung« herrsche. Zwar hätten die Beobachtungen »kein(en) Tatbezug«, gleichwohl scheint es den Beamten zu drängen, den Zustand der Wohnung darzustellen: »[W]ahllos«, »chaotisch« »total verschmutzt«, »völlig verdreckt«, es ist die Rede von »für Wohnungen von Türken nicht unüblichen Nippes«– ganz so. als ob »Deutsche« keinen Nippes in ihren Wohnzimmern herumstehen hätten.

Mit entsprechenden Kommentaren von dem ermittelnden Polizeibeamten versehen, wurden viele dieser Fotos in dieses Verfahren eingeführt. Was aber haben die Fotos von einer unaufgeräumten Küche oder einem ungemachten Bett mit einem Mord zu tun, der woanders, nämlich in der Schneiderei begangen wurde? Das Gericht hätte hier einschreiten *müssen*. Es hätte die postmortalen Persönlichkeitsrechte des Verstorbenen schützen *müssen*. Es hätte auch die Persönlichkeitsrechte der Witwe, der Tochter und der Geschwister des Herrn Özüdoğru schützen *müssen* und hat es dennoch nicht getan. Dieses Gericht hat diese Rechte ebenso wenig geschützt wie die Rechte des ermordeten Habil Kılıç und dessen Angehörigen, als es hier die Großaufnahmen der Unterhosen von Habil Kılıç an die Wand projizieren ließ. Immer wieder wurden Anträge der Nebenklage durch dieses Gericht mit folgender Begründung abgelehnt: Die behauptete Beweistatsache sei für die Schuld- und/oder Rechtsfolgenfrage aus tatsächlichen Gründen ohne Belang. Ich möchte den Hohen Senat fragen: Wieso war die Zurschaustellung dieser Fotos für die Schuld- und/oder Rechtsfolgenfrage aus tatsächlichen Gründen von Belang?

Das Problem des Rassismus ist dabei die »Homogenisierung« der von Rassismus Betroffenen. Sie werden nicht mehr als einzelne Individuen wahrgenommen, sondern nur noch als Angehörige einer imaginierten Gruppe. In einem Vermerk ist die Rede davon, dass alle Opfer bis auf Mehmet Turgut beim Finanzamt Einkünfte geltend gemacht hätten, die für eine normale Lebensführung nicht ausreichen. Sie sollen also Steuern hinterzogen haben. Hier vor Gericht musste der Beamte Albert V. bei meiner Befragung dann einräumen, dass man Özüdoğru da herausnehmen müsse, da sei »verallgemeinert« worden, bei Özüdoğru seien keine Auffälligkeiten festzustellen gewesen. Aber auch bei den anderen Opfern konnten entsprechende Vorwürfe nicht belegt werden.

Süleyman Taşköprü

Am 27. Juni 2001 wird Süleyman Taşköprü in Hamburg-Altona erschossen. Er arbeitet im Lebensmittelgeschäft seiner Familie, zwei Männer betreten den Laden, einer feuert mit der Česká auf Taşköprü und trifft ihn in die Schläfe. Vermutlich versucht Taşköprü, der nicht sofort tot ist, auf allen vieren den Tätern zu entkommen, als sich einer der beiden hinter ihn stellt und ihm zwei Mal in den Hinterkopf schießt.

»Süleyman Taşköprü war das, was wir im Landeskriminalamt einen ganz normalen türkischen Mann genannt haben: leidenschaftlich, sehr energisch und dominant vom Wesen«, hat ein ermittelnder Beamte des LKA vor dem Bundestagsuntersuchungsausschuss erklärt. Wenn man vom »Wesen des türkischen Mannes spricht«, den Charakter eines Menschen essenziell auf dessen Herkunft zurückführt, dann handelt es sich hierbei um einen Fall von offenem Rassismus.

Und diesem Bild des »türkischen Mannes« entsprechend wurde ermittelt, das heißt unter der Prämisse, dass sein Tod auf eigene kriminelle Machenschaften zurückzuführen sei. Die Folge auch hier: Ermittlungen im Umfeld des Opfers, auch hier vor allem in Richtung Organisierte Kriminalität.

Wie bei den vorangegangenen Fällen hatte diese Herangehensweise der Polizei wieder Auswirkungen auf die Familie: »Ständig, bis 2010 kamen sie ständig zu mir nach Hause«, hat der Vater des Ermordeten, Ali Taşköprü, hier am 37. Verhandlungstag beklagt.

Dieser hatte in der polizeilichen Vernehmung ausgesagt, dass er in unmittelbarer Tatortnähe zwei Fahrradfahrer gesehen habe. Ali Taşköprü beschreibt sie als Deutsche, zwischen 25 und 35 Jahre alt, 170 cm oder 175 cm groß. Erneut wird die Spur nicht verfolgt: Mangels genauer Personenbeschreibung und ohne Ermittlungsansätze sei die Spur erledigt gewesen. Wann besteht ein Ermittlungsansatz und wann nicht? Vielleicht passte die Beschreibung einfach nicht ins Bild, nicht ins Bild der Personen, die die Polizisten suchten – nämlich einen »ganz normalen türkischen Mann«.

Und so steht das Opfer Süleyman Taşköprü bis Ende 2011 als mitschuldig an seinem Tod dar, die Familie als in kriminelle Machenschaften verwickelt. Sie wird allein gelassen in ihrer Trauer über den ermordeten Sohn. Was das alles für die Angehörigen bedeutet, ist schwer zu ermessen. Aber wir bekamen eine Ahnung davon, als Ali Taşköprü im Prozess sagte: »Er ist in meinen Armen gestorben, er lebte noch, als ich ihn auf den Schoß nahm, er lebte noch.«

Habil Kılıç

Wann bestand für die Polizei ein Ermittlungsansatz und wann nicht? Ein sehr eindrückliches Beispiel dafür sind auch die Ermittlungen im Fall Habil Kılıç. In der Anwohnerbefragung nach seiner Ermordung werden zwei verschiedene Aussagen von jeweils zwei Zeugen aufgenommen.

Einmal: Zwei Anwohnerinnen sagen unabhängig voneinander aus, dass sie zwei Männer in dunkler Kleidung mit Fahrrädern gesehen haben. Junge, sportliche Männer im Alter zwischen achtzehn und dreißig. Einerseits ist das die Zeugin Anna S., die wir hier am 30. Verhandlungstag gehört haben, andererseits Frau M., die mittlerweile verstorben ist. Letztere hat laut dem vernehmenden Polizeibeamten darüber hinaus angegeben, dass es ihr komisch vorgekommen sei, dass die Radfahrer entlang der Häuserzeile gefahren seien, weil man sonst auf dem Gehweg fahre. Es seien drahtige Männer gewesen mit neuen Rädern. Sie hätten gewirkt wie Kurierfahrer. Sie seien aus südlicher Richtung gekommen und fünf Minuten später wieder in östliche Richtung weggefahren.

Der andere Hinweis: Zwei Frauen von gegenüber sagen aus, dass sie einen dunkelhäutigen Mann dabei beobachtet hätten, wie er aus dem Laden der Kılıçs kam, in seinen dunklen Mercedes einstieg und dann mit quietschenden Reifen davonfuhr. Was passierte mit diesen beiden Spuren? Das hat der Kriminaloberrat a. D. Josef Wilfling am 22. Verhandlungstag im Prozess geschildert: Die beiden Radfahrer wurden öffentlich aufgerufen, sich als *Zeugen* zu melden. Es habe keine Hinweise darauf gegeben, dass es sich um die Täter handeln könnte, so Herr Wilfling. Da die beiden sich nicht meldeten, wurde diese Spur nicht weiterverfolgt. Der »Mulatte«, so nennt ihn Josef Wilfling in seinen Vermerken, der angeblich, aus dem Laden kommend, in den dunklen Mercedes stieg, ist für die Ermittler eine heiße Spur. Und, so Wilfling, es sei »völlig normal, dass das die prioritäre Spur ist«. Leider ja – völlig normal.

Der Zeuge Wilfling hat angegeben, am Tag nach dem Mord nach Nürnberg gefahren zu sein, um sich mit den dortigen Kollegen auszutauschen. Die kriminaltechnischen Untersuchungen hatten ergeben, dass mit derselben Schusswaffe auch in Nürnberg gemordet worden war. Er konnte sich aber nicht erinnern, dass bei dieser Gelegenheit auch über die von drei Zeugen geschilderten Männer in Fahrradkleidung am Tatort von Enver Şimşek gesprochen worden sei. Falls darüber gesprochen worden sei, dann erst zu einem späteren Zeitpunkt.

Hier gibt es nun zwei Möglichkeiten, von denen eine nicht besser ist als die andere. Im ersten Fall haben die Beamten *nicht* über die beiden Männer in Fahrradklamotten gesprochen. Dann stellt sich die Frage: Warum um Gottes willen nicht? Wieso ignoriert man die Aussagen von drei Zeugen, wenn doch beim Mordfall Kılıç wieder zwei Zeuginnen von zwei Fahrradfahrern berichten? Vielleicht, weil man sich absolut sicher war, dass die Täter Migranten sind? Die zweite Möglichkeit, und für mich die plausiblere, wenn man bedenkt, dass Herr Wilfling zu diesem Zeitpunkt schon über Jahre und Jahrzehnte der Erfahrung bei der Aufklärung von Morden verfügte. Man sprach zwar auch über die Fahrradfahrer, verwarf diese Spur aber wieder, weil sie nicht zum Tunnelblick passte, der nur die Sicht auf vermeintliche Migranten als Mörder zuließ.

Später stellt sich heraus, dass sich eine Nachbarin die Geschichte vom schwarzen Mann, der in den Mercedes steigt, nur ausgedacht hatte. Doch auch nachdem das klar ist, wird nach den beiden Fahrradfahrern nicht gefahndet. Dass gegen die beiden – Uwe Mundlos und Uwe Böhnhardt – nicht als Verdächtige ermittelt wurde, obwohl es bereits in den Fällen Şimşek und Taşköprü Hinweise auf Fahrradfahrer gab, begründete der Zeuge Wilfling damit, dass sie schließlich wie Fahrradkuriere gewirkt hätten.[207]

Warum? Hätte man nicht stutzig werden können angesichts der Tatsache, dass Kurierfahrer üblicherweise nicht zu zweit durch die Stadt fahren? Warum kamen sie für die Polizei nicht als Verdächtige infrage? Meine Vermutung: Sie entsprachen schlicht nicht dem Bild, das man von den Tätern hatte. Und damit findet sich hier ein eindeutiger Beweis einer rassistischen Ermittlung.

Auch ansonsten zeigt sich im Fall Kılıç das übliche Muster. In einem Antrag der Ermittler an Speziallabore des LKA heißt es: »Aufgrund der bisherigen Ermittlungen besteht die Möglichkeit, dass das Tatmotiv im Drogenmilieu liegt.« Die Wohnung von Habil Kılıç und seiner Ehefrau wird mehrfach durchsucht, ebenso der Keller und die Ladenräume. Gefunden wird nichts. Was also sprach denn für das Tatmotiv im Drogenmilieu?

Neben der von ihm als »Mulatte«[208] bezeichneten Person ist für den leitenden Ermittler auch »ein Türke mit Mongolenbart« tatverdächtig. Was Herr Wilfling zu dem Vorwurf sagt, dass

Rassismus in den Ermittlungen eine Rolle gespielt hat, ist bezeichnend. Wie zu erwarten, folgt eine Abwehrreaktion, Rassismus könne hier keine Rolle gespielt haben. Und im zweiten Schritt wird das Ressentiment sogar noch verteidigt: »Jetzt soll man mal bitte nicht so tun, als ob es keine türkische Drogenmafia gibt«, erklärt er am 22. Verhandlungstag. Nein, man soll nicht so tun, als gäbe es keine türkischstämmigen Drogenhändler, das ist wahr. Aber das bedeutet doch nicht, dass jeder türkischstämmige Mensch, selbst jener Mensch, der gerade um sein Leben gebracht wurde, mit Drogen handelt? Muss man nicht von einer rechtsstaatlichen Polizei, die über eine sehr gute Ausbildung und technische Ausstattung verfügt, erwarten dürfen, nicht in so unerträglich rassistischen Bahnen zu denken? Und muss man nicht, um die Worte des Zeugen Kriminaloberrat a.D. zu benutzen, von der Polizei erwarten dürfen, *nicht* so zu tun, als gäbe es keine Nazi-Mörder? Vor allem dann nicht, wenn man in München lebt und arbeitet, der Stadt, in der schon beim Oktoberfest-Attentat dreizehn Menschen umgebracht und über 200 zum Teil schwer verletzt wurden? Nein, man sollte nicht so tun, als gäbe es keine Nazi-Mörder.

Was bedeutet das für die Angehörigen? Wie wird mit ihnen umgegangen? Pinar Kılıç, die Ehefrau des Erschossenen, schildert hier – ebenfalls am 22. Verhandlungstag – unter anderem, wie die Leute darüber reden, wenn man wie ein Verdächtiger behandelt wird. »Alles haben sie kaputt gemacht, alles. So stark kann man nicht sein, irgendwann bricht man zusammen. Es kommt mir vor, dass ich jetzt seit dreizehn Jahren mit einer Kette um den Hals aufgehängt bin […].«

191

Mehmet Turgut

Nach dem Mord an Mehmet Turgut zeigt sich einmal mehr das übliche Muster: Angebliche Hinweise auf Geldwäsche und Rauschgiftdelikte werden verfolgt. Dementsprechend wird auch in diesem Fall die Telekommunikation des Umfelds überwacht. Schon nach einer Woche macht Mordermittler S. einen Vorschlag für eine Pressemitteilung in einer türkischen Zeitung: »Ein ausländerfeindlicher Hintergrund kann derzeit ausgeschlossen werden«, heißt es darin. Und man fragt sich – wie konnte ein solcher Hintergrund schon nach einer Woche ausgeschlossen werden? Der Ermittler begründet es damit, dass keine diesbezüglichen Informationen vom Inlandsgeheimdienst beziehungsweise Staatsschutz vorgelegen hätten.

Eine Zeugin hatte eine Person am Tatort beobachtet: »ca. 1,90 m groß [...], eine schlanke Statur und blonde kurze Haare.« Diese Spur wird nicht weiterverfolgt – anders als die angeblichen kriminellen Verstrickungen des Opfers. Der Zeuge Frank K., der in der Nähe des Tatortes wohnt und am Tattag kurz am Imbisswagen war, hat am 49. Verhandlungstag berichtet, dass er erst ein Jahr nach dem Mord von der Polizei verhört worden sei. Bei dem Verhör sei von einem »Rachemord unter Türken«, von »Geldsachen« die Rede gewesen.

Die Familie von Mehmet Turgut lebt in der Türkei. Die Ermittlungen richten sich deshalb vor allem gegen den Besitzer des Imbisses, in dem Turgut arbeitete – Haydar A. »Was ich erlitten habe, weiß nur ich«, sagt er hier am 49. Verhandlungstag. Immer habe es geheißen: »Du weißt Bescheid über den Mord. Du musst Bescheid wissen.« Ein Polizist habe ihn einmal über zehn Stunden lang vernommen. Dabei sei er wie ein Verdächtiger behandelt worden, nicht wie ein potenzieller Zeuge. Er müsse mit etwas »Großem« gehandelt haben, habe man ihm vorgeworfen. Seine Imbissbude sei doch bloße Tarnung. Bis zum heutigen Tage spüre er die Folgen dieser schlimmen Zeit. Seine Kinder würden, wenn es an der Tür klingele, immer noch fragen, ob die Polizei wieder da sei. Er zittere wieder am ganzen Körper, wenn er auch nur an diese schlimme Zeit denke.

Doch auch für die Familie von Mehmet Turgut hat der Mord neben dem Verlust des Sohnes und Bruders Folgen: Polizeibeamte fliegen in die Türkei. Sie suchen die Familie aber nicht direkt auf, sondern erkundigen sich in den Nachbardörfern über sie. Sie probieren herauszufinden, ob die Turguts Feinde hatten. Ob es Anhaltspunkt für »Blutrache« gebe. Mehmet Turguts Bruder, Mustafa, berichtet darüber in der Wochenzeitung *Die Zeit*: Niemand habe ihnen geglaubt, dass das völliger Unsinn sei. Das Schlimmste sei gewesen, dass die deutsche Polizei seine ganze Familie schlechtgemacht und Gerüchte angeheizt habe. Die Verdächtigungen hätten ein solches Ausmaß angenommen, dass es die Familie fast zerstört habe.[209]

Anders als für die Ermittler ist für die Familie Turgut ein sogenannter ausländerfeindlicher Hintergrund, eine rassistische Tat, nicht ausgeschlossen. Mustafa Turgut schreibt: »Mein Vater hatte zuvor ja auch einige Zeit in Deutschland gearbeitet. Er kannte Ausländerfeindlichkeit. Er war sich sicher: Das waren bestimmt die Kahlköpfe.«

İsmail Yaşar

Nachdem İsmail Yaşar in seinem Imbiss erschossen wurde, ist der Zeuge W. mit der Spurensicherung betraut. Der Kriminalhauptkommissar hat hier am 48. Verhandlungstag ausgesagt: »Eine Rauschgiftsache habe im Raum gestanden«, und an anderer Stelle: Zu dem Zeitpunkt habe man noch an Rauschgift gedacht. Deshalb seien die Dönerspieße unmittelbar nach der

Ermordung İsmail Yaşars mit einem Spürhund untersucht und eine Feinstaubsicherung durchgeführt worden.

Nur ein kleines Beispiel, aber, wie gesagt: Es gilt, die Ermittlungen jeweils daraufhin zu prüfen, ob dieselben Standards gegolten haben, wie sie bei Deutschen ohne Migrationshintergrund gegolten hätten. Hätte bei einem Gastronomen namens Müller unmittelbar nach dessen Erschießung »eine Rauschgiftsache im Raum« gestanden? Wenn Michael Bauer in seinem Bratwurstgrill »Zum Holzmichel« erschossen wird – wäre hier die erste Assoziation gewesen, dass er in Drogengeschäfte verwickelt war? Wäre noch während der Spurensicherung nach Rauschgift gesucht worden? Wohl kaum. Und genau das ist das Problem.

Die Vielzahl dieser kleinen rassistischen Ermittlungsmaßnahmen, die den Tod einer als migrantisch angesehenen Person stets mit Organisierter Kriminalität in Verbindung bringen, hat dann eben zu dem Staatsversagen geführt, das es den Terroristen des NSU erst ermöglicht hat, immer weiter Menschen zu töten. Pleiten, Pech und Pannen?

Denn – wäre man nicht so vernarrt in die Idee gewesen, dass jeder ermordete Türke etwas mit kriminellen Machenschaften zu tun gehabt haben muss, dann hätte man sich vielleicht einer Spur zugewandt, die sich auch in den anderen Fällen der Mordserie zeigt. Vier Zeugen berichten der Polizei von Fahrradfahrern, die sich unmittelbar vor der Tat verdächtig verhalten hätten. Der vernehmende Kriminalhauptkommissar R. hat deren Aussagen am 32. Verhandlungstag zusammengefasst:

Der erste Zeuge habe von seinem Vorhaben erzählt, den Dönerstand İsmail Yaşars als Beispiel für eine Lehrveranstaltung zu nutzen. Dieser Zeuge ist Dozent bei der Bundesagentur für Arbeit. Er laufe jeden Tag an dem Imbisswagen vorbei und sei so auf die Idee gekommen, über dieses kleine Unternehmen zu sprechen. Er wollte zeigen, wie viel Vorbereitung es bedürfe, bis man ein Produkt verkaufen könne. Deswegen sei er bewusst am Stand stehen geblieben, um mit dem Inhaber zu sprechen. Er habe in das Innere geschaut, den Inhaber aber nicht sehen können. Wahrgenommen habe er jedoch zwei Fahrräder, die scheinbar achtlos gegen den Dönerstand gestellt worden seien. Daran könne er sich genau erinnern.

Ein weiterer Zeuge, von dem Hauptkommissar R. berichtet, ist Herr Z. Dieser sei mit einem Kleintransporter unterwegs gewesen. Er sei in die Straße eingebogen, in der İsmail Yaşar seinen Laden betrieben hat. Auf Höhe eines Fußgängerüberwegs am Dönerstand seien zwei Fahrradfahrer über die Straße gefahren. Der erste sei auf den Pedalen stehend zum Dönerstand gefahren, habe ein Bein abgesetzt und über die Schulter zu seinem Partner zurückgeblickt, der erst dann losgefahren sei, als der erste die Straße überquert hatte. Auch der zweite sei dann im Zeitlupentempo über die Straße gefahren. Der Zeuge habe sie per Lichthupe aufgefordert, schneller zu fahren. Herrn Z. haben wir hier am 44. Verhandlungstag auch persönlich gehört. Er schilderte, dass einer der Radfahrer stark abstehende Ohren hatte – solche Sachen blieben ihm in Erinnerung. Wir wissen, dass die abstehenden Ohren das auffälligste äußere Merkmal Uwe Böhnhardts waren.

Weiter hat der Beamte die Vernehmung der Zeugin N. geschildert: Sie habe angegeben, dass sie mit dreißig Stundenkilometer in die Scharrerstraße eingebogen sei, die Straße, in der İsmail Yaşar seinen Imbiss betrieb. Sie habe dann bremsen und stehen bleiben müssen. Nachdem sie wieder angefahren sei, habe sie einen schwarz gekleideten Mann auf Höhe des Dönerstands gesehen. Er habe durchs Fenster geblickt, und neben diesem ersten Mann habe ein zweiter Mann gestanden, der sich zu ihr umgedreht habe. Dabei habe Frau N. von einem stechenden Blick gesprochen. Sie sei dann nach rechts abgebogen und habe an einer roten Ampel angehalten. Hier habe sie fünf Schüsse wahrgenommen, als Musiklehrerin könne sie so etwas mit ihrem guten Gehör. Am 33. Verhandlungstag haben wir Frau N. dann auch selbst gehört.

Hierbei hat sie nicht nur ihre Angaben gegenüber der Polizei bestätigt, sondern auch klargemacht, dass sie die Polizei einen Tag nach ihrer Vernehmung darauf hingewiesen hat, dass es sich bei dem Mann, mit dem sie Augenkontakt hatte, nicht um einen sogenannten »Südländer« gehandelt habe, sondern um jemanden, der »deutlich gebräunt« gewesen sei – da bestehe schließlich ein Unterschied. Sie habe klarstellen wollen, dass es niemand so Hellhäutiges gewesen war wie sie selbst, sondern jemand, der schon viel in der Sonne gewesen war.

Die vierte Zeugin, deren Vernehmung der Kriminalhauptkommissar hier geschildert hat, ist Beate K.: In unmittelbarer Nähe zum Tatort gebe es eine Litfaßsäule. Dort habe sie am Tattag zwei Radfahrer beobachtet, die versucht hätten, sich anhand eines Stadtplanes zu orientieren. Später sei sie mit dem Fahrrad am Dönerstand vorbeigefahren und habe die beiden erneut gesehen. Ein Mann sei vom Eingang des Standes zum anderen Mann bei den Fahrrädern gelaufen. Da sie in Schrittgeschwindigkeit gefahren sei, habe sie sehen können, wie der eine Mann, der aus dem Stand kam, seinem Partner eine Plastiktüte in halb gebückter Haltung in dessen schwarzen Rucksack gepackt habe. Bei ihrer polizeilichen Vernehmung hat sie beschrieben, dass es auf sie gewirkt habe, als sei ein 20 bis 25 cm großer Gegenstand in der Tüte eingewickelt gewesen. Sie beschreibt die beiden Männer als von Statur und Frisur ziemlich ähnlich. Und auf Nachfrage: »Vom Typ her, glaube ich, waren beide eher keine Türken oder Südländer«, sagte die Zeugin hier vor Gericht am 34. Verhandlungstag. Abgesehen von dem Umstand, dass auch diese Aussage keine grundlegende Änderung der Ermittlungen nach sich zog, sondern vor allem wie zuvor von Rassismus betroffene Menschen ins Fadenkreuz der Ermittlungen gelangten, ist bezeichnend, dass die Ermittler gezielt danach fragten.

Für mich ist folgender Vorgang eines der größten Rätsel beim Mordfall Yaşar. Lange Zeit nach dem Mord an ihm wird die Zeugin Beate K. erneut von der Polizei vernommen. Ihr werden Videoaufzeichnungen vorgeführt, die Mundlos und Böhnhardt fahrradschiebend in der Keupstraße zeigen, kurze Zeit, bevor dort die Bombe explodierte. Aufgrund ähnlicher Statur und Gesichtsform sei sie ziemlich sicher gewesen, dass jeweils eine Person aus der Videosequenz mit einem der beiden Radfahrer identisch sei, die sie in Nürnberg vor der Dönerbude von Herrn Yaşar gesehen habe. Sie hat sich die Gesichter von Böhnhardt und Mundlos im Video zur genaueren Inaugenscheinnahme auch heranzoomen lassen.

Als ihr dieses Video im Dezember 2011 noch einmal vorgespielt wurde, hat die Zeugin Beate K. erneut bestätigt, dass sie sich »ziemlich sicher« sei, dass es sich hier um dieselben Personen handelte. Dies wollten die Polizeibeamten nach ihrer Aussage aber so nicht in das Protokoll aufnehmen, da man sich schon »hundertfünfzig Prozent« sicher sein müsse. Nicht nur hier wurden Aussagen von ihr abgeschwächt oder gar nicht protokolliert.

Entscheidend ist aber eine andere Frage: Wie kam die Polizei in Nürnberg überhaupt auf den Gedanken, eine Verbindung zwischen den Česká-Morden und dem Bombenattentat in Köln zu ziehen? Vor dem 4. November 2011 und der Selbstenttarnung des NSU wurde doch eine solche Verbindung zu keinem Zeitpunkt Gegenstand polizeilicher Ermittlungen, oder etwa doch? Hätte man nicht dann sicher annehmen *müssen*, dass es sich bei den Tätern um Rassisten handelt? Sowohl bei der Mordserie als auch bei den Bombenanschlägen in der Keupstraße und in der Probsteigasse waren in erster Linie türkischstämmige Migranten die Opfer. Hätte die Polizei nicht spätestens jetzt eins und eins zusammenzählen müssen? Aber es geht noch weiter: Warum wurde dieses Video nicht auch allen anderen Zeugen der Česká-Mordserie vorgespielt? Hat man dies nicht getan, weil die Aussage der Zeugin Beate K. so gar nicht den Erwartungen entsprach? Schließlich und endlich: Wieso hat man Frau K.s Aussage nicht als Spur genutzt?

Dabei hätte diese Zeugenaussage ein Durchbruch in den polizeilichen Ermittlungen sein können. Eine Zeugin erkennt an unterschiedlichen Tatorten dieselben Personen, bei denen es sich tatsächlich – wie sich später herausstellt – um die mehrfachen Mörder und Neonazis Böhnhardt und Mundlos handelt. Doch anstatt dieser heißen Spur nachzugehen, wird nicht weiter in diese Richtung ermittelt. Ganz im Gegenteil: Obwohl die Zeugin Beate K. explizit von »blasser Haut« der Männer spricht, werden ihr zahlreiche Lichtbilder von türkischstämmigen Personen für einen möglichen Abgleich vorgezeigt. Sie wird außerdem gefragt, ob sie sich vorstellen könne, dass die »türkische Mafia« dahinterstecke.

Auch diese vier Aussagen, allesamt in sich stimmig, nachvollziehbar, detailreich geschildert, änderten nichts Grundlegendes an den Ermittlungen der Polizei. Auch weiterhin kümmerte man sich nur am Rande um die an den Tatorten auftauchenden Fahrradfahrer.

Theodoros Boulgarides

Dieses einseitige polizeiliche Vorgehen zeigt sich auch im Fall von Theodoros Boulgarides. Der Ermordete ist selbst verdächtig. Vor allem die Ehefrau von Theodoros, Yvonne, wird immer wieder vernommen: Hatte ihr Ehemann nicht doch etwas mit Rauschgift, Glücksspiel und Prostituierten zu tun? Doch die Polizei muss feststellen, dass er ein »allseits beliebter, integrer, seriöser Geschäftsmann« gewesen war, nie ist er polizeilich in

Erscheinung getreten, und es hat keine Verstrickungen in kriminelle Machenschaften gegeben.

Schließlich wird Yvonne Boulgarides verdächtigt, ihren Mann umgebracht zu haben. Auf die Frage, ob sie es gewesen sei, entgegnet sie: »Und damit es nicht auffällt, habe ich vorher sechs Türken ermordet?«[210] Eines Tages klingelt es an der Tür – zwei Männer behaupten, Privatdetektive zu sein. Yvonne Boulgarides hat Angst davor, dass sie sie umbringen wollen. Sie ruft die Polizei, und eine Beamtin verspricht, einen Wagen zu schicken, aber nichts passiert. Zwanzig Minuten später ruft sie erneut die Polizei an, dort wird ihr gesagt, dass sie die Männer ruhig einlassen könne, die Polizei wisse Bescheid. Die Männer erklären, als Privatdetektive für den Nürnberger Verein türkischer Kleinunternehmer in der Mordserie zu ermitteln. Dann stellen sie Yvonne Boulgarides die schon bekannten Fragen: Wurde Theodoros bedroht? Hatte er etwas mit Drogen zu tun?[211] Später stellt sich heraus – es waren verdeckte Ermittler. Außerdem wird ein Rauschgiftspürhund eingesetzt und der Bruder des Erschossenen observiert. Die Begründung: Da Theodoros nichts nachzuweisen war, könne es sich um eine Verwechslung gehandelt haben und eigentlich der Bruder gemeint gewesen sein – dass der Bruder also der sei, den das Organisierte Verbrechen eigentlich haben umbringen wollen.

Der Leiter der Mordkommission »Theo«, Kriminalhauptkommissar B., hat hier am 46. Verhandlungstag erklärt: Es seien in den gut drei Monaten nach der Ermordung 120 Zeugen vernommen, Millionen Daten gesichert und über einhundert Spuren generiert worden, ohne dass es dabei Hinweise auf Motiv und Täter gegeben habe. Heute wissen wir, dass das nicht stimmt. Der Bruder von Theodoros Boulgarides hat gegenüber der Polizei angegeben, dass da wohl »ein ausgetickter Typ rumläuft, der Ausländer umbringt«. Ein weiterer Zeuge gibt an, sich mit dem Bruder darüber unterhalten zu haben, dass es einer sein könne, der Ausländer hasse. Hätten die Beamten doch nur ein einziges Mal auf diese Aussagen gehört – auf das migrantische Wissen um die Feinde, die man hat.

Mehmet Kubaşık

Auch nach der Ermordung Mehmet Kubaşıks sucht die Dortmunder Polizei zunächst gezielt nach kriminellen Machenschaften im Umfeld des Mordopfers. Doch der Zeuge Sch., damals leitender Ermittler, hat am 36. Verhandlungstag festgestellt:»Wir haben vom Opfer aus keine kriminellen Machenschaften gefunden.« Nach intensiven Ermittlungen erkennen die Beamten also, dass das Opfer»eine absolut weiße Weste« habe. Dies habe, so der Ermittler, nicht zu den Ergebnissen bei den anderen sieben Taten oder zumindest zur Organisationstheorie gepasst. In der Folge zweifelt man an der»Organisationstheorie«, also daran, dass Kubaşık von einer kriminellen Organisation, mit der er in Kontakt stand, umgebracht worden ist. Man beginnt, einen Einzeltäter in Betracht zu ziehen und ermittelt auch in diese Richtung. Doch auch das ändert nichts daran, dass das Opfer und sein Umfeld weiter im Fokus der Polizeiermittlungen stehen. Diese Ermittlungen werden»parallel« weitergeführt, obwohl es trotz intensiver Suche keinen einzigen Anhaltspunkt für kriminelle Machenschaften des Mordopfers oder seiner Familie gibt.

Dabei gibt es Zeugenaussagen, die bei vorurteilsfreier Ermittlungsarbeit zur Wahrheit hätte führen können. Eine Person gibt am 52. Verhandlungstag an, nach Schulschluss in der Nähe des Tatorts gewesen zu sein. Alles sei abgesperrt gewesen. An einer gegenüberliegenden Hausecke habe eine männliche Person gestanden, eine Frau sei dazugekommen. Die Frau habe gesagt:»Lass uns jetzt schnell verschwinden.«Das sei ihm komisch vorgekommen und habe vielleicht mit der Tat zu tun gehabt. Die Frau sei 20 bis 25 Jahre alt gewesen, auffallend dünn und habe schulterlange Haare gehabt, der Mann sei 30 bis 36 gewesen, einen Kopf größer als die Frau, von normaler Statur mit kurzrasierten Haaren.»Kein Tatzusammenhang«, schließt der ermittelnde Beamte.

Zudem gibt es eine Zeugin, die in ihrer Vernehmung davon spricht, zwei Männer in unmittelbarer Nähe des Tatortes gesehen zu haben – sie beschreibt sie als Nazis oder Junkie-Typen. Zumindest aber mittleren Alters und schlank seien sie gewesen. In der Vernehmung ist dann auch von Fahrrädern die Rede. Und es gibt gerade in Dortmund eine große, militante Neonazi-Szene.

In allererster Linie richten sich die Verdächtigungen gleichwohl gegen das Opfer und dessen Familie. So fragen sich die Ermittler etwa, ob Mehmet Kubaşık eine Freundin hatte. Seine Tochter Gamze Kubaşık hat am 51. Verhandlungstag die Ermittlungen aus ihrer Sicht geschildert. Sie hat beschrieben, wie es ihr nach dem Mord an ihrem Vater ging – wie sie die Trauer über den Verlust des Vaters, zu dem sie ein sehr vertrautes Verhältnis hatte, aus dem Leben riss und wie die Polizei mit ihr umging. Einen Tag nach der Ermordung wird sie vernommen: »Ich wurde weder gefragt, ob ich der Vernehmung folgen kann, noch, wie es mir geht. Sonst hätte ich gesagt, dass ich das nicht könne, und gefragt, ob man das nicht verschieben könne. Auf die Möglichkeit, einen rechtlichen Beistand hinzuzuziehen, bin ich nicht hingewiesen worden.« Sie wird gefragt, ob ihr Vater Feinde habe, ob er eine Geliebte habe. Dann werden ihr etwa zehn Bilder vorgelegt – allesamt zeigen, wie sie sagt,»ausländische Männer«. Bezeichnend – denn dass ein»weißer Deutscher« etwas mit dem Mord an Mehmet Kubaşık zu tun haben könnte, schließen die Ermittler augenscheinlich aus. Die vernehmenden Beamten machen sich dann auch noch über sie lustig, weil sie nicht bemerkt, dass einer der Männer doppelt auftaucht – einen Tag nachdem ihr Vater erschossen wurde. Als sie einen Tag später wieder in die Wohnung der Familie kommt, wird dort mit Hunden nach Rauschgift gesucht. Sie wird noch öfters gefragt, ob ihr Vater Drogen verkaufe oder Verbindungen zu Drogen habe, ob er verwickelt sei in Machenschaften der PKK oder der Mafia. Sie wird nach einer türkischen Bank gefragt, ob er da Geld transportiert habe, ob sie wisse, dass der Vater Beziehungen zu anderen Frauen hatte. Einmal seien Beamte bei ihr und ihrer Mutter, Elif Kubaşık, gewesen, um Informationen über die gesamte Familie zu sammeln. Ihre Mutter habe gesagt, dass sie weiß, wer ihren Mann umgebracht hat: Das seien die Nazis gewesen. Der leitende Beamte habe erwidert: Das könne man ausschließen.

Auch in Dortmund ist das Kalkül der Täter also aufgegangen – die Tatmotive werden im Umfeld des Opfers gesucht. Denn es wird anhand rassistischer Stereotype ermittelt. Einmal werden Gamze und Elif Kubaşık etwa gefragt, was denn passiere, wenn es eine »Familienfehde zwischen den Stämmen« gäbe. Und die Ermittlungen der Polizei führen zu einer weiteren Stigmatisierung der Opfer. Denn auch in ihrem Umfeld ist die Rede davon, dass die Familie in Drogenmachenschaften verstrickt ist, mit der Mafia zu tun hat, dass es eine Rachetat innerhalb der Familie war.

Ein Verteidiger des Angeklagten Wohlleben erkundigt sich bei Gamze Kubaşık, als diese im Zeugenstand vom Mord an ihrem Vater und den Ermittlungen der Polizei berichtet, ob es zutreffe, dass die Familie in Deutschland auch Sozialhilfe bezogen habe. Gamze Kubaşık bejaht, in den ersten Monaten, als sie nach Deutschland gekommen seien und der Vater noch keine Arbeitserlaubnis gehabt habe. »Durfte man ihn deshalb töten?«, fragt sie.

Halit Yozgat

Nachdem Halit Yozgat mit zwei Kopfschüssen in seinem Internetcafé ermordet wurde, verlaufen die Ermittlungen – zumindest teilweise – anders als in den Fällen zuvor. Andreas Temmes Verhalten ist derart verdächtig, dass die Beamten gegen ihn ermitteln. Dafür nehmen sie auch einen Konflikt mit dem Landesamt für Verfassungsschutz in Kauf. Der zuständige Kriminalbeamte G. schildert hier am 39. Verhandlungstag das Verhältnis zur Familie Halit Yozgats während der Ermittlungen: Sie hätten sehr viele Gespräche mit Herrn und Frau Yozgat geführt. Diese seien sehr kooperativ, harmonisch und vertrauensvoll gewesen. Sie hätten von Anfang bis Ende sehr produktiv zusammengearbeitet. Und: In Halit Yozgats Umfeld habe es keine Ansätze für irgendein Motiv gegeben.

Der Telefonanschluss der Familie wird trotzdem überwacht. Und das Bild, das der Beamte im Nachhinein von der Polizeiarbeit zeichnet – keine Verdächtigung des Umfelds, die harmonische Zusammenarbeit mit der Familie –, ist so auch nicht richtig. In der Sachakte zu den Ermittlungen findet sich ein gegenteiliger Vermerk des Beamten T. vom 9. Juni 2006, zwei Monate nach der Ermordung Yozgats. Da heißt es: »Er [d. h. der Vater, İsmail Yozgat] fragte mich, ob es Neuigkeiten gebe [...]. Er fing an zu erzählen, dass die Ermittler einen falschen Weg hätten. Sie sollten aufhören, ihn und seine Familie zu verdächtigen. Da wäre nichts zu ermitteln. Ich fragte ihn noch mal, ob er nichts verheimlicht. Daraufhin fing er an zu weinen, er hätte seinen Sohn verloren [...] er wäre der festen Überzeugung, dass sein Sohn und die anderen Opfer aus ausländerfeindlichen Motiven umgebracht worden seien.«

Und frei von Rassismus ist die Kasseler Polizei offenbar auch nicht. Bei Halit Yozgats Vater İsmail wird Telefonüberwachung angeordnet, weil die Beamten Andreas Temme für gefährdet halten. Diese Gefährdung ergebe sich aus den »ethnisch-kulturellen Hintergründen der Opferfamilie«.[212] Das Landesamt für Verfassungsschutz hatte behauptet, dass İsmail Yozgat in einer Kasseler Moschee zur Blutrache an Temme aufgerufen habe – dabei hatte er sie noch nie betreten.

Michèle Kiesewetter

Während bei allen anderen Opfern vor allem in deren Umfeld ermittelt wird, wird dieses im Fall von Michèle Kiesewetter weitestgehend in Ruhe gelassen und nicht systematisch vernommen. Zum Teil werden sogar Protokolle von Aussagen ausgedacht.[213] Dabei hätten die Beamten im Umfeld von Kiesewetter ausnahmsweise zumindest in die richtige Richtung ermittelt – zwei Beamte ihrer Einheit, darunter ihr Gruppenführer Timo H., sind Mitglieder des Ku-Klux-Klans.[214]

Der Fall Kieswetter hatte schon vor der Enttarnung des NSU einen Skandal ausgelöst. Die Ermittler waren wegen verunreinigter DNA-Stäbchen einem Phantom auf der Spur, und dieser Spur vertrauten sie. Andere verfolgten sie kaum. Bis auf eine: »Ein Informant« – mal wieder – habe mitgeteilt, dass ein Roma-Paar hinter den Anschlägen stecke, »Chico und Carmen«. Die Polizei betreibt einen enormen Aufwand, um diesen Verdacht zu erhärten, auf beide werden verdeckte Ermittler angesetzt. Es scheint, als ob die angeblichen »Informanten«, denen Vertraulichkeit zugesichert wird, ein gern genutztes Einfallstor für rassistische Verdächtigungen sind. Wer sind diese »Informanten«?

Dass das Opfer diesmal nicht von Rassismus betroffen ist und das Umfeld nicht in den Fokus der Ermittlungen gerät, bedeutet also nicht, dass nicht auch hier die Ermittlungen nach rassistischen Mustern erfolgt wären. Diesbezüglich fallen in den Ermittlungsakten vor allem drei Aktenvermerke auf, die die Geisteshaltung der Ermittler zeigen: Es gibt dort den »Hinweis auf eine verurteilte Zigeunerin in Mannheim« und einen »Hinweis auf einen joggenden Neger«. Der »Neger habe einen Gegenstand in einen Pkw Smart mit 4 Negern hineingereicht«, heißt es da. Als ein Zeuge einem Lügendetektor-Test unterzogen wird, wird er als »Angehöriger einer Roma-Sippe« bezeichnet. Der ausführende Psychologe habe dem Vermerk zufolge gesagt, dass er ein »typischer Vertreter seiner Ethnie [sei], wo Lügen zur üblichen Sozialisation gehört«.

Auch der Onkel von Michèle Kiesewetter, der in Thüringen als Polizist arbeitet und dort unter anderem mit dem »Thüringer Heimatschutz« zu tun hat, meint zu wissen, wer seine Nichte umgebracht haben könnte. Zumindest aber, wo die Mörder herkommen. Am 4. Mai 2007 äußert er den Ermittlern in Heilbronn gegenüber, der Mord an seiner Nichte habe etwas mit den »Türkenmorden« zu tun. Wörtlich heißt es im Vernehmungsprotokoll: »Meiner Meinung nach besteht auch aufgrund der verwendeten Kaliber und der Pistolen, die ich aus den Medien kenne, ein Zusammenhang mit den bundesweiten Türkenmorden. Soweit ich weiß, soll auch ein Fahrradfahrer bei den Türkenmorden eine Rolle spielen.«[215] Ein mit den Ermittlungen *nicht* betrauter externer Polizeibeamter erkennt Zusammenhänge und gibt seinen Kollegen wichtige Hinweise. Diese Hinweise jedoch werden ignoriert.

Fazit und Hintergrund –
die Operativen Fallanalysen

Für die Angehörigen der Opfer der ersten neun Morde bedeuteten die Ermittlungen in Familie und Umfeld eine Stigmatisierung. Es bedeutete, dass kaum Anteil genommen wurde, weder gesamtgesellschaftlich noch im weiteren Umfeld – denn Opfer und Angehörige waren aufgrund der polizeilichen Ermittlungen ja stets selbst verdächtig.

Wenn man das anspricht, wird einem entgegengehalten, dass Recherchen im direkten Opfer-Umfeld, im Kreis der Familie, die übliche Praxis bei Mordermittlungen seien. Und das leuchtet ja auch ein. Aber das Ausmaß, in dem gegen die Angehörigen ermittelt wurde, wie ihnen kriminelle Machenschaften unterstellt, sie abgehört, überwacht, durchleuchtet, belogen, wieder und wieder verhört wurden – dieses Ausmaß an Ermittlungen im Familienkreis entbehrte jeder Verhältnismäßigkeit, jeder Rationalität.

Um den spezifischen Rassismus dieser Art der Ermittlungen zu erkennen, muss man nur die Polizeiarbeit im Rahmen der ersten neun Morde mit der im Mordfall Kiesewetter vergleichen. Während in den ersten neun Fällen die Familien stets verdächtig waren, zumindest von den kriminellen Machenschaften der Opfer gewusst zu haben, und folglich gegen sie ermittelt wurde, sie wieder und wieder vernommen wurden, wurde im Mordfall Kiesewetter das Umfeld weitestgehend ignoriert. Im Mordfall Kiesewetter waren dagegen »Sinti und Roma«, die in der Nähe des Tatortes als Schausteller arbeiteten, die heiße Spur. Fehlt es an konkreten Hinweisen, scheint es grundsätzlich darum zu gehen, so lange im engen Umfeld der Opfer zu ermitteln, bis man vermeintlich Tatverdächtige findet, die dem rassistischen Bild der Beamtinnen und Beamten entsprechen – im Falle der ersten neun Opfer war das die Familie.

Hier wird die bloße Tatsache, dass jemand »anders« ist, kriminalisiert. Hätten die Beamten genauso ermittelt, wenn die Verdächtigen, die Opfer, »weiße Deutsche« gewesen wären? Nein, das hätten sie nicht. Die türkischen und das griechische Opfer waren keine Opfer zweiter Klasse, wie es manchmal heißt. Sie waren gar keine Opfer. Für die Polizei waren sie tote Kriminelle.

7. Eingeschränkter Aufklärungswille: die Generalbundesanwaltschaft

Der »Generalbundesanwalt beim Bundesgerichtshof«, so der amtliche Name der Behörde, ist auf dem Gebiet politischer Straftaten die oberste Strafverfolgungsbehörde Deutschlands. Sie tritt als Anklägerin in allen schwerwiegenden Staatsschutzstrafsachen auf, die die innere oder äußere Sicherheit Deutschlands in besonderem Maße bedrohen. Mir ist wichtig, eines festzuhalten: Meine Kritik an dem Wirken der Behörde im NSU-Kontext ist oft harsch. Ich habe mir diese Kritik nicht leichtgemacht. Gleichzeitig habe ich aber keine Zweifel an der persönlichen Integrität der Staatsanwältinnen und Staatsanwälte, die ich über Jahre hinweg während des Gerichtsverfahrens kennengelernt habe. Sie haben ihre schwierige Aufgabe mit großer Ernsthaftigkeit und Sachverstand wahrgenommen. Meine Kritik an der Behörde und meine Wertschätzung für die handelnden Akteure ist kein Widerspruch: Die Generalbundesanwaltschaft ist eine politische Institution und unterliegt mitunter politischen Zwängen und Vorgaben. Natürlich, sie handelt im Rahmen der Strafprozessordnung, einer Strafprozessordnung, die an vielen Stellen Raum gibt für Ermessensentscheidungen. Man kann dieses Ermessen so oder so ausüben. Dies gilt insbesondere für die wichtige Frage, wie weit oder wie beschränkt der Umfang der Ermittlungen und im Ergebnis auch die Reichweite der Anklage sein soll. Die Bundesanwaltschaft ist nicht frei vom Einfluss politischer Erwägungen. Meine Kritik richtet sich daher in erster Linie an die Politik und deren Einflussnahme auf dieses Verfahren.

Die Trio-These und das Wissen um das Netzwerk

Die Bundesanwaltschaft hat sich mit der Erstellung ihrer Anklageschrift auf eine Linie festgelegt: Beate Zschäpe, Uwe Böhnhardt und Uwe Mundlos sollen eine abgeschottete terroristische Zelle gebildet haben. Als solche hätten sie sich nahezu vollständig aus ihrem früheren persönlichen und rechtsextremistischen Umfeld zurückgezogen. Der Kreis ihrer Unterstützer sei auf wenige Vertraute begrenzt gewesen. Ihre wahre Identität und terroristische Zielsetzung sei nur einem eng begrenzten Kreis bekannt gewesen. Für eine Beteiligung ortskundiger Dritter an den Anschlägen des NSU oder einer organisatorischen Verflechtung mit anderen Gruppierungen soll es noch nicht einmal Anhaltspunkte geben. Kurz: Der NSU sei zu keinem Zeitpunkt ein Netzwerk, sondern stets eine abgeschottete Vereinigung aus drei Personen gewesen, eben eine *isolierte Zelle*.

An dieser Prämisse hält die Bundesanwaltschaft nach wie vor fest – entgegen jeder Empirie. Auch angesichts neuer gegenteiliger Anhaltspunkte, die fortlaufend durch die Arbeit der Nebenklage und in den Untersuchungsausschüssen ans Licht gebracht werden, überdenkt die Bundesanwaltschaft ihre Einschätzung nicht. Sie lässt keinerlei Zweifel zu, sondern erhebt ihre Einschätzung des Geschehens vielmehr zur absoluten Wahrheit, zum Dogma. Sie versucht sich so gegen Kritik zu immunisieren. Die These der isolierten Zelle ist Ideologie geworden.

Aber es hilft nichts: Die Anklageschrift ist falsch. Sie ist lückenhaft und teilweise einfach nicht plausibel. Sie war offensichtlich von dem Bestreben geleitet, den Themenkomplex NSU durch schnelle Anklagen von der politischen und medialen Tagesordnung zu nehmen. Zwar hat die Beweisaufnahme die Tatvorwürfe gegenüber den Angeklagten weitgehend bestätigt. Aber: Zahlreiche Ungereimtheiten und offene Fragen bleiben. Darüber kann auch die Vehemenz, mit der die Bundesanwaltschaft ihre These vom einsamen Trio vertritt, nicht hinwegtäuschen.

Als Beispiel dafür, dass das Trio lokale Helfer gehabt haben *muss*, sei der Fall des in Rostock ermordeten Mehmet Turgut angeführt. Dieser wurde erschossen, als er in einem Imbiss arbeitete. Es wurde am 49. Verhandlungstag deutlich, dass sich dieser Imbiss in einer sehr abgelegenen Gegend befand und ohne Ortskenntnisse nicht ohne Weiteres zu finden war. So erklärte der Kriminalbeamte Andreas M. als Zeuge, sie hätten keine Erklärung gehabt, warum der Mord gerade hier passiert sei. Tatsächlich dürfte der Grund sein, dass sich der in einem Container befindliche Imbiss als Anschlagsziel äußert gut eignete. Von diesem Container konnte man gut hundert Meter in beide Richtungen sehen und war so abgesichert gegen überraschend auftauchende Personen. Zudem befand er sich in einer Sackgasse, sodass nur von einer Seite PKWs hätten kommen können. Auch der Betreiber des Imbisses, Haydar A., bestätigte das hier vor Gericht, dass es sich um eine abgelegene Ortschaft handelte, in der es niemanden gebe, der sich einmische oder Probleme mache. Er sagte außerdem, dass jemand, der nicht aus dem Viertel komme, nicht auf den Imbiss aufmerksam werden könne. Der Zeuge führte weiterhin aus, dass der Imbiss keinen Telefonanschluss und keine Internetpräsenz hatte. Werbung sei nur dann und wann gemacht worden, indem man Flyer in die Briefkästen in den umliegenden Straßen eingeworfen habe. Aus den Zeugenaussagen wird deutlich, dass die Täter die

Abwesenheit anderer Gäste ausgenutzt, gezielt den Laden betreten, das Opfer auf den Boden gezwungen und dann erschossen haben. Es ist klar, dass diese Örtlichkeit kein Zufall ist. Sie wurde wegen ihrer abgelegenen Lage, wegen des unwahrscheinlichen Erscheinens von Zeugen und wegen der guten Fluchtmöglichkeiten ausgesucht. Aber wie sollen Rechtsterroristen aus Jena von all diesen Einzelheiten gewusst haben? Über lokale Helfer, die zumindest die Lokalität als mögliches Ziel ausgekundschaftet haben und Informationen diesbezüglich weitergegeben haben. Wer dies nicht erkennen will, verschließt sich den eindeutigen Fakten. Genau das ist der Bundesanwaltschaft leider vorzuwerfen. Hier soll mit aller Macht passend gemacht werden, was nicht passend ist.

Ein weiteres Beispiel ist der Mord an der Polizistin Kiesewetter. Zahlreiche Zeugenaussagen deuten klar darauf hin, dass hier mehr als zwei Personen am Werk waren. Es ist sehr wahrscheinlich, dass es zumindest Fluchthelfer gab. So erklärte etwa ein Mitarbeiter vom LKA Baden-Württemberg am 81. Verhandlungstag, dass ihm kein einziger Fall bekannt sei, wo so viele Zeugen blutverschmierte Leute gesehen haben wollen. Mehrere Personen sprechen zudem davon, dass ein Mann, hektisch fliehend, in einen abgestellten Audi mit Moosbacher Kennzeichen gesprungen sei. In diesem Auto saß bereits ein Fahrer, der das Auto sofort in Bewegung setzte.[216] Doch auch hier zeigt die Bundesanwaltschaft wenig Interesse, die Zusammenhänge näher zu beleuchten. Wir wissen alle, der Zeugenbeweis ist oft ein schwacher Beweis. Hier aber kommt zum Zeugenbeweis der gesunde Menschenverstand hinzu. Die Zielorte *selbst* sind hier Beweis. Erst die Kombination von objektiver Bewertung der Zielorte *und* Zeugenaussagen führen zwingend zum Schluss, dass weitere Personen in die Morde verwickelt waren.

Zur dieser Strategie der Bundesanwaltschaft passt auch, dass den Prozessbeteiligten nur Zugriff auf die sogenannte 129er-

Liste gewährt wurde. Diese Liste enthält Personen aus dem Umfeld des NSU. Ein Antrag der Nebenklage, diesen Personen aufgrund ihrer möglichen Zeugenstellung den Zutritt zum Gerichtssaal zu verwehren, wurde unter Berufung auf den Öffentlichkeitsgrundsatz abgelehnt. In diesem Rahmen gab Oberstaatsanwältin Greger *en passant* zu, dass es eine aktualisierte Liste mit über 400 Personen gebe. Diese wird den anderen Prozessbeteiligten aber von der Bundesanwaltschaft mit der fadenscheinigen Begründung vorenthalten, dass der Senat eben nur die 129er-Liste angefordert habe. Das ist nicht nur ein weiteres Indiz für den mangelnden Aufklärungswillen der Bundesanwaltschaft. Es zeigt auch, dass der Unterstützerkreis natürlich deutlich größer ist, als es die Bundesanwaltschaft zugeben möchte.

Fragen werfen auch die elektronischen Listen mit Hunderten verschiedenen potenziellen Anschlagszielen auf, die in der Zwickauer Frühlingsstraße gefunden wurden. Diese befanden sich im Ordner »Killer«, der 146 Listen mit circa 10.000 Namen und Adressen beinhaltete. Aufgelistet waren Personen, Institutionen und Einrichtungen. Diese Listen politischer Gegner und möglicher Anschlagsziele umfassten Parteibüros, Mitglieder des Bundestages, kirchliche Einrichtungen, Synagogen, Moscheen und Asylbewerberheime. Teil der Listen waren auch logistisch bedeutsame Geschäfte wie Fahrzeugvermietungen, Banken und Waffengeschäfte. Unter dem Namen »Das Telefonbuch für Deutschland« gab es bereits im Jahr 2005 Namens- und Adresslisten von Einrichtungen und Privatpersonen, namentlich von Politikern, Rechtsanwälten, Funktionsträgern jüdischer Einrichtungen und Angehörigen der Justiz, der Polizei und des Verfassungsschutzes.

Ich habe mir diese Liste beim Bundeskriminalamt in Meckenheim angeschaut und mich gefragt: Wie kommt man genau auf diese Auswahl? Es überrascht nicht, dass sich Personen des öffentlichen Lebens wie Claudia Roth oder Cem Özdemir auf dieser Liste befinden. Es überrascht ebenso wenig, dass Parteibüros der Grünen, der Linken oder der SPD auf diesen Listen aufgeführt sind. Warum aber steht ein Landarzt für Allgemeinmedizin darauf? Warum ein Rechtsanwalt aus Frankfurt? Warum ein Staatsanwalt aus meiner Heimatstadt Siegen?

Lassen Sie mich beim letzten Beispiel bleiben: Ich bin am Landgericht Siegen ausgebildet worden. Dennoch kannte ich diesen Juristen nicht. Ich habe versucht, ihn zu googeln. Gefunden habe ich nur eine nichtssagende Meldung, über ein recht uninteressantes Verfahren vor Jahren. Sonst nichts. Daher noch einmal die Frage: Warum trachteten Nazi-Mörder aus dem 400 Kilometer entfernten Zwickau diesem Mann nach dem Leben? Was hatte er getan, dass man ihn töten wollte? In Deutschland verrichten über 5.000 Staatsanwältinnen und Staatsanwälte ihren Dienst. Warum also er? Eine Möglichkeit, dieser Frage nachzugehen, wäre es, diesen Mann einfach einmal zu fragen. Welche Anklagen hatte er in den vergangenen Jahren erhoben? Wen hatte er angeklagt? Waren Nazis darunter? Das sind ganz einfache Fragen. Einfache Fragen, die uns möglicherweise wichtige Antworten hätten geben können.

Wichtig wäre zum Beispiel die Information gewesen, ob es in Siegen Personen oder Netzwerke gibt, die Kontakt zum NSU hatten. Wir hätten dann gegebenenfalls daraus schließen können, dass eine wesentlich größere Gruppe von Personen wusste, dass der NSU mordend durch Deutschland zieht. Ohne dieses Wissen macht eine Meldung von Namen durch lokale Nazis an das NSU-Trio keinen Sinn. Dann aber würde sich erneut die Frage stellen, warum möglicherweise eine Vielzahl von Personen in der Nazi-Szene von den Morden weiß, nicht aber der Staat, der genau diese Nazi-Szene mit V-Leuten geradezu durchsetzt hatte?

Hier schließt sich der Kreis: Dass die Damen und Herren

Staatsanwälte von der Bundesanwaltschaft nicht auf die Idee gekommen sind, den Kollegen Staatsanwalt aus Siegen einfach einmal zu befragen, kann ausgeschlossen werden. Faulheit kann bei einer bienenfleißigen Behörde wie der Bundesanwaltschaft ebenfalls ausgeschlossen werden. Nein, nicht das Fragen und das Nachforschen wurde gescheut, sondern die Antworten und Erkenntnisse, die man möglicherweise hätte gewinnen können. Blamabel war der Auftritt des Polizeibeamten, der die sogenannte 10.000er-Liste ausgewertet hatte. Im Grunde las er bloß aus der Liste vor. Aber es erfolgte keine Analyse, die diesen Namen verdient hätte. Nur ein Beispiel sei hier genannt: Bei Tausenden von Personen oder Institutionen hätte man prüfen müssen, ob manche Orte besonders oft auf dieser Liste auftauchen. Und falls ja, warum. Wenn aus einer Kleinstadt in Bayern beispielsweise genauso viele Anschlagsziele aufgelistet werden wie aus einer Großstadt in Nordrhein-Westfalen, muss man doch hellhörig werden. Mit nur wenigen Klicks auf einer Excel-Tabelle hätte man örtliche Schwerpunkte identifizieren können. Daraus hätte man dann Hypothesen über das Zustandekommen dieser Liste ableiten können, die dann wiederum systematisch hätten überprüft werden müssen. Es passt ins Bild, dass dieser Polizeibeamte hier vor Gericht ständig von »islamistischen« Vereinen und Moscheen sprach und erst auf Nachfrage erklärte, dass für ihn islamisch und islamistisch das Gleiche seien. Wenn ein Beamter des polizeilichen Staatsschutzes, spezialisiert auf politische Straftaten, diesen Unterschied nicht kennt, kann man weitergehende Analysen über das politische Denken der Nazis nicht erwarten. Aber genau darum geht es: Die Behörden hätten durch eine sorgfältige Analyse der Liste und durch eine Befragung der auf der Liste genannten Personen viel erfahren können über das Denken des Trios und seines Netzwerkes. Gerade die nicht prominenten Personen auf der Liste, jene Menschen, die man nicht kennen muss, hätten wichtige Hinweise geben können. Diese Chance wurde vertan, mangels Willen und mangels Können.

Warum so viele Verfahrensbeteiligte und Prozessbeobachter, insbesondere aber auch meine Mandanten, der Trio-These der Bundesanwaltschaft nicht folgen können, wird schon durch die Tatsache deutlich, dass wir hier unzählige Zeugen gehört haben, die nach dem Untertauchen im Kontakt zum Trio standen und dieses zum Teil auch unterstützt haben. Insgesamt waren es mindestens 24 Personen.[217]

Sie haben Wohnungen angemietet und Ausweispapiere zur Verfügung gestellt. Sie haben Nachrichten übermittelt und Geldmittel beschafft. Ihre Namen und Taten sind bekannt. Zum Teil mögen diese verjährt sein, aber sie entziehen der These der abgeschotteten Zelle jede Grundlage. Erst durch die Unterstützungsleistungen dieser Strukturen wurde das Leben der drei in der Illegalität möglich. Böhnhardt, Mundlos und Zschäpe waren weder isoliert noch eine Zelle, sondern der Kern eines deutschlandweiten Netzwerkes von Nationalsozialisten und Rassisten. Ganz ihrer Selbstbeschreibung in ihrem Bekennervideo entsprechend: »Der NSU ist ein Netzwerk von Kameraden mit dem Grundsatz: Taten statt Worte.«

Historische Vorläufer

Doch die Bundesanwaltschaft hat sich festgelegt – und schließt damit an ein altbekanntes Muster deutscher Sicherheitsbehörden im Umgang mit rechten Straftaten an: Wann immer rechtsextremer Hass in Gewalt umschlägt, wann immer aus rassistischen Motiven Anschläge verübt werden, wann immer im Sinne völkischer Ideologie gemordet wird, dann muss es sich um das Werk eines Einzeltäters gehandelt haben. Terroristische rechtsextreme Strukturen darf es im post-nationalsozialisti-schen Deutschland nicht geben. Aber auch dort, wo Einzeltäter zugeschlagen haben, werden rassistische Tatmotive und politische Hintergründe regelmäßig heruntergespielt oder bestritten. Beispiele für ein derartiges Vorgehen ließen sich viele finden. Ich möchte an dieser Stelle nur an die Ermittlungen zum Oktoberfest-Attentat 1980 erinnern, dem schwersten Terrorakt der deutschen Nachkriegsgeschichte. Die paramilitärische »Wehrsportgruppe Hoffmann« wurde als eine Art Pfadfinder für Erwachsene verharmlost. Über dreißig Jahre ließen sich die Behörden von ihrer Einzeltäterthese nicht abbringen. Ignorierten zahlreiche Zeugenaussagen, die auf eine Beteiligung weiterer Personen hinwiesen. Bis sich der Generalbundesanwalt im Dezember 2014 schließlich unter dem Druck von Medienberichten gezwungen sah, die Ermittlungen wieder aufzunehmen. Der Ausgang ist indes ungewiss.[218]

Vor einigen Monaten habe ich in Hagen eine Familie aus Syrien vertreten, deren Haus in Brand gesetzt worden war. Polizei und Staatsanwaltschaft sprachen von einer schweren Brandstiftung, sahen aber keinen politischen Hintergrund. Von versuchtem Mord war nicht die Rede. Vor Gericht dann die alte Leier: Junge Männer, die besorgt waren um die Sicherheit der deutschen Frau. Keine Nazis, sondern adrette und nette junge Typen aus der Kleinstadt Altena. Der polizeiliche Staatsschutz bestätigte diese Sicht. Auf den Handys der beiden Angeklagten war laut der beiden Polizeiexperten »nichts Verdächtiges«. Dann haben mein Kollege und ich die Daten auf den Handys selbst geprüft. Es fanden sich Hunderte Fotos und Videos. Hitler-Porträts. Hakenkreuze. Ekelerregende »Witze« über Afrikaner. Hetze gegen Flüchtlinge, Hetze gegen Muslime, Hetze gegen Migranten. In solchen Mengen, dass ein zufälliges Übersehen nicht möglich ist. Wenn der Staat offiziell erklärt, man wolle gegen Rassismus vorgehen, dann muss er mit seiner polizeilichen

Ermittlungsarbeit anfangen. Wir haben eine Dienstaufsichtsbeschwerde gegen die Beamten erhoben. Am Rande bemerkt: Es fanden sich auch sexistische Fotos auf den Handys, auf denen Frauen in einer besonders widerlichen Art und Weise verächtlich gemacht wurden. Auf den Handys von Männern gespeichert, die aus Sorge um Frauen gehandelt haben wollen.

Lassen Sie mich noch ein Beispiel nennen. In der Nacht zum 18. Januar 1996 wurde in der Lübecker Hafenstraße ein Flüchtlingsheim in Brand gesetzt. Drei Erwachsene und sieben Kinder beziehungsweise Jugendliche erstickten und verbrannten Auch dieses Verbrechen wurde nie aufgeklärt, und zu Recht wurden die Ermittlungen von Anfang an von Kritik begleitet. Vier junge Männer aus dem nahen Grevesmühlen in Mecklenburg-Vorpommern waren tatverdächtig. Zeugen hatten sie am Brandort noch vor dem Eintreffen der Feuerwehr gesehen. Bei dreien der Männer wurden frische Brandspuren an Gesichtern, Haaren, Wimpern und Augenbrauen festgestellt. Zudem gab es Hinweise, dass alle vier der rechtsextremen Szene angehören. Dennoch wurden sie nicht angeklagt. Stattdessen wurde ein Heimbewohner beschuldigt. Die Polizei machte es auch nicht stutzig, dass dieser Mensch nur mit knapper Not den Flammen entkam. Die Feuerwehr rettete den völlig verängstigten Bewohner vom Dach des brennenden Hauses. Später wurde er vom Gericht freigesprochen. Die am 14. August 1996 eingestellten Ermittlungen gegen vier Personen aus Grevesmühlen wurden nicht wieder aufgenommen. Selbst als zwei der Männer die Tat später gestanden, erfolgte keine Anklage. Auch die mehrfachen Geständnisse der Tat und deren Widerruf von einem dieser Männer in den folgenden Jahren ließen die Behörden nicht erneut tätig werden.[219] Nicht einmal eine nachvollziehbare Begründung für diese Untätigkeit wurde geliefert. Zudem wurde vermutet, dass einer der vier als V-Mann der Polizei arbeitete. Nicht zu übersehen sind Parallelen zu dem Verfahren hier: tote

Migranten, ein Opfer, das beschuldigt wurde, mangelnder Ermittlungswillen in Richtung rassistisch-politisch motivierter Tat und die Verwicklung von V-Leuten. Der grausame Mord an zehn Menschen bleibt ungesühnt. Er bleibt ungesühnt, weil der Staat seine Hauptaufgaben nicht gemacht hat: Menschen zu schützen und, wenn dies ihm nicht gelungen ist, das Geschehene aufzuklären. Die Wahrheit ist, dass ein Opfer, das migrantisch ist, das eine andere Hautfarbe hat, das keinen deutschen Pass besitzt, es schwerer hat als Angehörige der Mehrheitsgesellschaft, als Opfer anerkannt zu werden. Sie haben es mit einem Staat zu tun, der Probleme damit hat, rassistische Verbrechen als solche anzuerkennen, weil rassistische Stereotype eben auch oft in den Köpfen der Ermittler existieren. Dies wiegt umso schwerer, weil diese Menschen nicht nur wegen ihrer Herkunft besonders verletzlich sind. Sie sind nicht nur migrantisch, sondern sie sind oft auch arm. Diese Kombination aus Armut und Hautfarbe macht sie besonders schutzlos. Und das ist das eigentlich Bedrückende: dass Menschen, die besonders auf den Schutz und die Gerechtigkeit des Staates angewiesen sind, von genau diesem Staat aus genau den Gründen, die sie verletzlich machen, im Stich gelassen werden.

Ein solches Vorgehen ist aber gefährlich: Es steht nicht nur der umfassenden Aufklärung der geschehenen Taten im Weg, sondern auch der Verhinderung zukünftiger. Rassistisch gefärbte Polizeiarbeit ist nicht nur für die Betroffenen schlecht, sondern für uns alle. Rassistische Muster führen regelmäßig zu falschen Ergebnissen. Unschuldige werden beschuldigt, manchmal gar verurteilt. Gefährliche Täter bleiben auf freiem Fuß und stellen eine Gefahr für die Allgemeinheit dar.

Die Netzwerke deutscher Neonazis haben sich nicht allein zur Unterstützung des NSU gegründet und danach in Luft aufgelöst. Diese Netzwerke gab es vorher, diese Netzwerke existieren noch heute. Deshalb müssen wir Umfang und Ausmaß dieser rechtsextremen Netzwerke akribisch ausleuchten und versuchen, ihre Genese und Funktionsweise zu verstehen. Ohne dieses Wissen wird es uns nicht gelingen, aktive rechtsextremistische Strukturen in unserem Land aufzudecken. Und wir werden an dem Versprechen der Kanzlerin, alles zu tun, »damit sich so etwas nie wiederholen kann«, scheitern.

Aufspaltung, Akteneinsicht und Verzögerung

Mit der Klageerhebung hat die Bundesanwaltschaft aber ihre fehlgeleitete Interpretationslinie zur Grundlage dieses Prozesses gemacht. Die Anklageschrift diente unter anderem der Begrenzung des Prozessgegenstandes. Durch die Ausblendung der Unterstützungshandlungen unzähliger Personen im Umfeld hat die Bundesanwaltschaft ihre institutionelle Stellung also dazu eingesetzt, den Fokus dieses Verfahrens allein auf das Trio und einige wenige Unterstützer zu begrenzen. Schon mit der Erstellung dieser Anklageschrift hat die Bundesanwaltschaft mithin zu verstehen gegeben, dass sie in diesem Prozess weder die Thematisierung der strukturellen Einbettung des Trios noch möglicher staatlicher Verstrickungen wünscht.

Die Entscheidung, gegen wen Anklage erhoben wird, war auch eine Entscheidung darüber, welche Personen erst einmal nicht ins Blickfeld der Öffentlichkeit geraten sollten. Die Anklageschrift umfasst nämlich nur einen Ausschnitt der NSU-Ermittlungen der Bundesanwaltschaft. Gegen neun weitere Personen aus dem Umfeld von Mundlos, Böhnhardt und Zschäpe führt der Generalbundesanwalt nach wie vor ein Ermittlungsverfahren wegen des Verdachts, den NSU unterstützt zu haben. Zudem wird im Rahmen eines sogenannten Strukturermitlungsverfahrens»gegen unbekannt« etwaigen Spuren und Hinweisen auf mögliche weitere Unterstützer und bisher nicht entdeckte Taten des NSU nachgegangen.

Intern geht die Bundesanwaltschaft also offenbar selbst von einem wesentlich größeren Unterstützerumfeld aus, als es das offiziell verlautbarte Anklagebild vermuten lässt. Aus diesen Ermittlungen könnte sich eines Tages ein zweiter NSU-Prozess ergeben. Ob das in naher Zukunft oder jemals der Fall sein wird, können wir aber nicht sagen. Der Generalbundesanwalt verweigert dazu die Auskunft. Die Frage einer Anklageerhebung könne erst nach Abschluss der Ermittlungen entschieden werden. Weitergehende Auskünfte können derzeit nicht erteilt werden.[220] Die Nebenklage hatte zu den Ermittlungsakten in den übrigen Verfahren keinen Zugang. Dies wurde von der Bundesanwaltschaft schon dadurch gezielt verhindert, dass die Verfahren offiziell»nur« wegen Unterstützung einer terroristischen Vereinigung geführt werden. Denn so ist allein der Staat Geschädigter, und Akteneinsichtsrechte von Nebenklägern werden von vornherein unmöglich gemacht. Dabei steht im Fall einer Unterstützung des NSU stets zumindest auch eine mögliche Beihilfe zum Mord im Raum. Der Generalbundesanwalt hätte seine Ermittlungen also ohne Probleme auch um diesen Aspekt erweitern und so der Nebenklage Akteneinsicht ermöglichen können – das war aber ganz offensichtlich politisch nicht gewollt.

Verhinderte Akteneinsicht bedeutet aber ein Informationsdefizit – und dadurch eine Behinderung der praktischen Arbeit der Nebenklage. So waren die Beschuldigten der übrigen Ermittlungsverfahren zum Teil als Zeugen geladen, etwa Mandy S., Jan W. oder Matthias D. Einsicht in deren Ermittlungsakten hatten wir dennoch nicht. Über ihre Verteidiger waren diese Zeugen ihrerseits aber durchaus in der Lage, zur Vernehmungsvorbereitung die Ermittlungsakten zu prüfen. Sowohl die Bundesanwaltschaft als auch die Zeugen hatten in diesen Fällen also einen enormen Informationsvorsprung gegenüber den übrigen Prozessbeteiligten. Soweit die Zeugen zur Aussage bereit waren, war eine vernünftige Befragung deshalb gar nicht möglich. Soweit sich diese Zeugen auf ein Auskunftsverweigerungsrecht beriefen, war die Prüfung dessen Umfangs für uns nur eingeschränkt möglich.

Oft wussten wir auch gar nicht, dass ein Zeuge, den wir laden lassen wollten, schon längst von der Bundesanwaltschaft vernommen worden war.[221] Denn viele Ermittlungsergebnisse und Zeugenvernehmungen wurden in das »Unbekannt«-Verfahren einsortiert. Entsprechende Akteneinsichts-Verlangen wurden dann für gewöhnlich mit der Begründung verweigert, die Erkenntnisse seien für das Verfahren nicht relevant. Von den Sitzungsvertretern hieß es dann gerne auch, man könne schon aus Gründen des Ermittlungserfolgs nicht jede Vernehmung gleich an den Senat geben.

Im Laufe des Verfahrens hat sich aber der Eindruck aufgedrängt, dass die Einordnung bestimmter Ermittlungen in das Strukturermittlungsverfahren weniger am Kriterium der Verfahrensrelevanz orientiert war als vielmehr daran, den übrigen Prozessbeteiligten gewisse Informationen vorzuenthalten. Denn im Laufe des Verfahrens ließ sich nicht verbergen, dass das Strukturermittlungsverfahren natürlich durchaus Akteninhalte umfasst, deren Verfahrensrelevanz nicht geleugnet werden kann: etwa Vernehmungen des V-Mannes »Tarif« oder von Thomas Gerlach.

Angesichts dieser Umstände kann es fast als zynisch beschrieben werden, wenn Oberstaatsanwalt Dr. Diemer hinsichtlich der wenigen zugänglichen Ermittlungsakten mit großzügiger Geste verkündet, diese können bei der Bundesanwaltschaft »in beleuchteten und gewärmten Räumlichkeiten« eingesehen werden. Und es drängt sich die Frage auf, welche anderen wichtigen Vernehmungen und Ermittlungen die Bundesanwaltschaft zurückhält. Baut man so Vertrauen auf? Oder schafft man hierdurch nicht vielmehr erst das Klima des Misstrauens in staatliche Ermittlungsarbeit, über die man sich dann öffentlich beklagt?

Die Haltung der Bundesanwaltschaft führte in diesem Prozess im Ergebnis zu zahlreichen Verzögerungen – im Widerspruch zu dem von den Anklägern gegenüber der Nebenklage sonst so häufig bemühten Gebot der Verfahrensbeschleunigung. Es musste jede Handbreit Kooperation von Seiten der Bundesanwaltschaft in mühsamen Auseinandersetzungen erzwungen werden. Wir mussten also um die Beiziehung von Akten streiten, anstatt gemeinsam daran zu arbeiten, auf deren Grundlage die Sachverhaltsaufklärung voranzutreiben. Teilweise war es sogar erforderlich, die Befragung von geladenen Zeugen zu unterbrechen und zu einem späteren Zeitpunkt fortzusetzen, weil sich während der Verhandlung herausgestellt hatte, dass der Zeuge zuvor bereits von der Bundesanwaltschaft vernommen worden war – ohne dass die übrigen Prozessbeteiligten einschließlich des Senats davon in Kenntnis gesetzt worden waren. So geschehen bei der Vernehmung der Zeugin Sitta I. am 152. Verhandlungstag.

Abwehrstrategien

Die Bundesanwaltschaft hat schon früh im Prozess klargemacht, dass sie jede über die Überführung der Angeklagten hinausgehende Sachverhaltsaufklärung nach Kräften blockieren werde. Dies kam wenig überraschend, ist es doch die logische Fortsetzung des mit der Anklageschrift eingeschlagenen Weges. Die Intensität, mit der die Bundesanwaltschaft bemüht war,

die Aufklärung eng zu begrenzen, war dann aber doch überraschend. Wie eingangs schon dargestellt, war es durchaus die
Aufgabe in diesem Prozess, die Hintergründe der Taten *umfassend* aufzudecken, um die *Herstellung des Rechtsfriedens* als eigentlichen Zweck des Strafverfahrens zu verwirklichen. Zu
Recht wird darauf hingewiesen, dass die sprichwörtliche Vorstellung eines »kurzen Prozesses« nicht der erstrebenswerten
Ausgestaltung eines Strafverfahrens entspricht. Oder, um mit
den Worten des Hamburger Strafrichters Marc Tully zu sprechen: »Ein kurzer Prozess ist kein guter Prozess, erst recht nicht
im Strafrecht!« Die hier getroffenen Überlegungen lassen die
Abwandlung zu: Ein kurzer Prozess ist kein guter Prozess, erst
recht nicht im NSU-Verfahren.[222]

Nichtsdestotrotz hat die Bundesanwaltschaft in diesem Verfahren weniger an der umfassenden Aufklärung mitgewirkt als
an dem Ausschluss verschiedener Aspekte des NSU-Komplexes
aus diesem Verfahren. Worüber wollte die Bundesanwaltschaft
nicht sprechen? Über das NSU-Netzwerk, rassistisch verblendete Polizeiarbeit, die Verstrickungen des Verfassungsschutzes
und die Ideologie der Täter.

Das NSU-Netzwerk	Um die Deutungshoheit über das Narra-tiv des NSU-Komplexes zu behalten, kam es der Bundesanwaltschaft natürlich ins-

besondere darauf an, alle Aspekte einer strukturellen Einbettung von Böhnhardt, Mundlos und Zschäpe aus dem Prozess
herauszuhalten. Nachdem hierfür durch die selektive und redu-
zierende Anklageschrift die nötige Vorarbeit geleistet worden
war, konnten die Sitzungsvertreter jetzt mit den Argumenten
»fehlende Verfahrensrelevanz« und »Beschleunigungsgebot«
daran anschließen. Natürlich habe man Verständnis für den
Wunsch nach umfassender Aufklärung, der Generalbundesanwalt ermittle auch gegen neun Beschuldigte und weitere Unter-

stützer. Gegenstand der Hauptverhandlung sei aber eben nur ein Ausschnitt der Ermittlungen. Die Aufklärung des rechtsextremistischen Umfelds des NSU gehöre deshalb nicht in diese Hauptverhandlung. Und es sei nicht die Aufgabe des hiesigen Strafverfahrens, Anhaltspunkte für weitere NSU-Unterstützer zu ermitteln. Oberstes Gebot sei schließlich das Beschleunigungsgebot, welches die Konzentration auf den Verfahrensgegenstand gebiete. Zuweilen hörte man hier im Saal: Diese Frage gehört in einen Untersuchungsausschuss und nicht in eine Gerichtsverhandlung. In den Untersuchungsausschüssen hieß es hingegen zur selben Frage: Das gehört in den Gerichtssaal und nicht in einen Untersuchungsausschuss. So zerschellt das staatliche Versprechen einer umfassenden Aufklärung an den Klippen vermeintlich mangelnder Zuständigkeit.

Dabei sind bei einem Anklagevorwurf nach § 129a StGB im Rahmen der Strafzumessung selbstverständlich Gesichtspunkte der Gefährlichkeit der Vereinigung von maßgeblicher Bedeutung. Die Schwere der Schuld kann ohne Kenntnis der Größe, Verfestigung und Funktionsfähigkeit der Organisation nicht abschließend bestimmt werden.[223] Und auch Fragen zu Ideologie, Gewaltdiskussionen, einer Bewaffnung des Trios und dessen Umfeld sind folglich für die Rechtsfolgenfrage entscheidend. Es macht einen Unterschied, ob es sich um eine aus drei Personen bestehende Vereinigung oder aber um eine bundesweit vernetzte Organisation handelt. Mit Blick auf mögliche Anhaltspunkte für weitere Mitglieder oder Unterstützer des NSU geht der Hinweis auf fehlende Verfahrensrelevanz deshalb ins Leere. Vielmehr hätte entsprechenden Hinweisen auch in diesem Verfahren systematisch nachgegangen werden müssen. Ungeachtet dessen stellte sich die Bundesanwaltschaft im Laufe des Verfahrens weitgehend quer und stemmte sich nach Kräften gegen eine weitere Ausleuchtung des NSU-Netzwerks. Sie blockierte etwa die Beiziehung der Akten zu den Ermittlungsverfahren

gegen Mandy S. und André K., obwohl diese zum engsten Unterstützerkreis des Trios gehörten. Daneben setzte sie sich auch
dafür ein, dass Hinweisen darauf, dass der Angeklagte Wohlleben Werkzeug für Diebstähle möglicher Tatfahrzeuge beschaffen wollte, nicht nachgegangen wurde. Und dass, obwohl dies
weiter nahelegen würde, dass die Rolle Wohllebens im NSU wesentlich zentraler war, als es die Anklage annimmt.

Die Bundesanwaltschaft wollte auch verhindern, dass über
die Verbindungen des angeblich isolierten Trios zur organisierten rechtsradikalen Szene in Kassel und Dortmund – insbesondere zur dort ansässigen militanten »Combat-18-Zelle« – gesprochen wird. Die Ladung von Sebastian S. und Marko G. konnte sie
am 160. Verhandlungstag erfolgreich verhindern, obwohl die Zusammenarbeit von Blood & Honour Dortmund mit der sächsischen Sektion, also dem ersten Unterstützerkreis des Trios, belegt
ist und Sebastian S. sogar behauptet, Angaben zur Herkunft der
Tatwaffen TT 33 und Bruni machen zu können.

Am 88. Verhandlungstag sprach sich die Bundesanwaltschaft zudem dagegen aus, dass die beiden Einsatzleiter des
letzten Einsatzes von Michèle Kiesewetter – jedenfalls einer von
ihnen ehemaliges Ku-Klux-Klan-Mitglied – als Zeugen geladen werden, obwohl diese wichtige Informationen darüber hätten liefern können, wer vom Aufenthaltsort des Streifenwagens
wusste und somit darüber, ob Michèle Kiesewetter tatsächlich
ein Zufallsopfer war.

**Die rassistisch
verblendete
Polizeiarbeit**

Ihrem institutionellen Interesse geschul-
det, legte die Bundesanwaltschaft während der gesamten Prozessdauer außerdem enormen Wert darauf, die Mängel
und strukturellen Fehlleistungen der polizeilichen Ermittlungsarbeit zu »de-thematisieren«. Schon am 22. Verhandlungstag
beanstandete sie kritische Fragen der Nebenklage an den Zeu-

gen Josef Wilfling massiv. Und gab klar zu verstehen, dass auch in Zukunft alle Fragen, die sich nicht ausschließlich auf den Anklagevorwurf beschränken, mit erheblichem Widerstand seitens der Ankläger zu rechnen hätten. In diesem Sinne ließ Bundesanwalt Dr. Diemer verlauten: »Was Ermittlungsbehörden heute über ihre damaligen Ermittlungsansätze denken, hat für das Verfahren keine Bedeutung. Wir werden die Fragen weiterhin beanstanden. Ich appelliere an den Senat, im Interesse der Beschleunigung des Verfahrens solche Fragen nicht zuzulassen.«

Die Begründung: Die strukturelle Ausblendung möglicher rechtsextremer Hintergründe der Taten und die einseitige Ermittlungsarbeit gegenüber den Angehörigen hätten keinerlei Bedeutung für die Angeklagten. Im Strafprozess hätten diese Fragen aufgrund der prozessualen Grundsätze und des Beschleunigungsgebots deshalb keinen Platz. Ob die Straftaten hätten verhindert werden können, sei nicht hier, sondern in Untersuchungsausschüssen zu klären.

Gerade im Hinblick auf die polizeiliche Ermittlungsarbeit muss aber das Interesse der Nebenklage als Prozessteilnehmer eine überragende Rolle spielen. Es sind die Angehörigen, denen die Strafprozessordnung eine eigenständige Beteiligung in diesem Verfahren einräumt. Weil sie eine besonders schutzwürdige Gruppe von Verletzten sind. Und weil sich ihre Interessen nicht völlig mit denen der Staatsanwaltschaft decken. Sie sollen nicht mehr bloße Opfer sein müssen, sondern Prozesssubjekte sein können – aktive Teilnehmer an der Aufarbeitung der ihnen widerfahrenen Verbrechen. In die Abwägungsentscheidungen hinsichtlich der Verfahrensleitung sind deshalb stets auch die Interessen der Nebenklage mit einzubeziehen. Das Interesse der Angehörigen ist auf Rehabilitation gerichtet. Es war ihr Recht, hier zu hören, dass die Polizei an den Ermittlungen gegen sie nicht mehr festhält. Dass die Verdächtigungen gegen ihre ermordeten Angehörigen haltlos waren. Dass die Taten bei unvoreingenommenen Ermittlungen hätten verhindert werden können. Insofern geht auch der häufig gehörte Verweis fehl, dieser Prozess sei kein Untersuchungsausschuss. Die ihnen zugefügten Rechtsverletzungen eröffnen den Nebenklägern in den Untersuchungsausschüssen gerade keine Mitwirkungsmöglichkeit. Sie können dort ihren Interessen kein Gehör verschaffen. Der Ort, an dem ihre Interessen zu berücksichtigen sind, ist der Strafprozess. Deswegen hätte in diesem Verfahren der Rassismus der Ermittlungsarbeit viel stärker thematisiert werden müssen. Die Bundesanwaltschaft hat mit ihrem dauerhaften Verweis auf das Beschleunigungsgebot die Interessen der Nebenklage vernachlässigt.

Die Verstrickungen des Verfassungsschutzes

Die Bundesanwaltschaft wollte auch vermeiden, dass über die Verstrickung der Verfassungsschutzbehörden in den NSU-Komplex gesprochen wird. Das wurde schon deutlich an der Anzahl von V-Leuten, die in der Anklageschrift fehlten, obwohl sie wichtige Zeugen hätten sein können. Und erwartungsgemäß führte Oberstaatsanwältin Greger schon am 18. Verhandlungstag aus, dass ein mögliches Versagen der Verfassungsschutzbehörden als Beweisziel nicht zulässig sei, da es für die Beurteilung der Schuld- und Rechtsfolgenfrage ohne Bedeutung sei. Der Staat schützt den Staat, auch an dieser Stelle.

Dem kann so nicht gefolgt werden. Denn die Frage nach dem Umfang staatlicher Verstrickung in den NSU-Komplex ist jedenfalls teilweise auch unmittelbar für das Ausmaß der Schuld der Angeklagten maßgeblich. Wenn sich bestätigt, was nach derzeitigem Wissensstand naheliegt, nämlich dass die Verfassungsschutzbehörden das Trio nach seinem Abtauchen über längere Zeit beobachteten, ohne die Strafverfolgungsbehörden darüber zu informieren, und so eine Aufklärung der Taten letztlich verhindert worden ist, kann eine Taterleichterung durch staatliches Handeln nicht ausgeschlossen werden. Sei es unmittelbar durch V-Männer im NSU-Umfeld oder mittelbar durch einen nicht zu befürchtenden Verfolgungsdruck. Eine etwaige Mitschuld staatlicher Organe macht die Schuld der hier Angeklagten zwar nicht geringer. Ziel eines Strafverfahrens ist aber die Wiederherstellung des gesellschaftlichen Rechtsfriedens. Und der Weg zu diesem Frieden ist die lückenlose Aufklärung des materiell Geschehenen. Das gilt für jedes Verfahren. Es gilt aber insbesondere in einem Verfahren, in dem der Staat selbst im Verdacht steht, Morde nicht nur nicht verhindert, sondern sie zumindest durch Untätigkeit befördert zu haben. Es geht auch darum, ein Staatsversagen, von dem in politischen Reden so oft die Rede ist, für die Zukunft zu verhindern. Wie aber will man glaubwürdig für die Zukunft etwas verhindern, wenn man das in der Vergangenheit Geschehene verschweigt? Wer den Blick in den Abgrund scheut, wird auch in Zukunft Gefahr laufen, sich genau in diesem Abgrund wiederzufinden.

Dennoch sprach sich die Bundesanwaltschaft am 90. Verhandlungstag gegen die Beiziehung der V-Mann Akte von Tino Brandt aus, obwohl daraus wichtige Erkenntnisse zu Struktur und Aktionen des Thüringer Heimatschutz – und somit den Entstehungsbedingungen des NSU – hätten gewonnen werden können. Und sie widersetzte sich am 96. Verhandlungstag der zeugenschaftlichen Einvernahme des ehemaligen V-Mannes »Tarif«, obwohl dieser angibt, von André K. gefragt worden zu sein, ob er das untergetauchte Trio unterbringen könne, und davon unverzüglich seinem V-Mann-Führer »Alex« berichtet haben will.

Die Aufklärung in Sachen Marcel D. alias »Hagel« sollte offensichtlich ebenfalls verhindert werden: Schon gegen die Ladung seines V-Mann-Führers Z. stemmte sich die Bundesanwaltschaft am 210. Verhandlungstag, was angesichts von

228

Marcel D.s Komplettverweigerung gegenüber dem Gericht auch den Senat nicht zu überzeugen vermochte. Allerdings gelang es der Bundesanwaltschaft am 227. Verhandlungstag, die Beiziehung der hundert Deckblattmeldungen zu »Hagel«, welche der Zeuge Z. zur Vorbereitung seiner Vernehmung gelesen hatte, zu verhindern – und das, obwohl der V-Mann-Führer zahlreiche Fragen nicht beantworten konnte und insofern auf den Akteninhalt verwies.

Auch wollte die Bundesanwaltschaft verhindern, dass die planmäßige Aktenvernichtung in den Verfassungsschutzämtern erneut in den Blick der Öffentlichkeit gerät. Die Akten, welche kurz nach der Selbstenttarnung des NSU im Bundesamt rechtswidrig geschreddert worden waren und später zur Überraschung aller Beobachter – angeblich – teilweise wieder rekonstruiert werden konnten, sollten nicht beigezogen werden. Dabei waren die entsprechenden V-Männer aus der Operation »Rennsteig« – inklusive des V-Mannes »Tarif« – auf das unmittelbare Umfeld des NSU-Kerntrios angesetzt, sodass anzunehmen ist, dass die Akten eine Vielzahl an Informationen von erheblicher Verfahrensrelevanz beinhalten.

Es überrascht dann auch nicht mehr wirklich, dass die Sitzungsvertreter der Bundesanwaltschaft natürlich auch die Vernehmung jenes Beamten blockierten, der – zwei Tage nachdem sich die Angeklagte Zschäpe gestellt hatte – die Vernichtung dieser Akten anordnen ließ, der also für die rechtswidrige Schredder-Aktion verantwortlich war, ohne dafür jemals zur Verantwortung gezogen worden zu sein. Dabei ist klar, dass es sich dabei um einen gezielten Vorgang gehandelt haben muss, bei dem von Ermittlungsbeamten vermutete oder bekannte NSU-Hinweise in den Akten entsorgt wurden. Es sollte anscheinend vermieden werden, dass der Zeuge dazu befragt wird, welchen brisanten Inhalt die zerstörten Akten seines Erachtens hatten.

7. Die Generalbundesanwaltschaft

Vollständig ins Abseits geraten ist die Bundesanwaltschaft insbesondere mit ihrer nicht nachvollziehbaren Blockadehaltung im Kasseler Mordfall. Ihre von den Fakten losgelöste Einschätzung, es gebe keinerlei Anhaltspunkte dafür, dass der Zeuge Andreas Temme in die Tat verstrickt sei oder über Kontakte oder Wissen über den NSU verfüge, löst nicht nur bei der Familie Yozgat blankes Unverständnis aus. An diesem Punkt kristallisiert sich besonders eindeutig heraus, dass das Agieren der Bundesanwaltschaft in diesem Prozess vornehmlich an Erwägungen der Staatsräson anstatt an den Vorgaben der Strafprozessordnung orientiert war. Die Bundesanwaltschaft konnte aber nicht verhindern, dass der Senat dem Amtsermittlungsgrundsatz entsprechend zahlreiche Mitarbeiter des Hessischen Verfassungsschutzes als Zeugen lud, um mögliche Vorkenntnisse des Landesamtes und Behinderungen der Ermittlungsarbeit unter die Lupe zu nehmen.

In die Reihe trauriger Beispiele mangelnden Aufklärungswillens fällt auch das Verhalten der Bundesanwaltschaft im Fall des V-Mannes Ralf M., der den Decknamen »Primus« trug. Hier zeigt sich wieder einmal, dass die Aussage, der Fall sei »ausermittelt«, weit entfernt von der Realität ist. Denn diese Behauptung steht im starken Widerspruch dazu, dass die Bundesanwaltschaft lange im Geheimen – außerhalb des Verfahrens, aber dafür im großen Stil – weiterermittelte.[224] So wurden alleine wegen des frühen, sich nun verhärtenden Verdachts, dass Böhnhardt unter dem Namen und mit dem Ausweis von Max-Florian B. während der Mordserie bei dem V-Mann Ralf M. auf mehreren von dessen Baustellen arbeitete, in einem Geheimverfahren mindestens zwölf Zeugen befragt. Darunter waren auch drei V-Mann-Führer sowie V-Leute des Bundesamtes für Verfassungsschutz und der Landesämter Hamburg und Thüringen. Dies alles fand unter Ausschluss der Öffentlichkeit statt, Protokolle dazu befinden sich unter Verschluss. Ausgewählten Me-

dien – und nicht etwa dem Untersuchungsausschuss – wurde
dann inoffiziell mitgeteilt, dass Ralf M.s frühere Aussage, ein
Mann namens Max-Florian B. habe bei ihm gearbeitet, auf einer
Verwechslung beruhte. Eigentlich habe er an die Brüder Gregor und Philipp R. gedacht, deren Nachnamen ähnlich wie der
von B. klängen. Der Glaubwürdigkeit dieser Aussage steht aber
schon entgegen, dass es sich bei Gregor R. um einen in der rechten Szene Sachsens – unter seinem Spitznamen »Maxx« – sehr
bekannten und gefeierten Kickbox-Star handelt, der zudem in
engem Kontakt mit verschiedenen Neonazis steht, die erwiesenermaßen auch häufig mit Ralf M. verkehrten. Um mehr über
die Verbindung M.s zum NSU zu erfahren, wurde seine Ladung
am 274. Verhandlungstag beantragt. Leider abermals ohne Erfolg.

Die Ideologie Schließlich war die Bundesanwaltschaft darum bemüht, das Verfahren künstlich zu
entpolitisieren. Auffällig häufig wandte sie sich gegen Fragen zur
politischen Einstellung von Zeugen aus dem NSU-Umfeld. Offenbar sollte es keine Rolle spielen, welche der Zeugen die menschenverachtende Ideologie der Angeklagten teilen. So beanstandete Oberstaatsanwalt Weingarten etwa am 82. Verhandlungstag
Nachfragen zur politischen Gesinnung der Zeugin Sindy P., welche sie selbst als »normal« beschrieben hatte – trotz unverhohlen rassistischer Sprüche auf ihrer Facebook-Seite inklusive eines
»I love Paulchen Panther«-Comics. Dabei sind solche Fragen
wichtig, um die Glaubhaftigkeit der Aussagen zu prüfen.

Auch eine Thematisierung der politischen Einstellung des
Zeugen Temme wollte die Bundesanwaltschaft verhindern und
wandte sich am 214. Verhandlungstag gegen entsprechende
Fragen an Temmes Frau. Dass ein Mitarbeiter des Verfassungsschutzes, der sich zur Tatzeit am Tatort eines rassistischen Mordes aufhielt, früher den Spitznamen »Klein Adolf« trug und zu

Hause nationalsozialistische Literatur hortet, sollte nach Ansicht der Ankläger offenbar nicht zum Thema des Verfahrens werden. Es sei nicht Aufgabe des Zeugen, sich für Einstellungen zu rechtfertigen, die er damals gehabt habe. Ist es auch nicht. Aber es ist auch nicht Aufgabe der Bundesanwaltschaft, die Aufdeckung der menschenverachtenden Gesinnung eines Zeugen zu verhindern – spielt diese schließlich in einem politischen Verfahren für dessen Glaubwürdigkeit und mögliche Motivation zu Falschaussagen eine erhebliche Rolle.

Die politische Bedeutung Eins dürfen wir nicht vergessen: Angela Merkel hat den Hinterbliebenen als Bundeskanzlerin der Bundesrepublik Deutschland ein Versprechen gegeben. Es werde alles getan werden, um die Morde aufzuklären und die Helfershelfer sowie Hintermänner aufzudecken und alle Täter ihrer gerechten Strafe zuzuführen. Einem Gericht, auch diesem Gericht, kann es herzlich egal sein, was die Bundeskanzlerin der Bundesrepublik Deutschland den Überlebenden des NSU verspricht. Ein Gericht ist unabhängig und frei von politischen Anweisungen, und das ist auch gut so. Dies gilt aber nicht für die Bundesanwaltschaft. Sie muss sich natürlich ans Gesetz, insbesondere an die StPO, halten. Im Übrigen ist sie aber nicht nur eine politische, sondern auch eine politisch weisungsgebundene Behörde. Sie berichtet an das Bundesministerium der Justiz, das wiederum der Richtlinienkompetenz des Bundeskanzleramtes unterliegt. So irrelevant eine Willensbekundung unserer Bundeskanzlerin für das Gericht ist, so relevant ist sie also für die Bundesanwaltschaft. Man kann über die Generalbundesanwaltschaft viel behaupten. Einen Hang zur Revolution wird man ihr nicht unterstellen. Vielmehr muss davon ausgegangen werden, dass die Bundesanwaltschaft im Rahmen des politisch Gewollten agiert. Das Auftreten der Bundesanwaltschaft in diesem Prozess hat daher das Versprechen dieser Bundesregierung als leere Geste entlarvt.

Die Bundesanwaltschaft ist in diesem Verfahren in erster Linie als Hüterin einer falsch verstandenen Staatsräson aufgetreten. Es ging ihr offensichtlich weniger um akribische Aufklärung als um Schadensbegrenzung für den Staat. Sie intervenierte stets dann, wenn die gesellschaftliche und staatliche Mitverantwortung an den Verbrechen des NSU zur Sprache kommen sollte.

8. Die Bedeutung der Wiedervereinigung für den NSU

Angesichts der aktuellen Welle rechtsterroristischer Anschläge und rassistischer Angriffe wurden vielfach Parallelen zu den Morden und Pogromen der 1990er-Jahre gezogen. Zu Ereignissen einer Zeit, in der sich die hier Angeklagten und ihre Unterstützer politisch sozialisierten. Schwandorf, Lichtenhagen, Mölln, Solingen, Hoyerswerda, Lübeck: Das Entstehen des militanten Neonazismus, dessen Taten wir hier verhandelt haben, ist nicht zu verstehen, ohne einen Blick auf die Neunzigerjahre zu werfen – auf die Taten, die gesellschaftlichen Umstände und die darauffolgenden Reaktionen.

Der Rassismus und der Nationalismus, die in beiden deutschen Staaten bestanden, verstärkten sich im nationalen Taumel der Wiedervereinigung. In den neuen Bundesländern fielen von den zuvor bestehenden neun Millionen Arbeitsplätze innerhalb weniger Monate drei Millionen weg. Doch das Hauptproblem wurde von Politik, Zivilgesellschaft und Medien an einer anderen Stelle ausgemacht: Die vor den Kriegen des zerfallenden Jugoslawien flüchtenden Asylsuchenden wurden zur Bedrohung stilisiert. Kernproblem waren dabei nicht mehr die aus dem Ende der DDR folgenden wirtschaftlichen Probleme, sondern der Zustrom »der Anderen.« Hinzu kommt, dass völkischer Rassismus in den Neunzigerjahren die zentrale ideologische Schnittstelle zwischen organisierter Nazibewegung und der deutschen Mehrheitsgesellschaft wurde. Eine vermeintlich

»deutsche Identität« wurde in weiten Teilen der Bevölkerung wieder entlang quasi natürlicher Kategorien bestimmt. Durch diese Unterteilung der Menschen in »Völker« oder »Kulturen« wurde allein schon die Anwesenheit des »Anderen« als Bedrohung empfunden.

Unter diesen gesellschaftlichen Bedingungen konnten sich die Brandstifter und Mörder als »Vollstrecker des Volkswillens« betrachten. Der Diskurs, die »Das Boot ist voll«-Rhetorik, das Ausrufen einer angeblichen Überlastung, das Bedienen rassistischer Ressentiments, wonach »wir« von den dreckigen, kranken, kriminellen, sexistischen und vergewaltigenden »Anderen« bedroht sind, dieser Diskurs legitimierte die Täter. Die Politik und die Medien, »die da oben«, würden auf die »Sorgen« des Volkes nicht hören, sodass sie, die Täter, selbst zur Tat schreiten müssten. Tatsächlich wurde das Grundrecht auf Asyl 1993 faktisch abgeschafft – vom Bundestag.

Heute ist es eine Regierungskoalition aus CDU und SPD, die, im Bundesrat unterstützt von den GRÜNEN, ein »Asylpaket« nach dem anderen verabschiedet. Menschen, die fliehen, werden als abzuwehrende Bedrohung betrachtet, Roma wird schon die bloße Möglichkeit auf Schutz vor Verfolgung in ihren Heimatländern verwehrt. Und weil die Regierung dem Mob entgegenkommt, verschiebt sich der Diskurs weiter nach rechts – und erneut fühlen sich die Täter bestärkt darin, Menschen anzugreifen – als Vollstrecker eines entsprechenden »Volkswillens«.

Im Verfahren gegen die Täter von Mölln 1993 sagte Christian Ströbele als Nebenklagevertreter: »Das kam im Prozess aus den Aussagen der Angeklagten selber, aber auch der Zeugen, die aus der Skinhead-Szene gehört worden sind, ganz deutlich zum Ausdruck, dass sie der Auffassung waren, die Stimmung in der Bevölkerung steht hinter ihnen, und dass das sie zu ihren Taten veranlasst hat. Deshalb denke ich, da ist eine ganz erhebliche politische und moralische Mitschuld der Leute, die diese

Stimmung hier im Land angeheizt haben.«[225] Hat sich seit damals wirklich so viel geändert? In welcher Tonlage sprechen denn Politiker heute zuweilen über Flüchtlinge? Wie wird denn heute über Muslime geredet? Oder über Juden, wenn ich an die unselige Beschneidungsdebatte denke.

Als Vollstrecker des Volkswillens sah sich auch der NSU: »Taten statt Worte« war sein Grundsatz.

Wie die Gesellschaft damals in den Neunzigerjahren auf die Welle der Gewalt reagierte, wirkte sich weiter motivierend auf junge Neonazis in Ost- und Westdeutschland aus. Bis auf Lichterketten und vereinzelte antifaschistische Interventionen passierte nicht viel: Es fehlte an einer gesamtgesellschaftlichen Reaktion, die rassistische Muster zurückweist, auf Rechtsradikale und ihre Freunde nicht zugeht, sondern ihr Gedankengut bekämpft. Beispielhaft sind dafür die Reaktionen führender Politiker auf die nazistischen Taten: Jörg Schönbohm sprach von Nazis als »unsere[n] Jungs«, politische Straftaten wurden zu »unpolitischer Jugendgewalt« umgedeutet, Neonazis wie die jungen Mitglieder des NSU in Jena als »Jugendgangs« verharmlost, die rassistische Ideologie ignoriert oder mit der Rede von den Wendeverlierern »wegsoziologisiert«.

Es bestand zu dieser Zeit »Sorge um Deutschlands Ansehen in der Welt« – nicht aber Sorge um die Menschen, die bedroht waren.

Es fehlte auch ein konsequentes, strafrechtliches Ahnden nazistischer Gewalt. Beispielsweise gegenüber den Tätern, die in Rostock-Lichtenhagen im August 1992 nach tagelanger Gewalt, rassistischen und nationalistischen Parolen, Steine und auch Molotowcocktails zuerst gegen die Zentrale Aufnahmestelle für Asylbewerber und anschließend gegen ein Wohnheim vietnamesischer Arbeiter warfen. Und die schließlich das Haus – in dem sich zu diesem Zeitpunkt hundert Menschen befanden – unter Johlen der anwesenden Bevölkerung in Brand setzten.

Die vollkommen unterbesetzte Polizei schaute derweil zu. Niemand schritt ein. Letztlich konnten die Bewohner über das Dach der Wohnhäuser entkommen.

Die große Masse der am Pogrom Beteiligten blieb anonym. 400 Strafverfahren wurden zwar eingeleitet – die meisten von ihnen aber eingestellt. Einige wenige Täter wurden zu Geld- und Bewährungsstrafen verurteilt – Haftstrafen mussten lediglich vier der Täter antreten.

Und wie mit diesen Taten umgegangen wird, was Täter zu befürchten haben – das findet Beachtung. Abschreckende Wirkung hat es aber nicht – im Gegenteil. Dass sich Neonazis für die Verfahren gegen ihre sogenannten Kameraden interessieren, zeigt sich nicht zuletzt daran, dass in den Trümmern der von Beate Zschäpe in Brand gesetzten Wohnung mehrere Artikel über den Prozess vor dem Oberlandesgericht Schleswig bezüglich der Brandanschläge von Mölln gefunden wurden.

Einer der Mörder von Mölln, Michael P., war vor der Tat übrigens auch an Anschlägen mit Molotowcocktails auf Asylbewerberunterkünfte in Pritzier und Gudow beteiligt – trotz dringenden Tatverdachts wurde er allerdings nicht festgenommen. In der Nacht zum 23. November 1992 setzte er dann gemeinsam mit einem Komplizen die Häuser der Familien Arslan in Brand – nicht konsequent gegen Neonazis vorzugehen kostet Menschenleben. Rassismus tötet. In diesem Fall die zehn- und vierzehnjährigen Mädchen Yeliz Arslan und Ayşe Yılmaz sowie ihre 51-jährige Großmutter Bahide Arslan. Zumindest der Verfassungsschutz zog aus dem Anschlag in Mölln übrigens eine Konsequenz – sie lautete: »Quellengewinnung intensivieren«, unter anderem durch »mehr V-Männer«.[226]

Um die Folgen wissen wir jetzt. Und heute? Es wiederholen sich dieselben Fehler.

Anstieg fremdenfeindlicher Straftaten seit 2015

Unsere Gesellschaft hat sich ganz offenbar an die rassistische Gewalt gewöhnt – es gehört zu unserem Alltag, dass irgendwo in Deutschland eine Unterkunft für Flüchtlinge brennt, ein Sprengstoffanschlag stattfindet, dass Menschen rassistisch beleidigt, bedroht, geschlagen, bespuckt oder mit Messern angegriffen werden.

Und wieder werden rassistische Verbrechen nicht konsequent geahndet: *Die Zeit* ist in einer Studie 222 gewalttätigen Angriffen auf Flüchtlingsunterkünfte im Jahre 2016 nachgegangen. In nur weniger als einem Viertel aller Angriffe hat die Polizei laut dieser Studie einen Tatverdächtigen ermittelt. Nur in vier von 222 Fällen haben Gerichte bisher Täter verurteilt, in nur acht Fällen wurde Anklage erhoben. Fast alle Täter kamen also ungestraft davon. Und das, obwohl schon 104 Menschen bei Übergriffen verletzt wurden.[227] Schlimmer noch: Bei allen Angriffen auf Häuser, in denen ja Menschen lebten und schliefen, darunter Kleinkinder, nahmen die Täter den Tod der arglosen Menschen wohl billigend in Kauf. Seit 1990 wurden rund 200 Menschen von Rechtsextremen ermordet. Seit bald fünf Jahren wissen wir vom NSU-Terror. Dennoch ist ein Umdenken nicht erkennbar. Stattdessen werden die Gefahren rassistischen und neonazistischen Terrors weiter unterschätzt, die Taten nach Kräften entpolitisiert. Es ist akribisch arbeitenden und unermüdlichen Journalisten wie Frank Jansen vom Berliner *Tagesspiegel* zu verdanken, dass rassistische Taten als solche erkannt, gezählt und der staatlichen »Verharmlosungsmaschine« entgegengehalten werden. Es sind Journalisten, die geschundenen Menschen eine Stimme und ein Gesicht geben.

Auf der einen Seite wird seitens der Politik immer wieder betont, dass man »aus dem NSU-Skandal« gelernt hat. Und dann erfährt man, dass ein Bundeswehroffizier namens Franco A. ein selbstverfasstes Machwerk bei seinen Ausbildern einreicht, das rassistisch, völkisch und antidemokratisch ist. Und was passiert? Nichts. Im Gegenteil: Der Offizier bekommt sogar noch erstklassige Beurteilungen von seinen Ausbildern. Bei anderen Offizieren findet man sogar Todeslisten, und dennoch sprechen einige Politiker von bedauerlichen Einzelfällen. Ja, es *könnten* Einzelfälle sein. Vielleicht aber auch nicht. Wieso sollte man unter diesen Umständen noch staatlichen Verlautbarungen Glauben schenken können? Und merkt denn keiner dieser Politiker, dass sie nicht nur unserer Demokratie generell, sondern im Ergebnis auch ganz konkret dem Ansehen der Hunderttausenden Soldatinnen und Soldaten schaden, die im besten Sinne des Begriffes »Bürger in Uniform« sind. Wenn Nazis, Rassisten, Anti-Demokraten und angehende Terroristen wider besseres Wissen in der Truppe belassen werden, dann leiden am Ende alle Menschen, die Dienst an unserem Land tun. Inwiefern die Reformpläne der Verteidigungsministerin Ursula von der Leyen die Situation ändern werden können, bleibt abzuwarten.

Immer wieder ist von rivalisierenden Jugendbanden, alkoholisierten Rowdies, Suffköppen, Waffennarren oder aber besorgten Bürgern die Rede, wenn es eigentlich um Rassismus geht. Doch dieser Rechtsstaat und die Öffentlichkeit müssen nationalsozialistische Ideologien benennen können. Denn ohne die Beweggründe der Täter beim Namen zu nennen, scheitern wir schon beim ersten Schritt, gegen sie vorzugehen. Die Ursachenforschung, der Blick auf die ideologischen Grundlagen, das sind Aufgaben, die bei Staatsschutzverfahren eine immanent wichtige Rolle spielen müssen, es aber nicht tun. Es bleibt oft bei Reden und Ankündigungen. Lassen Sie mich noch mal sagen: Es gibt kein Land ohne Rassismus und andere Formen der gruppenbezogenen Menschenfeindlichkeit. Nicht ein einziges Land. Wer etwas anderes über seine Heimat behauptet, der lügt. Entscheidend für die Beurteilung eines Landes als »human« ist aber nicht die Existenz oder Nicht-Existenz von Rassismus, sondern der Umgang mit Rassismus. Eine erwachsene, eine in sich ruhende Gesellschaft wird das Offensichtliche nicht bestreiten wollen, sondern die Defizite im Land benennen, darüber diskutieren und versuchen, gemeinsam an den Problemen zu arbeiten. Dem Staat kommt hier eine besondere Rolle zu. Seiner polizeilichen und juristischen Macht muss in einem Rechtsstaat besondere Verantwortung zuwachsen, insbesondere wenn es um den Schutz der Schwächsten im Land geht.

Es bestehen zurzeit 400 Haftbefehle gegen Neonazis, die nicht vollstreckt sind: 400 Menschenhasser, die im Untergrund agieren, so wie es das Trio um die Angeklagte Zschäpe getan hat. Davon auszugehen, niemand von ihnen würde einen Menschen töten, davon, dass in dieser Situation, die von rassistischer Hysterie geprägt ist, Menschen nicht umgebracht würden, ist zumindest seit Bekanntwerden des NSU als Haltung nicht zu ertragen. Und wenn man diese Gefahr kennt – warum handelt man nicht entsprechend und verwendet endlich in einem Maße Ressourcen im Kampf gegen den rechten Terrorismus, das dem Problem und der Gefahr gerecht wird?

Wenn ich über die momentane Welle rassistischer Gewalt spreche, die wir hier insbesondere seit dem Jahr 2015 erleben, ist es schwer, das wahre Ausmaß zu vermitteln. Die täglichen Meldungen über rassistische Demagogie, Gewalt, Übergriffe, Anschläge, Brandstiftungen – ich befürchte, auch die Zahlen können das nicht: 2015 gab es knapp 14.000 rechtsextreme Straftaten und 700 verletzte Personen. Sowohl 2015 als auch 2016 kam es zudem zu etwa tausend Angriffen auf Flüchtlingsheime.[228] Erschreckende Zahlen.

Und erneut werden migrantische Stimmen nicht gehört. Wie geht es eigentlich den Opfern rassistischer Gewalt, wie geht es den Menschen, die auf ihrer Flucht an einem Ort landen, in dem ihnen Hass entgegenschlägt, in dem sie angegriffen und bepöbelt werden? Wer nimmt diese Ängste wahr? Es scheint kein Thema zu sein, was es für Menschen bedeutet, von Rassismus betroffen zu sein – und berechtigterweise Angst zu haben vor rechtsterroristischen Angriffen.

Stattdessen wird die Diskussion davon bestimmt, ob die vermeintlichen Sorgen und Ängste der sich als »wirklich deutsch« Verstehenden denn berechtigt seien oder nicht. Es bildet sich dabei eine neue nationale Bewegung. Ihr Slogan lautet: »Wir sind das Volk!« Und dabei ist klar, wer die anderen sind, nämlich diejenigen, die nicht zu diesem »Volk« gehören sollen: die »links-grün versifften« Gutmenschen, die Lügenpresse, die jüdischen Weltverschwörer und natürlich all jene, die der imaginierten, rassistisch definierten Volksgemeinschaft aus ethnischen Gründen nicht angehören können. Hier zeigen sich Kontinuitäten. Kontinuitäten des Begriffs »Volksgemeinschaft«, dem ideologischen Kern des Nationalsozialismus. Dem ideologischen Kern auch des NSU, der in seinem Bekennervideo hinsichtlich des Mordes an Abdurrahim Özüdoğru stolz verkündete: »A. Özüdoğru ist nun klar, wie ernst uns der Erhalt der deutschen Nation ist.« Der vermeintliche Erhalt dieser völkisch konstituierten Nation ist es, der heute Menschen auf die Straße gehen und ihr Kreuz bei der AfD machen lässt.

In der sogenannten Sicherheitsarchitektur Deutschlands werden keine Veränderungen vorgenommen, die geeignet sind, weitere Taten des NSU oder ähnlicher Terrorzellen zu verhindern. Und es wird nicht etwa der Rassismus in den Ermittlungsbehörden angegangen oder eine Abschaffung des V-Mann-Systems angestrengt. Ganz im Gegenteil: Den Verfassungsschutzbehörden werden mehr Mittel und Kompetenzen zur Verfügung gestellt und der Einsatz vorbestrafter V-Leute gesetzlich gestattet.

Was bleibt zu sagen? Der NSU konnte seine Taten nur begehen, weil er in dieser Gesellschaft Verbündete fand. Mögen sie auch unfreiwillige, fahrlässige Verbündete gewesen sein, so waren es doch die ideologischen Überschneidungen zwischen Mehrheitsgesellschaft und NSU, die es den Mördern erst ermöglicht haben, unentdeckt Menschen hinzurichten. Die ideologische Verblendung der Inlandsgeheimdienste und der Rassismus der Polizei sowie die daraus folgenden Fehler sind Spiegel der gesellschaftlichen Verhältnisse, in denen wir leben. Wenn es also eine Lehre gibt aus den Taten des NSU, dann muss es die sein, dass Täter wie die Angeklagten in unserer Gesellschaft keine Verbündeten mehr finden dürfen, sondern Gegner.

Wenn wir etwas lernen wollen aus diesem Verfahren, dann muss es sein, das eigene rassistische Verhalten zu erkennen, Ausgrenzung und Diskriminierung entgegenzutreten. Meine Hoffnung ist, dass das Urteil in diesem Verfahren ein Anfang sein wird.

Versäumnisse bei der Wiedervereinigung

Wir haben hier Geschichten über Jugend und Herkunft der Angeklagten gehört. Zentral war immer wieder die Erinnerung an die Wiedervereinigung und das Erleben dieser einschneidenden Zeit. Wir haben nie wirklich darüber gesprochen, wie sich die Wiedervereinigung auf das Leben der hier Angeklagten ausgewirkt hat, die ja in mancher Hinsicht exemplarisch für viele Biografien junger Menschen in Ostdeutschland der zu Ende gehenden Achtziger- und der beginnenden Neunzigerjahre sind. Menschen aus dem familiären Umfeld der Angeklagten haben gesagt, dass die jungen Leute von alten Nazis aus Westdeutschland verführt worden seien. Das stimmt auch. Viele Nazis aus Westdeutschland trieben und treiben noch heute in Ostdeutschland ihr Unwesen.

Das ist aber nicht die ganze Geschichte. Wenn wir uns mit dieser Erklärung begnügen, ignorieren wir das größere Bild. Wir begnügen uns damit, dass – leider, leider – alte Nazis neue Nazis herangezogen haben. Eine Interpretation des Geschehens, die für uns ganz kommod ist. Die Nazis, das sind die Bösen, das sind immer die anderen, und der Rest, das sind wir, die Guten, wir Demokraten, wir anständigen Wessis. Aber so einfach ist das nicht.

Es fand damals keine Diskussion darüber statt, was sich da eigentlich mit was vereinigt. Da war viel nationales Pathos und viel hohles Gerede über das neue Deutschland. Die alte Bundesrepublik, geführt von Bundeskanzler Helmut Kohl, stellte klar, dass ihr die fünf neuen Länder beitraten. Der »Beitritt« zu einem bestehenden Staat ist aber im Grunde genommen das Gegenteil einer Wiedervereinigung zweier souveräner Einheiten. Das Wort impliziert eine Gleichberechtigung, die es nicht gab. Natürlich wurde seitens der westdeutschen Eliten deutlich artikuliert, wer Koch und wer Kellner ist. Jenen Ostdeutschen, denen es zum 3. Oktober 1990 nicht bewusst war, wie die Lage wirklich aussah, wurde es in den Monaten und Jahren danach gnadenlos verdeutlicht. Zum Beispiel, indem man jede halbwegs bedeutende Stelle in Staat und Wirtschaft der neuen Länder mit Westdeutschen besetzte, auch wenn es sich bei diesen Männern und Frauen oft um Menschen handelte, die aus gutem Grund in Westdeutschland keine Karriere gemacht hatten. Selbst der gescheiterte Wessi war in Ostdeutschland mehr wert als jene Menschen vor Ort, die oft besser wussten, wie die Verhältnisse sind und was zu tun ist, als jene Westimporte, denen noch eine »Buschzulage« gewährt wurde für ihr tapferes Wirken jenseits der Elbe.

Kann man es den Ostdeutschen verdenken, dass viele sich als Bürger zweiter Klasse fühlten, ja fühlen mussten? Es gab damals kein ehrliches Gespräch darüber, wie man auf Augenhöhe, gleichberechtigt und mit gegenseitigem Respekt eine gemeinsame Zukunft aufbauen will. Für die westdeutschen Eliten waren die »Brüder und Schwestern« aus dem Osten Bittsteller, und als solche wurden und werden sie zum Teil bis zum heutigen Tage behandelt.

Da die ehemaligen DDR-Bürger der alten Bundesrepublik beigetreten waren, mussten sie zudem die Bestimmungen des Grundgesetzes ohne Wenn und Aber übernehmen. Unser Grundgesetz, so wie ich es kenne und verstehe, ist die beste Verfassung, die wir jemals in Deutschland hatten. Davon bin ich fest überzeugt. Meine Kritik betrifft nicht das Grundgesetz, sondern das diskussionslose Überstülpen über Menschen, die in einer vollkommen fremden Rechts- und Sozialordnung aufgewachsen waren. Wann hat man mit ostdeutschen Lehrerinnen und Lehrern in der Zeit der Wiedervereinigung darüber gesprochen, welche Bedeutung unsere in den Artikeln 1 bis 19 festgeschriebenen Grundrechte haben? Welche Art von Fortbildungen gab es für sie? Wie können wir erwarten, dass an den Schulen der fünf neuen Länder unsere demokratische Grundordnung den Schülern nähergebracht wird, wenn selbst die Lehrerinnen und Lehrer das nicht wissen? Wie kann man von siebzehn Millionen neuen Bürgern erwarten, dass das Menschenbild unserer Verfassung Teil ihrer gesellschaftlichen und politischen DNA wird, wenn dieses Menschenbild von dem Staat, dem sich diese Menschen anvertraut hatten, an keiner Stelle erklärt wird? Diese Versäumnisse haben zu einem gesellschaftlichen Vakuum geführt, das von Nazis ausgefüllt wurde. Bezahlen tun diese Versäumnisse bis zum heutigen Tag Migranten. Denn die Versäumnisse werden vererbt. Was der Generation fehlt, kann nicht der nächsten Generation weitergegeben werden.

Der ostdeutsche Hass auf die unbekannten türkischen Landsleute

Es ist dies aber nicht das einzige Versäumnis der westdeutschen Eliten in den Tagen der Wiedervereinigung. Als die Mauer fiel, lebten Einwanderer, damals Gastarbeiter genannt, bereits seit Jahrzehnten in der Bundesrepublik. Sie arbeiteten in Deutschland, sie zahlten in Deutschland Steuern, sie trugen zu dem Wohlstand Deutschlands bei. Dennoch war in den Tagen der Wiedervereinigung bei den Diskussionen um das künftige Deutschland nie die Rede von den Einwanderern, nein, von *uns* Einwanderern. Es wurde so getan, als gäbe es uns nicht, als hätten wir mit diesem Land nichts zu tun, als seien wir Gäste, aber eben unerwünschte Gäste. Warum sonst wurden »Rückkehrerprämien« angeboten? Warum sonst verweigerte man Menschen, die in Deutschland geboren und aufgewachsen waren, eine Einbürgerung bis weit in die Neunzigerjahre hinein? Niemand aus der westdeutschen politischen Klasse bekannte sich zu uns. Niemand kam auf die Idee, öffentlich zu sagen: Unsere Einwanderer gehören zu uns. Unsere türkischen Einwanderer sind ein Teil von uns. Wir schulden ihnen Dank für die Arbeit, die sie geleistet haben und noch immer leisten. Wir schulden ihnen Dank dafür, dass sie in Kohlegruben malochen, dass sie an unseren Stahlöfen schuften, dass sie unseren Müll wegbringen und unsere Klos putzen. Sie sind unverzichtbarer Teil unseres neuen Deutschlands. Stattdessen war die Rede vom »Ausländerproblem«, vom »Türkenproblem« und von der »Asylantenflut«.

Und was bewirkte dieses Reden? Plötzlich gab es da eine für manche Ostdeutschen, die sich selber als Bürger zweiter Klasse fühlten, die mit einem gewissen Minderwertigkeitsgefühl gegenüber Westdeutschen lebten, Menschen in Deutschland, auf die man herabblicken konnte, die man allenfalls für Bürger »dritter Klasse« hielt: die Migranten und insbesondere türkische Einwanderer. Plötzlich schien es, als gäbe es wenigstens *eine* Sache, bei der man gegenüber den großen Brüdern und Schwestern auftrumpfen konnte: die Nicht-Existenz von größeren Migrantengruppen, wie es in der alten Bundesrepublik Deutschland der Fall war. Die Werktätigen aus Vietnam, Angola oder Mosambik hatte man ja ohnehin nie als Einwanderer wahrgenommen, war doch deren Teilnahme am öffentlichen Leben durch die DDR-Führung abseits des internationalistischen Geredes weitgehend unterbunden. Solange sich die Ressentiments mancher Ostdeutschen »nur« im Hass gegen Ausländer manifestierten, konnten die westdeutschen Eliten damit gut leben.

Natürlich wussten viele in den alten Bundesländern, dass der Hass gegen Migranten eigentlich eine Ersatzhandlung für die Ablehnung der Westdeutschen war. Gestört hat es keinen. Das Sankt-Florians-Denken war simpel, und es funktionierte. Solange Flüchtlingsheime in Hoyerswerda und keine Villen in Bad Homburg brannten, war das gut zu verkraften, insbesondere dann, wenn man in der Villa in Bad Homburg lebte. Es waren politische Entscheidungen westdeutscher Eliten, die maßgeblich zum Hass in den Herzen mancher Menschen in den neuen Ländern geführt haben, und es waren politische Entscheidungen derselben Eliten, welche die vom Hass getroffenen Opfer in ihrer Situation alleinließen.

Natürlich gibt und gab es Nazis auch in Westdeutschland, und das nicht wenige. Mölln und Solingen stehen für den mörderischen Rassenhass im Westen. Der Unterschied ist aber, dass es den Nazis und Rassisten im Westen nicht gelang, sozio-kultureller Mainstream zu werden. Es ist ihnen nicht gelungen, »national befreite Zonen« zu schaffen. In Ostdeutschland hingegen wurde die erste Nachwendegeneration alleingelassen. Sie wurde sich selbst überlassen von Eltern und von Lehrern, die oft selbst genug damit beschäftigt waren, unter völlig neuen Umständen beruflich zu überleben. Ein Wertevakuum entstand und wurde gefüllt mit Hass auf Menschen, die schwächer erschienen als man selbst. Es überrascht unter diesen Umständen nicht, dass eine durch und durch primitiv-dumme Partei wie die NPD relativ viel Erfolg bei Wahlen hatte.

Die hier Angeklagten sind Teil dieser Nachwendegeneration. Es geht nicht darum, dass ihr Hass hier entschuldigt werden soll. Es geht darum zu verstehen, woher dieser Hass kommt und wie wir damit umgehen können.

Zwei Dinge seien hier noch angemerkt: Manche der Angeklagten haben berichtet, wie sie die ersten Tage nach dem Mauerfall erlebt haben, wie sie zum ersten Mal nach Westdeutschland reisten und was sie mit dem 100-DM-Begrüßungsgeld kauften. Dieses Begrüßungsgeld aber stammte aus Steuern, die Millionen Einwanderer einschließlich Millionen von türkischstämmigen Menschen entrichtet hatten. Der Wohlstand, den sie genießen konnten, stammt auch aus den Händen von Menschen, die in Deutschland eine neue Heimat gefunden haben.

Und wenn es manchmal aus der Nazi-Szene oder auf Pegida-Demos heißt: »Wir sind das Volk«, dann ist das natürlich auch eine Beleidigung jener Menschen, die unter Gefährdung von Leib und Leben unter diesem Motto auf die Straßen der DDR gegangen sind. Diesen Menschen, die das Erbe der Bürgerrechtsbewegung missbrauchen, wenn sie »Wir sind das Volk« schreien, möchte ich entgegenhalten: Nein, ihr seid nicht *das* Volk. Ihr seid ein, wenn auch recht unansehnlicher *Teil* des Volkes. Nicht weniger, aber ganz sicher nicht mehr. Das Volk, das sind wir alle. Das sind alle Menschen, die in Deutschland leben. Egal, woher sie stammen. Egal, wie sie heißen oder wie sie aussehen. Egal, welchen Pass sie in der Tasche tragen. Finden Sie sich damit ab. Oder rechnen Sie mit unserem erbitterten Widerstand. Das demokratische Deutschland wird Ihnen dieses Land nicht ohne Kampf überlassen.

9. Strafwürdigkeit der Angeklagten

Die Bundesanwaltschaft hat fünf Personen angeklagt. Weshalb gerade diese fünf und vor allem, warum *nur* diese fünf, das ist bis heute nicht klar geworden. Ich könnte zahlreiche weitere Personen aufzählen, die ebenfalls auf der Anklagebank hätten sitzen sollen. Lassen Sie mich einige Namen nennen, ohne Anspruch auf Vollständigkeit. Da ist etwa Carsten R., der 1998 in der Altchemnitzer Straße eine Wohnung angemietet hat, damit Zschäpe, Mundlos und Böhnhardt dort untertauchen konnten. Ihm war bewusst, dass die drei jemanden für die Anmietung brauchten, der nicht polizeibekannt war. Dafür hat er sich mit Zschäpe, die unter falschem Namen auftrat, bei der Wohnungsübergabe und der Unterzeichnung des Mietvertrages als Paar ausgegeben. Auch wenn der Zeuge mit nachweislich rechter Gesinnung bei der Vernehmung alles tat, um für sich selbst und das NSU-Kerntrio belastende Aussagen zu vermeiden, wurde ausreichend deutlich, dass er Zschäpe, Mundlos und Böhnhardt bereitwillig unterstützte.

Wieder einmal sehr bezeichnend war dabei die Rolle der Bundesanwaltschaft, die eine weitere Befragung des Zeugen am 95. Verhandlungstag durch Vertreter der Nebenklage verhindern wollte. Kurz nachdem der Zeuge Carsten R. auf die Frage, ob er gewusst habe, weshalb sich die drei verstecken mussten, antwortete, er habe da nicht differenziert und dass es ihm egal gewesen sei, ob die »einen Schokoriegel geklaut oder jemand umgebracht« hätten, unterbricht die Bundesanwaltschaft den Zeugen ohne Worterteilung und beruft sich dabei erneut auf die angeblich fehlende Verfahrensrelevanz. Dies gipfelt in den Worten: »Wir sind nicht das Jüngste Gericht.« Das stimmt. Leider ist die Bundesanwaltschaft aber auch kein Prozessorgan, das seine zugedachte Aufklärungspflicht hier ernsthaft zu verfolgen versucht. Ganz im Gegenteil ist ihr Handeln davon bestimmt, das Verfahren und die Liste der Angeklagten möglichst kurz zu halten.

Neben der Tatsache, dass deutlich zu wenig Personen angeklagt wurden, stellt das Vorgehen der Bundesanwaltschaft also auch ein großes Problem für die Wahrheitsfindung in diesem Verfahren dar. Es dürfte sich bei Zeugen aus der Neonazi-Szene nämlich schnell herumgesprochen haben, dass das Vortäuschen von Erinnerungslücken oder sogar vorsätzliche Falschaussagen keine Konsequenzen haben. Im Gegenteil konnten wir leider viel zu oft beobachten, dass die Bundesanwaltschaft bei äußerst zweifelhaften Aussagen schnell und entschieden Stellung für die Zeugen aus der rechten Szene bezogen hat.

Da gibt es außerdem Andreas R., ehemaliges Mitglied des »Thüringer Heimatschutzes«. Er gab bei seiner zeugenschaftlichen Einlassung am 130. Verhandlungstag zu, dass er ein havariertes Fahrzeug, mit dem das NSU-Kerntrio unterwegs war, zusammen mit Wohlleben abgeschleppt hat. Diesen Auftrag habe er zuvor telefonisch von André K. erhalten. Nachdem er sich mit Wohlleben in Jena getroffen habe, seien sie gemeinsam mit seinem Mercedes zu einem Rastplatz an der A4 bei Dresden gefahren, um das Fahrzeug abzuholen und zurück nach Jena zu transportieren. Obwohl der Zeuge Andreas R. im weiteren Verlauf immer wieder – sehr unglaubwürdig – behauptete, sich an keine Umstände dieses Geschehens zu erinnern, wurde überaus deutlich, dass er genau wusste, weshalb das Auto weggeschafft werden musste. Es sollte verhindert werden, dass man das Fahrzeug findet, das zu Böhnhardt, Mundlos und Zschäpe hätte führen können.

Der Zeuge R., der zumindest in den Neunzigerjahren stark in der rechtsextremen Szene aktiv war, wurde bei der gerichtlichen Vernehmung wiederholt beim Lügen erwischt. Er verfolgte dabei das Ziel, seine Rolle beim »Thüringer Heimatschutz« und dessen Bedeutung zu verharmlosen. Obwohl er auf explizite Nachfrage aussagte, keine Kontakte zur internationalen Nazi-Szene zu haben, ist bekannt, dass er für eine Zeit in Dänemark im Ferienhaus von Thies Christophersen unterkam, einem der bekanntesten Holocaust-Leugner der Welt. Durch zähes Nachfragen haben wir auch erfahren, dass er in der rechtsextremen Szenekneipe, der »Gaststätte Heilsberg«, nicht nur regelmäßig gearbeitet, sondern zeitweise auch dort gewohnt hat. Er ist zudem in einem Ausschnitt einer *Spiegel TV*-Reportage zu erkennen, in welcher der bewaffnete Kampf der rechten Szene öffentlichkeitswirksam propagiert wurde. Was bleibt, ist die bittere Erkenntnis, dass R. mit Sicherheit bei Weitem nicht alles zu Böhnhardt, Mundlos und Zschäpe ausgesagt hat und als vermeintlicher Unterstützer eher auf die Anklage- als auf die Zeugenbank gehört hätte.

Als drittes und letztes Beispiel möchte ich Silvia S. aus Hannover nennen. Sie gab Holger Gerlach ihre Krankenkassenkarte, damit Beate Zschäpe diese wiederholt benutzen konnte. Ihr Ehemann, ein Freund von Gerlach, war in dieser Zeit ebenfalls in der rechtsradikalen Szene aktiv. Ihre Aussage, sie hätten die Hintergründe darüber, für wen die Krankenkassenkarte bestimmt gewesen sei, nicht gekannt, erscheint äußerst unglaubwürdig. Auch das Ehepaar S. ist also ein Beispiel für ein größeres Unterstützernetzwerk, das sich in keiner Weise in der Anklageschrift der Bundesanwaltschaft widerspiegelt. Es muss leider erneut von einem Staatsversagen gesprochen werden, und zwar im Hinblick auf die juristische Aufarbeitung der NSU-Mordserie.

Doch dass diese fünf Personen hier zu Recht angeklagt wurden, daran besteht kein Zweifel. Ich bin nach den zahlreichen Zeugenaussagen und anderen Beweismitteln überzeugt, dass die Schuld aller Angeklagten hinreichend herausgestellt wurde.

Bis auf Carsten Schultze, der als einziger Angeklagter zur Aufklärung beigetragen hat, können die Antworten auf das Gehörte und Gesehene nur lange Freiheitsstrafen sein.

Erlauben Sie mir an dieser Stelle vorab eine Feststellung zur Strafzumessung. Man wird dieses Plädoyer und den NSU-Komplex nicht zum Abschluss bringen können, wenn man sich bei der Frage der Strafzumessung nicht auch mit der Rolle staatlicher Organe befasst. Es geht um Polizeibeamte, Verfassungsschützer, Staatsanwälte und Politiker, deren Einstellung und Fehlverhalten dazu führten, dass die Taten des NSU bis zu seiner Selbstbezichtigung nie aufgedeckt wurden. Die Tätigkeit des Verfassungsschutzes haben wir uns bereits genau angeschaut. Dabei war es offensichtlich, dass die Unterhaltung und Finanzierung eines breiten Netzes an V-Leuten in der rechten Szene die Taten des NSU – vielleicht nicht gewollt, so aber doch faktisch – unterstützt, in manchen Fällen vielleicht erst ermöglicht haben. Es ist daher wichtig zu unterstreichen: Die Schuld der einen führt an dieser Stelle keinesfalls zur Unschuld der anderen. Die Tatsache, dass die hier Angeklagten nicht die Einzigen sind, die sich an den Opfern und Überlebenden des NSU versündigt haben, macht ihre Schuld in keiner Weise geringer. Der Staat mag einen Rahmen setzen, aber jeder Angeklagte war am Ende des Tages ein erwachsener Mensch, der sich frei entschieden hat zu handeln, wie er gehandelt hat.

Es gibt – wie bereits erwähnt – durchaus Fälle, wo die Schuld des Angeklagten aufgrund staatlichen Verhaltens reduziert sein kann oder sogar ein Verfahrenshindernis vorliegt. Solche – in der Rechtsprechung unter dem Stichwort *agent provocateur* bekannten – Fälle sind aber an strenge Voraussetzungen gebunden. Konkret muss dafür eine bis dahin unverdächtige und nicht tatgeneigte Person durch einen dem Staat zurechenbaren Lockspitzel zu einer konkreten Straftat provoziert werden. Diese Voraussetzungen liegen bei der Person der Angeklagten Zschäpe, aber auch bei den anderen Angeklagten, schlicht nicht vor. Denn den Vorsatz für ihre Taten hat die Angeklagte selbst gebildet. Wie die bisherigen Ausführungen ergeben haben, handelte es sich bei Beate Zschäpe um eine Überzeugungstäterin, die in Umsetzung ihrer nationalsozialistischen Ideologie eine terroristische Vereinigung gründete und dann aus dieser heraus gemeinsam mit Uwe Mundlos und Uwe Böhnhardt mordete. Auch wenn staatliches Fehlverhalten ihr Handeln vielleicht erleichterte, die Straftaten hätte sie ohnehin begehen wollen. Ferner sind aber auch die staatlichen Handlungen – beziehungsweise auch das staatlichen Nichthandeln – kein Grund für eine verminderte Schuld der Angeklagten. Es ist kein Fall bekannt geworden, in dem eine V-Person, ein Polizeibeamter oder eine sonstige staatliche Stelle konkret zu einer der hier im Raum stehenden Taten aufgefordert hätte. Man muss also feststellen: Die Konstellation des *agent provocateur* passt vorne und hinten nicht, um die Strafzumessung der Angeklagten zu beurteilen. Auf der Anklagebank sitzt nicht eine abstrakte Organisation oder Struktur, die vom Staat geschaffen und geduldet wurde, sondern hier sitzen fünf wissend und wollend handelnde Individuen.

Beate Zschäpe

Die Liste der Verbrechen, die Beate Zschäpe zur Last gelegt werden, ist lang: Die Bildung und Mitgliedschaft in einer terroristischen Vereinigung, zehnfacher Mord, vielfacher versuchter Mord, zwei Sprengstoffanschläge sowie vierzehn Raubüberfälle. Die Hauptverhandlung hat bestätigt, was bereits dem Selbstverständnis der Organisation entspricht: Beim NSU handelte es sich um eine terroristische Vereinigung.

Beate Zschäpe hat die terroristische Vereinigung NSU maßgeblich mitgegründet. Im Jahr 1998 schloss sie sich mit Uwe Böhnhardt und Uwe Mundlos zu einer geheimen Organisation zusammen, um ihrer rassistischen Vorstellung vom »Erhalt der Deutschen Nation« durch Mord- und Sprengstoffanschläge gegen Menschen mit Zuwanderungsgeschichte zur Umsetzung zu verhelfen.

Innerhalb der Organisation nahm sie eine zentrale Rolle ein. Durch diese Rolle leistete sie ganz wesentliche Tatbeiträge für die durch den NSU, durch Mundlos und Böhnhardt begangenen Verbrechen.

Die Beiträge von Beate Zschäpe zu diesen Taten waren dabei zahlreich und vielfältig.

Legendenbildung und Finanzen

Die Angeklagte Zschäpe war zunächst mitverantwortlich für die Beschaffung und Aufrechterhaltung von Tarnidentitäten, Pässen, Personalausweisen und Legenden, die für die Begehung der Mordserie unabdingbar waren. Gemeinsam mit Mundlos und Böhnhardt sammelte sie zunächst Informationen zur Tarnidentität »Gunter Frank Fiedler«, auf dessen Namen Böhnhardt 1997 einen Reisepass beantragt hatte. Kurze Zeit später bat Zschäpe dann Max-Florian B. um seinen Personalausweis, damit sich Mundlos 1998 mit diesem einen Reisepass mit seinem eigenen Foto besorgen konnte. Den Angeklagten Holger Gerlach bat sie 2001 schließlich, auf seinen eigenen Namen einen Reisepass zu beantragen – das Trio hatte festgestellt, dass Gerlach Böhnhardt ähnlich sah, und wollte daher dessen Ausweisdokumente verwenden. Die Auslagen wurden ihm von der Angeklagten Zschäpe erstattet. 2004 meldete Gerlach seinen Führerschein als verloren und beantragte einen Ersatzführerschein, den er Böhnhardt übergab. Böhnhardt nutzte diesen als Tarnidentität bei der Anmietung von Fahrzeugen. Auch hier war es die Angeklagte Zschäpe, die – als »Schatzmeisterin« und Finanzverantwortliche des NSU – Gerlach die entstandenen Kosten für die Beantragung des Führerscheins ersetzte. Nachdem der Pass aus dem Jahr 2001 abgelaufen war, trat Zschäpe 2011 gemeinsam mit Mundlos und Böhnhardt erneut an den Angeklagten Gerlach heran. Dieses Mal passte das Trio das Aussehen von Gerlach schon vor Anfertigung der Passfotos so weit wie möglich an das von Böhnhardt an: Sie schnitten ihm die Haare und setzten ihm Böhnhardts Brille auf. Es war die Angeklagte Zschäpe, die dann mit Gerlach das Fotostudio aufsuchte, um die Fotos machen zu lassen. Im Anschluss gingen sie gemeinsam zum »Passamt«, um eine Meldebescheinigung auf den Namen Gerlachs ausstellen zu lassen, die Zschäpe an sich nahm. Auch hier deckte sie die Kosten. Schließlich war sie auch bei den sogenannten »Systemchecks« beteiligt, die ab 2000 regelmäßig durchgeführt wurden und für die dieser mehrmals zum Trio reiste. Dort befragte das Trio Gerlach nach relevanten Änderungen in seinem Leben, um weiterhin authentisch unter dessen Namen auftreten zu können. Die Auslagen für diese Reisen wurden ihm von der Angeklagten Zschäpe erstattet.

Doch allein Tarnnamen, Aliase und Ausweisdokumente waren für ein langjähriges Leben im Untergrund nicht genug. Um die Morde unentdeckt zu planen und auszuführen, mussten die Unternehmungen des Trios umfänglich verschleiert werden. Dafür war es ganz zentral, im unmittelbaren sozialen Umfeld des Trios eine glaubwürdige Legende aufzubauen. Diese Legende musste so detailliert und realistisch sein, dass sie auch über Jahre hinweg sämtliches Alltagsverhalten der drei nach außen rechtfertigte, ohne große Fragen aufzuwerfen. Während Mundlos und Böhnhardt im Vordergrund die eigentlichen Mordtaten ausführten, war es die Aufgabe Beate Zschäpes, im Hintergrund mit hohem Aufwand für diese soziale Absicherung und Aufrechterhaltung der öffentlichen Legende zu sorgen. Sie berichtete im Umfeld der jeweiligen Wohnorte, dass die beiden mit ihr lebenden Männer ihr Bruder beziehungsweise Partner seien. Ausgedachte Geschichten über Berufe, Arbeitsplätze und Einkommen wurden durch sie verbreitet. Sie begleitete Böhnhardt bei der Anmietung von Fahrzeugen, damit dies nach außen wie bei normalen Urlaubsreisen aussah. Aber auch bei den konkreten einzelnen Morden leistete die Angeklagte Zschäpe wesentliche Beiträge. Denn die Abwesenheit von Mundlos und Böhnhardt durfte niemandem auffallen, während diese mordend durchs Land zogen – oder sie musste doch wenigstens plausibel erklärbar bleiben. Daher war ganz zentral, dass die Angeklagte Zschäpe durch kontinuierliche Anwesenheit in der Wohnung misstrauische Nachfragen von Nachbarn vermied und auf Fragen nach dem Verbleib ihrer Mitbewohner Antwort geben konnte.

Bewaffnung des NSU

Für die Pläne des NSU war es von zentraler Bedeutung, dass das Trio Zugang zu einer Waffe erhielt, um die Morde auszuführen. Diese Waffe wurde, wozu ich gleich noch kommen werde, durch den Angeklagten Ralf Wohlleben in Zusammenarbeit mit dem Angeklagten Carsten Schultze organisiert. Dass auch die Angeklagte Beate Zschäpe mit der Waffe befasst war, hat die Hauptverhandlung im Fall eines Waffentransports zwischen Mai 2001 und 2002 ergeben. In jenem Fall transportierte der Angeklagte Gerlach die Waffe in einer Sporttasche in die Wohnung des Trios in der Polenzstraße. Beate Zschäpe kannte den Grund des Besuchs und holte Gerlach am Bahnhof ab, um ihn in die Wohnung zu begleiten. Vor Ort wurde die Waffe ausgepackt und durchgeladen, während die Angeklagte anwesend war.

Bekenner-DVD Ferner war es dem Trio wichtig, seine Taten umfassend zu dokumentieren. Insbesondere wurde in kontinuierlicher Arbeit und über mehrere Versionen ein umfangreiches Bekennervideo erstellt, in dem die Taten des NSU zusammengefasst werden. Dafür sammelte die Angeklagte Zschäpe Zeitungsartikel über die Morde und Bombenanschläge, die für das Video verwendet wurden. Nach dem Tod von Mundlos und Böhnhardt verschickte sie dann mindestens fünfzehn Exemplare der erstellten DVD an verschiedene Adressen. Ihr Ziel: Die Öffentlichkeit sollte von der Existenz des NSU erfahren und die Taten der Organisation zuordnen können.

Mord an İsmail Yaşar Schließlich war die Angeklagte Zschäpe auch an der Begehung des Mordes im Fall Yaşar ganz unmittelbar beteiligt. So begleitete sie Mundlos und Böhnhardt am 9. Juni 2005 im Auto nach Nürnberg, wo diese ihren sechsten Mord begehen sollten. Kurz vor der Tat und während Mundlos und Böhnhardt İsmail Yaşar erschossen, befand sie sich in unmittelbarer Nähe zum Tatort. Und direkt nach der Tat fuhr sie, wiederum gemeinsam in einem Auto mit Mundlos und Böhnhardt, zurück in ihre Wohnung nach Zwickau.

Zwischenergebnis Beate Zschäpe war sowohl im Vordergrund als auch im Hintergrund gleichberechtigt an der Begehung der Morde beteiligt. Der Arbeitsteilung innerhalb des Trios lagen dabei rein praktische Erwägungen zugrunde. Als Frau wäre die Angeklagte Zschäpe an den Tatorten wesentlich auffälliger gewesen als Mundlos und Böhnhardt. Vermutlich traute man ihr zudem auch nur einen weniger geschickten Umgang mit der Schusswaffe zu. Diese Arbeitsteilung entsprach der neonazistischen Vorstellung des Trios von einer klassischen Aufgabenverteilung zwischen Mann und Frau: Die Männer ziehen hinaus, um die »grobe Arbeit« zu erledigen. Währenddessen konzentriert sich die Frau auf die »weicheren« Tataspekte von der sichereren Basis aus.

Zschäpes zentrale Rolle innerhalb des NSU Zschäpes zentrale und dominante Rolle in den folgenden dreizehn Jahren nach Gründung der Organisation wurde ebenfalls hinreichend belegt. Ihre Tatbeiträge bei den Morden des NSU waren zahlreich und erheblich. Ich will in diesem Kontext drei Erkenntnisse aus der Hauptverhandlung unterstreichen.

Erstens: Der Angeklagte Carsten Schultze hat in seiner glaubhaften Aussage von einer Begebenheit bei der Übergabe der Waffe in Chemnitz berichtet. Schultze saß mit Mundlos und Böhnhardt in einem Café in der Stadt. Dabei erzählten die beiden ihm auch davon, dass sie in Nürnberg »in einem Laden eine Taschenlampe abgestellt« hätten. Schultze habe diese Aussage nicht sofort verstanden, erst später am Abend kam ihm in den Sinn, die beiden könnten in der Taschenlampe Sprengstoff versteckt haben, und erst 2011 habe er die Situation wirklich zuordnen können. Heute wissen wir, dass die beiden vom Sprengstoffanschlag berichteten, den der NSU 1999 in der Gaststätte »Sonnenschein« in Nürnberg verübt hatte. In jedem Fall hätten sie »spektakulär«, fast prahlend, von ihren Taten erzählt. In dieser Situation erschien plötzlich die Angeklagte Zschäpe bei den dreien. Daraufhin wandten sich Mundlos und Böhnhardt dem Angeklagten Schultze zu und bedeuteten ihm, still zu sein. Einer der beiden raunte ihm zu: »Pssst!« Zschäpe solle nicht mitbekommen, wie die beiden gegenüber Schultze von der Taschenlampe berichteten.

Zunächst ist zu sagen, dass Schultzes Aussage glaubhaft erscheint: Erst durch seine Aussage konnte der Anschlag dem NSU überhaupt zugeordnet werden. Über den Anschlag war zum damaligen Zeitpunkt der Hauptverhandlung nur wenig bekannt, bundesweite Berichterstattung gab es nicht. Schultze kann davon nur gewusst haben, wenn seine Version der Geschichte stimmt.

Dennoch kann die Szene unterschiedlich interpretiert werden. Ich gehe davon aus, dass die Verteidigung dabei die folgende Deutung anbieten wird: Die Angeklagte Zschäpe habe von dem Attentat nichts gewusst und eben auch nichts erfahren sollen. Dies zeige, dass Mundlos und Böhnhardt unabhängig von ihr und ohne ihr Wissen eigene Aktionen durchführten. Man könne dies als Beleg dafür sehen, dass sie lediglich eine untergeordnete Rolle ausfüllte.

Ich vertrete die gegenteilige Interpretation: Beate Zschäpe wusste von allen Aktionen des NSU, natürlich kannte sie auch den Taschenlampen-Anschlag. Es wäre schlicht abwegig, dass Mundlos und Böhnhardt einem Waffenbeschaffer und Handlanger wie Carsten Schultze von einer Begebenheit berichten, die in ihren Augen so brisant ist, dass sie sie der Angeklagten Zschäpe – die mit den beiden Uwes zusammenlebte und nahezu jeden Tag verbrachte – verschweigen würden. Hingegen ist viel wahrscheinlicher, dass die Angeklagte Zschäpe Mundlos und Böhnhardt beim Prahlen erwischt hatte. Ihre Stellung im zwischenmenschlichen Beziehungsgeflecht der drei war so dominant, dass die beiden sich vor dem Zorn der Angeklagten fürchteten, würde sie erfahren, dass sie gegenüber Dritter mit potenziell gefährlichen Informationen über aus dem Untergrund verübte Aktionen kokettierten. Hier lässt sich eindrucksvoll ablesen, wie Beate Zschäpe zu den beiden Uwes stand: nicht etwa untergeordnet, sondern vielmehr als jemand, gegenüber dem man sogar rechenschaftspflichtig war. Sofern man diese Begebenheit betrachtet, so steht sie am ehesten für eine besonders dominante Rolle der Angeklagten innerhalb des NSU.

Zweitens wird die unverzichtbare, gleichberechtigte Stellung der Angeklagten im NSU besonders durch die Beiträge unterstrichen, die Beate Zschäpe in Bezug auf das Bekennervideo leistete. Die zur Vorbereitung des Videos genutzten Zeitungsartikel fand man in ihrer Wohnung in der Frühlingsstraße, allein ihre Fingerabdrücke befinden sich auf sichergestellten Zeitungsausschnitten. Die Artikel wurden dann im später entstandenen Video als »Presseberichte« aufgearbeitet und genutzt. Ferner fand man in der Wohnung der Angeklagten den Nachweis für eine Wette zwischen Böhnhardt und Zschäpe. Der Wetteinsatz: »200 x Videoclips schneiden«. All das deutet darauf hin, dass die Angeklagte bereits an der Erstellung des Videos beteiligt war. Nach dem Tod von Mundlos und Böhnhardt verschickte Zschäpe zahlreiche DVDs mit dem Bekennervideo an verschiedene linkspolitische und türkische Einrichtungen. Ein Mitarbeiter des BKA hat diese Verbindung in der Hauptverhandlung offengelegt: So habe man im Brandschutt der Wohnung der Angeklagten noch 36 weitere an Medien und türkische Einrichtungen adressierte Umschläge gefunden – auf 25 dieser DVDs habe man das gleiche Bekennervideo sichern können.

Die Bekenner-DVD ist in der Geschichte der Organisation NSU ein zentrales Element. Es ist, neben der Verwendung der immer selben Waffe bei den Mordanschlägen, das erste Mittel des NSU, um sich in der Öffentlichkeit mit seinen Taten zu identifizieren. Als terroristische Vereinigung wollte der NSU – so heißt es im Bekennervideo – »grundlegende Änderungen der Politik, Presse und Meinungsfreiheit« herbeiführen; andernfalls würden »die Aktivitäten fortgeführt«. Die Erreichung dieser Ziele setzte voraus, dass die Öffentlichkeit zu irgendeinem Zeitpunkt auch tatsächlich von der rassistischen Motivation der Taten des NSU erfuhr. Damit lag in der Herstellung, vor allem aber auch in der Verbreitung des Videos eine der wesentlichsten Aufgaben, die innerhalb des NSU arbeitsteilig zu vergeben waren. Dies gilt umso mehr, als es augenscheinlich der Absprache entsprach, das Video zu verbreiten, sofern Mundlos und Böhnhardt etwas zustoße.

Gleichzeitig würde die Verbreitung des Videos über kurz oder lang fast zwingend zur Entdeckung der verbliebenen Person führen. Die Person, der man diese Aufgabe zuwies, musste also uneingeschränkt und bis zur Selbstaufgabe loyal und vertrauenswürdig sein. Sie musste bereit sein, das eigene Leben den Zielen der Organisation unterzuordnen. Denn sollte Mundlos und Böhnhardt etwas zustoßen, hätte diese Person es völlig allein in der Hand, wie es mit dem NSU weiterginge, wie er in der Öffentlichkeit wahrgenommen würde. Und diese Aufgabe übernahm die Angeklagte Beate Zschäpe. Es wäre völlig lebensfremd, sie mit Blick auf ihre Position in der Organisation NSU an dieser Stelle als etwas anderes zu bezeichnen denn als Schlüsselfigur. Hier zeigt sich daher eine weitere Funktion, die das Zu-Hause-Bleiben der Angeklagten Zschäpe in der Arbeitsteilung des Trios hatte. Sie blieb keinesfalls bei den unmittelbaren Tötungshandlungen zu Hause, weil sie diese nicht kannte, nicht billigte oder für deren Begehung unerheblich gewesen wäre. Ganz im Gegenteil: Neben Finanzverwaltung und Legendenbildung war es für das unerkannte Operieren von Mundlos und Böhnhardt zentral, dass jemand den Unterschlupf schützte.

Die genannten Beweise belegen neben vielen anderen, wie sich die Stellung der Angeklagten Beate Zschäpe innerhalb des NSU darstellte: als gleichberechtigte Täterin, die entsprechend ihrem besten Können und unter Einsatz ihrer spezifischen Fähigkeiten und Anlagen wesentliche Tatbeiträge für die Morde des NSU lieferte.

Die Hauptverhandlung hat auch den Vorsatz der Angeklagten Zschäpe in Bezug auf ihre eigenen Tatbeiträge und die Morde selbst eindrucksvoll belegt.

An erster Stelle ist hier erneut das Bekennervideo zu nennen. Wie bereits eben dargestellt, sammelte Zschäpe Zeitungsartikel über die Taten des NSU, auf denen wir ausschließlich die Fingerabdrücke der Angeklagten gefunden haben. Sie war an der Vorbereitung und Erstellung des Bekennervideos maßgeblich beteiligt. Im Video prahlt der NSU mit seinen Taten, gerade die Morde finden ausdrückliche Erwähnung durch das Zeigen von Zeitungsausschnitten über die Hinrichtungen. Ebenfalls haben wir bis hierhin etabliert, dass die Angeklagte eines von drei Hauptmitgliedern der Organisation war, die sich darin mit den Taten brüstet. Es benötigt kein Jurastudium, um daraus den einzig plausibel möglichen Schluss zu ziehen: Beate Zschäpe half im vollen Wissen um die Taten bei der Erstellung des Videos.

Aber auch die Lebensumstände von Mundlos, Böhnhardt und Zschäpe sprechen für ihren Vorsatz. Dreizehn Jahre lang lebte die Angeklagte isoliert mit den beiden teils auf engstem Raum zusammen. Dreizehn Jahre lang war sie maßgeblich dafür verantwortlich, dass das Trio unerkannt blieb. Die in der letzten abgebrannten Wohnung des NSU gefundenen Vorbereitungsunterlagen zeigen dabei, dass die aufwendigen Taten von dort aus sorgfältig vorbereitet und geplant wurden. Dass Mundlos und Böhnhardt bei diesen aufwendigen Vorbereitungen nicht nur auf die Mithilfe Zschäpes verzichteten, sondern gleichzeitig noch immensen Aufwand dabei betrieben, die Vorbereitung vor der mit ihnen lebenden Angeklagten zu verbergen, ist nicht nur hochgradig unplausibel. Betrachtet man den langen Zeitraum von dreizehn Jahren und die Anzahl und Art der Taten, erscheint es nahezu unmöglich.

Schließlich spricht für das Wissen und Wollen der Angeklagten auch deren letzte Handlung in einer langen Serie von Straftaten. Gemeint ist, dass sie die letzte Untergrundwohnung des NSU in der Frühlingsstraße angezündet hat. Sie wusste, dass sich dort belastende Beweismittel befanden, die zu ihr als Täterin führen würden. Nachdem Mundlos und Böhnhardt tot waren, gab es keinen Anlass mehr, diese vor Strafverfolgung zu schützen. Doch Beate Zschäpe war sich sicher: Die begangenen Taten waren auch ihre Taten, mit deren Zielen sie sich identifizierte und deren Ausführung gleichberechtigt auf sie zurückfiel. Hätte sie von den Morden des NSU nichts gewusst und keine Strafverfolgung befürchtet, sie hätte nicht zu einer derartig drastischen Maßnahme gegriffen.

Wir müssen also abschließend feststellen: Beate Zschäpe hat den NSU als terroristische Organisation mitgegründet. In den folgenden dreizehn Jahren beging sie als vollwertiges und gleichberechtigtes Mitglied der Organisation Morde und Anschläge. Sie wusste um die Ziele, Methoden und konkreten Taten des NSU, welche sie nicht nur billigte, sondern im Kontext ihrer Ideologie guthieß. Auch für die Morde an Abdurrahim Özüdoğru und İsmail Yaşar, deren Angehörige ich hier vertrete, trägt sie damit die volle strafrechtliche Verantwortung als Mittäterin.

Zur Mitgründung des NSU

Die Tatsache, dass der »Nationalsozialistische Untergrund« als terroristische Vereinigung existierte, ist durch das Bekennervideo belegt. Bereits in dessen erster Einstellung ist dort auf einer Texttafel zu lesen: »Der nationalsozialistische Untergrund ist ein Netzwerk von Kameraden mit dem Grundsatz ›Taten statt Worte‹.« Darauf folgen als Logo die Buchstaben »NSU«.

Auch an der Tatsache, dass Beate Zschäpe neben Mundlos und Böhnhardt eines der Gründungsmitglieder war, bestehen keine Zweifel. Schon vor dem Untertauchen der drei im Januar 1998 arbeitete sie aufs Engste und polizeibekannt mit Mundlos und Böhnhardt zusammen. Alle drei waren, wie auch die Angeklagten Holger Gerlach und Ralf Wohlleben, Mitglieder des »Thüringer Heimatschutzes« – einer Organisation, die bereits in ihrer Gründungsphase Tendenzen zur Vorbereitung terroristischer Anschläge zeigte. Hierzu war die Aussage eines Thüringer LKA-Beamten am 136. Verhandlungstag aufschlussreich: 1997 wurden an einem Treffpunkt des »Thüringer Heimatschutzes« umfangreiche Waffenfunde gemacht, und auch Bombenattrappen und selbstgebaute Sprengsätze traten vermehrt auf. Der Beamte berichtete, dass in den Jahren 1996 und 1997 in Jena diverse Bombenimitate aufgetaucht waren.[229] In der Verhandlung fiel in diesem Kontext der Begriff der »Braunen Armee Fraktion«.

Die Mitglieder des Trios waren, teils einzeln, teils gemeinsam, mehrfach in der rechten Szene in und außerhalb Thüringens auffällig geworden. Auch bei den oben genannten Fällen der Bombenattrappen wurde jeweils gegen Uwe Mundlos, Uwe Böhnhardt und Beate Zschäpe ermittelt.

Auch dass Beate Zschäpe dabei die vom NSU verfolgte Ideologie teilte, kann nicht bezweifelt werden. Beate Zschäpe war und ist eine Neo-Faschistin, wie sie im Buche steht, und gemeinsam mit Mundlos und Böhnhardt gründete sie den NSU

Lange Zeit machte Zschäpe von ihrem Aussageverweigerungsrecht Gebrauch. Erst am 249. Verhandlungstag wurde das Schweigen gebrochen. Wir mussten einer erschreckend wenig emphatischen, von ihren Anwälten vorgetragenen Einlassung beiwohnen. Es war eine Einlassung, die nicht überzeugte und die Tatvorwürfe in keiner Weise entkräftete.

Auf der einen Seite räumte Zschäpe ein, die Wohnung in der Frühlingsstraße 26 in Zwickau in Brand gesetzt zu haben. Sie gab auch zu, im Laufe der dreizehn Jahre des gemeinsamen Untertauchens gegenüber Nachbarn – auf die beiden Mittäter und deren Tätigkeit angesprochen – wiederholt falsche Angaben über Böhnhardt und Mundlos gemacht zu haben. Gebetsmühlenartig wiederholte sie aber, jeweils erst im Nachhinein von den Morden erfahren zu haben. Lediglich von den Überfällen will sie zum Teil im Vorfeld gewusst haben. Immer wenn eine Verbindung zu einem der Morde besteht, will Zschäpe, die auf engem Raum über den gesamten Zeitraum der Mordserie mit Böhnhardt und Mundlos gelebt hat, nichts bemerkt haben. Das Gleiche gilt für die Organisation des NSU. Aus vielen Gründen sind schon die Aussagen für sich genommen kaum glaubwürdig. So widerspricht es schon jeder menschlichen Logik, dass Zschäpe nichts davon mitbekommen haben will, dass Böhnhardt und Mundlos zur Vorbereitung des Anschlags in der Probstgasse in Köln die Bombe in der gemeinsam benutzten Wohnung gebaut haben.

Auch von der Herstellung des Bekennervideos habe sie nichts bemerkt. Sie sagte zwar aus, dass sie mehrmals das nicht abgeschlossene Zimmer von Mundlos betreten habe, als dieser an dem Video arbeitete. Dabei habe sie aber nur Ausschnitte aus dem Zeichentrickfilm *Der rosarote Panther* gesehen, niemals aber die fotografierten Morde. Zu den vielen Indizien, die gegen diese Aussage sprechen, zählt auch die in ihrer Wohnung sichergestellte Datei mit der erwähnten Wette. Im relativ aufwändig hergestellten, menschenverachtenden Bekennervideo des NSU mussten tatsächlich viele Szenen und Fotos zurechtgeschnitten und eingefügt werden. Dies betrifft nicht nur die Bilder der ermordeten Personen, die noch am Tatort aufgenommen wurden, sondern auch Szenen aus der Zeichentrickserie *Der rosarote Panther*. Um diesem erheblichen Indiz zu begegnen, heißt es in der Einlassung, dass sich der Wetteinsatz nicht auf die Bekennervideos, sondern auf das Zurechtschneiden von Fernsehserien für die eigene werbefreie Unterhaltung bezogen habe. Das ist allerdings wenig glaubwürdig.

Die Einlassung von Zschäpe steht zudem zu großen Teilen im Widerspruch zu den Schilderungen eines BKA-Beamten, der am 23. Verhandlungstag über frühere Vernehmungen des Mitangeklagten Holger Gerlach berichtete. Dabei soll Gerlach ausgesagt haben, dass Zschäpe stets für die Finanzen zuständig gewesen sei. Sie sei außerdem nicht nur bei der Aushändigung der bestellten Pistole, sondern auch beim Treffen wichtiger Entscheidungen dabei gewesen. Ein starkes Indiz dafür, dass die Angeklagte von den Morden im Vorfeld wusste und diese auch billigte. Zschäpe war, nach den Ausführungen Gerlachs, ein gleichberechtigtes Mitglied des NSU.

Zschäpes Aussage, nur bei der Anmietung eines einzigen Wohnmobils, das bei einem Raubüberfall oder einem der Morde verwendet wurde, anwesend gewesen zu sein, widerspricht den klaren Aussagen des Zeugen Maik S. vom 48. Verhandlungstag. Allein dieser Betreiber einer Autovermietung in Zwickau berichtete, dass Zschäpe bei schätzungsweise fünf Anmietungen, die Böhnhardt mit den Ausweispapieren von Holger Gerlach getätigt hat, dabei gewesen sei. Insgesamt wurden nachweislich bei mindestens dreizehn Straftaten elf unterschiedliche angemietete Fahrzeuge eingesetzt.

Noch deutlich belastender und aussagekräftiger ist aber, dass mehrere Zeugen Zschäpe jeweils kurz vor den Morden in der

Nähe der verschiedenen Tatorte gesehen haben. Alle Aussagen waren klar, eindeutig und plausibel:

So hat die Zeugin Veronika von A. am 40. Verhandlungstag angegeben, Zschäpe zusammen mit Böhnhardt und Mundlos wenige Tage vor dem Mord an Mehmet Kubaşık in Dortmund gesehen zu haben. Sehr genau beschrieb sie, wie sie die drei Personen, die sie nachträglich eindeutig als die Mitglieder des NSU identifizierte, zusammen mit einer weiteren Person, die sie als »Skin« beschrieb, auf ihrem Nachbargrundstück gesehen habe. Nachdem diese bemerkten, dass sie beobachtet wurden, seien sie schnell verschwunden. Da die Zeugin zunächst davon ausging, dass es sich um neue Nachbarn handeln könnte, sei ihr dieses Verhalten als merkwürdig in Erinnerung geblieben.

Daneben sagte die Zeugin Andrea C. am 48. Verhandlungstag aus, Zschäpe am Tag des Mordes an İsmail Yaşar in Tatortnähe in Nürnberg gesehen zu haben. Sie gab an, sicher zu sein, dass Zschäpe die Person war, die am besagten Tag im Supermarkt in der Nähe des »Scharrer-Imbiss« von Herrn Yaşar in der Schlange vor ihr stand. Sie gab außerdem zu Protokoll, zwei Männer mit Fahrrädern in der Nähe des ebenfalls nahegelegenen Spielplatzes beobachtet zu haben. Diese Aussage ist besonders glaubhaft. Die Zeugin bekundete ihre Beobachtungen ohne jeden Belastungseifer. Vollkommen plausibel ist ihre Begründung, warum ihr Zschäpe aufgefallen war und warum sie sich nach langer Zeit noch an sie erinnern konnte. Sie führte aus, dass sie damals ein großer Fan der amerikanischen Serie *Roseanne* gewesen sei. In dieser Serie tritt eine Figur namens Darlene Conner auf, gespielt von der Schauspielerin Sara Gilbert. Diese Schauspielerin habe der Frau, die im Supermarkt vor ihr gestanden habe, wahnsinnig ähnlich gesehen. Vergleicht man das Aussehen Zschäpes mit dieser Schauspielerin, fällt die Ähnlichkeit in der Tat sofort ins Auge. Zudem gibt es keinen ersichtlichen Grund, warum diese Zeugin lügen sollte. Ihre Beobachtungen fallen daher ins Gewicht. Aufschlussreich war auch die Einvernahme des Zeugen Frank G. am 317. Verhandlungstag. Der Zeuge war am 7. Mai 2000 als Polizeibeamter zum Schutz der Synagoge in der Berliner Rykestraße eingesetzt. An diesem Tag fielen ihm drei Personen, zwei Männer und eine Frau, auf, die an der Synagoge vorbeigelaufen und sich dann vor ein Café mit Blick auf die Synagoge gesetzt hätten. Einige Tage darauf erkannte er diese Frau wieder, als im Fernsehen ein Bericht über das untergetauchte Trio gesendet wurde. Er meldete seine Beobachtung auch dem Landeskriminalamt. Darauf sagte Frau Zschäpe – erst, *nachdem* der Senat ausdrücklich danach fragte –, sie sei in der Tat in Berlin gewesen, in Begleitung von Mundlos und Böhnhardt. Wann genau wisse sie nicht mehr, es sei darum gegangen, »dass wir mal aus Chemnitz rauskommen«. Ein touristischer Kurzurlaub vom anstrengenden Terroristenleben in Sachsen quasi. Dass man sich in einer Stadt mit Tausenden von Kneipen und Cafés und nur einer Handvoll Synagogen nun ausgerechnet gegenüber eines dieser jüdischen Einrichtungen nach draußen setzt, mit direktem Blick auf das Gotteshaus, das scheint mir nur schwer als Zufall vorstellbar zu sein.

Ein anderes Szenario drängt sich auf. Alle drei Untergetauchten waren Antisemiten. Lassen Sie mich zur Erläuterung nur auf das »Progromly«-Spiel hinweisen, das bei der Durchsuchung am 26. Januar 1998 in der Wohnung der Angeklagten gefunden und später vom Trio zur Schaffung einer Einnahmequelle vertrieben wurde. Dessen Regeln wurden in der Hauptverhandlung erläutert: Während beim bekannten Monopoly-Spiel Häuser gekauft und auf den Straßen platziert werden können, müssten in der durch das Trio abgewandelten Version nun »Judensterne« abgedeckt werden, »um eine schöne judenfreie Stadt zu erhalten«, wie es in der Anleitung steht. Auf der Spielanleitung in altdeutscher Schrift prangt der Kopf eines SS-Soldaten. Das Original-Feld »Frei Parken« wurde hier umbenannt in »Besuch beim Führer«, aus E-Werk und Wasserwerk wurden »Gaswerk« und »Arbeitsdienst«, aus den Bahnhofsfeldern die »KZ-Felder« Dachau, Ravensbrück, Auschwitz und Buchenwald. Die besonders prägnant hervorstechende rassistische und antisemitische Einstellung der Angeklagten wurde in der Hauptverhandlung immer wieder belegt.

Vor dem 7. Mai 2000 hatte der NSU, nach unserer heutigen Kenntnis, noch keine Migranten getötet. Man war sich einig, *dass* man Menschen töten will, aber noch nicht, *wer* sterben sollte. Dass Migranten dazu gehören sollten, war klar. Das beweist der sogenannte Taschenlampen-Anschlag im Jahr 1999. Aber auch Juden waren im Fadenkreuz. Beim Ausspähen der Synagoge wurde dem Trio schnell klar, dass ein Anschlag auf die Synagoge mit unkalkulierbaren Risiken verbunden war und die Tatausführung dementsprechend nicht einfach würde. Vor dem Gebäude waren Tag und Nacht polizeiliche Objektschützer eingesetzt. Kameras an der Außenfront des Gebäudes zeichneten jede Bewegung auf. Poller auf der Straße hielten Fahrzeuge auf. Das Ausspähen der Synagoge führte zu dem Entschluss, dass das Töten ungeschützter und damit wehrloser Menschen einfacher und mit viel weniger Risiken verbunden war. Frau Zschäpe war damit, so kann man unterstellen, nicht nur an der Ausspähung der Synagoge beteiligt, sondern auch an dem Entschluss, in der Folge ausschließlich Einwanderer zu töten. Auch wird deutlich, in welchem Ausmaß die bloße Präsenz der Beate Zschäpe das Trio schützte und die Tatvorbereitung erleichterte: Zwei Männer, jung, kurz geschnittene Haare, wären jedem Objektschützer sofort aufgefallen, wenn sie sich in der Nähe der Synagoge aufhielten. Wäre nicht zufällig im Fernsehen über das untergetauchte Trio berichtet worden, wären dem Zeugen

Frank G. die drei nicht aufgefallen beziehungsweise er hätte sie längst vergessen.

Die Aussagen der beiden Zeuginnen und des Zeugen stehen im deutlichen Widerspruch zu der Einlassung der Angeklagten Zschäpe. Weshalb sie in der Nähe der unterschiedlichen Tatorte jeweils kurz vor der Tat gesehen wurde, konnte sie nicht erklären. Soll es ein Zufall gewesen sein, dass sich die ansonsten zurückgezogen in ihrem jeweiligen Unterschlupf lebende Angeklagte, die nach ihrer eigenen Aussage vornehmlich Computer spielte und selten ihre Wohnung verließ, sich gerade zu diesen Zeiten an diesen Orten aufhielt? Wohl kaum. Diese Beispiele zeigen die Widersprüchlichkeit und vor allem die Unglaubwürdigkeit Zschäpes ein weiteres Mal beispielhaft auf. Es besteht kein Zweifel daran, dass sie von den geplanten Morden nicht nur vorher wusste, sondern dass sie auch bei der Vorbereitung und der Durchführung unterstützend mitwirkte und damit als Mittäterin von Böhnhardt und Mundlos einzustufen ist.

Ihre legendenbildende Tätigkeit wurde am 29. Verhandlungstag von Monika M., einer Nachbarin aus ihrer Zeit in der Zwickauer Frühlingsstraße, beispielhaft näher ausgeführt. Zschäpe habe ihr bei einem von mehreren Gesprächen erzählt, dass sie mit ihrem Freund und dessen Bruder in der Wohnung lebe und dass beide Männer beruflich mit der Überführung von Fahrzeugen beschäftigt seien. Die Angeklagte erzählte außerdem von einem gemeinsamen sechswöchigen Urlaub auf Fehmarn. Auf die Frage, ob der Chef denn so lange frei gebe, habe sie dies mit Überstunden und der Möglichkeit begründet, mit Computern auch vom Urlaubsort aus arbeiten zu können. Dieses Beispiel zeigt, wie Zschäpe gegenüber ihrem sozialen Umfeld mit Lügen über Lügen die Fassade einer bürgerlichen Normalität errichtete.

Frau Zschäpe hat vorgetragen, dass sie die Schusswaffe gesehen habe inklusive des Schalldämpfers. Sie habe geglaubt, dass die Waffe für einen Suizid geplant gewesen sei. Die Männer hätten die feste Absicht gehabt, sich im Falle der Festnahme umzubringen. Dies ist aber nicht plausibel. Denn zu welchem Zweck brauchte man in diesem Fall einen Schalldämpfer? Waren Mundlos und Böhnhardt ganz besonders rücksichtsvoll und wollten vermeiden, beim Selbstmord die Nachbarn zu erschrecken? Nein. Ein Schalldämpfer ist ein Schalldämpfer ist ein Schalldämpfer. Für einen Raub braucht man keinen Schalldämpfer. Für einen Selbstmord braucht man keinen Schalldämpfer. Für die Verletzung eines Menschen braucht man keinen Schalldämpfer. Eine Schusswaffe, ausgestattet mit einem Schalldämpfer in der Hand einer Privatperson, dient der geräuschlosen Tötung von Menschen. Er dient einem Mord. Jede andere Erklärung zeugt von dem Versuch, uns für dumm zu verkaufen.

Täterin oder Beihelferin? Beate Zschäpes Handlungen über den Zeitraum von über dreizehn Jahren sind wesentliche Tatbeiträge für die Morde, die Raubüberfälle und die Bombenanschläge. Sie ist damit als Mittäterin im Sinne von § 25 Abs. 2 StGB zu qualifizieren. In der Anklageschrift werden Zschäpe, Böhnhardt und Mundlos zu Recht als »einheitliches Tötungskommando« beschrieben.[230] Es ist zwar nicht bewiesen, dass Zschäpe die Raubüberfälle oder die Morde eigenhändig durchgeführt hat oder dass sie die Bomben gelegt hätte. Aber das steht einer Verurteilung als Mittäterin keinesfalls entgegen.

Das deutsche Strafgesetzbuch differenziert zwischen Beihilfe und Mittäterschaft. Der Gehilfe beschränkt sich darauf, die Tat eines anderen zu fördern. Er ist bloße Randfigur des Geschehens und wird dementsprechend milder bestraft als der Haupttäter, dem er Hilfe leistet. Ein Mittäter begeht hingegen, mit anderen Tätern zusammenwirkend, eine gemeinschaftliche

Tat. Kennzeichen der Mittäterschaft ist die, auf einem gemeinsamen Entschluss basierende, arbeitsteilige Tatbegehung. Dabei ist es gerade charakteristisch, dass die einzelnen Beteiligten
nicht sämtliche Voraussetzungen eines Straftatbestandes erfüllen, sondern das arbeitsteilige Handeln der Täter wechselseitig
zugerechnet wird.

Die Differenzierung zwischen Beihilfe und Mittäterschaft
hat entscheidende Bedeutung für die Bewertung des begangenen Unrechts. In der Unterscheidung drückt sich aus, ob eine
fremde Tat nur als Teilnehmer gefördert oder eine *eigene* Tat als
Täter verübt wurde. Das spiegelt sich auch entscheidend im gesetzlich angedrohten Strafrahmen wider. So verlangt das Gesetz
für die mittäterschaftliche Begehung eines Mordes die lebenslange Freiheitsstrafe, wohingegen bei Beihilfe zum Mord lediglich eine Mindestfreiheitsstrafe von drei Jahren droht.

Nach ständiger Rechtsprechung des Bundesgerichtshofs
muss die Abgrenzung zwischen Mittäterschaft und Beihilfe »in
wertender Betrachtung nach den gesamten Umständen« beur-
teilt werden.[231] Dabei kommt es insbesondere auf den gemeinsamen Tatentschluss, den Grad des eigenen Interesses am Taterfolg, den Umfang der Tatbeteiligung und den Willen zur
Tatherrschaft an.[232] Vor dem Hintergrund dieses Maßstabs sind
die Tatbeiträge Zschäpes als wesentlich einzustufen, da sie nach
dem gemeinsamen Tatplan des NSU-Kerntrios für das Gelingen
der NSU-Taten als unersetzlich angesehen werden müssen.[233]
Wären zehn Morde, zwei Bombenanschläge und über ein Dutzend Raubüberfälle über einen Zeitraum von insgesamt dreizehn Jahren, die von gemeinsam bewohnten Unterschlüpfen
aus geplant und durchgeführt wurden, ohne Zschäpes ständiges kreatives Lügen über ihre Identitäten und das Erwecken einer bürgerlichen Existenz in der Nachbarschaft möglich gewesen? Hätten Böhnhardt und Mundlos als Killer-Duo über eine
so lange Zeit ungestört morden können, ohne dass Nachbarn

stutzig geworden wären? Auf keinen Fall. Die abgeschottete Lebensführung unter falschen Namen erforderte von Anfang an ein hohes Maß an Vertrauen, Loyalität, Zusammenarbeit und Präzision. Ein einziger Fehler von einem der drei Untergetauchten hätte ein Ende der verbrecherischen Mission bedeutet. Beate Zschäpe sicherte die jeweiligen Rückzugsräume aktiv. Die Vermeidung eines Aussteigereffekts über einen so langen Zeitraum ist nur aufgrund der gemeinsamen ideologischen Überzeugung erklärbar.

Mit Roxin nimmt allerdings einer der Schöpfer der Tatherrschaftslehre an, dass Zschäpes Tatbeiträge lediglich eine »Mitwisserschaft« begründeten und daher »nur« eine Beihilfe gemäß § 27 Abs. 1 StGB in Betracht komme. Sein Hauptargument ist, dass der Anwendungsbereich der Beihilfe entfiele, wenn schon die Legendierung für eine Mittäterschaft ausreicht. Anders sei der Fall etwa zu beurteilen, wenn nachgewiesen werden könnte, dass Zschäpe auch während der Begehung der Morde in einem engen Kontakt zu Böhnhardt und Mundlos gestanden habe.[234]

Selbst dafür gibt es, wie oben ausgeführt, Anhaltspunkte. Doch auch wenn die Indizienlage für einen solchen Schluss nicht ausreichen mag, lassen selbst die von Roxin geforderten strengen Anforderungen an § 25 Abs. 2 StGB eine Mittäterschaft zu. Es handelte sich nämlich keinesfalls schlicht um eine einfache Mitwisserschaft. Zschäpe hat Mundlos und Böhnhardt nicht nur durch zielgerichtetes Streuen von angeblichen Informationen zu den Tarnpersonalien unterstützt, sondern auch nicht unwesentliche weitere Vorbereitungshandlungen getätigt. Ein weiterer wesentlicher Aspekt ihrer Tätigkeit war zudem die Verwaltung des durch die Raubüberfälle erbeuteten Geldes. Eine Tatsache, die ihrer Selbstdarstellung, eine unwissende und untergeordnete Mitbewohnerin gewesen zu sein, widerspricht. Beate Zschäpe war gleichberechtigtes Mitglied des NSU und eine tragende Säule der Terrororganisation. Sie war bei der Übergabe einer Waffe zugegen; sie hat die Bekenner-DVDs versandt; sie war Entscheidungsträgerin. Sie wusste, was vor sich ging, und hat ihren Beitrag zum Gelingen der Taten über Jahre hinweg erfolgreich und zuverlässig geleistet. In ihrem Verhalten manifestiert sich Zschäpes Interesse am Taterfolg. Das gilt für das übergeordnete Ziel, der Verbreitung von Terror, aber auch für jede einzelne der Taten.

Mehr noch: Jede einzelne Handlung Beate Zschäpes mag als bloße Beihilfehandlung betrachtet werden. Hier ist aber zwingend eine *wertende Gesamtbetrachtung* des Geschehens vorzunehmen. Beate Zschäpe ist im völligen ideologischen Gleichklang und aufgrund eines gemeinsam gefassten Beschlusses mit den beiden Männern in die Illegalität abgetaucht. Dort hat sie über dreizehn Jahre mit ihnen gelebt. Wer über einen solch langen Zeitraum hinweg durch verschiedene Handlungen einen geschützten Raum schafft, der es erst möglich macht, dass Morde, Raubüberfälle und Bombenanschläge begangen werden, kann nicht als bloßer Zaungast des Geschehens eingestuft werden. Eine isolierte Bewertung jeder Handlung verbietet sich unter diesen Umständen. Der schiere, numerische Umfang ihrer Tatbeteiligung gewinnt einen täterschaftlichen Wert. Die dargelegte maßgebliche Perspektive der wertenden Gesamtbetrachtung erlaubt es, die Besonderheit zu berücksichtigen, dass es sich nicht um punktuelles oder situatives Unrecht handelt, sondern um das Zusammenwirken einer rassistisch-nazistisch gefestigten terroristischen Vereinigung über dreizehn Jahre, mit festgelegter und befolgter Rollenverteilung und mit dem gemeinsamen Ziel, dem geteilten Hass durch immer neue Morde öffentlichkeitswirksam Ausdruck zu verleihen. Das Gericht sollte also auch bei diesem Prozess an diesem Maßstab festhalten, wonach keine Einzelbetrachtung der Tatbeiträge angezeigt ist. Vielmehr wird auf normativer Ebene deutlich, dass die Dauer des gemeinsamen kriminellen Wirkens und die erhebliche Anzahl der Tatbeiträge gegenüber den Einzelhandlungen ein *Mehr* ergeben.

Weitere Einsichten liefert der Vergleich zur Verurteilung der Terroristen der Roten Armee Fraktion wegen mehrfachen Mordes in Mittäterschaft im sogenannten Stammheim-Prozess. Auch wenn dem Urteil des Oberlandesgerichts Stuttgart im April 1977 aufgrund der Suizide der Angeklagten keine Rechtskraft zukam, beinhaltet die Urteilsbegründung auch für diesen Prozess relevante Bewertungskriterien für die Taten von Mitgliedern einer terroristischen Vereinigung.

So wurden Andreas Baader, Gudrun Ensslin und Jan-Carl Raspe alle zu lebenslanger Haft verurteilt, obwohl nicht abschließend aufgeklärt werden konnte, welcher Angeklagte zu welchem der sechs Bombenanschläge welchen Tatbeitrag geleistet hatte. Für den Senat reichte für die Bejahung der Mittäterschaft aus, dass zuvor gemeinsam besprochen wurde, wann, wo und mit welchen der zuvor gemeinsam fertiggestellten Sprengkörpern die jeweiligen Attentate verübt werden sollten. Demnach wurden auch dort der gemeinsame Tatplan sowie der Wille aller Angeklagten zur Tatbegehung, untermauert von der gemeinsamen Ideologie, höher gewichtet als die gemeinsame Tatbegehung. Zudem gab es auch im Stammheim-Prozess ein Dokument der Selbstbezichtigung, das als besonders wichtiges Indiz für den Tatwillen aller Angeklagten gewertet wurde.[235]

Auch nach diesen Maßstäben muss das Gericht bei der Beurteilung von Zschäpes Handeln zum gleichen Ergebnis kommen. Nach dem Selbstverständnis des NSU-Kerntrios hing der Ausgang jeder Tat vom Willen eines jeden Mitglieds der Gruppe ab.[236] Im Gegensatz zur Vereinigung der RAF existierten beim NSU keine konkreten anschlagsbezogenen Sonderkommandos. Stattdessen sah die Rollenverteilung eine zumindest mittelbare Beteiligung jedes einzelnen Mitglieds bei jedem einzelnen Verbrechen vor. Zuletzt geht die geteilte rechtsextreme Agenda aus den Selbstbezichtigungsvideos klar hervor.

Die von den Verteidigern Zschäpes präsentierte Deutung, sie sei eine verängstigte Mitläuferin gewesen, die aus blinder Liebe und Naivität in einen Strudel aus Gewalt und Rassenhass geraten sei, ist an Unglaubwürdigkeit kaum zu überbieten. Zschäpe teilte im Gegensatz zu dieser Schilderung den Hass gegen alles Fremde. Insofern kann sie passender als ideologischer Resonanzverstärker umschrieben werden. Ihre breite Beteiligung in der rechtsradikalen Szene schon vor den Taten, aber auch ihre Mitwirkung an der Selbstbezichtigungs-DVD sowie deren späteren Verbreitung sprechen ebenfalls stark für den geforderten Willen zur Tatbegehung. Nicht zuletzt ihre Beteiligung am Bau einer zündfähigen Rohrbombe vor ihrem Untertauchen zeigte ihre Bereitschaft, diese ideologischen Vorstellungen in die eigene Tat umzusetzen. Es ist keinesfalls ersichtlich, dass sich diese unbedingte – auch tödliche – Gewaltbereitschaft nach dem Abtauchen geändert hätte.[237]

Ihr Auftreten im Gerichtssaal zeugt keinesfalls von einer leicht beeinflussbaren, zurückhaltenden Persönlichkeit. Auch wenn sie sich beharrlich weigerte, selbst auszusagen, war ihre nonverbale Kommunikation durchaus ausdrucksstark: Ihre zahlreichen Gesten, das Hochziehen ihrer Augenbrauen, das Kräuseln ihrer Lippen oder ihr Kopfschütteln können nur als Zeichen der Ablehnung gegenüber den Prozessbeteiligten gedeutet werden. Zwischendurch tuschelte sie auch mal gut gelaunt mit ihren jeweiligen Verteidigern. Man kann dieses Verhalten auf verschiedene Arten deuten. Wie eine Frau, die sich von zwei Männern manipulieren ließ, wie eine Mitläuferin ohne eigenen Antrieb oder Willen wirkte sie aber in keinem Fall. Zu Zschäpes Persönlichkeit hat auch Holger Gerlach bei seinen Vernehmungen Angaben gemacht. Danach sei Zschäpe auch schon vor dem Untertauchen ein durchsetzungsstarker Typ gewesen, der sich keinesfalls unterordnet. Gerlach habe sich erinnert, dass Zschäpe bei einer Busfahrt einer Punkerin ins Gesicht schlug, weil sie »blöd geguckt« habe. Ein weiterer Beleg dafür, dass die Rede vom »verängstigten Mäuschen« nichts weiter als ein Mythos ist.

Eine lebenslange Freiheitsstrafe für Zschäpe hängt letztlich nicht von der Qualifikation als Mittäterin ab. Allein durch das Anzünden der Wohnung in der Frühlingsstraße hat sie den Tod von zwei Handwerkern und einer betagten Nachbarin billigend in Kauf genommen und dadurch drei versuchte Morde begangen, wofür das Gesetz eine lebenslange Freiheitsstrafe anordnet. Die Umstände der Brandstiftung sind aufgrund eindeutiger Zeugenaussagen hinreichend klar geworden. Zschäpe hat gewusst, dass sich ihre Nachbarin Charlotte E. in ihrer Wohnung befunden haben könnte. Deren Nichte, die gegenüber wohnende Monika M., hat am 29. Verhandlungstag ausgesagt, dass sich Frau E. aufgrund ihres schlechten Gesundheitszustandes schon damals draußen nur ganz langsam und mit Rollator bewegen konnte. Außerdem konnte sie nur schwer hören, hatte allerdings kein Hörgerät gewollt. Die Wohnung habe ihre Tante nur verlassen, wenn sie von ihr oder ihrer Schwester abgeholt worden sei. Ansonsten habe Frau E. die meiste Zeit des Tages liegend in ihrer Wohnung verbracht und nur wenig von der Außenwelt mitbekommen. Dies wurde auch daran augenscheinlich, dass sie die Explosion in ihrem Haus nicht selbst vernommen hatte. Da die ältere Dame weder die Explosion noch das Feuer wahrnahm, war sie arglos. Wegen ihrer altersbedingten Einschränkungen konnte sie sich selbst nicht retten und aufgrund ihrer Arglosigkeit auch keine Rettung rufen. Sie war der Gefahr des Feuers schutzlos ausgeliefert. Die Voraussetzungen der Heimtücke sind demnach erfüllt.

All dies war Zschäpe bekannt. So hat sie nicht nur lange Zeit unmittelbar neben Frau E. gewohnt, sondern auch in regelmäßigen Abständen mit ihr kommuniziert. Monika M. hat auch ausgesagt, dass sich Zschäpe über den Zustand ihrer älteren Nachbarin informiert hätte. Von der Schwerhörigkeit wusste Zschäpe unter anderem deshalb, weil Monika M. sie gefragt hatte, ob der laut eingestellte Fernseher ihrer Tante sie störe. Die Zeugin kommt daher auch bei einer Vernehmung nach dem Brand zu dem einzig einleuchtenden Ergebnis: Zschäpe, die um die eingeschränkte Mobilität Charlotte E.s wusste, hat deren Leben aufs Spiel gesetzt. Im Laufe des 29. Verhandlungstages wird außerdem bekannt, dass sich Monika M. jeden Freitag mit ihren beiden Schwestern und Frau E. gegen 15 Uhr zum Kaffee in der Frühlingsstraße 26 getroffen hatte. An diesem Tag seien sie ein bisschen spät gewesen. Ansonsten hätten auch sie sich zum Zeitpunkt der Explosion in der Wohnung aufgehalten und in den Flammen sterben können. Ob Zschäpe auch das wusste und billigend in Kauf genommen hat, konnte nicht abschließend aufgeklärt werden. Es wurde allerdings hinreichend deutlich, dass sich Zschäpe zwar um das Schicksal ihrer beiden Katzen kümmerte, mit denen sie kurz vor der Explosion flüchtete, nicht aber um das ihrer 89-jährigen Nachbarin. Diese ließ sie, obwohl sie um ihre Hilfsbedürftigkeit wusste, in ihrer Wohnung zurück.

Damit handelte Zschäpe hinsichtlich der auf Arglosigkeit beruhenden Wehrlosigkeit von Frau E. mit *dolus eventualis*, also mit bedingtem Vorsatz. Sie hat durch das Entzünden ihrer Wohnung unmittelbar zum Mord angesetzt. Dabei handelte sie rechtswidrig und schuldhaft. Allein diese Tat des versuchten Mordes sollte daher schon eine lebenslange Freiheitsstrafe zur Folge haben.

Beate Zschäpe wird zudem der versuchte Mord an zwei Handwerkern vorgeworfen. Diese arbeiteten im Dachgeschoss, als sie das Haus in Brand setzte. Zschäpe wusste, dass die Handwerker schon seit Wochen von morgens bis zum Nachmittag

Renovierungsarbeiten im Dachgeschoss durchführten. Auch an besagtem Tag hatte sie die Handwerker schon vormittags bemerkt. Zschäpe war sich zum Zeitpunkt des Inbrandsetzens der Wohnung darüber im Klaren, dass sich die Handwerker höchstwahrscheinlich im Hause aufhielten. Sie behauptet, sie habe laut »Hallo« im Treppenhaus gerufen und keine Antwort gehört, bevor sie den Brand gelegt habe. Diese Darstellung der Ereignisse überzeugt aber nicht. Selbst wenn es zuträfe, dass sie gerufen hat: Es reicht nicht. Zündet man ein Haus mittels eines Brandbeschleunigers an, muss man davon ausgehen, dass dieses Feuer sich nach oben ausbreitet und dass allen Menschen die Flucht durch das Treppenhaus versperrt sein würde. Dies gilt für die beiden Handwerker, dies gilt insbesondere für die betagte Nachbarin. Will man sichergehen, dass den Menschen im Haus nichts zustößt, reicht ein »Hallo« im Treppenhaus nicht aus. Im günstigsten Fall für Frau Zschäpe muss man ihr Gleichgültigkeit gegenüber dem Schicksal der Menschen im Haus unterstellen. In diesem Fall hätte sie die Tatfolge – den Tod der Menschen – billigend in Kauf genommen, was für einen Vorsatz ausreicht.

Die Nachbarin und die beiden Handwerker konnten nicht damit rechnen, dass das Haus angezündet wird. Sie waren arg- und wehrlos. Deswegen war die Handlung Beate Zschäpes heimtückisch. Zudem wollte sie Beweise vernichten, um ihre Mitwirkung an den Morden, Bombenanschlägen und Raubüberfällen zu vertuschen. Das Anzünden des Hauses gefährdete Leib und Leben einer Vielzahl von Menschen. Deswegen ist hier Gemeingefährlichkeit anzunehmen.[238] Damit erfüllt sie drei der in § 211 StGB aufgeführten Mordmerkmale.

Zum Strafmaß Es gibt kaum erkennbare Aspekte, die man für die Angeklagte Zschäpe als strafmildernde Umstände heranführen könnte. Frau Zschäpe hat die Chance verpasst, in diesem Verfahren den Sachverhalt zu erhellen, eines der aufwändigsten Verfahren der neueren Geschichte der Bundesrepublik zu erleichtern und gleichzeitig dem hohen Senat zu demonstrieren, dass zwischen den begangenen Taten und der Verhandlung eine Zäsur stattgefunden hat. An dieser Zäsur fehlt es vollkommen. Das Verhalten der Angeklagten in der Hauptverhandlung war eine stringente Fortsetzung ihres Lebens als kaltblütige Verbrecherin. Die Tatvorwürfe nahm sie mit Gleichgültigkeit und Desinteresse hin. Währenddessen wurden an die Wand des Gerichtssaals die Bilder ihrer Opfer projiziert – blutüberströmte Menschenkörper, Zeugnisse kalter Hinrichtungen. Meine Mandanten haben diese Bilder getroffen, zutiefst emotional berührt. Ich selbst konnte, obwohl es sich freilich um Menschen handelte, die ich nie persönlich kannte, die Bilder kaum aus meinem Kopf bekommen – auch lange nicht, nachdem ich den Gerichtssaal verlassen hatte. Ähnlich ging es Zuschauern und Journalisten, die den Prozess an jenen Tagen besucht hatten. Die Angeklagte spielte derweil Spiele auf ihrem PC, las Zeitung oder betrachtete ihre Fingernägel.

Die Angaben, die Frau Zschäpe hier vor Gericht gemacht hat, sind nicht strafmildernd zu berücksichtigen. Sie sind für das Strafmaß unbedeutend, nicht nur, weil ihr Inhalt in keiner Weise zu überzeugen vermochte, sondern auch wegen der Art und Weise ihres Zustandekommens. Es dürfte einmalig in der deutschen Rechtsgeschichte sein, dass eine Angeklagte die Fragen des Gerichts entgegennimmt, um sie dann viele Wochen später *schriftlich* zu beantworten. Die Nachfragen, die sich daraus ergaben, wurden wiederum notiert und erneut Wochen später verlesen, und zwar nicht von der Angeklagten, sondern von ihrem Verteidiger. Was ist der Wert einer so zustande gekommenen Aussage? Null.

Im Prozess konnten wir auch beobachten, wie sich Frau Zschäpe gegenüber ihren Opfern verhielt. Selbst in ergreifenden Momenten sind ihr kaum Gefühlsregungen anzumerken gewesen. Der Vater von Halit Yozgat hat sich buchstäblich vor ihre Füße gelegt, als er anschaulich machen wollte, wie er seinen toten Sohn vorgefunden hat. Frau Zschäpe zuckte nicht mit der Wimper. Empathie, Verständnis oder gar Anerkennung des von ihr verursachten Leids? Fehlanzeige.

Es war vielleicht naiv zu hoffen, in diesem Prozess eine ernst gemeinte Entschuldigung von Beate Zschäpe zu bekommen. Und doch hilft der Gedanke an Reue weiter, um sich den Maßstab zu vergegenwärtigen, an dem sich unsere Vorstellung von Menschlichkeit orientiert. Mensch sein heißt, die Gefühle seiner Mitmenschen nachvollziehen zu können. Mensch sein heißt, hieraus eine Grundfähigkeit zur Empathie zu entwickeln. Und natürlich machen Menschen Fehler. Häufig kleine, sehr häufig aber auch große Fehler. Niemand sollte sich der Illusion hingeben, nur der Andere sei fähig zum Bösen.

Doch gerade hier liegt die Stärke unserer Rechtsordnung: Im Gegensatz zum individuellen Verhältnis gibt es für die Allgemeinheit – für die Gesellschaft – keinen Fehler, der so groß wäre, dass er für alle Ewigkeit unverzeihlich bliebe. So schmerzlich und extrem es sein kann, oberstes Ziel unseres Strafverfahrens ist immer die Rehabilitation des Straftäters.

Das Einsehen der eigenen Fehltaten, das Zeigen von Reue, eine echte Entschuldigung: Alle diese und weitere Handlungsoptionen haben auch – und gerade – der Angeklagten Beate Zschäpe offengestanden. Sie wären trotz der begangenen Taten positiv berücksichtigt worden und hätten ihre Strafe mildern können. Doch die Angeklagte hat sich entschieden, von diesen Möglichkeiten keinen Gebrauch zu machen.

Wir können daher auch nur mutmaßen, was in ihr vorgehen muss. Anhaltspunkte boten die Aussagen, die in der Hauptverhandlung über ihre Person und ihr Leben festgestellt wurden. Diese sind auch bei der Strafzumessung von Relevanz, denn das Verhalten der Angeklagten vor ihren Taten steht in engster Beziehung zu diesen und lässt daher Rückschlüsse auf deren Unrechtsgehalt und die innere Einstellung der Angeklagten zu.[239]

Nach den Erkenntnissen der Hauptverhandlung war Beate Zschäpe der Prototyp einer Täterin aus Überzeugung. Als sich nach der Wende in Ostdeutschland eine organisierte rechte Szene herausbildete, war die Angeklagte an vorderster Front mit dabei. Schon 1992 gehörte sie gemeinsam mit Mundlos, Böhnhardt und den Angeklagten Gerlach und Wohlleben dem »Nationalen Widerstand Jena« an, ab 1995 der »Anti-Antifa Ostthüringen«. Gemeinsam mit Mundlos und Böhnhardt beteiligte sie sich an Aktionen der rechten Szene, warf rohe Eier auf eine Gedenkstätte für die Opfer des Faschismus, verteilte Handzettel und Plakate mit Nazi-Parolen, besuchte Nazi-Aufmärsche. Dabei war sie früh zur Gewalt bereit, auch aus nichtigen Anlässen. In der Hauptverhandlung hörten wir am 132. Verhandlungstag die ausgewogenen und detailreichen Aussagen der Zeuginnen Maria H. und Steffi S., die 1996 von Zschäpe attackiert wurden. Beide gehörten damals der linken Punk-Szene in Jena an. Auf dem Nachhauseweg in der Straßenbahn habe ihnen die Angeklagte Zschäpe gegenübergesessen und sie angestarrt. Danach hätte Zschäpe sie provoziert und die Zeugin H. anschließend so hart gestoßen, dass sie fiel und sich den Fuß anbrach. Zschäpe habe sich anschließend auf die am Boden liegende Zeugin H. gesetzt und von ihr verlangt, dass diese sich selbst beleidigt. Man kann aus dieser beispielhaften Szene sicher vieles über den Charakter der Angeklagten ablesen. In jedem Fall ist zu erkennen, dass die Angeklagte schon damals schnell ihren Worten Taten folgen ließ.

Als die »Anti-Antifa-Thüringen« später in die Nachfolgeorganisation »Thüringer Heimatschutz« überging, war auch die Angeklagte zur Stelle. Und die rassistische Ideologie spitzte sich zu in immer extremeren Gewalttaten, die ihren vorläufigen Höhepunkt in den bereits oben beschriebenen versuchten Bombenanschlägen in Jena fanden.

Von dort ging es in den Untergrund. Man muss sich vorstellen, mit welchen Unannehmlichkeiten die Entscheidung für ein solches Leben verbunden sein musste, welche Willensstärke dafür erforderlich war. Der Kontaktabbruch zu Familie, Freunden, sozialem Umfeld. Jede Alltagshandlung, jede Begegnung mit anderen Menschen, jeder Arztbesuch, jeder Behördengang war plötzlich überschattet von der steten Angst, entdeckt zu werden. Denken wir einmal darüber nach, welch starke Motivation für einen normalen Menschen erforderlich ist, seine Lebensgewohnheiten auch nur für einige Wochen radikal umzustellen: vielleicht auf Alkohol zu verzichten, eine Diät zu machen, Sport zu treiben. Jeder weiß aus seinem eigenen Alltag, wie schwer das fällt, was für eine gewaltige Motivation ein solches Unterfangen erfordert. Und jetzt stellen wir uns ein Leben im Untergrund vor: Die Motivation dafür konnte die Angeklagte nur aufbringen, weil sie für ihre rassistischen, nationalistischen Ansichten lebte, ihnen alles andere unterordnete. Die Disziplin konnte sie nur deshalb über so lange Zeit aufrechterhalten, weil sie im Inneren aufs Stärkste in ihren Überzeugungen gefestigt gewesen ist. Beate Zschäpe war Nationalsozialistin, von der Fußsohle bis zu den Haarspitzen.

Ich möchte in diesem Kontext noch eine Szene aus dem Leben der Angeklagten im Untergrund aufgreifen, die man leicht fehlinterpretieren könnte. In der Hauptverhandlung haben die Zeugen Heike K., eine Nachbarin des Trios aus der Untergrundwohnung in der Polenzstraße, und ihr damals mit ihr lebender Sohn Patrick K. ausgesagt. Beide hätten regelmäßigen Kontakt zu Beate Zschäpe gehabt, die sie unter ihrem Decknamen »Susann Dienelt« kannten. Die Nachbarin berichtete davon, wie ihr Sohn öfter »dumme Bemerkungen« gemacht habe. Einmal sei ein Bericht über eine rechtsradikale Demonstration erschienen, bei der »von der rechten Szene welche total durchgedreht sind«. Enttäuscht solle ihr Sohn damals gemeint haben, er habe schon wieder nicht dabei sein können. Beate Zschäpe habe daraufhin versucht, auf Patrick K. einzuwirken: Auch sie habe schon Kontakte in die rechte Szene gehabt und wisse, wovon sie spreche. Patrick solle sich lieber von der Szene fernhalten.

Die Annahme, dass hier ein besorgter Erwachsener einem jungen Menschen helfen wolle, geht jedoch fehl. Hätte sich der damals im Haus lebende Zeuge Patrick K. offen in der rechten Szene engagiert, wären Polizei und Verfassungsschutz sehr wahrscheinlich über kurz oder lang auf ihn aufmerksam geworden. Und die Aufmerksamkeit staatlicher Organe musste das im Untergrund lebende Trio unter allen Umständen vermeiden. Die Angeklagte hatte daher ein unverkennbares Eigeninteresse daran, dass sich ihr Nachbar damals so unauffällig wie möglich verhielt. Es ging hier also nicht darum, rassistische Taten Dritter zu verhindern. Es ging darum, die eigenen rassistischen Taten ungestört fortsetzen zu können.

Beate Zschäpe handelte aus ihrer rassistisch-nationalsozialistischen Überzeugung heraus. Es ist in der Hauptverhandlung nicht erkennbar geworden, dass sie diesen Überzeugungen abgeschworen hätte. Zentraler Bestandteil ihrer Überzeugungen war es, ihre kruden rassistischen Ansichten einer »Befreiung« oder »Reinigung« unseres Landes eben auch durch Gewalttaten umzusetzen. Dieser Teil ihrer Überzeugungen wird die Dauer der Verhandlung überlebt haben. Wir dürfen also nicht erwarten, dass sie in Zukunft ein rechtstreues Leben führen wird.

Um es in einem Satz zu sagen: Beate Zschäpe ist stellvertretend das Gesicht eines Deutschlands, das wir lange glaubten überwunden zu haben. Es ist das Gesicht eines hässlichen Deutschlands.

Für die schweren und menschenverachtenden Verbrechen, die Zschäpe begangen hat, ist sie zu bestrafen. Die Strafe ist dabei die Antwort des Gesetzes auf die Schuld, die sie sich aufgeladen hat. Für besonders gefährliche Täter sieht das deutsche Strafrecht zusätzlich die unbefristete Sicherheitsverwahrung vor. Sie schließt sich an den Strafvollzug an und ist Ausdruck der staatlichen Pflicht, die Gesellschaft vor Tätern schützen, die einen Hang zur Begehung weiterer erheblicher Straftaten haben. Die Frage, ob Sicherheitsverwahrung anzuordnen ist, orientiert sich also nicht an Zschäpes persönlicher Schuld, sondern nur an der von ihr ausgehenden Gefahr für die Allgemeinheit.

Ob Zschäpe weiter delinquent sein wird, ist in einer Gesamtwürdigung ihrer Taten und ihrer Person festzustellen. Die in den Blick zu nehmenden Gesichtspunkte sind dabei: ihre Persönlichkeitsstruktur, ihr soziales Verhalten, ihre bisherige kriminelle Betätigung und ihre Fähigkeit zu Einsicht und Reue.

Dass die von ihren Verteidigern geschliffene und verlesene Aussage eine treffende Beschreibung von Zschäpes Person, ihrer Motive und ihrer wahren Gefühle vermittelt, muss stark bezweifelt werden. Zschäpe ist nicht diese Frau, die in blinder Liebe den Mördern Mundlos und Böhnhardt ausgeliefert war. Wir wissen, dass sie ein intelligenter, selbstbewusster und durchsetzungsstarker Mensch mit ausgeprägten kommunikativen Fähigkeiten ist. So haben wir sie auch über Jahre hinweg in diesem Saal erlebt. Während des Prozesses hat Zschäpe den Rechtsanwälten Sturm, Heer und Stahl eindrücklich vor Augen geführt, dass sie sich klare Meinungen bildet, auf diesen beharrt und sie auch gegen Widerstände durchsetzt. Von mehreren Zeugen wurde dargelegt, dass Zschäpe keine bloße Mitläuferin, sondern den beiden Uwes ebenbürtig war. Hier sei exemplarisch auf die Aussagen des Zeugen Tino Brandt verwiesen, der

als Chef des »Thüringer Heimatschutzes« aus nächster Nähe
Frau Zschäpe hat beobachten können. Er zeichnete das Bild einer überzeugten Nationalsozialistin, die sich selbstbewusst in
Diskussionen der damals noch männerdominierten Nazi-Szene
einbrachte, die wusste, was sie wollte, und »keine dumme Haus-
frau« war, wie er hier vor Gericht wörtlich sagte.

Beate Zschäpe war ein gleichberechtigtes Mitglied des Kil-
lertrios und entsprechend in die Arbeitsteilung eingebunden.
Die Kreativität, Disziplin und Akribie, die sie dabei an den
Tag legte, lässt nur den Schluss zu, dass sie sich voll und ganz
mit dem gemeinsamen Ziel, der Durchsetzung rechtsradikaler
Ideologie, identifizierte und dem alles unterordnete, selbst aber
zu keinem Zeitpunkt jemandem untergeordnet war.

Den Eindruck, dass sie ihre Taten aufrichtig bedauert,
konnte man während des gesamten Prozesses nicht gewinnen. Vielmehr machte sie andere für ihr Verhalten verantwortlich. Sei es die Polizei, durch die sie sich zu Straftaten animiert
sah, Tino Brandt, den sie als organisatorischen Kopf der rechten Szene ausmachte, oder die Uwes, denen sie die Alleinver-
antwortung für die schwersten Verbrechen des NSU zuschreibt.
Hinzu kommt, dass sie ihre Tatbeiträge regelmäßig bagatelli-
sierte. Wie sie von ihrer Beteiligung an der Herstellung des Pup-
pentorsos oder der Anmietung der Garage sprach, zeigt, dass
sie Bedeutung und Konsequenzen ihres Handelns nicht verstanden hat.

In ihrer Einlassung erklärte Beate Zschäpe, dass sie sich
mittlerweile vom »nationalistischen« Gedankengut distanziere.
»Nationalistisches« Gedankengut? Nationalismus ist zwar nach
meinem persönlichen Verständnis ein Grundübel und Ursache für Krieg und Unterdrückung. Nationalismus ist aber nicht
strafbar. Bismarck war wahrscheinlich auch Nationalist. Frau
Zschäpe war aber nicht bloß eine Nationalistin. Sie war und ist
eine Nationalsozialistin und Rassistin. Die Tatsache, dass sie

hier vor Gericht ihre rechtsextreme Ideologie als »Nationalismus« zu verharmlosen versuchte, legt den Verdacht nahe, dass sie auch über den angeblichen Sinneswandel lügt.

Das von Professor Joachim Bauer zur Schuldfähigkeit der Angeklagten Zschäpe in hiesiger Hauptverhandlung am 3. Mai 2017 verlesene Gutachten veranlasst nicht zu einer anderen Einschätzung. Bauer kommt in seinem von Zschäpes Verteidigern in Auftrag gegebenen Gutachten zu dem Ergebnis, dass die Angeklagte krankhaft an einer »dependenten Persönlichkeitsstruktur« leide. Sie sei emotional so von Uwe Böhnhardt abhängig gewesen, dass sie nicht frei hätte entscheiden können. Nach Paragraph 21 StGB sei sie daher nur vermindert schuldfähig.

Um dieses Gutachten zu erstellen, hat Professor Bauer nur wenige Stunden mit der Angeklagten gesprochen. Er hat der Hauptverhandlung, anders als der Erstgutachter Professor Henning Saß, nicht beigewohnt. Er hat keine Zeugen aus dem Umfeld der Angeklagten befragt. Und Frau Zschäpes Mimik und ihre Gesten hat er nicht studieren können. Stattdessen hat er sich – wie ich meine, willkürlich anmutend – auf einige wenige Vernehmungsprotokolle beschränkt und sich auf dieser Basis ein Bild gemacht.

Das Gutachten leidet zudem an inneren Widersprüchen. Auf Seite 55 stellt Professor Bauer fest, Frau Zschäpe seien Annäherungsversuche aus der Nazi-Szene »unangenehm«. Sie wolle mit dieser Szene nichts mehr zu tun haben. Auf Seite 4 seines Gutachtens sagt er ganz nebenbei, er habe einen Brief Zschäpes an Robin S., von ihr geschrieben aus der Haftanstalt am 2. März 2013, »zur Kenntnis« genommen. Nur »zur Kenntnis genommen«? Weiß er nicht, dass Robin S. lange zur Dortmunder Neonazi-Szene gehörte und seit 2007 eine achtjährige Haftstrafe absitzt? Frau Zschäpe will mit der Nazi-Szene brechen und schreibt diesem Robin S. einen 26-seitigen Brief? Dies ist doch ein offenkundiger Widerspruch, ein Widerspruch, zu dem der Gutachter kein Wort verliert. Hätte man diesem Schreiben nicht wichtige Dinge über Zschäpes Denken entnehmen können? Oder passte der Brief einfach nicht in das Bild des Gutachters?

Professor Bauer kommt also zu dem Schluss, dass Beate Zschäpe vollkommen abhängig von Böhnhardt gewesen sei, und zwar so sehr, dass sie sogar die Morde an zehn Menschen nicht als Anlass zur Trennung genommen habe. Ist das glaubhaft?

Beate Zschäpe hat hier selbst erklärt, sie habe die Männer aus Angst nicht verlassen, selbst als diese ihr die Morde gebeichtet hätten. Sie habe befürchtet, dass sich die Männer »etwas antun«. Dass die Männer über Jahre hinweg damit beschäftigt waren, anderen Menschen immer wieder »etwas anzutun«, hat sie nicht weiter belastet – jedenfalls war es kein Anlass für Beate Zschäpe, etwas gegen das Treiben der Mitbewohner zu unternehmen. Aus einem anderen Blickwinkel aber mit ähnlicher Zielrichtung argumentiert Professor Bauer in seinem Gutachten. Gegen diese Argumentation spricht aber eine ganz simple Beobachtung: Am 4. November 2011 hatte Beate Zschäpe erfahren, dass die beiden Uwes tot sind. Zu diesem Zeitpunkt hatte ihre angebliche emotionale Abhängigkeit zu Böhnhardt keine Grundlage mehr. Sie musste keine Rücksicht mehr nehmen. Aber was tat sie? Ging sie sofort zur Polizei und machte reinen Tisch? Nein, das tat sie nicht. Sie funktionierte wie ein Uhrwerk. Sie vernichtete Beweise, indem sie die Wohnung in Brand steckte. Sie rief die Eltern von Mundlos und Böhnhardt an und informierte sie über den Tod der Söhne. Sie warf die Bekennervideos des NSU in Briefkästen ein. Sie agierte überlegt und zielgerichtet. Sie tat, was sie tat, ohne dass sie auf irgendeinen Menschen hätte Rücksicht nehmen müssen.

Beate Zschäpe wollte sich im Prozess als Opfer präsentieren. Als Opfer der Umstände. Ein Opfer ihrer Liebe zu den Uwes, insbesondere zu Böhnhardt. Sie wollte immer anders, aber sie durfte nie. Sie berichtete über ihre emotionale Abhängigkeit von Uwe Böhnhardt. Die objektiven Tatumstände sprechen aber dagegen, dass es diese Abhängigkeit wirklich gab. Genauso plausibel wäre, dass eine emotionale Abhängigkeit in der anderen Richtung bestanden haben könnte: Es wären in diesem Szenario die Männer, die unendlich an ihr hingen. Die Genese des Beziehungsdreiecks spräche dafür.

Zschäpe war erst mit Uwe Mundlos zusammen. Dann war dieser bei der Bundeswehr und musste bei einem Wochenendbesuch feststellen, dass seine Freundin ihn verlassen und jetzt mit seinem besten Freund zusammen ist. Dennoch blieben beide Männer in der Folge miteinander und mit Beate Zschäpe in ihrer Mitte befreundet. Später gingen die drei gar gemeinsam in den Untergrund, lebten auf das Engste zusammen. Es brauchte für alle Beteiligten ein hohes Maß an sozialer Kompetenz, um ein solches Leben mit dieser Vorgeschichte durchzuhalten. Dies galt insbesondere für die Person, die mit zweien intim gewesen ist, eben Beate Zschäpe. Die beiden Männer wären auch in diesem Szenario keine willenlosen Püppchen in den Händen einer dominanten Frau Zschäpe. Sie wussten, was sie taten. Sie waren verblendete Nazis und stumpfe Rassisten. Sie spielten sich auf zu Herren über Leben und Tod unschuldiger und wehrloser Menschen. Herren über das Leben von Beate Zschäpe waren sie aber nicht. Zu keinem Zeitpunkt. Beate Zschäpe ist keine Frau, die sich beherrschen lässt. Sie ist keine Frau, die sich von anderen sagen lässt, was sie zu tun und zu lassen hat. Dies entspricht auch dem Bild, das Frau Zschäpe hier über vier Jahre hinweg im Gerichtssaal abgegeben hat, auch im Umgang mit ihren Anwälten.

In Anbetracht der ganzen offenkundigen Schwächen des Bauer-Gutachtens gewinnt das Gutachten von Professor Saß umso mehr an Bedeutung. Über Monate und Jahre hinweg hat er die Angeklagte beobachtet, Zeugen befragt, Akten studiert und sich ein Bild gemacht. Seine Einschätzung fiel eindeutig aus: Es gebe keine Hinweise dafür, dass Beate Zschäpe jemals an einer relevanten psychischen Störung gelitten habe. Auch in Hinblick auf den Alkoholkonsum Beate Zschäpes gebe es »nichts Verdächtiges für ein Suchtgeschehen«.

Plausibel erscheint mir auch, dass sie die finanzielle Sorglosigkeit ihres Lebens im Untergrund genoss. Einer geregelten Arbeit musste sie dort nicht nachgehen, wie übrigens in ihrem ganzen Leben nicht. Professor Bauer hatte sie anvertraut, sie hätte am liebsten eine Lehre als Kindergärtnerin gemacht. Im Gutachten heißt es dazu auf Seite 12: »Sie habe etwa drei Bewerbungen abgeschickt, die alle abgelehnt worden seien, was ›sehr enttäuschend‹ gewesen sei.« *Etwa* drei Bewerbungen? Also vielleicht vier oder auch nur zwei? Und dann ist man so enttäuscht, dass man aufgibt? Weiter heißt es im Gutachten: »Unter der Vorstellung, einmal als Floristin zu arbeiten, habe sie dann mit einer Gärtnerlehre begonnen (1992) und diese auch abgeschlossen (1995). Die Lehre habe aber nicht gehalten, was sie sich davon versprochen habe (›schöne Sträuße binden‹), stattdessen sei sie mit Feldarbeit und mit Arbeiten in Gewächshäusern beschäftigt gewesen.« Das muss eine schreckliche Erfahrung gewesen sein: Dass man in jedem Beruf auch mal hart arbeiten muss.

Die zehn Menschen, die dem Terror des NSU zum Opfer gefallen sind, haben hart gearbeitet. Abdurrahim Özüdoğru, um nur ein Beispiel zu geben, hat in der Nacht in einer Fabrik geschuftet und am Tag eine Schneiderei betrieben, damit seine einzige Tochter eine gute Ausbildung genießen konnte.

Das Gutachten von Professor Bauer ist vielsagend, aber entlastend für Beate Zschäpe ist es nicht.

Lassen Sie mich direkt zu Ihnen sprechen, Frau Zschäpe: Sie haben sich in Ihrer Einlassung bei den Opfern des NSU »entschuldigt«. Was aber ist diese Entschuldigung wert? Was ist Ihre Reue wert? Meine Mandantinnen und Mandanten finden bis zum heutigen Tag in vielen Nächten keinen Schlaf, weil sie nicht wissen, warum der Vater, warum der Bruder sterben musste. Wir wissen bis heute nicht, wieso ausgerechnet İsmail Yaşar und Abdurrahim Özüdoğru von Ihnen – ja auch von Ihnen, Frau Zschäpe – zum Tode verurteilt wurden. Sie, Frau Zschäpe, könnten vielleicht eine Antwort auf die so brennenden Fragen der Überlebenden Ihres Handelns geben. Sie, Frau Zschäpe, bitten um Verzeihung. Gleichzeitig haben Sie sich aber beharrlich geweigert, auch nur eine einzige Frage Ihrer Opfer zu beantworten. Was ist eine solche Reue wert? Die einzige Reue, die etwas bedeutet, die einzige Reue, die auch meinen Mandantinnen und Mandanten helfen könnte, wäre die tätige Reue. So bleibt Ihre Entschuldigung, Frau Zschäpe, bloßes Gerede von einer Angeklagten, die einer harten Strafe entkommen will.

Sie haben das Recht zu schweigen, und niemand will Ihnen dieses Recht nehmen. Aber auch die Nebenkläger haben Rechte, die Strafprozessordnung zählt diese Rechte auf. Das wichtigste Recht eines Opfers steht allerdings nicht im Gesetz: Das Recht, frei zu entscheiden, ob man einem Angeklagten eine Tat verzeiht oder nicht. Im Namen der fünf Geschwister von Abdurrahim Özüdoğru und im Namen der einzigen Tochter von İsmail Yaşar erkläre ich: Wir nehmen Ihre Entschuldigung nicht an. Wir verzeihen Ihnen nicht. Wir verzeihen Ihnen nicht den Mord an unserem Bruder. Wir verzeihen Ihnen nicht den Mord an meinem Vater. Wir verzeihen Ihnen nicht die Lügen, die Sie uns hier aufgetischt haben.

Wenn Sie irgendwann bereit sind, sich Ihrer Vergangenheit zu stellen, wenn Sie aufgehört haben, aus Ihrem Herzen eine Mördergrube zu machen, wenn Sie wirklich bereit sind, ohne jede Schminke in den Spiegel zu blicken, wenn Sie bereit sind, uns zu helfen, abzuschließen, dann schreiben Sie uns. Dann, aber auch nur dann, können wir Ihnen vergeben, dann werden wir Ihnen vergeben.

Nach alledem ist mit Blick auf Frau Zschäpe abschließend zusammenzufassen: Die emotionale Distanz und ihre Art, die Bedeutung ihres Handelns herunterzuspielen und Verantwortung bei anderen zu suchen, lassen mit hoher Wahrscheinlichkeit befürchten, dass Beate Zschäpe auch in Zukunft wieder schwere Verbrechen begehen wird. Beate Zschäpe stellt in ihrer ideologischen Getriebenheit, ihrer emotionalen Kälte und dem Mangel an Reflexion eine Gefahr für die Allgemeinheit dar. Deswegen ist sie nach dem Strafvollzug in Sicherheitsverwahrung zu nehmen.

André Eminger

Beim Angeklagten André Eminger ging es um die Unterstützung einer terroristischen Vereinigung. Die Unterstützung des NSU durch ihn ist in der Hauptverhandlung belegt worden. Eminger gehörte zu den engsten Kontakten des Trios im Untergrund und war diesem freundschaftlich verbunden. Er teilte mit Mundlos, Böhnhardt und Zschäpe die ideologische Einstellung, wusste um deren gewalttätige Methoden bei der Umsetzung ihrer Ziele. Dennoch half er ihnen dabei, aus dem Untergrund heraus zu agieren und dabei unerkannt zu bleiben. Neben der Anmietung von Fahrzeugen, die vom Trio für die Begehung von Raubüberfällen und Sprengstoffanschlägen genutzt wurden, manifestiert sich die Unterstützung des NSU durch den Angeklagten in zwei belegten Handlungen.

| Falschaussagen und Beantragung einer BahnCard für den NSU | Am 11. Januar 2007 wurde der Angeklagte in Zwickau von der Polizei als Zeuge vernommen. Am 7. Dezember 2006 soll sich in der Polenzstraße 2 in Zwickau ein Diebstahl ereignet haben. Die Polenzstraße 2 |

war zu dieser Zeit der Unterschlupf, in dem sich Beate Zschäpe, Uwe Mundlos und Uwe Böhnhardt aufhielten. Am Tag des vermeintlichen Diebstahls trafen Anwohner Zschäpe gemeinsam mit André Eminger im Hausflur – daher kamen beide in dem Ermittlungsverfahren als Zeugen in Betracht und wurden vorgeladen. Die Situation war für das Trio gefährlich, denn die polizeiliche Aufmerksamkeit erhöhte freilich das Risiko, entdeckt zu werden, enorm.

Bei seiner polizeilichen Vernehmung sagte Eminger daher aus, die Wohnung in der Polenzstraße 2 werde von »Matthias Dienelt« genutzt. Dabei war ihm vollkommen bewusst, dass dies eine Lüge war und die Wohnung tatsächlich dem Trio als Unterschlupf diente. Auf die Frage, welche Person ihn damals begleitet habe, meinte er, es habe sich dabei um seine Ehefrau gehandelt. Natürlich wusste er auch um die Falschheit dieser Aussage. Mehr noch, er ermöglichte Beate Zschäpe sodann bei ihrer eigenen Vernehmung am selben Tag auch noch, in Absprache mit ihm als seine Ehefrau gegenüber der Polizei aufzutreten. So stellte er sicher, dass das Trio weiter aus dem Geheimen heraus agieren konnte.

Auch die zweite konkret nachgewiesene Unterstützungshandlung war zentral für die Tatpläne des NSU. So beantragte der Angeklagte am 8. Mai 2009 bei der Deutschen Bahn eine »BahnCard 25« für Zschäpe und Böhnhardt. Da diese zur Verschleierung nicht unter ihrer eigenen Identität auftreten sollten, beantragte er die Karten auf die Namen von sich und seiner Ehefrau. Statt der eigenen reichte er allerdings Passfotos von Uwe Böhnhardt und Beate Zschäpe ein. Die Karten wurden von der Deutschen Bahn in dieser Form ausgestellt und zwischen dem 25. Juni 2009 und dem 24. Juni 2012 mehrfach verlängert. Der Angeklagte André Eminger reichte diese Karten an Böhnhardt und Zschäpe weiter. So konnten diese Preisnachlässe nutzen und unter falscher Identität und unerkannt innerhalb Deutschlands reisen.

André Eminger hat sich zu den gegen ihn erhobenen Vorwürfen nicht eingelassen. Es konnte jedoch bewiesen werden, dass der Angeklagte den NSU in der eben beschriebenen Form unterstützt hat.

Zunächst zur Aussage des Angeklagten vom 11. Januar 2007: Die Zeugin Heike K. hat in der Hauptverhandlung bekundet, sie habe die Angeklagte Zschäpe als Nachbarin in der Zwickauer Polenzstraße unter dem Namen »Susann Dienelt« gekannt, genannt habe man sie dort gemeinhin »Lise«. Als solche war sie der Zeugin K. auch am Tag des vermeintlichen Diebstahls im Haus aufgefallen und sollte daher von der Polizei befragt werden. Nachdem eine Ladung an eine »Lise Dienelt« erfolglos war, versuchte Kriminalhauptmeister R. sie persönlich in der Wohnung zu besuchen. Laut seiner Aussage habe sich die Frau, die er dann in der Wohnung tatsächlich antraf, nicht als »Lise Dienelt«, sondern als »Susann Eminger« vorgestellt. Den abweichenden Namen habe sie wie folgt zu erklären versucht: Ihr Spitzname sei »Lise« und da nun mal »Dienelt« auf dem Klingelschild stehe, gingen alle davon aus, sie heiße »Lise Dienelt«. Der Kriminalbeamte R. war spontan zu ihr in die Wohnung gekommen und musste die dort anwesende Person daher überrascht haben. Hätte es sich tatsächlich um Susann Eminger gehandelt, wieso sollte sie dem Kommissar versuchen, weiszumachen, sie wäre unter dem Namen »Lise« bekannt? Dann hätte die echte Susann Eminger zuvor jedenfalls mit der Angeklagten Zschäpe absprechen müssen, so vorzugehen. Warum sollten sie das getan haben? Nein, es ist vielmehr überwiegend wahrscheinlich, dass R. hier die Angeklagte Zschäpe antraf, diese vom Besuch der Polizei in ihrer Wohnung überrascht wurde und den Namen »Susann Eminger« als Tarnidentität verwendet hat.

Laut des Beamten R. sei es dieselbe Frau an der Tür gewesen, die dann zwei Tage später als »Susann Eminger« gemeinsam mit dem Angeklagten André Eminger auf der Polizeiwache zur Vernehmung erschienen ist. Natürlich musste man nun bei der gefundenen Geschichte bleiben, wäre es doch stark aufgefallen, wenn nun zur Vernehmung jemand anderes erschienen wäre als die Person, die R. kurze Zeit zuvor an der Tür als »Susann Eminger« kennenlernte. Beide »Emingers« seien laut ihrer Aussage in der Wohnung der »Frau Dienelt« häufig zu Besuch, um sich dort um die Wohnung zu kümmern. In der Hauptverhandlung haben wir die Protokolle dieser Vernehmung in Augenschein genommen: Die dort gemachten Angaben zu Geburtsdatum und Telefonnummer der »Susann Eminger« entsprachen nicht den Daten der echten Susann Eminger. Vielmehr handelte es sich bei der Telefonnummer um die der Angeklagten Zschäpe. Das hat einen einfachen Grund: Die Daten waren von dem Polizeibeamten R. bereits beim ersten Treffen an der Tür aufgenommen worden. Zschäpe hatte dabei die genauen Daten der echten Susann Eminger nicht im Kopf und musste auch selbst eine tatsächliche Erreichbarkeit ermöglichen. Schließlich entsprach auch die Unterschrift unter dem Vernehmungsprotokoll »S. Eminger« nicht der der echten Susann Eminger.

Dass der Angeklagte André Eminger hier wie beschrieben mit der Angeklagten Zschäpe bei der Polizei erschien, um deren Legende zu schützen, ergibt sich einmal aus seiner richtigen Personalausweisnummer auf dem Protokoll, eindeutig aber auch aus den Fingerabdrücken, die auf dem Vernehmungsprotokoll festgestellt werden konnten.

Damit kommen wir zum zweiten Punkt, der Bestellung der Bahnkarten: Hier ist die Beweiswürdigung verhältnismäßig simpel. Entsprechende BahnCards 25 wurden in der Wohnung des NSU in der Frühlingsstraße und im Wohnwagen von Mundlos und Böhnhardt sichergestellt. Die Karten waren auf den Namen des Angeklagten André Eminger ausgestellt. Allein das spricht schon dafür, dass der Angeklagte die Karten beantragt und dann übergeben hat. Ferner sind aber auch auf den Konten des Angeklagten bei der Kreissparkasse Aue-Schwarzenberg und der Commerzbank entsprechende Abbuchungen über die für die Karten fälligen Beträge festgestellt worden. Selbst wenn er sie daher, wovon hier auszugehen ist, selbst beantragt haben sollte, so hat er immerhin dafür bezahlt und damit den NSU unterstützt. Am 248. Verhandlungstag sagte ein Polizeibeamter aus, dass er zu der BahnCard von André Eminger, die bei den Toten Böhnhardt und Mundlos gefunden wurde, ermittelt hat. Dabei habe er herausgefunden, dass mit den Personalien von Susann Eminger auch eine BahnCard mit dem Lichtbild von Zschäpe ausgestellt wurde. Ein zweiter Polizeibeamter führte am 252. Prozesstag dazu weiter aus, dass von einem Konto André Emingers jeweils am 18. Juni 2010 und am 21. Juni 2010 eine Überweisung an die Deutsche Bahn erfolgte, mit denen höchstwahrscheinlich zwei verschiedene BahnCards bezahlt wurden.

Half André Eminger dem NSU vorsätzlich?

André Eminger wusste genau, was er tat. Er war mit dem Trio von Anfang an eng verbunden, kannte und teilte dessen rassistische, gewaltbereite Einstellung und war einer der wichtigsten Kontakte während dessen Leben im Untergrund. Obwohl er damit rechnete, dass Mundlos, Böhnhardt und Zschäpe sich zusammengeschlossen hatten, um rechtsextreme Gewalttaten zu begehen, half er ihnen wie eben dargelegt.

Er nahm dabei zumindest billigend in Kauf, den NSU als terroristische Vereinigung zu unterstützen.

Die rassistische Ideologie des Angeklagten Eminger wurde in der Hauptverhandlung verschiedentlich belegt. Den anschaulichsten Beweis dafür trägt der Angeklagte, wie erwähnt, durch das antisemitische Tattoo »Die, Jew, Die« selbst am Körper. Daneben prangt die nationalsozialistische Formulierung »Blut und Ehre« sowie in Runenschrift der Leitspruch der Hitlerjugend: »Du bist nichts, Dein Volk ist alles.« Wer durch Tätowierungen derartige Slogans dauerhaft an einer prominenten Stelle in die eigene Haut stechen lässt, macht sich deren Inhalt zu eigen, ja erhebt ihn zum Lebensmotto.

Wie das NSU-Trio hatte auch Eminger schon als Jugendlicher engen Kontakt zur rechten »Skinhead-Szene«. Laut Erkenntnissen des Landesamtes für Verfassungsschutz in Sachsen war er zwischen 2000 und 2001 ein Gründungsmitglied der »Weißen Bruderschaft Erzgebirge«, einer Nazi-Vereinigung unter dem Motto »White Pride heißt unsere Religion«. Die Zeugin S., die den Angeklagten seit dessen fünfzehntem Lebensjahr kennt und seine Ex-Freundin war, hat in der Hauptverhandlung bekundet: An André Eminger sei »alles rechts gewesen«. Seine Kleidung, sein Lebensstil, seine Musik, seine Äußerungen. Man sprach von germanischen Göttern, alles, was nicht »total deutsch« war, sei schlecht gewesen, auf Ausländer habe man geschimpft. Der Angeklagte habe seine Einstellung auch immer öfter in Taten umgesetzt, Broschüren verteilt, an rassistischen Veranstaltungen teilgenommen und weitere Personen animiert, sich zu beteiligen. Bei der Durchsuchung seiner Wohnung, im Verfahren thematisiert durch die Vernehmung des verantwortlichen BKA-Beamten, wurden Festplatten mit nationalsozialistischer Propaganda, Weihnachtskarten an die Familie mit Hakenkreuz und Einladungen zu Nazi-Treffen sichergestellt. Im Wohnzimmer hatte Familie Eminger eine Art Schrein eingerichtet, mit handgefertigten Zeichnungen und Kerzen. Die Verehrung gebührte dem NSU, es war ein Schrein für Uwe Mundlos und Uwe Böhnhardt.

Gemeinsam mit seiner damaligen Freundin S. besuchte der Angeklagte laut ihrer Aussage dann auch mehrfach das im Untergrund lebende Trio. Dass der Kontakt von Beginn an rege und intensiv war, belegen auch die Aussagen der gesondert verfolgten Max-Florian B. und Mandy S. Schon nach dem ersten Untertauchen Anfang 1998 habe danach der Angeklagte Eminger das Trio in der Wohnung B.s besucht, wo sich Zschäpe, Mundlos und Böhnhardt versteckt hielten. Es war allgemein bekannt, dass die drei untergetaucht waren, nachdem die Polizei im Januar 1998 funktionstüchtige Rohrbomben und Nazi-Propaganda in einer Garage gefunden hatte. Dies galt umso mehr für jemanden, der wie Eminger Teil der örtlichen Nazi-Szene war. In der Wohnung habe man darüber gesprochen, ob Eminger den dreien helfen könne, indem er seine Identität zur Verfügung stelle. Er wusste also, dass sich das Trio fortan gemeinsam und dauerhaft auf ein Leben im Untergrund einstellte. Die in der Garage entdeckten Rohrbomben demonstrierten unverkennbar die immense Gewaltbereitschaft der drei. Eminger musste also damit rechnen, dass auch aus dem Untergrund weitere Gewalttaten verübt würden. Aufgrund der gemeinsamen rassistischen Denkweise und des engen Kontakts liegt vielmehr sogar nahe, dass sich Eminger und das Trio im Detail über Pläne, Strategien und Ziele der Organisation austauschten.

Nach Stellungname von Max-Florian B. gehörte der Angeklagte Eminger zu den wenigen Personen, die das Trio im Untergrund überhaupt besuchten. Aus naheliegenden Gründen mussten Zschäpe, Böhnhardt und Mundlos den Kontakt zu jeder Person vermeiden, der sie nicht uneingeschränkt vertrauten, um nicht ihre Entdeckung zu riskieren. Da so nur ausgewählte Sozialkontakte aufrechterhalten werden konnten, liegt ferner nahe, dass der Kontakt zu den wenigen Eingeweihten umso enger und intensiver war. Es ist also von einem starken Vertrauensverhältnis, ja einer freundschaftlichen Verbindung zwischen dem Angeklagten und dem NSU-Trio auszugehen. Die Ergebnisse der Hauptverhandlung legten an keiner Stelle nahe, dass sich daran während des gesamten Lebens im Untergrund etwas geändert hätte.

Bei der Durchsuchung der letzten Untergrundwohnung in der Frühlingsstraße 26 wurden so auch zahlreiche Gegenstände sichergestellt, die auf einen fortwährenden engen Kontakt des Angeklagten zu Zschäpe, Mundlos und Böhnhardt hindeuten. Dort lagerten nicht nur auf den Angeklagten ausgestellte Rechnungen und ein Schlüssel zur Tür eines vormals von der Familie Eminger bewohnten Hauses, sondern auch auf einer Kamera Bilder der Kinder des Angeklagten. Zwei Urlaubsbekanntschaften des Trios vom Campingplatz »Wulfener Hals« haben bekundet, Beate Zschäpe habe sich dort stets mit dem Namen »Lise Eminger« vorgestellt. Bei der Durchsuchung der Wohnung der Familie Eminger hat man entsprechende Buchungsbestätigungen für den Campingplatz gefunden – Zschäpe buchte die Aufenthalte für das Trio dort auf den Namen der Ehefrau des Angeklagten Eminger.

Dass der enge Kontakt zu Eminger bis zum bitteren Ende anhielt, zeigen schließlich auch die letzten Stunden der Angeklagten Zschäpe in Freiheit. Nachdem diese am 4. November 2011 ihr Haus in Brand gesetzt hatte, galt ihr sofortiger Anruf einer Person auf der Anklagebank: André Eminger.

All dies lässt nur einen Schluss zu: Der Angeklagte Eminger war dem NSU-Terrortrio von dessen Anfängen bis zu dessen Ende aufs Engste verbunden. Er kannte die Organisation, deren Ziele und Taten wie kein anderer. Aufgrund seiner rassistisch-nationalsozialistischen Einstellung billigte er diese, ja er wollte sie fördern.

Beihilfe zum Mord und zum Raub

André Eminger soll laut Anklage zum einen dadurch Beihilfe zum Sprengstoffanschlag in der Kölner Altstadt – und damit zum vorsätzlichen Mord – geleistet haben, dass er für das NSU-Kerntrio ein Wohnmobil für die Fahrt nach Köln angemietet hat. Zum anderen wird ihm vorgeworfen, auch für Raubüberfälle auf eine Postfiliale im November 2000 und eine Sparkasse im September 2003 – beide Male in Chemnitz – das jeweils genutzte Wohnmobil besorgt zu haben. Frühere Unterstützungen des NSU während ihres Abtauchens, namentlich die Vermittlung des Unterschlupfs in der Zwickauer Polenzstraße, sind bereits verjährt. Dennoch wird ihm wegen seiner Taten in der Zeit vom 16. November 2000 bis zum 8. Mai 2009 in Chemnitz und Zwickau neben der Beihilfe zum Mord und zum Raub in zwei Fällen auch die Unterstützung einer terroristischen Vereinigung zur Last gelegt.

Die Zeiträume mehrerer Anmietungen von Wohnmobilen auf den Namen von André Eminger überschneiden sich zudem mit nachgewiesenen Überfällen und einem Sprengstoffanschlag des NSU-Kerntrios. So hat Eminger vom 19. bis zum 21. Dezember 2000 ein Wohnmobil angemietet, das von Böhnhardt und Mundlos für die Fahrt nach Köln genutzt wurde. Dort platzierten sie im gleichen Zeitraum einen in eine Christstollendose eingebauten Sprengsatz, der am 19. Januar 2001 detonierte und die damals 19-jährige Mashia M. schwer verletzte und nur aufgrund besonders glücklicher Umstände nicht tötete.

Der Angeklagte Eminger unterstützte die drei auch beim Überfall auf eine Postfiliale in Chemnitz am 30. November 2000, bei dem Mundlos und Böhnhardt insgesamt 38.900 DM erbeuteten. Dabei schloss er auf seinen Namen den Mietvertrag für das dafür genutzte Wohnmobil ab. Dazu sagte die Zeugin Annika V. am 203. Verhandlungstag aus, dass André Eminger bei der Firma Caravan Horn in Chemnitz das entsprechende

Wohnmobil für den 30. November 2000 ab 9:00 Uhr anmietete. Die Tat ereignete sich dann um 11:07 Uhr am selben Tag.

Bei dem Überfall auf die Sparkassenfiliale in Chemnitz am 23. November 2003 wurde die Arbeit auf die gleiche Weise verteilt. Hier hat André Eminger bei der gleichen Autovermietung in Chemnitz für den Zeitraum vom 22. bis zum 26. September 2003 ein Wohnmobil gemietet, das er den beiden erneut zur Verfügung stellte.

Infolge des regen Kontakts zum NSU-Trio muss davon ausgegangen werden, dass André Eminger wusste oder zumindest ahnte und billigend in Kauf nahm, wofür die Fahrzeuge genutzt wurden. Er wusste infolge seiner frühen Unterstützertätigkeiten, dass die drei wegen des Herstellens von Sprengsätzen per Haftbefehl gesucht wurden und auch weiterhin bereit waren, ihre – von ihm geteilten – rechtsextremen, auch die Tötung von Menschen befürwortenden Ansichten in die Tat umzusetzen.

Durch die Beschaffung von Wohnraum und Fortbewegungsmöglichkeiten ermöglichte Eminger dem NSU-Kerntrio den weiteren gesicherten Verbleib im Untergrund. Auch wenn die Anmietung der Wohnung in der Wolgograder Allee in Chemnitz im April 1999 und die Vermittlung der Wohnung in der Polenzstraße in Zwickau im Mai 2001 bereits verjährt sind, geben sie Auskunft über die subjektive Seite des Angeklagten Eminger. Er wusste, dass die drei schon seit Ende des Jahres 1998 über erhebliche finanzielle Quellen zur Deckung ihres Lebensbedarfs verfügten, um etwa den Mietzins für die Wohnungen zu bezahlen, wobei dieser Unterhalt offenkundig nicht legal verdient werden konnte. Es lag für ihn auf der Hand, dass sich das Trio seine Liquidität durch die Begehung von Raubstraftaten sicherte.

Dieser jahrelange Unterstützer von Zschäpe, Böhnhardt und Mundlos war nach all dem frühzeitig wesentlicher Bestandteil des NSU. Mit der nachgewiesenen Anmietung der Wohnmobile, die später für die verschiedenen Straftaten genutzt wurden, aber auch durch die wiederholte Verschleierung der Identität von Zschäpe gegenüber Ermittlungspersonen und die Bestellung von Bahnkarten für Zschäpe und Böhnhardt hat er vorsätzlich eine terroristische Vereinigung unterstützt und Beihilfe zum Mord und zum Raub in zwei Fällen geleistet.

Zum Strafmaß Es gibt keinerlei Hinweise, die für eine Strafmilderung sprechen. André Eminger war Nazi und ist Nazi. Er bereut nichts. Er hat nichts dazugelernt. Er war gefährlich und ist es noch immer. Die Verhängung der Höchststrafe ist tat- und schuldangemessen.

Holger Gerlach

Der dritte Angeklagte, Holger Gerlach, unterstützte wie der Angeklagte André Eminger den NSU dabei, effektiv und unerkannt aus dem Untergrund heraus zu agieren, Sprengstoffanschläge zu begehen und zu morden. Er kannte die Ziele des Trios und nahm es billigend in Kauf, diese Ziele durch seine Handlungen zu fördern. Jedenfalls drei konkrete Handlungen sind nach der Hauptverhandlung erwiesen:

Beantragung eines Führerscheins für Uwe Böhnhardt Zunächst organisierte der Angeklagte Gerlach dem NSU einen Führerschein, den Böhnhardt dazu nutzte, Fahrzeuge anzumieten. Die Fahrzeuge verwendete das Trio, um zu den Orten zu gelangen, an denen sie ihre Taten ausführten.

Dazu meldete Gerlach erst seinen Führerschein wahrheitswidrig als verloren und ließ sich sodann am 4. Februar 2004 einen neuen Führerschein ausstellen. Ihm war bekannt, dass

Böhnhardt schon länger einen auf den Namen des Angeklagten ausgestellten Reisepass nutzte und sich aufgrund seiner vermeintlichen Ähnlichkeit regelmäßig als dieser ausgab. Damit Böhnhardt diese Täuschung kontinuierlich aufrechterhalten und ausbauen konnte, übergab er den neu ausgestellten Führerschein bei einem Treffen in Hannover zusammen mit einer ADAC-Mitgliedskarte an das Trio. Er war sich dabei bewusst, die Taten des NSU durch seine Handlungen zu fördern. Und tatsächlich verwendete das Trio den Führerschein in mehreren Fällen, um Wohnmobile und Autos für die Verübung von Anschlägen anzumieten. Insbesondere sei hier auf die Anmietung eines Skoda Octavia bei einer Autovermietung in Zwickau verwiesen, die mit dem Mord des NSU an İsmail Yaşar am 9. Juni 2005 in Nürnberg zusammenfällt.

Erwerb einer AOK-Karte für Zschäpe

Ein Leben im Untergrund bringt zahlreiche Probleme im Alltag mit sich, insbesondere bei allen Gelegenheiten, zu denen Identifikationsdokumente erforderlich sind. So verhält es sich auch bei Arztbesuchen.

Um Beate Zschäpe unter falscher Identität den Besuch von Zahnärzten zu ermöglichen, beschaffte ihr der Angeklagte Gerlach daher eine AOK-Versichertenkarte. Dazu erwarb er in Absprache mit dem Trio zu einem Zeitpunkt vor dem 2. Mai 2006 eine solche Karte von der Zeugin Sch. gegen 300 Euro. Die Karte und Informationen zu den persönlichen Daten der fremden Identität übergab er an das Trio bei einem Treffen in Hannover. Die Karte wurde später von der Angeklagten Zschäpe mehrfach verwendet.

**Beantragung
eines Reisepasses
für Böhnhardt**

Schließlich vertraute das Trio, wie bereits erwähnt, auf die optische Ähnlichkeit von Böhnhardt zum Angeklagten Gerlach. Um diesen Eindruck zu verstärken, veränderte Gerlach in Absprache mit dem Trio sein äußeres Erscheinungsbild so, dass er Böhnhardt möglichst ähnlich sah. Mit der so veränderten Erscheinung ließ er Passfotos herstellen und beantragte einen Reisepass und eine Meldebescheinigung auf seinen eigenen Namen.

Die Meldebescheinigung und einige Passfotos übergab er bei einem Treffen an Zschäpe, Mundlos und Böhnhardt. Nachdem der Reisepass fertiggestellt war, übergab er auch diesen an das Trio, damit Böhnhardt ihn als falschen Identitätsnachweis verwenden konnte.

**Reine Freund-
schaftsdienste
oder wissentliche
Unterstützung
des NSU?**

Der Angeklagte Holger Gerlach hat die eben beschriebenen objektiven Handlungen in einer vorbereiteten und in der Hauptverhandlung verlesenen Einlassung gestanden. Fragen beantwortete er nicht. Gemäß seiner Einlassung habe er keinen Vorsatz gehabt. Er meint, er habe nicht gewusst und nicht damit gerechnet, dass der NSU tatsächlich Straftaten gegen das Leben anderer begehen würde. Seinen Handlungen hätte keine politische Motivation zugrunde gelegen, vielmehr habe es sich um reine Freundschaftsdienste gehandelt. Dass seine Hilfe so fatale Folgen haben würde, habe er nicht ahnen können.

Das können wir dem Angeklagten nicht glauben. Es handelt sich vielmehr um eine Schutzbehauptung aus der – insoweit nachvollziehbaren – Motivation heraus, sich selbst vor Strafverfolgung zu schützen. All das, was der Angeklagte an objektiven Handlungen eingestanden hat, wird auch durch zahlreiche andere Fakten und Beweise gestützt. Das untermauert zwar die Glaubhaftigkeit seiner geständigen Einlassung in Bezug auf diese Punkte. Gleichzeitig zeigt es aber auch: Die Taten des Angeklagten wären auch ohne die Einlassung durch die Hauptverhandlung bewiesen worden. Sich zu dem zu bekennen, was ohnehin bekannt und zu beweisen ist, ist so wohl eher als taktischer Schachzug Holger Gerlachs zu bewerten. Keinesfalls kann daraus ein Argument gewonnen werden, dass daher auch der Rest seiner Einlassung als glaubhaft zu bewerten wäre.

Der BKA-Kriminaloberkommissar Horst Thomas Sch. berichtete am 23. Verhandlungstag, dass Gerlach bei den insgesamt fünf Vernehmungen Ende 2011 und Anfang 2012 zu weiten Teilen geständig war. Dabei gab Gerlach zu, dem NSU-Kerntrio insgesamt zwei AOK-Karten, eine ADAC-Karte, Reisepässe und einen Führerschein übergeben zu haben. Er räumt in diesen Vernehmungen auch ein, eine Waffe, die ihm zuvor von Wohlleben ausgehändigt worden sei, zu dem Trio nach Zwickau transportiert zu haben. Diese sei bei den dreien in der Wohnung übergeben und durchgeladen worden. Weiter habe Gerlach angegeben, bis zu dem Waffentransport im direkten und freundschaftlichen Kontakt zu dem Trio gestanden zu haben.

Nachdem er ihnen den ersten – 2001 in Hannover ausgestellten – Reisepass am Bahnhof in Zwickau übergeben habe, habe er Böhnhardt, Mundlos und Zschäpe erst 2005 wiedergesehen. Weiter gibt er im Rahmen der Vernehmungen zu, den dreien in dieser Zeit seinen Führerschein übergegeben zu haben. Mit diesem wurden ab 2005 verschiedene Autos angemietet. Schließlich berichtet er, im Jahr 2011 einen neuen Reisepass auf seinen Namen beantragt zu haben, da der alte Pass abgelaufen war und Böhnhardt einen neuen benötigte. Dafür hätten ihn die drei im Frühling 2011 zu Hause besucht. Nachdem sie ihm die Haare geschnitten und neue Fotos gemacht haben, seien sie gemeinsam zum Passamt gefahren. Während Böhnhardt und Mundlos davor gewartet hätten, habe ihn Zschäpe dabei begleitet. Schließlich hätten Böhnhardt und Mundlos sechs bis acht Wochen später den Reisepass abgeholt. Für alle Kosten sei Zschäpe aufgekommen.

Zudem sagten mehrere Zeugen aus, dass auf den Namen Holger Gerlach verschiedene Autos angemietet wurden. Es wurde deutlich, dass diese später von Böhnhardt und Mundlos dazu genutzt wurden, um zu den jeweiligen Tatorten zu fahren.

So schilderte am 88. Verhandlungstag die Zeugin Ingeborg Christine H. die Anmietung von Wohnmobilen, die auf den Namen Holger Gerlach getätigt worden sein sollen. Eine solche fand etwa am 16. April 2007 statt, wobei sie nicht sicher sagen könne, wann genau das Fahrzeug wieder zurückgegeben wurde. Der Mietvertag besagte, dass das Auto das Kennzeichen C-PW 87 hatte. Bereits am 77. Verhandlungstag hatte der Ermittler Jochen G. vom LKA Baden-Württemberg ausgesagt, dass kurz nach dem Mord an der Polizeibeamtin Michèle Kiesewetter auf der Theresienwiese an einer Kontrollstelle in Heilbronn ein auf den Namen Holger Gerlach ausgeliehenes Wohnmobil mit demselben Kennzeichen registriert wurde.

Auch der Zeuge Maik S. sagte aus, dass eine Person unter dem Namen Holger Gerlach regelmäßig Autos bei ihm angemietet habe. Bei der Inaugenscheinnahme verschiedener Lichtbilder identifizierte er Böhnhardt als die Person, die er als Holger Gerlach gekannt hat. Das Foto vom Angeklagten Holger Gerlach erkannte er dagegen nicht wieder.

Daneben hat Alexander Sch. am 72. Verhandlungstag ausgesagt, dass Holger G., mit dem er langjährig befreundet war, seine Ehefrau bei einem Besuch gefragt habe, ob sie ihm ihre Versicherungskarte verkaufen würde. Nachdem sie sich einig wurden, hat das Ehepaar für die Karte von Holger Gerlach 300 Euro erhalten. Es war diese Karte, die ab 2006 mehrmals von Zschäpe benutzt wurde.

Weil er mit dem NSU-Kerntrio seit 1996 immer wieder über

die Notwendigkeit eines »bewaffneten Kampfes« zur Durchsetzung ihrer gemeinsamen Ideologie diskutiert hat, kannte Holger Gerlach früh den Standpunkt der drei. Dessen Folgen, die Ermordung zahlreicher Menschen, nahm er etwa bei der Waffenübergabe billigend in Kauf. Die von ihm zugestandenen Handlungen erfüllen zweifelsfrei den Tatbestand der vorsätzlichen Unterstützung einer terroristischen Vereinigung. Der Angeklagte Holger Gerlach wusste genau, was er tat, als er Mundlos, Böhnhardt und Zschäpe half.

Ich möchte auch kurz auf eine Hilfeleistung des Angeklagten für den NSU eingehen, die aufgrund von Verjährung nicht mehr Bestandteil des heutigen Strafvorwurfs, aber dennoch an dieser Stelle erhellend ist. So hat der Angeklagte eingestanden, 2000 oder 2001 eine Waffe an das Trio übergeben zu haben. Er sei bei Ralf Wohlleben zu Besuch gewesen und von diesem gefragt worden, ob er den dreien etwas nach Zwickau bringen könne – Wohlleben selbst habe Angst gehabt, überwacht zu werden. Er habe zugestimmt und Wohlleben daraufhin einen Stoffbeutel aus dem Schlafzimmer geholt, in den er zunächst nicht hineinsah. Wohlleben habe ihn dann zum Bahnhof gefahren und gesagt, Beate Zschäpe werde ihn in Zwickau abholen. Am Bahnhof griff Gerlach in den Beutel und ertastete einen Gegenstand, der eine Schusswaffe zu sein schien. Am Zielort angekommen, habe Zschäpe ihn tatsächlich abgeholt. Später in der Wohnung des NSU hätten Mundlos oder Böhnhardt die Waffe herausgeholt und durchgeladen.

Auch wenn der Angeklagte Gerlach hier in seiner Einlassung meinte, er sei mit der Lieferung der Pistole aufgrund seiner Abneigung gegen Waffen nicht einverstanden gewesen, so steht außer Frage, dass er sie dennoch lieferte. Und dann sprechen die Fakten für sich: Wer eine schussbereite Waffe an ein im Untergrund lebendes, bekannterweise gewaltbereites Nazi-Trio liefert, dem muss sich unvermeidbar aufdrängen, dass mit der Waffe auch Gewalttaten begangen werden können. Dass ein Einsatz der Waffe geplant war und der Angeklagte damit rechnete, ergibt sich ferner auch aus dem weiteren Teil seiner Einlassung. So habe er dem Trio bei der Übergabe gesagt: »Ihr könnt nicht mit fünf Leuten die Welt retten.« Hieran wird deutlich, dass er wusste, dass diese die Waffe zur Durchsetzung ihrer dem Angeklagten bekannten politischen Ziele verwenden wollten.

In diese Ziele des NSU muss Holger Gerlach schon deshalb eingeweiht gewesen sein, weil er das Trio seit der gemeinsamen Jugend in Jena kannte und fortan – auch im Untergrund – kontinuierlich Kontakt mit ihm hielt. Gemäß seiner Einlassung betrachtete er sich in seiner Jugend gemeinsam mit Mundlos, Böhnhardt und Zschäpe als Bestandteil der Neonazi-Gruppe »Nationaler Widerstand Jena« und besuchte gemeinsame Nazi-Veranstaltungen. Die drei seien dabei für ihn besonders attraktiv gewesen, da sie »das System ändern wollten«. Sie wollten »Politik machen« und nicht nur Parolen schreien und marschieren. Es ging, wie das Motto des NSU plastisch zusammenfasst, um »Taten statt Worte«. Er wusste dabei insbesondere um die Gewaltbereitschaft des »Hardliners« Uwe Böhnhardt, um dessen Waffenbesitz und von den Sprengstofffunden, die Anlass für den Gang in den Untergrund bildeten. Dass sich der Angeklagte nach eigener Aussage dem Trio freundschaftlich sowie durch die gemeinsame rechte Szene kameradschaftlich verbunden fühlte und ihm aus dieser Motivation heraus helfen wollte, schließt keinesfalls aus, dass er gleichzeitig mit Gewalttaten rechnete. Vielmehr musste er im Kontext der politischen Ziele der Gruppe und den ihm bekannten Bombenattrappen des Trios davon ausgehen, dass die vor dem Untertauchen gefundenen einsatzbereiten Rohrbomben nun den Übergang in die aktive Phase markierten, zu der die Anwendung von Gewalt gehörte.

Während dieser gesamten Phase unterstützte der Angeklagte

das Trio und genoss dessen Vertrauen. Das wird nochmals insbesondere durch die regelmäßig durchgeführten aufwändigen »Systemchecks« deutlich. Da Mundlos, Böhnhardt und Zschäpe die Identität des Angeklagten nutzten, war es wie erwähnt erforderlich, über dessen aktuelle Lebensumstände stets im Bilde zu sein. Dazu traf man sich teils sogar in der Wohnung von Holger Gerlach, Treffen gab es drei bis vier Mal im Jahr. Ob der Angeklagte sich nun in seiner Einlassung am Begriff des »Systemchecks« stört, kann hier keine Rolle spielen. Er wusste um das konspirative Leben im Untergrund und die Verwendung seiner Identität. Demgegenüber musste der – würde man der Einlassung des Angeklagten umfänglich glauben – ursprüngliche Grund des Untertauchens mit jedem vergehenden Jahr an Relevanz verlieren. Wieso sollten die drei noch mehr als ein Jahrzehnt nach den Bombenfunden in der Garage mit enorm hohem Aufwand und all den damit verbundenen Unannehmlichkeiten noch ein Leben im Untergrund führen? Hier konnte es auch für den Angeklagten nur eine Erklärung geben: Das NSU-Trio hatte nun das wohlbekannte Ziel des gewalttätigen politischen Kampfes aufgenommen, um von der gemeinsamen Ideologie getragene Terrorakte zu begehen. Indem Holger Gerlach das Trio unterstützte, nahm er diesen Umstand jedenfalls billigend in Kauf.

Zum Strafmaß Zugunsten des Angeklagten Gerlach spricht, dass er sich hier ausführlich geäußert hat. Allerdings war diese Stellungnahme in Teilen nicht glaubhaft, zum Teil gar widersprüchlich. Zudem hat er an vielen Stellen nur das eingeräumt, was ohnehin durch andere Mittel nachgewiesen war. Eine Befragung durch die Nebenklage hat er nicht zugelassen. Deswegen sind auch seine Worte des Bedauerns in Richtung der NSU-Überlebenden nur von geringem Wert. Was meine Mandantschaft angeht: Wir nehmen diese

Entschuldigung nicht an. Die einzige Reue, die für uns zählt, ist auch hier die tätige Reue. Davon aber ist der Angeklagte Holger Gerlach weit entfernt. Wir werden kein bestimmtes Strafmaß für Herrn Gerlach beantragen, erwarten aber ein Strafmaß, das sich eher an der Höchst- denn an der Mindeststrafe bewegt.

Ralf Wohlleben

Ebenfalls zentral für die Begehung der Taten des NSU war Ralf Wohlleben. Er beauftragte, koordinierte und überwachte Mittelsmänner wie den Angeklagten Carsten Schultze, um Zschäpe, Mundlos und Böhnhardt zu unterstützen.

Besorgung des Mordinstruments Durch die Hauptverhandlung wurde erwiesen, dass Ralf Wohlleben die Waffe für das Trio beschaffte, mit der die Morde begangen wurden. Mundlos oder Böhnhardt teilten zunächst Carsten Schultze zwischen Ende 1999 und Anfang 2000 mit, dass sie eine Pistole – möglichst deutscher Bauart –, einen Schalldämpfer und Munition benötigten. Dieser wandte sich an Wohlleben, der wiederum einen Kontakt zu jemandem vermittelte, der in der Lage war, eine solche Waffe zu beschaffen: dem Zeugen Andreas Sch. Dort bestellte Carsten Schultze dann die gewünschten Dinge. Der Kontakt wurde schnell fündig: Allerdings handelte es sich dabei um eine Waffe des tschechischen Typs Česká Zbrojovka, Modell 83, Kaliber 7,65 mm (Seriennummer 034678). Ralf Wohlleben organisierte und übergab dem Mitangeklagten Carsten Schultze sodann den vereinbarten Kaufpreis in bar, den Schultze an den Waffenhändler weiterleitete. Letzterer übergab im Gegenzug Pistole, Schalldämpfer und Munition an Schultze, der alles wiederum an Ralf Wohlleben weiterleitete. Um keine Fingerabdrücke zu hinterlassen, trug Ralf Wohlleben Lederhandschuhe, als er die Waffe überprüfte und den Schalldämpfer auf die Pistole schraubte. Nach der Überprüfung durch Wohlleben nahm Schultze die Waffe wieder mit. Im Auftrag von Wohlleben traf sich Schultze dann wenig später zunächst mit Mundlos, Böhnhardt und der Angeklagten Zschäpe in Chemnitz. In einem Abbruchhaus übergab er die Pistole und das Zubehör.

In den folgenden Jahren war es diese Česká-Pistole, mit der alle neun Morde des NSU verübt wurden. Ralf Wohlleben rechnete auch damit, dass diese Schalldämpferpistole durch den NSU zur Begehung von Morden verwandt werden würde. Dass er durch seine Hilfe diese Taten befördern würde, nahm er jedenfalls billigend in Kauf.

| **Nachgewiesene Beihilfe zum Mord** | Die Hauptverhandlung hat sowohl in objektiver wie in subjektiver Hinsicht den Tatvorwurf der Beihilfe zu den Morden des NSU beweisen können. |

Danach steht zunächst fest, dass es sich bei der im Brandschutt der Wohnung der Angeklagten Zschäpe gefundenen Česká-Pistole um exakt die Waffe handelt, die bei den Morden der Česká-Tatserie benutzt wurde. Das haben nicht nur die sogleich näher zu untersuchenden Aussagen des Angeklagten Schultze und der damaligen Kontaktperson Sch. ergeben. Auch die kriminaltechnischen Untersuchungen konnten das bestätigen. Sie haben belegt, dass eine Waffe des bei der Angeklagten Zschäpe gefundenen Typs bei allen Taten verwendet wurde.

Aber auch durch den Angeklagten Schultze wurde die Waffe identifiziert. In der Hauptverhandlung sagte er aus, ihm seien im Rahmen einer Vorlage am 6. Februar 2012 elf vergleichbare mögliche Tatwaffen gezeigt worden, aus denen er mit hoher Wahrscheinlichkeit die Česká-Pistole als Tatwaffe herausfiltern konnte. Größe, Länge und Form der Pistole hätten seiner Erinnerung am ehesten entsprochen. Auch an das verlängerte Gewinde zum Anschrauben des Schalldämpfers, das als prägendes Merkmal besonders gut zur Identifikation der Waffe geeignet ist, konnte sich Carsten Schultze lebhaft erinnern. Im Gegensatz dazu konnte er andere vorgelegte Waffen anhand konkreter Qualifikationsmerkmale, wie beispielsweise einer auffälligen Kante am Waffenschlitten, ausschließen. Dass eine Identifikation der Česká-Pistole mit absoluter Sicherheit nicht mehr erfolgen kann, ist in Anbetracht der seit erster Betrachtung der Waffe vergangenen Zeit von zwölf Jahren durchaus normal. An der Identifikationsleistung des Carsten Schultze in Bezug auf die Česká als der an den NSU überbrachten Waffe lässt sich jedoch nicht zweifeln. Es ist durchaus plausibel, dass sich Schultze auch nach so langer Zeit noch an die von ihm angeführten Details der Pistole erinnert. Die Beschaffung einer Waffe ist ein nicht alltäglicher Vorgang, der mit hohen Risiken und so auch emotionaler Aufregung verbunden ist. Er prägt sich daher besonders intensiv ins Gedächtnis ein. Zudem konnte Schultze die Waffe genau betrachten, als Wohlleben sie vor seinen Augen zusammensetzte und auf ihn richtete. Insbesondere die auf einen selbst gerichtete, schussbereite Waffe löst typischerweise eine emotionale Reaktion aus, die die Situation ins Gedächtnis einbrennt.

Es gibt keine objektiven Anhaltspunkte dafür, und es ist auch nicht plausibel, dass die durch Wohlleben und Schultze beschaffte Waffe während oder gar vor der Mordserie des NSU durch eine andere Waffe ausgetauscht worden sein könnte. Unter großem Aufwand und für 2.500 DM hat der NSU sich in den Besitz der Česká gebracht. Auch war die Waffe vollkommen funktionstüchtig. Dass Zschäpe, Böhnhardt und Mundlos sich innerhalb kurzer Zeit und unter Ausschluss ihrer Mittelsmänner Wohlleben und Schultze für viel Geld und ohne Anlass eine neue Waffe exakt gleicher Bauart beschafft haben sollen, kann daher nur eine Schutzbehauptung sein.

Die Beschaffung und Übergabe der Waffe selbst an das NSU-Trio sowie die Rolle des Angeklagten Wohlleben hat Carsten Schultze in der Hauptverhandlung genau wie in der Anklageschrift beschrieben. Die Angaben der damaligen Kontaktperson Sch. stützen diese Aussage weiter. Diese hat im Verhör zugegeben, am 25. Januar und 9. Februar 2012 eine osteuropäische Pistole mit Schalldämpfer nebst dazugehöriger Munition beschafft zu haben. Dann habe er sie an den Angeklagten Schultze übergeben, den er bei einer Wahllichtbildvorlage eindeutig identifiziert hat.

Dass es durch diese bewusste Hilfeleistung für Zschäpe, Mundlos und Böhnhardt zu Morden kommen konnte, nahm Ralf Wohlleben dabei billigend in Kauf.

Das ergibt sich bereits aus den Aussagen, die der Angeklagte Gerlach bei einer polizeilichen Vernehmung gemacht hat. Danach wusste Wohlleben aufgrund seiner Zugehörigkeit zur gleichen Szene um die ideologische Ausrichtung und die Ziele der Waffenbesteller Böhnhardt und Mundlos. Dem Angeklagten Wohlleben musste es sich aufgrund der in der Szene bekannten Bombenfunde förmlich aufdrängen, dass jede Unterstützungsleistung für den NSU auch zu Gewalttaten führen würde. Dafür spricht schließlich auch die Aussage Gerlachs, das Trio habe in Gesprächen mit dem Angeklagten Wohlleben darauf bestanden, »mehr machen« zu wollen. Dieses mehr kann im Kontext der bereits vor dem Untertauchen gelegten Bombenattrappen nur so verstanden werden, dass die nächste Eskalationsstufe nun auch in der tatsächlichen Anwendung von Gewalt bestehen musste. Aufgrund seiner eigenen rechtsradikalen Einstellung, die man den in der Hauptverhandlung festgestellten persönlichen Umständen und dem Umfeld des Angeklagten entnehmen konnte, billigte er den gewaltsamen ideologischen Kampf des NSU jedoch.

Auch an weiteren konkreten Situationen, die den Vorsatz des Angeklagten belegen, mangelt es nicht. So beschwerte sich der Angeklagte Gerlach gemäß seiner polizeilichen Aussage einmal, Wohlleben habe ihm in einem Stoffbeutel die Waffe untergeschoben. Daraufhin stellte er ihn zur Rede und fragte, was das solle. Wohlleben meinte daraufhin nur, das Trio benötige die Waffe wirklich – es sei aber besser, wenn Gerlach nicht wisse, was der NSU mit der Waffe vorhabe. Die reine Absicht des Trios, die Waffe beispielsweise zu Verteidigungszwecken zu Hause zu lagern oder mit sich zu führen, wäre kaum brisant genug gewesen, sie vor Gerlach zu verschweigen. Die Aussage Wohllebens muss und kann daher nur so verstanden werden, dass dieser damit rechnete, das Trio würde die Pistole für Tötungen einsetzen. Carsten Schultze machte in seiner Aussage eine Angabe, die den gleichen Schluss zulässt. So habe er einmal gemeinsam mit Wohlleben mit Mundlos und Böhnhardt telefoniert. Daraufhin habe Wohlleben das Gespräch beendet, gelacht und zu Schultze gesagt: »Die haben jemanden angeschossen.« Der Angeklagte scheint also bereits zu diesem Zeitpunkt wenig überrascht vom Einsatz der Waffe gewesen zu sein. Sein Lachen deutet eher darauf hin, dass er zufrieden war, endlich vom lang erwarteten Einsatz der beschafften Waffe zu erfahren. Es liegt nahe, dass es sich bei der angeschossenen Person um Enver Şimşek handelte, dem ersten uns bekannten Opfer der Česká-Mordserie. Enver Şimşek überlebte den Anschlag zunächst schwer verletzt und starb erst nach einigen Tagen im Krankenhaus.

Darauf deutet auch sein von Carsten Schultze beschriebenes Verhalten hin, als er die Pistole erstmals an Wohlleben übergab. So habe sich der Angeklagte Wohlleben die Waffe angesehen und den Schalldämpfer aufgeschraubt. Dann habe er sie – wohl im »Scherz« – auf Schultze gerichtet. Das Richten einer Waffe auf einen Menschen scheint ihm keine Probleme bereitet zu haben. Beim Ausprobieren der Waffe trug er zudem Lederhandschuhe, um Fingerabdrücke auf der Waffe zu vermeiden. Dieser vorausplanende Schritt war nur dann erforderlich, wenn er damit rechnete, dass mit der Pistole später schwere Straftaten begangen würden, die nicht auf ihn zurückfallen sollten. Auch das spricht stark dafür, dass Wohlleben die gesamte Zeit über damit rechnete, dass die durch ihn beschaffte Waffe gegen Menschen verwendet würde.

Dieses Wissen ergibt sich aber auch aus der Beschaffenheit der organisierten Waffe. Denn für eine rein abschreckende Wirkung der Pistole hätte bereits das Präsentieren der Waffe selbst genügt. Die Beschaffung von Munition spricht hingegen dafür, dass es einen tatsächlichen Einsatz geben würde. Auch einen Schalldämpfer braucht man nur dann, wenn die Waffe tatsächlich möglichst unentdeckt benutzt werden soll. Wem das bewusst ist, der rechnet mit und billigt heimtückische Tötungshandlungen.

Auch wenn frühe Unterstützungshandlungen – wie etwa das kurzfristige Zurverfügungstellen seines Personalausweises und eines Fahrzeuges als Fluchtmittel – bereits verjährt sind,[240] vermitteln sie Aufschluss über das Wissen Wohllebens. Da Wohlleben in dieser Zeit eine Überwachung vermutete, entwickelte er ein konspiratives Kontaktsystem zu den Untergetauchten, wofür er sich verschiedener Mittelsmänner bediente.

Durchsichtig sind auch Wohllebens hilflose Versuche, den Mitangeklagten und Kronzeugen Carsten Schultze zu diskreditieren. Schultze hatte zweifelsfrei die Česká 83 als jene Waffe identifiziert, die er dem Trio im Auftrag Wohllebens überbracht habe. Auch der Zeuge Andreas Sch. sagte aus, dass es sich bei der von ihm verkauften Pistole seinem Lieferanten zufolge um eine osteuropäische Dienstwaffe gehandelt habe, was ebenfalls für die Česká 83 spricht. Zweifel an der Glaubwürdigkeit dieser Aussagen wurden auch während des Prozesses in keiner Weise ersichtlich.

Wohllebens abgelesene Erklärungen, er und die Jenaer Neonazi-Szene hätten Gewalt abgelehnt, steht zudem im Widerspruch zu Schilderungen zahlreicher anderer Zeugen, die im
Prozess gehört wurden.

Glaubwürdige, ihn belastende Personen – von Carsten
Schultze bis zum Waffenhändler Andreas Sch. und Holger Gerlach – sollen nach Wohlleben allesamt gelogen haben. Dem
kann nicht gefolgt werden.

Das Gleiche gilt für sein Mantra, man sei nicht gegen Ausländer, sondern nur gegen eine ausländerfreundliche Politik gewesen. Es ist nichts Neues, dass für Rassisten unserer Tage Ausländer okay sind, solange sie im Ausland leben. Deswegen ist
es auch gar kein Widerspruch zum eigenen rassistischen Weltbild, wenn man mit ausländischen Rassisten gemeinsame Sache
macht. Die »Feste der Völker«, die der Angeklagte Wohlleben
mitorganisiert hat und die er zum Beweis seiner angeblichen
Redlichkeit anführte, sind Zusammenkünfte einer durch und
durch intoleranten Rassistischen Internationalen. Angenommen, ein bulgarischer Teilnehmer dieses Festes hätte sich dazu
entschlossen, in Deutschland zu bleiben, er hätte damit rechnen müssen, von seinen deutschen Kameraden, mit denen er
am Abend noch gesoffen hat, umgebracht zu werden. Um einen historischen Vergleich zu ziehen: Die SS wurde nicht zu einem Element der Völkerverständigung, bloß weil in ihren Reihen auch Verbände aus Finnland oder Bosnien kämpften.

Zum Strafmaß Der Angeklagte Wohlleben hat in besonders verwerflicher Art und Weise eine Terrororganisation und den Mord an neun Menschen unterstützt
und billigend in Kauf genommen. Er hat versucht, im Stile eines Mafia-Paten einen Puffer zu bauen zwischen einer rassistischen Todesschwadron und seiner Person. Dieser Puffer waren Carsten Schultze und Holger Gerlach. Es war die Furcht vor

staatlicher Überwachung, die ihn zur Vorsicht trieb. Er wollte ohne Furcht vor Strafe, die Nazi-Mörder unterstützen. Es ist ein Verdienst der Bundesanwaltschaft, die mörderische Rolle des Angeklagten Ralf Wohlleben offengelegt zu haben. Dieses Verfahren hat deutlich gemacht: Ralf Wohlleben hat keine weiße Weste. Seine Weste ist tiefbraun. Dementsprechend kann ich für meine Mandantinnen und Mandanten erklären: Wir verzeihen Ralf Wohlleben nichts. Wir vergeben Ralf Wohlleben nichts.

Das Urteil für den Angeklagten Wohlleben kann nur eine lange Freiheitsstrafe heißen.

Carsten Schultze

Zum durch die Hauptverhandlung erwiesenen Sachverhalt bezüglich Carsten Schultze sei zunächst auf die Ausführungen zu Ralf Wohlleben verwiesen. Danach leistete auch der Angeklagte Schultze dem Trio Hilfe bei neun Mordtaten. Er fungierte als der durch den Angeklagten Wohlleben beauftragte »Puffer« bei der Beschaffung der späteren NSU-Tatwaffe. Unter steter Anleitung und Kontrolle von Wohlleben nahm er Kontakt zum Waffenhändler auf, bestellte dort eine Pistole mit Schalldämpfer, entrichtete den Kaufpreis und übergab die Waffe an Böhnhardt und Mundlos.

Wie Wohlleben wusste auch Carsten Schultze genau, was er tat: Er rechnete damit, dass das Trio mit der Waffe Gewalttaten begehen würde, und billigte dies.

**Das Wissen
um den
Schalldämpfer**

Für die Würdigung der Beweise für die Taten des Angeklagten Schultze verweise ich auf die eben getätigten Ausführungen zum Angeklagten Wohlleben.

Im Gegensatz zu Wohlleben hat sich Schultze allerdings vor und in der Hauptverhandlung umfassend eingelassen. Ich teile hier die Ansicht der Bundesanwaltschaft, dass diese Stellungnahme umfassend als glaubhaft zu bewerten ist. Nicht nur belasten sie den Angeklagten Schultze selbst, sie korrespondieren auch mit den gehörten Einlassungen des Angeklagten Gerlach und den Angaben des Zeugen Andreas Sch.

Carsten Schultze bestreitet bis heute erstens, dass er eine Waffe mit Schalldämpfer bestellt habe, und zweitens, dass er für möglich hielt und billigte, dass mit der Waffe durch den NSU Morde begangen werden würden. Er habe sich keinerlei Gedanken darüber gemacht, was wohl mit der Waffe geschehen könnte. Beide Aspekte sind nicht glaubhaft.

Zum ersten Punkt: Hier bestreitet der Angeklagte Schultze nicht, dass die gelieferte Waffe im Ergebnis einen Schalldämpfer besaß. Er meint aber, der Waffenlieferant habe »einfach so« und ohne entsprechende Aufforderung eine Waffe mit Schalldämpfer geliefert. Diese Aussage ist bereits anhand allgemeiner Erwägungen in sich wenig plausibel. Eine Pistole mit dazugehörigem Schalldämpfer wird seltener hergestellt, ein Schalldämpfer gehört nicht zur Standardausstattung einer Waffe. Sie ist daher wesentlich schwerer zu beschaffen als eine Pistole ohne dieses Zubehör. Damit geht einher, dass die zusätzliche Beschaffung des Zubehörs Kosten verursacht, die der Mittelsmann wohl kaum auf eigene Rechnung tragen wird. Dem entspricht auch die Aussage des Zeugen Andreas Sch., die er bei der Polizei gemacht hat. Danach habe er bekundet, der Angeklagte Schultze habe den Schalldämpfer explizit mitbestellt. Denn er würde ja nichts liefern, was nicht auch bestellt worden sei.

Es ist nach alldem also vielmehr plausibel, dass der Angeklagte Schultze, als er sich der besonderen Brisanz der Lieferung einer Waffe mit Schalldämpfer bewusst wurde, diesen Aspekt gezielt ausklammerte, um sich selbst zu schützen. Doch selbst hätten wir die Bestellung einer Waffe mit Schalldämpfer durch den Angeklagten in der Hauptverhandlung nicht beweisen können, es käme im Ergebnis aber nicht entscheidend darauf an. Denn, und das steht nach allem zuvor Gesagtem außer Zweifel, der Angeklagte lieferte schlussendlich eine solche Pistole mit Schalldämpfer und Munition und übergab sie an Mundlos, Böhnhardt und Zschäpe.

Das Wissen um mögliche Gewalttaten

Zum zweiten Punkt: Was bedeutet das alles nun für den Vorsatz des Angeklagten Carsten Schultze bezüglich der Mordtaten des NSU? Es bedeutet zunächst, dass auch hier die eben bezüglich des Angeklagten Wohlleben angestellten Erwägungen übertragen werden können. Wer eine schussbereite Waffe mit Schalldämpfer und passender Munition an ein gewaltbereites, im Untergrund lebendes Trio aus bekannten Nazis liefert, der weiß, dass diese die Waffe potenziell gegen andere Menschen richten werden. Wer trotzdem liefert, nimmt billigend in Kauf, dass diese Menschen sterben. Schon hieraus ergibt sich der jedenfalls bedingte Vorsatz zur Beihilfe zu den Morden.

In der Hauptverhandlung sprach Schultze davon, er sei schockiert gewesen über das Vorhaben des Trios, sich zu bewaffnen. Die Nebenklage fragte daraufhin, warum dem so sei – immerhin seien in der Szene doch viele bewaffnet gewesen. Dabei, so der Angeklagte Schultze, habe es sich jedoch allein um Teleskopschlagstöcke und Schreckschusswaffen gehandelt, keine echten, »richtigen« Waffen. Daher habe er schon Bauchschmerzen gehabt bei der Lieferung an das Trio. Wie können diese Bedenken des Angeklagten anders erklärt werden, als dass er es doch jedenfalls für möglich hielt, dass das Trio die Waffe auch zu Tötungen einsetzen würde? Nein, Carsten Schultze hatte eine genaue Ahnung von dem, was da vor sich ging.

Seine Einlassung, er habe nie ahnen können, dass mit der gelieferten Waffe Menschen getötet werden könnten, ist unplausibel und durch die Beweisaufnahme der Hauptverhandlung widerlegt.

Um die Schuld von Carsten Schultze richtig einordnen zu können, ist seine Beziehung zu Wohlleben zu beachten: Während Schultze in der Anklageschrift selbst von der Bundesanwaltschaft als einer von mehreren »Mittelsmänner[n]« bezeichnet wird, mithilfe derer Wohlleben den konspirativen Telefonkontakt zu den dreien aufrechterhielt, soll Wohlleben »zumindest bis ins Jahr 2001 bei der Organisierung ihres Lebens im Untergrund in der Rolle einer steuernden Zentralfigur der gesamten Unterstützerszene behilflich«[241] gewesen sein. Wohlleben war danach der Drahtzieher, Carsten Schultze ein Laufbursche.

Dieses Muster zeigte sich auch bei einem anderen Anklagepunkt: Der Beihilfe zum Mord durch das Beschaffen der Tatwaffe. Nachdem Schultze telefonisch vom NSU-Trio mitgeteilt wurde, dass sie eine Pistole nebst Schalldämpfer und Munition, möglichst deutscher Bauart, benötigten, teilte er dies Wohlleben mit. Wohlleben entschloss sich dann, »diesem Wunsch möglichst genau zu entsprechen«[242]. Schultze diente also in erster Linie als Sprachrohr. Er handelte auch im Auftrag, als er nach Wohllebens Vermittlung bei dem Zeugen Andreas Sch. eine solche Schusswaffe bestellte. Es war auch Wohlleben, der Schultze den Kaufpreis von 2.500 DM für die Pistole in bar aushändigte, um die Waffe zu bezahlen. Nach eingehender Prüfung durch den Drahtzieher Wohlleben händigte Schultze die Česká 83 dann, wiederum im Auftrag, an Böhnhardt und Mundlos aus. Es folgten neun Morde an Menschen türkischer und griechischer Herkunft, allesamt vollstreckt mit besagter Schusswaffe.

Carsten Schultze hat an einer entscheidenden Stelle hier vor Gericht die Unwahrheit gesagt, als er über den Kauf des Schalldämpfers sprach. Hat er dies getan, um eine geringere Strafe zu erhalten? Oder weil er sich selbst etwas vormachen will, um mit seiner Schuld leben zu können? Wir wissen es nicht.

| **Der Zweck von Strafe im Fall von Carsten Schultze** | Ich glaube aber dennoch, dass Carsten Schultze aus den folgenden Gründen außerhalb des Gefängnisses für unsere Gesellschaft nützlicher ist als hinter Gittern. |

Es darf zunächst nicht vergessen werden, dass er diese Taten Ende des Jahres 1999 beziehungsweise Anfang des Jahres 2000 als Heranwachsender im Sinne des Gesetzes begangen hat. Einem weniger lebenserfahrenen, insbesondere jungen Menschen kann die Begehung einer Straftat grundsätzlich nur in niedrigerem Maße zum Vorwurf gemacht werden als einem lebenserfahrenen Menschen.[243]

Carsten Schultze hat die ihm vorgeworfenen Tathandlungen zudem früh im Verfahren zugegeben. Eine Einlassung, insbesondere eine frühe und umfassende, spricht immer für einen Angeklagten.[244] Dies gilt umso mehr, wenn der Angeklagte sich selbst belastet. Denn damit schränkte er seine Verteidigungsmöglichkeiten auf einen schmalen Bereich ein, weil er gegen seine Verurteilung nichts mehr vorbringen und nur noch die Höhe der zu verhängenden Strafe zu beeinflussen versuchen konnte.[245] Im Übrigen räumte Herr Schultze durch das Geständnis seine Tat vollumfänglich ein und förderte das Prozessziel des Rechtsfriedens.

Neben seinem Geständnis hat er eigenständig zu den Hintergründen seiner Biografie sowie seinem Einstieg in die Neonazi-Szene ausgesagt. Dazu zählt auch sein früher Kontakt zu André K. und später eben auch zum Mitangeklagten Ralf Wohlleben, dessen Stellvertreter er im Jahr 1999 im NPD-Kreisverband Jena wurde. Er sagte zudem aus, dass er sich mit dem ebenfalls angeklagten Holger Gerlach über die Untergetauchten ausgetauscht hatte. Zu seinen Motiven erklärt er, dass ihm das Gemeinschaftsgefühl und der Respekt gefallen hätten und er sich »[i]n gewisser Weise« auch mit dem ausländerfeindlichen Gedankengut in der Szene identifiziert habe. Letztendlich hätten aber vor allem die Probleme mit seiner uneingestandenen Homosexualität dazu geführt, dass er ausgestiegen ist.

Nachdem sich Carsten Schultze anfänglich oft auf Erinnerungslücken berief und zahlreiche Fragen um seine damalige Position offenließ, kündigte er am 8. Verhandlungstag an, reinen Tisch machen zu wollen. Diese Ankündigung war kein leeres Versprechen: Als einziger Angeklagter zeigte er sich kooperativ, stützte sich immer wieder auf Akten und versuchte, zumindest ab dem 8. Verhandlungstag Fragen umfassend zu beantworten. Die Bereitschaft, als Kronzeuge aufzutreten, ist auch wegen der verheerenden persönlichen Konsequenzen für Carsten Schultze besonders zu würdigen. Er gilt nach seinen Aussagen in der Szene als Verräter und befindet sich in einem Zeugenschutzprogramm. Ohne seine Aussagen wüssten wir bis heute nicht, dass der NSU zumindest einen weiteren Bombenanschlag verübt hatte, den Anschlag auf die Gaststätte »Sonnenschein« in Nürnberg. Noch heute würde der damals verletzte türkische Putzmann mit dem Makel eines Verdachts der Polizei leben müssen, selbst der Bombenleger gewesen zu sein.

Wir sollten uns vor einem Schuldspruch immer fragen: Wen wollen wir hinter Gittern sehen? Wie und unter welchen Voraussetzungen lässt es sich rechtfertigen, dass eine im Staatsverbund zusammenlebende Gruppe von Menschen einzelne ihrer Mitglieder ihrer Freiheit beraubt?[246] Was ist der Zweck von Strafe? Strafe mag als gerechter Schuldausgleich bestimmt sein.[247] Und die Gerechtigkeit gebietet es, Schuldige sühnender Strafe zuzuführen.[248] Gerechtigkeit ist das Ziel. Aber was ist angesichts von zehn toten Menschen »gerecht«? Wie soll ein Staat, der sich selbst über Jahre hinweg ungerecht gegenüber den Terror-Überlebenden verhalten hat, Gerechtigkeit herstellen? Der Staat als menschliche Einrichtung ist weder fähig noch berechtigt, die metaphysische Idee der Gerechtigkeit zu verwirklichen.[249] Folglich kann Strafe nicht die Aufgabe haben, Schuldausgleich um ihrer selbst willen zu üben.[250] Eine Strafe ist vielmehr nur dann gerechtfertigt, wenn sie sich zugleich als notwendiges Mittel zur Erfüllung der präventiven Schutzaufgabe des Strafrechts erweist.[251] Aus diesem Grund ist der Zweck von Strafe allem voran Prävention.[252] Dem Strafrecht unterliegt es nach der verfassungsmäßigen Ordnung des Grundgesetzes, das Zusammenleben der Menschen in unserer durch das Grundgesetz geprägten Gesellschaft vor Angriffen zu schützen. Sozialschädliches Verhalten gilt es zu bekämpfen.[253]

Der strafrechtlich noch nicht vorbelastete Täter soll durch die Bestrafung nicht ent-sozialisiert, der vorbelastete Täter dagegen re-sozialisiert werden.[254]

Meine Mandanten sinnen nicht nach Rache. Vielmehr glauben sie, dass jedem Menschen das Recht auf eine zweite Chance im Leben zusteht. Deswegen erkläre ich stellvertretend für meine Mandantin Dilek Özcan: Herr Schultze, Sie haben dabei geholfen, dass mein Vater, İsmail Yaşar nicht mehr am Leben ist. Es fällt mir schwer, nicht zornig zu sein. Ich will aber nicht mehr zornig sein. Ich will nicht mehr mit Wut zu Bett gehen und mit Wut aufwachen. Mein Anwalt hat mir berichtet, dass Sie als Einziger der Angeklagten Ihre Schuld eingeräumt haben. Er hat mir auch berichtet, dass Sie als Einziger unter den Angeklagten hingeschaut haben, wenn die Bilder der Toten an die Wand gespielt wurden, und dass Ihre Augen dabei vor Entsetzen ganz weit waren. Ich vergebe Ihnen. Ich nehme Ihre Entschuldigung an. Ich will aber auch, dass Sie Ihre Schuld abtragen. Sprechen Sie mit jungen Menschen. Gehen Sie zu Ihnen und erzählen Sie Ihre Geschichte. Warnen Sie sie vor dem Hass der Nazis und vor dem Unheil, das diese Menschen anrichten. Dann werden Sie vielleicht eines Tages so weit sein, dass Sie auch sich selbst verzeihen können.

10. Schluss: die wichtigste Lehre aus dem NSU-Terror

Ziel und Aufgabe eines Strafverfahrens ist die Wiederherstellung des Rechtsfriedens. Der Mensch in Harmonie mit seinen Mitmenschen lebend, ist die Idealvorstellung einer friedlichen Gesellschaft. Natürlich ist dieses Ideal eine Utopie. Auch in einem demokratischen Rechtsstaat gibt es ein Oben und Unten, gibt es ein privilegiertes »Wir« und ein rechtloses »Die«, gibt es Mächtige wie Ohnmächtige. Menschliche Harmonie ist unter diesen Umständen nur eingeschränkt möglich. Dennoch ist es wichtig, dass es eine vielleicht utopisch anmutende Idee davon gibt, wie eine gerechte Welt aussehen sollte. Diese Idee ist dann wie ein Leuchtturm, an dem sich Gesellschaften wie Schiffe in einer stürmischen Nacht orientieren können.

Unsere Verfassung hat diesen Gedanken aufgegriffen und zum Fundament unserer gesamten Ordnung gemacht. »Die Würde des Menschen ist unantastbar. Sie zu achten und zu schützen ist Verpflichtung aller staatlichen Gewalt«, so steht es machtvoll in Artikel 1 unseres Grundgesetzes. Niemand, der bei klarem Verstand ist, wird behaupten, dass in der zuweilen rauen Wirklichkeit unseres Landes die Würde des Menschen jeden Tag unangetastet bliebe.

Wie zum Beispiel ist es um die Würde einer Frau bestellt, die gerade erfahren hat, dass ihr Ehemann lebensgefährlich verletzt wurde, der man es jedoch verbietet, zum Sterbenden ins Krankenhaus zu gehen? Wie ist es um ihre Würde bestellt, wenn sie stattdessen von der Polizei zur Vernehmung auf die Wache gebracht wird und dort als Verdächtige behandelt wird, obwohl es keinerlei Verdachtsmomente gegen sie gibt? Ist die Würde dieses Menschen wirklich unangetastet, wie es Artikel 1 des Grundgesetzes verlangt? Ich habe da meine Zweifel.

Dennoch ist es wichtig, dass Artikel 1 einen Idealzustand formuliert. An diesem Maßstab können wir uns alle orientieren, an diesem Maßstab muss der Staat sich orientieren, und an diesem Maßstab müssen wir den Staat messen.

Der zentrale Gedanke hinter dem Recht zur Nebenklage ist diese Menschenwürde. Das Opfer eines Verbrechens, sei es selbst verletzt oder Angehöriger eines Mordopfers, soll nicht zu einem rechtlosen Objekt des Staates degradiert werden. Es soll nicht in einem Strafverfahren als lediglich geduldeter Zaungast am Rande behandelt werden. Im Gegenteil soll es in einem Strafverfahren eine zentrale Rolle einnehmen. Es geht ja in diesem Verfahren auch um die Aufarbeitung *seines* Leidens.

Ein zweiter Gedanke ist unerlässlich, um zu verstehen, warum das Opfer eines Verbrechens Rechte beanspruchen kann. Der Mensch ist frei, und niemand, auch nicht der Staat, hat ihm Vorschriften zu machen. Das ist der Naturzustand. Ist aber jedermann vollkommen frei, sind Konflikte mit der uneingeschränkten Freiheit anderer Menschen unausweichlich. Lebt jeder Mensch nach eigenen Regeln, sind in letzter Konsequenz Mord und Totschlag vorprogrammiert. Im Ergebnis wird sich der Starke durchsetzen und die Schwachen werden schutzlos zurückbleiben. Es sind also Regeln notwendig und eine Institution, die diese Regeln gegenüber jedermann durchsetzt. Diese Institution ist der Staat. Dabei schließt der Mensch mit dem Staat einen Vertrag. Er verzichtet auf einen Teil seiner Freiheit und überträgt dem Staat damit Macht. Im Gegenzug gibt der Staat ein Versprechen ab: Ich, der Staat, werde dich schützen. Dieses Konstrukt hat der englische Philosoph Thomas Hobbes in seinem *Leviathan* beschrieben. Wenn aber in einer solchen Gesellschaft ein Mensch Opfer eines Verbrechens wird, dann hat nicht nur der Täter Regeln gebrochen. Auch der Staat ist vertragsbrüchig geworden. Er hat seinen Teil des Vertrages nicht erfüllt, als er den Menschen nicht vor einer Straftat schützen konnte oder wollte. Das Opfer einer Straftat hat also nicht nur Rechte, die aus der ihm unveräußerlich innewohnenden Würde erwachsen, sondern er hat auch Rechte und Ansprüche gegen den »vertragsbrüchigen« Staat.

Diese Zusammenhänge müssen wir vor Augen haben, wenn wir dieses zu Ende gehende Strafverfahren mit Blick auf die Frage bewerten, ob es den Rechtsfrieden wiederhergestellt oder wenigstens gefördert hat. Ich möchte die Antwort vorwegnehmen: Nein, der Rechtsfrieden ist nicht wiederhergestellt worden. Der zentrale Zweck eines Strafverfahrens wurde nicht erreicht. Ich möchte eines klarstellen: Meine Mandantinnen und Mandanten sind nicht naiv. Sie haben gehofft, aber nicht erwartet, dass in diesem Prozess »die Wahrheit und nichts als die Wahrheit« das Licht der Welt erblicken und überzeugende Antworten auf wichtige Fragen gefunden würden.

Wie konnten aus ganz normalen Jugendlichen hasserfüllte Feinde der Menschlichkeit werden? Welchen Einfluss hatte die alltägliche Sprache von Akteuren der politischen Mitte, in der über Flüchtlinge, Arbeitsmigranten oder Sinti und Roma gesprochen wird?

Niemand war so naiv zu glauben, dass dieses Verfahren die Antwort auf alle angesprochenen Punkte bringen würde oder dass am Ende die komplette Wahrheit ans Licht kommen würde. Nicht nach all den Jahren, die vergangen sind, und nicht nach all den verschwundenen Akten. Wahrheit ist ein mächtiges Wort, offenbar zu mächtig für dieses Verfahren. Was meine Mandantschaft erwartet hat und zu Recht erwarten durfte, war aber, dass der in diesem Saal versammelte Staat in der Form dieses Senats und in der Form der Generalbundesanwaltschaft alles tut, um sich der Wahrheit anzunähern. Es musste darum gehen, der Wahrheit so nahe wie möglich zu kommen, sodass am Ende die Opfer des NSU das Gefühl bekommen hätten: Der Staat hat alles gegeben, er hat es versucht, so gut es eben geht.

Es macht für meine Mandantschaft einen Unterschied wie zwischen Himmel und Erde, ob man es ehrlich versucht hat und gescheitert ist, oder ob man scheitert, ohne sich auch nur bemüht zu haben. Manche werden argumentieren, dass dies spitzfindig sei, dass es am Ende egal sei, *warum* man gescheitert ist. Aber das stimmt nicht. Für viele Opferangehörige hängt von dieser Unterscheidung die Frage ab, ob sie in der Nacht Schlaf finden oder nicht, ob sie diesem Land Vertrauen schenken können oder nicht, ob sie im Leben Frieden finden oder nicht. Dieser Friede ist ihnen bislang verwehrt. Dies gilt umso mehr, als es der Staat war, der – manchmal durch aktives Handeln, manchmal durch Unterlassen – Zustände geschaffen hatte, die die Morde begünstigten. Es war dieser Staat, der die Mordserie in ihren Anfängen nicht gestoppt hatte, weil er mit einer rassistischen Brille deutsche Tatverdächtige ignorierte und migrantische Opfer kriminalisierte. Es war dieser Staat, der nach der Selbstenttarnung des NSU eben nicht alles in seiner Macht Stehende getan hatte, um aufzuklären. Mit den Hunderten von Akten haben Verfassungsschützer zugleich das Versprechen unserer Bundeskanzlerin geschreddert, dass dieser Staat alles tun werde, um aufzuklären. Kaum war die Rede Frau Merkels abgelesen, wurde sie in den Reißwolf gesteckt, ohne dass es für irgendeinen Beamten ernsthafte Konsequenzen gegeben hätte.

Unter diesen Umständen haben wir erwartet, dass dieser Senat das gesamte Tatgeschehen, inklusive der Vorgeschichte und der staatlichen Rolle, zur Sprache bringt und aufklärt. Das hat er aber nicht getan. Neonazis traten im Dutzend an und logen erkennbar von der ersten bis zur letzten Minute. Konsequenzen hatte dies für niemanden. Der Zusammenhalt in der Nazi-Szene funktioniert offenbar. Man spricht miteinander. Man chattet. Man nutzt WhatsApp-Gruppen und Facebook-Listen. Die ersten Nazi-Zeugen konnten der Szene stolz berichten, wie sie einen Staatsschutzsenat an einem Oberlandesgericht ganz offen an der Nase herumführen durften, ohne dass Ordnungsmittel verhängt wurden. Vor diesem Gericht hatte niemand etwas zu befürchten. Es überrascht dann auch nicht, dass die Auftritte dieses im Kern feigen Haufens immer dreister wurden.

Die Versäumnisse des Senats gingen jedoch weiter. Zahlreiche Beweisanträge der Nebenklage lehnte das Gericht ab. Zeugen wurden nicht geladen, Akten nicht beigezogen, und das immer wieder. Das Resultat dieser Vermeidungsstrategie wirft einen tiefen Schatten auf dieses Verfahren. So konnte nicht geklärt werden, welches Ausmaß der NSU wirklich hat. Wie groß ist das Nazi-Netzwerk? Welche Rolle hatten Verfassungsschutzbehörden beim Aufbau der Nazi-Szene? Was wussten V-Leute und in der Folge die Verfassungsschutzbehörden selbst über den Verbleib und das Handeln des Trios und seiner Unterstützer, wenn es denn bloß Unterstützer waren? Warum wurden deutschlandweit Akten zerstört? Wie konnte es passieren, dass unter den Augen des Staates eine kriminelle Nazi-Szene entstehen konnte, oder konnte sie zum Teil entstehen, gerade *weil* es unter den Augen des Staates passierte? Das sind alles Fragen, die nicht nur die unmittelbar Betroffenen interessieren sollten, sondern Fragen, die uns alle angehen.

In Bertolt Brechts *Der gute Mensch von Sezuan* heißt es am Schluss: »Wir stehen selbst enttäuscht und sehn betroffen/Den Vorhang zu und alle Fragen offen.« Ja, der Vorhang in diesem Verfahren fällt. Aber die Suche nach Antworten wird weitergehen. Die juristische Aufklärung des NSU-Komplexes wird nicht in diesem Saal enden. Unser Kampf geht weiter. Wir werden weiter nach Antworten suchen, ob nun beim Bundesgerichtshof in Karlsruhe oder in Straßburg beim Europäischen Gerichtshof für Menschenrechte.

Dennoch war dieses Verfahren keine Farce, wie manche behaupten. Auch wenn der Hauptzweck des Prozesses verfehlt wurde, konnte das Gericht doch wichtige Erkenntnisse gewinnen. Wir haben heute zwar kein vollständiges, aber doch ein für eine Verurteilung ausreichendes Verständnis vom Handeln aller Angeklagten. Wir haben die Existenz eines institutionellen Rassismus, seine Mechanismen und seine Konsequenzen nachweisen können. Wir haben Erkenntnisse gewonnen, die wir im weiteren Ringen um die Wahrheit werden nutzen können.

Tausende und Abertausende Aktenseiten im NSU-Komplex sind Dokumente des Schreckens. Die Akten behandeln Mord und Totschlag. Sie zeugen von Hass und Niedertracht. Wenn man sich tagein, tagaus mit diesen Geschichten beschäftigt, wenn man mit den Fotos getöteter Menschen ins Bett geht und mit den Bildern der Toten im Kopf aufwacht, begibt man sich selbst in Gefahr. Man läuft Gefahr, zynisch zu werden. Man läuft Gefahr, im Mitmenschen keinen Menschen mehr, sondern Raubtiere zu sehen. »Der Mensch ist des Menschen Wolf«, heißt es. Dann aber stößt man selbst in der emotionalen Ödnis, den der NSU geschaffen hat, auf Oasen des Menschseins. Man stößt auf Menschen, deren Anständigkeit, Humanität und Stärke vielleicht nicht alles Böse vergessen machen können, die aber durch ihr Handeln zeigen, dass man auch in schwierigen Situationen das Richtige tun kann, dass auch der Hass einen Menschen nicht zerstören kann.

Verantwortungsvoll handeln

Wir haben ausgiebig darüber gesprochen, dass dieser Staat, dass unser Staat, viele Fehler begangen und sich an den Opfern des NSU versündigt hat. Hinter diesem Staat stehen Menschen, die in seinem Namen handeln. Manchmal kennen wir ihre Namen, oft aber bleiben sie anonym. Auch weil sich niemand für sie interessiert. Ich möchte über zwei Männer in Uniform sprechen, über zwei Soldaten, die sich genauso verhalten haben, wie wir es uns als Demokraten wünschen dürfen: Hauptmann Pohl und Vertrauenssoldat Panzergrenadier Gutwasser. Uwe Mundlos war von 1992 bis 1994 Soldat. Er leistete seinen Grundwehrdienst ab. In dieser Zeit wurde er in seiner Freizeit von der Polizei festgenommen. Der Vorwurf lautete unter anderem auf Volksverhetzung. Er hatte Nazi-Propaganda bei sich geführt. Hauptmann Pohl war sein Vorgesetzter. Als er von dem Strafverfahren erfuhr, beantragte er sofort in Ergänzung zur zivilen Strafbarkeit zusätzliche militärdisziplinarische Maßnahmen wie Arrest. Er argumentierte, dass ein Soldat der Bundeswehr in seiner Person aktiv für die Demokratie einstehen müsse. Durch die Bestrafung von Mundlos könne und müsse ein wichtiges Zeichen für die anderen Soldaten gesetzt werden. In diesem Sinne und vollkommen eindeutig nahm auch der Vertrauenssoldat Gutwasser Stellung zur Causa Mundlos. Unisono forderten beide Männer ein schnelles Handeln in dieser Sache.

Aus der Dienstakte Mundlos ist ersichtlich, das Mundlos nicht bestraft wurde, dass er stattdessen befördert und in Ehren aus der Bundeswehr entlassen wurde. Eindeutig ist aber, dass sich beim Fall Mundlos ein Offizier und ein Mannschaftsdienstgrad der Bundeswehr genauso verhalten haben, wie man es sich als Bürger wünscht. Sie haben verantwortungsvoll gehandelt und demonstriert, dass das Bild vom Bürger in Uniform auch in der Realität existiert. Wir haben in diesem Verfahren viel über den Staat gesprochen. Aber *den* Staat gibt es nicht. Diese beiden Soldaten sind auch Staat – ein Staat, dem man gern vertraut.

Ein Held der Mitmenschlichkeit

Auf Seite 220 der Anklageschrift findet sich, versteckt in einer Fußnote und leicht zu übersehen, der Name Andreas H. Er ist ein Zeuge im Mordfall Enver Şimşek. Am 9. November 2000 fuhr er an dem mobilen Blumenstand Herrn Şimşeks vorbei. Er hielt an, um Blumen zu kaufen. Der Blumenstand war aufgebaut. Ein Kleintransporter mit der Aufschrift »Blumenhandel Enver Şimşek« stand daneben. Von Enver Şimşek allerdings keine Spur. Andreas Heuler wartete ab und machte sich zunehmend Sorgen. Er rief nach Herrn Şimşek und entschloss sich nach wenigen Minuten, die Polizei zu verständigen. Die Polizei beschwichtigte. Es werde schon alles in Ordnung sein.

Bereits an dieser Stelle frage ich mich: Hätte ich mich so verhalten wie Herr Heuler? Hätte ich aus Sorge um einen mir vollkommen unbekannten Menschen die Polizei angerufen? Die ehrliche Antwort ist: Nein, ich hätte es wohl nicht getan.

Die Geschichte geht weiter. Andreas H. wartete noch eine Weile und machte sich dann auf die Suche nach dem Blumenhändler. Er ging in den nahe liegenden Wald und rief laut: »Herr Şimşek, geht es Ihnen gut?« Er kannte den Mann nicht, aber der Name stand ja auf dem Transporter. Es war ein türkischer Name, aber das spielte für ihn keine Rolle. Er dachte, dass Enver Şimşek vielleicht in den Wald gegangen war, um sich zu erleichtern, dort einen Herzinfarkt erlitten hatte und nun hilflos zwischen den Bäumen lag.

Nun tat Andreas H. etwas, das ich ganz sicher nicht getan

hätte. Er rief noch einmal bei der Polizei an, ließ sich nicht abwimmeln und bestand auf einen Streifenwagen. Die Polizei kam nach wenigen Minuten, und gemeinsam entdeckte man den schwer verletzten Enver Şimşek im fensterlosen Hinterraum des Lieferwagens. Andreas H. lief zu seinem Wagen und holte seine Rettungsausrüstung, denn er war Rettungssanitäter. Durch seine erste Hilfe konnte der sofortige Tod Enver Şimşeks abgewendet werden. Er starb erst zwei Tage später im Krankenhaus.

Wer nun einwenden möchte, nun gut, was sind schon zwei Tage, dem möchte ich antworten: Für die Angehörigen macht das einen großen Unterschied. In diesen zwei Tagen konnten sie Abschied nehmen von einem geliebten Menschen. Sie sind die einzigen Opferangehörigen der Česká-Mordserie, denen diese Gnade zuteilwurde. Wer selbst schon einmal einen geliebten Menschen verloren hat, der weiß, wie viel Trost eine letzte gemeinsame Zeit, ein letztes Halten der Hand, ein letzter Kuss vor dem Abschied geben kann. Diese letzte Zeit der Gemeinsamkeit und des Abschieds hat Andreas H. der Familie Şimşek geschenkt. Wir haben ihn am 21. Verhandlungstag persönlich erleben dürfen. Wir haben gesehen, mit welcher Bescheidenheit und mit welcher Selbstverständlichkeit er getan hat, was er getan hat. Für mich ist er ein großer, ein stiller Held der Mitmenschlichkeit. Ich werde ihn niemals vergessen.

Menschen, die wir brauchen

Am 19. Januar 2001 explodierte eine Bombe in einem Lebensmittelgeschäft in der Kölner Probsteigasse. Die damals 19-jährige Mashia M. wurde dabei schwer verletzt. Sie erlitt furchtbare Verbrennungen am ganzen Körper. Ihr Überleben grenzt an ein Wunder. Sie musste Wochen und Monate im Krankenhaus ver-

bringen und wurde immer wieder operiert. Noch im Krankenhaus bereitete sie sich trotz ihres Zustandes auf das Abitur vor.
Sie bestand ihre Prüfungen mit Bravour. Im Anschluss studierte
sie Chemie, gewiss kein anspruchsloses Studium, und nach ihrem Abschluss noch Medizin obendrauf.

Wir haben Mashia M. hier vor Gericht als Zeugin erlebt. Ich
war tief beeindruckt von diesem Menschen. Sie beantwortete
jede Frage konzentriert und mit Bedacht. Selbst auf Fragen, die
sie als belastend empfunden haben musste, antwortete sie vollkommen besonnen und mit ruhiger Stimme. Dabei saß sie weniger als zwei Meter entfernt von Beate Zschäpe und den anderen Angeklagten, die mutmaßlich ihr und ihrer Familie nach
dem Leben getrachtet hatten.

Von meinem Platz aus hatte ich einen Blick auf beide Frauen.
Links Beate Zschäpe, rechts Mashia M. Ich konnte nicht anders,
als mir zu denken:

Da sitzt links ein Mensch, der sich für überlegen hält, der
glaubt, er sei etwas Besseres, der sich selbst als Herrenmenschen
sieht. Aber was genau hat diese Person eigentlich geleistet? Hat
sie gearbeitet, um für das eigene Leben zu sorgen? Hat sie im
Leben irgendwann einmal bei irgendeiner Gelegenheit etwas
getan, das das Leben der Mitmenschen besser oder schöner gemacht hat? Sie beruft sich auf Deutschland, sie beruft sich auf
ihr Deutschsein. Da darf man und da muss man fragen: Hat sie
etwas für unser Land, hat sie etwas für Deutschland getan? Hat
sie etwas für die Menschen in Deutschland vollbracht? Die Antwort auf alle diese Fragen muss ein klares Nein sein. Ihre einzige »Leistung« besteht darin, unendlich viel Unheil über andere Menschen gebracht zu haben. Dies gilt für sie wie für die
Angeklagten André Eminger, Holger Gerlach und Ralf Wohlleben.

Und da sitzt rechts Mashia M., deren Eltern nach Deutschland kamen, auf der Suche nach einem besseren Leben für sich

und ihre Kinder. So haben es Menschen seit den Anfängen der Zeit überall in der Welt gehalten: Die Kinder sollten es einmal besser haben. Sie bauten sich eine bescheidene Existenz auf mit ihrer eigenen Hände Arbeit. Dieses kleine Geschäft in der Kölner Probsteigasse ernährte Eltern und Kinder bis zu jenem Tag, als die Bombe explodierte. Schwer verletzt an Körper und Seele hat dieser junge Mensch, Mashia M., nicht aufgegeben. Sie ist heute Ärztin. Jeden Tag hilft sie anderen Menschen. Sie rettet Menschen. Sie macht Menschen glücklich, die Patienten wie deren Angehörige. Und dann glauben Menschen wie Beate Zschäpe, sie seien etwas Besseres? Sie glauben, sie seien besser für unser Land? Nein, wir brauchen Menschen wie Mashia M., nicht Menschen, die außer Hass in ihrem Leben nichts aufweisen können, ein Hass, der zerstören, der aber nie etwas erschaffen kann.

Als ich Mashia M. fragte, ob sie überlegt habe, als Konsequenz des Bombenanschlages Deutschland zu verlassen, antwortete sie: »Als das Bekennervideo veröffentlicht wurde und klar wurde, dass ich wegen meiner Herkunft so angegriffen wurde, war natürlich die erste Frage: Was soll ich hier noch? Ich bin ja ein Muster an Integration, und wenn man sogar Leute wie mich so bekämpft (…) Andererseits war das ja das, was die wollten, und ich dachte: jetzt erst recht!«

Unsere Aufgabe

»Jetzt erst recht!« Diese drei Worte sind es, die mir Kraft und Hoffnung geben, die mir Aufgabe sind. Wenn ein Mensch wie Mashia M., eine Überlebende des Nazi-Terrors, diesen Optimismus und diese Stärke hat, wie können wir dann verzagt sein? Deutschland ist ein gutes Land. Dieses Land hat seinen Einwanderern wahnsinnig viel zu verdanken. Und seine Einwanderer haben diesem Land wahnsinnig viel zu verdanken. Besinnen wir uns also auf all das Gute, das wir in vielen Jahrzehnten gemeinsam aufgebaut haben. Seien wir gut zueinander. Lassen Sie uns die vielen Gemeinsamkeiten sehen, die uns verbinden, und nicht nur das, was uns unterscheidet. Und wenn wir unsere Unterschiede bemerken: So mancher Unterschied ist gut. Nicht jedes Anderssein ist problematisch, sondern im Gegenteil Voraussetzung für jene Vielfalt, die wir für Kreativität und Innovation brauchen. Wir können voneinander lernen. Wir haben eine gemeinsame Grundlage: Unsere Verfassung. Sie ist mehr als »nur« Gesetz. Sie beschreibt eine Idee des Zusammenlebens. Sie bietet Orientierung für jeden Menschen, der in Deutschland lebt. Unsere Verfassung ist in Buchstaben gegossene Leitkultur.

Lassen wir uns nicht dadurch entmutigen, dass unser Staat im NSU-Komplex seinen eigenen Ansprüchen nicht gerecht geworden ist, sondern lassen wir uns gemeinsam daran arbeiten, es in Zukunft besser zu machen. Denn: Unser Staat, das sind *wir*. Es ist *unsere* Demokratie, *unser* Rechtsstaat, *unser* Grundgesetz: Unsere Institutionen und unsere Verfassungsgrundsätze sind stark, aber sie sind keine unverletzlichen Naturgewalten. Sie sind nur so stark wie die Menschen, die hinter ihnen stehen, die sie im Alltag leben. Wir müssen uns einbringen, unser Wort erheben, solidarisch sein. Unsere Demokratie ist zu wichtig, um ihren Schutz allein Politikern anzuvertrauen. Unser Rechtsstaat ist zu wichtig, um seinen Schutz allein Juristen zu überlassen. Wir Bürger sind gefragt. Die Würde des Menschen ist unantastbar. Jetzt erst recht!

Yaşamak bir ağaç gibi tek ve hür
ve bir orman gibi kardeşçesine,
bu hasret bizim ...

Leben, einzeln und frei wie ein Baum
und brüderlich wie ein Wald,
ist unser Traum ...[255]

Nâzım Hikmet

Anmerkungen

[1] Duden. Die deutsche Rechtschreibung, Band 1, 24. Aufl., Stichwort: »Verantwortung«.

[2] Christian Fuchs: Wie der Begriff »Döner-Morde« entstand. In: Spiegel Online, 4.7.2012. http://www.spiegel.de/panorama/gesellschaft/doener-mord-wie-das-unwort-des-jahres-entstand-a-841734.html.

[3] Operative Fallanalyse Landeskriminalamt Baden-Württemberg vom 30.1.2007, S. 179 (OFA BaWü).

[4] Ebd., S. 11 und 96. Auch im weiteren Verlauf wird Opfern ohne Belege eine Zugehörigkeit zum kriminellen Milieu attestiert, OFA BaWü vom 30.1.2007, S. 90.

[5] Ebd., S. 99.

[6] Ebd., S. 100.

[7] Zitiert aus: Rudi Berner: Auf ein Wort – Reise zum Gipfel der Philosophie, Hamburg 2010, S. 143.

[8] Annette Ramelsberger: Von der Seele geredet. In: Süddeutsche Zeitung, 4.6.2013.

[9] http://www.zeit.de/news/2013-06/06/d-holger-g-gesteht-hilfe-fuer-nsu-trio-06124802.

[10] Gutachter bescheinigt Carsten S. ein Reifedefizit. In: WDR.de, 18.3.2015 http://www1.wdr.de/archiv/am-rechten-rand/nsu-prozess-carsten-s-100.html.

[11] Auf der Tribüne: Männer mit Runen auf der Kleidung. In: Süddeutsche Zeitung, 16.12.2015. http://www.sueddeutsche.de/politik/nsu-prozess-ralf-wohlleben-noch-einer-der-von-nichts-weiss-1.2786252-2.

[12] Die Opfer des NSU und die Aufarbeitung der Verbrechen, Begleitband zur Ausstellung, S. 11, Nürnberg 2013.

[13] Zum Tatablauf und den Tatfolgen, s. ebd., S. 238 ff.

[14] Gisela Friedrichsen: Wie Urlauber. NSU-Prozess zu Nürnberger Mord. In: Spiegel Online, 9.10.2013. http://www.spiegel.de/panorama/justiz/nsu-prozess-in-muenchen-zum-mord-an-ismail-yasar-a-927015.html.

[15] Die Opfer des NSU, S. 19.

[16] Olaf Przybilla: Es geschah am hellichten Tag. In: Süddeutsche Zeitung, 6.8.2010. http://www.sueddeutsche.de/bayern/mysterioese-mordserie-es-geschah-am-hellichten-tag-1.984861.

[17] Matthias Greulich: Ein Mord, den niemand vergessen kann. In: Elbe Wochenblatt, 24.6.2016. http://www.elbe-wochenblatt.de/bahrenfeld/lokales/ein-mord-den-niemand-vergessen-kann-d41500.html.

[18] Tom Sundermann: Als sei Habil Kılıç ein Mafioso gewesen. In: Zeit Online,

11.7.2013. http://www.zeit.de/gesellschaft/zeitgeschehen/2013-07/nsu-prozess-kilic-zschaepe.

[19] 2004: Mehmet Turgut wird in Rostock erschossen. In: NDR.de, 25.2.2014. http://www.ndr.de/kultur/geschichte/schauplaetze/2004-Mehmet-Turgut-wird-in-Rostock-erschossen,turgut119.html.

[20] Tillmann Grewe: Trauertag: Vor zehn Jahren tötete der NSU Ismail Yasar. In: Nürnberger Zeitung, 9.6.2015. http://www.nordbayern.de/region/nuernberg/trauertag-vor-zehn-jahren-totete-der-nsu-ismail-yasar-1.4431151.

[21] Tom Sundermann: Ein Mord ohne Plan? In: Zeit Online, 24.9.2013. http://www.zeit.de/gesellschaft/zeitgeschehen/2013-09/nsu-prozess-boulgarides/komplettansicht.

[22] Barbara John (Hrsg.) in Zusammenarbeit mit Vera Gaserow und Taha Kahya: Unsere Wunden kann man nicht heilen. Was der NSU-Terror für die Opfer und Angehörigen bedeutet. Freiburg 2016. Kapitel »Ich habe mein Herz schon begraben: Elif Kubaşık, Ehefrau Mehmet Kubaşıks, erzählt«, S. 110–120, hier S. 110 und 114.

[23] Andrea Grunau: Eine Tochter will Gerechtigkeit. In: Deutsche Welle, 25.4.2013. http://www.dw.com/de/eine-tochter-will-gerechtigkeit/a-16702879.

[24] Ludger Fittkau: Schwierige Aufarbeitung des Kasseler NSU-Mordes. In: Deutschlandradio Kultur, Beitrag vom 3.1.2017. http://www.deutschlandradiokultur.de/halit-yozgat-schwierige-aufarbeitung-des-kasseler-nsu-mordes.1001.de.html?dram:article_id=375396.

[25] Gerd Elendt/Kerstin Herrnkind: Neues von »Klein Adolf«. In: stern.de. 14.04.2012.

[26] Franz Feyder: Ein Mord, der Rätsel aufgibt. In: Stuttgarter Nachrichten, 17.4.2015. http://www.stuttgarter-nachrichten.de/inhalt.nsu-der-fall-kiesewetter-ein-mord-der-raetsel-aufgibt.35c29388-4a29-4dbd-9043-a578c029ce13.html.

[27] Gerhard Schäfer/Volkhard Wache/Gerhard Meiborg: Gutachten zum Verhalten der Thüringer Behörden und Staatsanwaltschaften bei der Verfolgung des »Zwickauer Trios«. Freistaat Thüringen, der Innenminister, 15.5.2012.

[28] Christian Fuchs/John Goetz: Die Zelle. Rechter Terror in Deutschland. Reinbek bei Hamburg, 2012, S. 48 ff.

[29] Christian Fuchs/John Goetz: Beate, die braune Witwe. In: Zeit Online, 31.5.2012. http://www.zeit.de/2012/23/DOS-Zschaepe.

[30] Fast von einer Straßenbahn überfahren. In: Focus Magazin Nr. 4, 23.1.2012. http://www.focus.de/politik/deutschland/ich-schlafe-jetzt-ruhiger-fast-von-einer-strassenbahn-ueberfahren_aid_705691.html.

[31] Fuchs/Goetz: Die Zelle, S. 60 ff.

[32] Per Hinrichs: »Unser Sohn«, Uwe Böhnhardt, der Terrorist. In: Welt Online, 26.12.2011. https://www.welt.de/politik/deutschland/article13783548/Unser-Sohn-Uwe-Boehnhardt-der-Terrorist.html.

[33] Stefan Aust/Dirk Laabs: Heimatschutz. Der Staat und die Mordserie des NSU. München 2014, S. 60 ff.

[34] Ebd., S. 127.

[35] Ebd., S. 129.

[36] Statt vieler siehe nur BGH, Urt. v. 21.9.1983 – 2 StR 370/83.

[37] S. zuletzt die Leitentscheidung BGH, Urt. v. 10.6.2015 – 2 StR 97/14, BGHSt 60, 276 ff.

[38] MüKo-StGB/*Miebach/Maier* § 46 Rn 268, 270.

[39] BGH, Urt. v. 21. 9.1983 – 2 StR 370/83.

[40] Vgl. BVerwG NJW 1983, S. 638; BVerfG NStZ 1981, S. 357.

[41] Daimagüler/Pyka: Zeitschrift für Rechtspolitik (ZRP), 2014, S. 143, 144.

[42] BVerfG, NJW 2013, S. 1058, 1060 ff.

[43] BVerfG, NJW 2013, S. 1058, 1067.

[44] BVerfGE 51, S. 324, 343.

[45] Thomas Weigend: Deliktsopfer und Strafverfahren, Berlin 1989, S. 195 ff.

[46] Peter Rieß: Über die Aufgaben des Strafverfahrens. In: Juristische Rundschau (JR). 2006, S. 269, 271.

[47] BVerfG v. 19.3.2013 – 2 BvR 2628/10.

[48] Maunz/Dürig/Grzeszick, GG, Art. 20 Rn 145.

[49] BVerfG, Beschl. v. 25.2.1981 – 1 BvR 413/80.

[50] MüKo-StPO/Kölbel § 161 Rn 23.

[51] Daimagüler/Pyka: ZRP 2014, S. 143, 144.

[52] Pressemitteilung: Deutsches Institut für Menschenrechte unterstreicht Kritik des UN-Berichterstatters an zu engem Rassismusbegriff. 16.6.2010. http://www.institut-fuer-menschenrechte.de/aktuell/news/meldung/article/pressemitteilung-deutsches-institut-fuer-menschenrechte-unterstreicht-kritik-des-un-berichterstatter/.

[53] Vgl. Etienne Balibar/Immanuel Wallerstein: Rasse, Klasse, Nation. Ambivalente Identitäten, Hamburg 2014, S. 28.

[54] Theodor W. Adorno: Schuld und Abwehr. In: Ders.: Gesammelte Schriften in 20 Bänden – Band 9: Soziologische Schriften II.2., Frankfurt a. M. 2003, S. 377.

[55] Armin Nassehi: Differenzierungsfolgen. Beiträge zur Soziologie der Moderne, Wiesbaden 1999, S. 203 ff.

[56] Compact Magazin, 11/2015, S. 16.

[57] Institut für interdisziplinäre Konflikt- und Gewaltforschung der Universität Bielefeld: Presseinformation zur Präsentation der Langzeituntersuchung *Gruppenbezogene Menschenfeindlichkeit*. 12.12.2011. https://www.uni-bielefeld.de/ikg/Handou_Fassung_Montag_1212.pdf.

[58] Informations- und Dokumentationszentrum für Antirassismusarbeit in NRW: Tagungsdokumentation des Fachgesprächs zur »Normalität und Alltäglichkeit des Rassismus«. 14./15.9.2007. http://www.ida-nrw.de/cms/upload/PDF_tagungsberichte/Tagungsdoku_Alltagsrassismus.pdf, S. 6.

[59] Naika Foroutan/Coşkun Canan/Sina Arnold/Benjamin Schwarze/Steffen Beigang/Dorina Kalkum: Deutschland postmigrantisch. Gesellschaft, Religion, Identität. Erste Ergebnisse, hrsg. vom Berliner Institut für empirische Integrations- und Migrationsforschung. Berlin 2014. https://www.projekte.hu-berlin.de/de/junited/deutschland-postmigrantisch-1/.

[60] Ebd.

[61] Max Frisch: Öffentlichkeit als Partner, edition suhrkamp 209, Frankfurt a. M. 1967, S. 100.

[62] Klaus Hecking: Kohl wollte offenbar jeden zweiten Türken loswerden. In: Spiegel Online. 1.8.2013. http://www.spiegel.de/politik/deutschland/kohl-wollte-jeden-zweiten-tuerken-in-deutschland-loswerden-a-914318.html.

[63] Juliane Karakayali/Bernd Kasparek: Mord im rassistischen Kontinuum. In: NSU Watch, 28.11.2013. https://www.nsu-watch.info/2013/11/mord-im-rassistischen-kontinuum/.

[64] Ebd.

[65] Vgl. NSU Watch: »Kein 10. Opfer« – Kurzfilm über die Schweigemärsche in Kassel und Dortmund im Mai/Juni 2006, 28.11.2013. https://www.nsu-watch.info/

2014/01/kein-10-opfer-kurzfilm-ueber-die-schweigemaersche-in-kassel-und-dort-
mund-im-maijuni-2006/; siehe dazu auch: Ayşe Güleç/Lee Hielscher: Zwischen
Hegemonialität und Multiplität des Erinnerns. In: Jens Zimmermann/Regina
Wamper/Sebastian Friedrich (Hg): Der NSU in bester Gesellschaft. Zwischen Neonazismus, Gesellschaft und Staat. Münster 2015, S. 146.
66 http://www.fsk-hh.org/blog/2015/10/22/ein_wissen_dass_schon_immer_da_war_
aber_immer_wieder_unwahrnehmbar_unhoerbar_gemacht_werden_sollte.
67 Bundeszentrale für politische Bildung: Video »Ich kenne meine Feinde«. 18.12.2013.
http://www.bpb.de/politik/extremismus/rechtsextremismus/175433/video-die-mig-
rantische-community-und-der-nsu.
68 Githu Muigai: Report of the Special Rapporteur on contemporary forms of racism,
racial discrimination, xenophobia, and related intolerance, 22.2.2010. http://www2.
ohchr.org/english/issues/racism/rapporteur/docs/A_HRC_14_43_Add.2.pdf.
69 Stokely Carmichael/Hamilton Charles V.: Black Power. Die Politik der Befreiung in
Amerika, übersetzt ins Deutsche von Ingrid Grüninger. Frankfurt a. M. 1969.
70 Q&A: Stephen Lawrence murder. In: BBC News, 5.5.2004.
71 Ute Osterkamp: Rassismus als Selbstentmächtigung. Hamburg 1996, S. 201.
72 Mechthild Gomolla/Frank-Olaf Radtke: Institutionelle Diskriminierung. Die Herstellung ethnischer Differenz in der Schule, Opladen 2002, S. 270 ff.
73 Auftrag Operative Fallanalyse Baden-Württemberg, S. 88.
74 Zitat aus »Die Operative Fallanalyse (OFA)«, veröffentlicht auf der Homepage der
Polizei Baden-Württemberg, Dienststellen, Landeskriminalamt BW. https://www.
polizei-bw.de/Dienststellen/LKA/Seiten/OFA.aspx.
75 Operative Fallanalyse, S. 5.
76 Soko SIMSEK. In: Operative Fallanalyse, S. 8.
77 Ebd., S. 9.
78 Operative Fallanalyse, S. 11.
79 Ebd., S. 12.
80 Ebd.
81 Ebd., S. 68.
82 Ebd.
83 Ebd., S. 77.
84 Brisantes Polizei-Video zeigt Andreas T. am Tatort. In: hna.de, 22.9.2015. https://
www.hna.de/kassel/fall-yozgat-nsu-beweismaterial-youtube-5548912.html.
85 Operative Fallanalyse, S. 79.
86 Ebd., S. 81.
87 Ebd., S. 99.
88 Ebd., S. 100.
89 Ebd. S. 5.
90 Jörg Diehl/Hubert Gude/Sven Röbel: FBI vermutete Ausländerhass als Tatmotiv. In:
Spiegel Online, 23.4.2012. http://www.spiegel.de/panorama/justiz/ceska-morde-
des-nsu-fbi-ging-von-auslaenderhass-als-motiv-aus-a-829270.html.
91 Ebd.
92 Wolf Schmidt: Selbst das FBI wurde ignoriert. In: taz.de, 26.4.2012. http://www.taz.
de/!5095262/.
93 Deutscher Bundestag 17. Wahlperiode: Beschlussempfehlung und Bericht,
22.8.2013. http://dipbt.bundestag.de/dip21/btd/17/146/1714600.pdf.
94 Stellungnahme der Bundesrepublik Deutschland zu den abschließenden Bemerkun-

gen Randnummer 10 und 19 zu dem von der Bundesrepublik Deutschland nach Artikel 9 Abs. 1 des Übereinkommens vorgelegten 19.-22. Staatenbericht. Bundesinnenministerium für Justiz, 19.7.2016.

[95] Thüringer Landtag 5. Wahlperiode. Bericht des Untersuchungsausschusses 5/1 Rechtsterrorismus und Behördenhandeln, S. 3. http://www.thueringer-landtag. de/mam/landtag/aktuell/2014_8/drs58080.pdf.

[96] Claus Melter: Der institutionelle Rassismus in Deutschland. In: MiGAZIN, 28.8.2014. http://politeknik.de/systematischer-institutioneller-rassismus-im-bildungsbereich-in-deutschland-prof-dr-claus-melter-hochschule-esslingen-2/.

[97] Andreas Rüttenauer: Im Nazigehege. In: taz.de, 22.8.2014. http://www.taz. de/!5034920/.

[98] NSU-Mord in Rostock: Alles nur Vermutungen. In: SVZ.de, 19.2.2017. http://www. svz.de/regionales/mecklenburg-vorpommern/nsu-mord-in-rostock-alles-nur-vermutungen-id16154146.html.

[99] Tom Sundermann: Als sei Habil Kılıç ein Mafioso gewesen. In: Zeit Online, 11.7.2013. http://www.zeit.de/gesellschaft/zeitgeschehen/2013-07/nsu-prozess-kiliczschaepe.

[100] Githu Muigai: Report of the Special Rapporteur on contemporary forms of racism, racial discrimination, xenophobia, and related intolerance, 22.2.2010, S. 29-31. http://www2.ohchr.org/english/issues/racism/rapporteur/docs/A_HRC_14_43_Add.2.pdf.

[101] Andrea Dernbach: Regierung sieht kein Problem mit Rassismus in Behörden. In: Tagesspiegel, 7.7.2015. http://www.tagesspiegel.de/politik/diskriminierung-regierung-sieht-kein-problem-mit-rassismus-in-behoerden/12018782.html.

[102] Stefan Braun: Bundesregierung wusste bis Anfang 2017 nichts über »Reichsbürger. In: Süddeutsche Zeitung, 20.2.2017. http://www.sueddeutsche.de/politik/kleine-anfrage-der-gruenen-bundesregierung-wusste-bis-anfang-nichts-ueber-reichsbuerger-1.3385865.

[103] Rassistische Diskriminierung in Deutschland. Parallelbericht an den UN-Antirassismusausschuss zum 19.-22. Bericht der Bundesrepublik Deutschland nach Artikel 9 des Internationalen Übereinkommens zur Beseitigung jeder Form von rassistischer Diskriminierung, S. 29. http://www.institut-fuer-menschenrechte.de/fileadmin/user_upload/PDF-Dateien/Pakte_Konventionen/ICERD/icerd_state_report_germany_19-22_2013_parallel_FMR_Diakonie_2015_de.pdf.

[104] Anwälte sprechen von institutionellem Rassismus. In: Welt Online, 22.8.2013. https://www.welt.de/politik/deutschland/article119279870/Anwaelte-sprechen-von-institutionellem-Rassismus.html.

[105] Jessica Sturmberg: Sprachlicher Umgang mit dem Thema Migration erschreckend. In: Deutschlandfunk, 17.2.2017.

[106] https://kleineanfragen.de/sachsen/6/8020-kosten-fuer-hilfe-bei-sterilisation-fuer-unbegleitete-minderjaehrige-auslaender-nach-51-sgb-xii.

[107] Stefan Reinecke: Mitarbeiter mit braunen Flecken. In: taz.de, 29.1.2015. http://www.taz.de/!5022130/.

[108] https://www.verfassungsschutz.de/de/das-bfv/geschichtsprojekt-bfv/ergebnisse-geschichtsprojekt/ergebnissynopse-2015-01.

[109] Ebd.

[110] Ebd.

[111] Aust/Laabs: Heimatschutz, S. 78 f.

[112] Ebd.

[113] Ebd.

[114] Vgl. Rundbrief des apabiz e. V. Ausgabe Nr. 66, Oktober 2014, S. 3.

[115] Verfassungsschutz soll rechte V-Leute geschützt haben. In: Spiegel Online, 4.11.2012. http://www.spiegel.de/panorama/justiz/verfassungsschutz-soll-rechte-v-leute-vor-strafverfolgung-geschuetzt-haben-a-865154.html.

[116] Vgl. NSU Watch: Fotos: Die Kameradschaft Jena in Worms 1996. 20.2.2012. https://www.nsu-watch.info/2012/02/fotos-der-nsu-in-worms-1996/.

[117] Verfassungsschutz. Was dürfen die eigentlich. In: Spiegel 39/1984. http://www.spiegel.de/spiegel/print/d-13512210.html.

[118] So das »Handbuch des Verfassungsschutzrechts« über V-Leute, zitiert nach: http://www.faz.net/aktuell/politik/inland/rechtsextremismus/v-leute-beim-verfassungs-schutz-ein-nehmen-nicht-immer-ein-geben-11531208.html.

[119] Aus »V-Mann Land«, abrufbar über: https://www.youtube.com/watch?v=soyyyOgNnMg.

[120] Darunter insbesondere Kai D. im Thule-Netzwerk; Tino Brandt im Thüringer Heimatschutz; Carsten Sz. (Piatto) in Königs Wusterhausen; Marcel D. als Sektionschef B&H in Gera; Hammerskin Mirko H. bei den Skinheads Sächsische Schweiz (SSS); Thomas Richter in SA und BaWü.

[121] Aust/Laabs: Heimatschutz, S. 83.

[122] »Begriffe aus der Welt der Nachrichtendienste von A bis Z« – ein Informationsangebot des Verfassungsschutzes Mecklenburg-Vorpommern. http://www.verfassungs-schutz-mv.de/cms2/Verfassungsschutz_prod/Verfassungsschutz/content/de/_Service/Lexikon/H/index.jsp.

[123] Sondervotum der Abgeordneten König und Hausold in Ergänzung zu der im Abschlussbericht des Untersuchungsausschusses »Rechtsterrorismus und Behördenhandeln« des Landtages Thüringen getroffenen Feststellungen, Wertungen und Schlussfolgerungen.

[124] Verfassungsschutz soll rechte V-Leute geschützt haben. In: Spiegel Online, 4.11.2012. http://www.spiegel.de/panorama/justiz/verfassungsschutz-soll-rechte-v-leute-vor-strafverfolgung-geschuetzt-haben-a-865154.html.

[125] Zitiert nach Ha-Jo Funke: Staatsaffäre NSU. Eine offene Untersuchung, Berlin 2015, S. 62.

[126] Laut dem Leiter der Abteilung Rechtsextremismus des BfV, Wolfgang Cremer, war beispielsweise das Verhältnis zwischen V-Mann-Führer Norbert Wießner und dem Zeugen Tino Brandt »zu eng«, s. Aust/Laabs: Heimatschutz, S. 429.

[127] Anna Brausam: Todesopfer rechter Gewalt seit 1990, 30.7.2015. Abrufbar unter: http://www.mut-gegen-rechte-gewalt.de/news/chronik-der-gewalt/todesopfer-rechtsextremer-und-rassistischer-gewalt-seit-1990/.

[128] Aust/Laabs: Heimatschutz, S. 447.

[129] ARD-Dokumentation »V-Mann-Land von Katja und Clemens Riha«, gesendet am 20.4.2015, Min. 43.

[130] Ebenso wenig wie die taktische Distanzierung von Terrorismus nach dem Abtauchen des Trios, s. Aust/Laabs: Heimatschutz, S. 301.

[131] http://www.nsu-nebenklage.de/blog/2014/07/15/15-07-2014/.

[132] Ebd.

[133] Aust/Laabs: Heimatschutz, S. 173.

[134] Ebd.

135 Der rechte Rand Nr. 150, S. 34.

136 Ebd.

137 http://www.nsu-nebenklage.de/blog/2014/11/12/12-11-2014/.

138 Ebd.

139 Aust/Laabs: Heimatschutz, S. 429.

140 Matthias Gebauer/Sven Röbel/Holger Stark: NSU-Sprengstofflieferant war V-Mann der Berliner Polizei. In: Spiegel Online, 30.9.2012. http://www.spiegel.de/panorama/justiz/nsu-sprengstofflieferant-war-v-mann-der-berliner-polizei-a-855719.html.

141 Matthias Gebauer/Sven Röbel: Geheimakten belegen Chaos beim Berliner LKA. In: Spiegel Online, 19.9.2012. http://www.spiegel.de/politik/deutschland/nsu-ermittlungen-affaere-um-v-mann-zeigt-chaos-beim-lka-berlin-a-856705.html.

142 Wie nah war V-Mann »2100/Hagel« dem NSU-Trio? In: Störungsmelder. Ein Blog von Zeit Online, 15.4.2015. http://blog.zeit.de/stoerungsmelder/2015/04/15/wie-nah-war-v-mann-2100-hagel-dem-nsu-trio_19083.

143 Ebd.

144 Ebd.

145 Der rechte Rand. Ein Magazin von und für AntifachistInnen. Heft Nr. 150, September/Oktober 2014, S. 43. http://www.der-rechte-rand.de/wp-content/uploads/drr_150.pdf, S. 43.

146 Ebd.

147 Deutscher Bundestag. 17. Wahlperiode: Beschlussempfehlung und Bericht des 2. Untersuchungsausschusses. Drucksache 17/14600. 22.8.2013, S. 277. http://dipbt.bundestag.de/dip21/btd/17/146/1714600.pdf, S. 277.

148 Hans Leyendecker/Tanjev Schultz: Rechtsextremer V-Mann »Primus. »Mann ohne Hals«. In: Süddeutsche Zeitung, 20.5.2014. http://www.sueddeutsche.de/politik/rechtsextremer-v-mann-primus-mann-ohne-hals-1.1966898.

149 Der rechte Rand, Heft Nr. 150, S. 43. http://www.der-rechte-rand.de/wp-content/uploads/drr_150.pdf, S. 43.

150 Stefan Aust/Helmar Büchel/Dirk Laabs: Protokolle? Unter Verschluss. Ergebnisse? Geheim. In: Welt.de, 17.4.2016. http://www.welt.de/politik/deutschland/article154436920/Protokolle-Unter-Verschluss-Ergebnisse-Geheim.html.

151 Zum Tathergang s. Beschlussempfehlung und Bericht des 2. Untersuchungsausschusses. http://dipbt.bundestag.de/dip21/btd/17/146/1714600.pdf, S. 285 ff.

152 Zu den Feststellungen des LG, s. ebd.

153 https://www.antifainfoblatt.de/artikel/ku-klux-klan.

154 Beschlussempfehlung und Bericht des 2. Untersuchungsausschusses, S. 287.

155 Vgl. NSU Watch: V-Mann Piatto im NSU-Komplex: Die wissende Quelle, 29.10.2014. https://www.nsu-watch.info/2014/10/v-mann-piatto-im-nsu-komplex-die-wissende-quelle/.

156 Der Inhalt der Deckblattmeldungen ergibt sich ebenfalls aus der Beschlussempfehlung und Bericht des 2. Untersuchungsausschusses, S. 401 ff.

157 Deckblattmeldung vom 19.8.1998; wenig später gibt er bekannt, dass ein Angehöriger des ›Sächsischen Skinhead-Trios‹ den Artikel auf S. 26 der Publikation *White Supremacy* verfasst habe, Deckblattmeldung vom 16.9.1998.

158 Deckblattmeldung vom 9.9.1998.

159 Deckblattmeldung vom 29.9.1998; laut einer Deckblattmeldung vom 13.10.1998 soll S. gesprächsweise von Jan W. erfahren haben, dass dieser noch immer auf der Suche nach Waffen für die drei flüchtigen thüringischen Neonazis ist.

[160] Vgl. auch http://www.nsu-nebenklage.de/wp-content/uploads/2015/01/2015.01.13.-Erkl%C3%A4rung-zum-Zeugen-Szczpanski.pdf.

[161] Heike Kleffner: Die wissende Quelle. Spitzelschutz im NSU-Umfeld. In: taz.de, 27.10.2014. http://www.taz.de/1/archiv/digitaz/artikel/?ressort=sw&dig=2014%2F1 0%2F27%2Fa0081&cHash=6f5421c8a1c370d80aba9832f5de8c96.

[162] Deutscher Bundestag. 18. Wahlperiode. Unterrichtung durch das parlamentarische Kontrollgremium. Drucksache 18/6545. 4.11.2015, S. 6. http://dipbt.bundestag.de/doc/btd/18/065/1806545.pdf, S. 6.

[163] Franz Feyder/Sven Ullenbruch: Der Tod des mysteriösen Spitzels Corelli. In : Stuttgarter Nachrichten, 27.11.2015. http://www.stuttgarter-nachrichten.de/inhalt. nsu-akten-bundestag-bremst-landtag-der-tod-des-mysterioesen-spitzels-corelli. b1005b6a-1816-4192-bb59-6e444a14d1fb.html.

[164] S. für eine Zusammenfassung des M.-Berichts: Deutscher Bundestag. Drucksache 18/6545. http://dipbt.bundestag.de/doc/btd/18/065/1806545.pdf, S. 14.

[165] Ebd., S. 6.

[166] Maik Baumgärtner/Sven Röbel: Handy von V-Mann »Corelli« lagerte jahrelang in Safe. In: Spiegel Online, 11.5.2016. http://www.spiegel.de/panorama/justiz/verfassungsschutz-handy-des-v-manns-corelli-lagerte-jahrelang-in-safe-a-1091821.html.

[167] Lena Kampf: Das Versagen des Verfassungsschutzes. In: tagesschau.de, 20.5.2015. https://www.tagesschau.de/inland/nsu-137.html.

[168] IGR steht für: Informationsgruppe zur Beobachtung und Bekämpfung rechtsextremistischer/terroristischer insbesondere fremdenfeindlicher Gewalttate; es ist eine Vernetzung von Vertreter_innen des Bundeskriminalamtes (BKA), der Landeskriminalämter (LKA), des Bundesamtes für Verfassungsschutz (BfV) und der Landesämter (LfV) sowie der Bundesanwaltschaft (BAW).

[169] Auf der Erklärung fehlt jedoch seine Unterschrift, s. Aust/Laabs: Heimatschutz S. 586.

[170] Aust/Laabs: Heimatschutz, S. 586 ff.

[171] Ebd., S. 594.

[172] Ebd.

[173] Ebd.

[174] Ebd.

[175] Abschlussbericht Bundestagsuntersuchungsausschuss zum NSU, S. 629 ff.

[176] Ebd.

[177] Bouffier nennt NSU-Vorwürfe eine Unverschämtheit. In: Zeit Online, 24.2.2015. http://www.zeit.de/politik/deutschland/2015-02/volker-bouffier-nsu-prozess-hessen-verfassungsschutz.

[178] Sondervotum der Grünen-Fraktion zum Bericht des Untersuchungsausschusses des BT.

[179] Pitt von Bebenburg: Land zahlt »Tagungsgeld« an Neonazi. In: Frankfurter Rundschau, 9.3.2015. http://www.fr-online.de/neonazi-terror/nsu-prozess-land-zahlt--tagungsgeld--an-neonazi,1477338,30074636.html.

[180] Ebd.

[181] SK-StPO-Rogall § 68b Rn. 20.

[182] Pitt von Bebenburg: Land zahlt »Tagungsgeld« an Neonazi. In: Frankfurter Rundschau, 9.3.2015. http://www.fr-online.de/neonazi-terror/nsu-prozess-land-zahlt--tagungsgeld--an-neonazi,1477338,30074636.html.

[183] Der rechte Rand, Heft Nr. 15. http://www.der-rechte-rand.de/wp-content/uploads/drr_150.pdf.

[184] Aust/Laabs: Heimatschutz, S. 18.

[185] Ebd.

[186] Dabei handelte es sich um nicht rekonstruierbare Forschungs- und Werbungsvor-gänge (1993–1994) und um zwei Fallakten (1994–2001 sowie 1994–2003).

[187] Diese Akten konnten nur zum Teil rekonstruiert werden. Acht nicht rekonstruier-bare Akten betreffend die Organisationen bzw. dazugehörige Publikationen von 2000-2007 wurden wegen angeblicher Inaktivität aus der Liste der Beobachtungs-objekte gestrichen. Tatsächlich deckten sie aber auch noch den Zeitraum von 1990–1999 ab.

[188] Telefonprotokolle mit Bezug zu »Landser« wurden bereits am 5.12.2011 geschreddert.

[189] Zitiert nach: http://www.n-tv.de/politik/Schaar-ruegt-Verfassungsschutz-ar-ticle6738756.html.

[190] Ebd.

[191] S. dazu: V-Mann soll Waffenlieferant gewesen sein. In: n-tv.de, 26.5.2016. http://www.n-tv.de/politik/V-Mann-soll-Waffenlieferant-gewesen-sein-article17789816.html.

[192] Parallelbericht zum 19.-22. Staatenbericht der Bundesrepublik Deutschland an den UN-Ausschuss zur Beseitigung rassistischer Diskriminierung (CERD). Der Verfasser war Mitglied des Redaktionsteams des Berichts. Zitiert aus: http://www.institut-fuer-menschenrechte.de/fileadmin/user_upload/PDF-Dateien/Pakte_Konventionen/ICERD/icerd_state_report_germany_19-22_2013_parallel_Joint_report__2015_de.pdf.

[193] Vgl. NSU Watch: Leerstelle Rassismus. 5.7.2015. https://www.nsu-watch.info/2015/07/leerstelle-rassismus/.

[194] http://schweigendurchbrechen.blogsport.de/nsu-in-nuernberg/; verteilt wurden diese von Gerhard I., NPD-Aktivist, mit Kontakten zu Ralf Wohlleben.

[195] Aust/Laabs: Heimatschutz, S. 465.

[196] Altakte Özüdoğru, Bl. 504 (Bd. II).

[197] Ebd., Bl. 512 (Bd. II).

[198] Ebd., Bl. 764 (Bd. II).

[199] Ebd., Bl. 548 (Bd. II).

[200] Ebd.

[201] Ebd., Bl. 550 (Bd. II).

[202] Ebd., Bl. 553 (Bd. II).

[203] Ebd., Bl. 627 (Bd. II).

[204] Ebd., Bl. 573 (Bd. II).

[205] Ebd., Bl. 611 (Bd. II).

[206] Ebd., Bl. 613 (Bd. II).

[207] Ebd.

[208] Blatt 139 Altakte Kılıç.

[209] Mustafa Turgut: »Deutschland war wie ein Sog für ihn«. In: Zeit Online, 13.11.2014. http://www.zeit.de/2014/45/mehmet-turgut-memo-nsu.

[210] Jana Simon: Das zweite Trauma. In: Zeit Online, 22.11.2012. http://www.zeit.de/2012/48/Opfer-NSU-Hinterbliebene.

[211] Ebd.

[212] Bundestagsdrucksache BT Drs. 17/14600, S. 732.

[213] Aust/Laabs: Heimatschutz, S. 703.

[214] Ebd., S. 618.

[215] Abschlussbericht des Bundestagsuntersuchungsauschusses zum NSU, BT-Drucksache 17/14600, S. 650.

[216] Aus diesem Grund zweifelt auch der Experte im NSU-Untersuchungsausschuss Hajo Funke daran, dass der NSU nur aus drei Personen bestand, vgl. etwa http://www.n-tv.de/politik/Experte-zweifelt-an-NSU-Groesse-article10011151.html.

[217] Susann E. (76. Verhandlungstag); Max-Florian B. (87. Verhandlungstag); Mandy S. (89., 90. ,105. Verhandlungstag); André K. (59., 84., 96. Verhandlungstag); Juliane W. (98., 99. Verhandlungstag); Thomas R. (100., 131., 146. Verhandlungstag); Thomas S. (101. Verhandlungstag); Jürgen H. (112. Verhandlungstag); Jacqueline W. (123. Verhandlungstag); Thomas J. (124. Verhandlungstag); Mathias D. (125. Verhandlungstag); Tino Brandt (127., 128., 142., 143. Verhandlungstag); Jan Botho W. (150. Verhandlungstag); Antje P. (162., 169. Verhandlungstag); Ralph H. (164. Verhandlungstag); Enrico R. (181., 184. Verhandlungstag); Andreas G. (183. Verhandlungstag); Bernd T. (185., 206. Verhandlungstag); Gunther F. (187. Verhandlungstag); Armin F. (188. Verhandlungstag); Hendrik L. (190. Verhandlungstag); Rocco E. (210. Verhandlungstag); Brigitte B. (57., 58. Verhandlungstag); Jürgen B. (78. Verhandlungstag).

[218] Vgl. die Pressemitteilung 40/2014 vom Generalbundesanwalt: Oktoberfestattentat 1980: Generalbundesanwalt nimmt Ermittlungen wieder auf. https://www.generalbundesanwalt.de/de/showpress.php?newsid=528.

[219] Es brennt in Deutschland. In: Zeit Online, 3.12.2015. http://www.zeit.de/politik/deutschland/2015-11/rechtsextremismus-fluechtlingsunterkuenfte-gewalt-gegen-fluechtlinge-justiz-taeter-urteile.

[220] Patrick Gensing: Das Verfahren neben dem Verfahren. In: Publikative.Org, 30.9.2014. http://publikative.org/2014/09/30/nsu-das-verfahren-nebem-dem-verfahren/.

[221] Vgl. Interview mit Sebastian Scharmer auf dem Blog nsuprozessentgrenzen, 28.3.2015. https://nsuprozessentgrenzen.wordpress.com/2015/03/28/in-der-anklageschrift-steht-weder-etwas-von-rassismus-noch-vom-rassismus-der-tater-und-taterinnen-in-meinen-augen-ist-es-eine-verschiebung-des-problems-weg-von-der-verantwortung-der-gesel#more-309.

[222] Marc Tully: Zeitschrift für Rechtspolitik (ZRP), 2014, S. 45.

[223] S. dazu Fischer/StGB § 129 Rn. 40.

[224] Aust/Büchel/Laabs: Protokolle? Unter Verschluss. In: Welt.de, 17.4.2016. http://www.welt.de/politik/deutschland/article154436920/Protokolle-Unter-Verschluss-Ergebnisse-Geheim.html.

[225] Zitiert aus Olaf Sundermeyer: Rechter Terror in Deutschland, München 2013, S. 31.

[226] Aust/Laabs: Heimatschutz, S. 42.

[227] Es brennt in Deutschland. In: Zeit Online, 3.12.2015. http://www.zeit.de/politik/deutschland/2015-11/rechtsextremismus-fluechtlingsunterkuenfte-gewalt-gegen-fluechtlinge-justiz-taeter-urteile.

[228] Philip Kuhn: Fast 1000 Anschläge auf Flüchtlingsheime im Jahr 2016. In: Welt.de, 28.12.2016. https://www.welt.de/politik/deutschland/article160655659/Fast-1000-Anschlaege-auf-Fluechtlingsheime-im-Jahr-2016.html.

[229] U-Ausschusszwischenbericht Landtag Thüringen, S. 499.

[230] Anklageschrift, S. 468.

[231] S. etwa BGHSt 37, 289, 291.

[232] BGH 37, 289, 291; 40 299, 301.

[233] Vgl. SK/StGB-Hoyer § 25 Rn. 109.

[234] Lehren aus Stammheim. In: Frankfurter Allgemeine, 2.8.2013. http://www.faz.net/
aktuell/politik/nsu-prozess/zwischenbilanz-nsu-prozess-lehren-aus-stammheim-
12316003-p2.html.

[235] Zu den »Lehren aus Stammheim« für den NSU-Prozess, s. ebd.

[236] Vgl. auch Anklageschrift, S. 468.

[237] Ebenso Anklageschrift, S. 466.

[238] So BGH 34, 38.

[239] Nur dann dürfen sie in der Strafzumessung berücksichtigt werden, BGH v. 1. 3.
2001 – 4 StR 36/01, NStZ-RR 2001, 295.

[240] Mit weiteren Verweisen, Anklageschrift, S. 419.

[241] Anklageschrift, S. 32.

[242] Ebd.

[243] *Streng*-JR 2007, 271, 274.

[244] Vgl. *Miebach/Maier*Müko-StGB, 3. Auflage 2016, § 46 Rn 255.

[245] Vgl. BGH v. 28. 8. 1997 – 4 StR 240/97, BGHSt 43, 195=NJW 1998, 86 (89).

[246] *Roxin* JuS 1966, 377.

[247] BGH v. 27.10.1970 – 1 StR 423/70, BGHSt 24, 132 = NJW 1971, 61.

[248] BGH v. 19. 2. 1963 – 1 StR 318/62, BGHSt 18, 274 = NJW 1963, 1209.

[249] *Jescheck/Weigend*-StGB-AT, § 8 III 4.

[250] BGH v. 8.12.1970 – 1 StR 353/70, BGHSt 24, 40 = NJW 1971, 439.

[251] BGH v. 8.12.1970 – 1 StR 353/70, BGHSt 24, 40 = NJW 1971, 439.

[252] *Miebach/Maier*-MüKo-StGB, 3. Auflage 2016, § 46 Rn 47.

[253] Vgl. BVerfG v. 19. 6. 1979 – 2 BvR 1060/78, BVerfGE 51, 324.

[254] *Miebach/Maier*-MüKo-StGB, 3. Auflage 2016, § 46 Rn 38 f.

[255] Zitiert nach: Nâzım Hikmet: Die Namen der Sehnsucht. Gedichte. Übersetzt von
Gisela Kraft. Frankfurt a. M. 2008 (S. Fischer Verlag).